民国女性法律地位之嬗变
与中国现代文学书写

The Evolution of Women's Legal Status in Republican
China and the Modern Chinese Literature Writing

章 敏 著

中国社会科学出版社

图书在版编目（CIP）数据

民国女性法律地位之嬗变与中国现代文学书写／章敏著 . —北京：中国
社会科学出版社，2021. 8
ISBN 978 – 7 – 5203 – 8644 – 9

Ⅰ. ①民… Ⅱ. ①章… Ⅲ. ①女性—社会地位—关系—妇女文学—
文学研究—中国—民国 Ⅳ. ①D669.68②I206.6

中国版本图书馆 CIP 数据核字（2021）第 123351 号

出 版 人　赵剑英
策划编辑　王丽媛
责任编辑　夏　侠
责任校对　郝阳洋
责任印制　王　超

出　　　版　中国社会科学出版社
社　　　址　北京鼓楼西大街甲 158 号
邮　　　编　100720
网　　　址　http://www.csspw.cn
发 行 部　010 – 84083685
门 市 部　010 – 84029450
经　　　销　新华书店及其他书店

印　　　刷　北京明恒达印务有限公司
装　　　订　廊坊市广阳区广增装订厂
版　　　次　2021 年 8 月第 1 版
印　　　次　2021 年 8 月第 1 次印刷

开　　　本　710×1000　1/16
印　　　张　19.75
字　　　数　314 千字
定　　　价　109.00 元

序

　　章敏博士从中国社会科学院研究生院毕业十年了，博士论文又经过十年的打磨终于付梓面世，的确是一件令人高兴的事情。

　　女性研究近年成果颇多，但通过现代文学来考察民国女性法律地位的嬗变确有新意。章敏本科学习法学，从硕士研究生转入文学，在博士论文基础上修订完成的这部著作即见出跨学科的优势。1984 年以来，中国现当代文学专业的博士论文已有 3000 篇以上，不时听到学生感叹现在做论文几乎无题可选。记得我在中国社会科学院文学研究所工作期间，听老同志讲，老所长何其芳有一次到现代室，听到研究人员介绍自己研究现代作家作品的计划后，提醒大家注意，不要只关注现代作家作品，还应该放开眼界，现代文学上承古代传统，接受外国影响，如果不了解中国古代传统和异域文化影响，现代作家作品恐怕研究不好。近年来，文学研究引入经济、法律、教育、新闻出版传播、宗教学、民俗学、战争史等视角，视域更为广阔，出现了可喜的新气象，章敏的这部论著即是跨学科探索的成果。

　　《民国女性法律地位之嬗变与中国现代文学书写》先是上溯中国传统社会女性礼法地位及其文学表现，揭示出民国时期妇女解放的文化背景，然后在时空交错的多重维度中，通过文学窗口，探讨民国传统乡土社会、都市社会与苏区根据地解放区的女性法律地位之复杂样态，典型分析深入剀切，历史脉络清晰可见，读者展卷必当各有体悟。

　　在我看来，民国时期女性法律地位嬗变之文学表现的梳理与分析，不仅有助于增益读者的历史认知，而且可以提醒我们当下仍需高度重视女性的生存状态与心理状态问题。正如书中引述的马克思主义经典作家所说，女性解放永远是社会解放、社会进步的重要尺度。当今中国已经全面建成小康社会，正向着全面建成社会主义现代化强国的目标迈进，在这一历史进程中，女性解放已经取得了前所未有的伟大进步。与此同时，也还存在着一些无法回避且需要我们关注和继续努力的课题，如：农村男女教育权利平等、男女就业权利平等、男女遗产继承权平等诸方面在法律规定上与落实情况的差距，女童与职场女性防止性骚扰的有效法律保护问题，社会上与部分家庭中男性对女性的 PUA（精神控制）造成的悲剧与被遮蔽的创伤，等等。女性解放，任重而道远，本书在富于学术价值的同时，也就有了切近的现实意义。

张中良

2021 年 7 月 11 日写于上海交通大学

目　　录

绪　　论

第一节　研究意义与构想

　　本研究最初是源于笔者法学与文学交叉学科学习的背景经历，同时也是因为曾经有过的一场"法律与文学"运动。该运动兴起于20世纪70年代，在北美和英国形成热潮，并迅速蔓延到其他许多国家。其中有些学术思想和观点经由国内学者的译介进入中国并在法学界产生不小的影响（相应的文学界对此反应比较冷淡，究其实质"法律与文学"运动终归是一场法学运动），也有不少论文和著作发表，但这种研究，无论是国外还是国内，最后的旨归大都是谈法律问题。笔者无意于沿用此种"借文学的酒杯浇法律块垒"的研究思路。按照这一运动的理论，"法律与文学"应该涵盖四个方面的内容：文学中的法律（law in literature），作为文学的法律（law as literature），通过文学的法律（law through literature），有关文学的法律（law of literature）。而倘若套用此理论的话，本书涉及的仅仅是"文学中的法律"（law in literature），而且仅仅是文学中与女性法律地位相关的问题。更进一步说，本书的写作目的更多的不是通过文学来探讨法理问题，而是引入法律视角，通过对现代文学作品的"发现"与重新解读来寻求对晚清民国这一法制现代化转型时期女性法律地位和生存状态改变的呈现与了解，并探寻民国女性法律地位之嬗变与中国现代文学书写之间的互动关系。从某个角度说，本书是法律条文、历史材料和文学文本的一种互文性考察，希冀通过对法律、历史材料的爬梳和对文学文本的解读来获得对历史的另一种观照方式以及对文学的新的阐释空间。

诸多历史现象和文学创作的同构品质不能不说明文学也不失为返回历史现场的途径之一。面对西方宏深的法律文化和法理渊源，西方法律思想史学者凯利曾说："若说我们能够对希腊最初的法律生活有所认识的话，荷马和赫西奥德的诗篇是我们唯一的依凭"，"这些观念藏身于卷帙浩繁的文学作品中，许多文学作品对法理学的历史做出了无意识的贡献……历史学家们在写作那段历史的最初章节时，哲学著作是他们能够依赖的当然首要但并非惟一的文献，他们也应该注意当时的诗歌和戏剧"①。同样，对于文学文本的史学品格也有研究者指出："作为史家的小说家或诗人，其精神劳作也同样属于一种现在与过去的对话……这就是对写作的历史性规定。"②"文学几乎就是'具体化了的历史'，因为每当人们回首历史时，不但注意到文学领域以外的政治家、思想家和广大民众的历史活动，同时还会注意到作家及其文本出现的历史意义"③。这些理论思想也成为本书意义确立的重要基石。

民国女性法律地位之嬗变是整个社会历史政治文化变迁的一部分，而且是变化尤剧的一部分。相较于之前奴隶、封建社会时期的几千年，民国几十年的时间可谓短矣！但就在这短短的几十年里，女性的法律地位却逢遇了千年未有之变局。一直以来，女性的地位和解放程度就被视为社会文明进步程度的重要标志之一。正如马克思在谈到女性解放与整个社会变革的关系时曾说："每个了解一点历史的人也都知道，没有妇女的酵素就不可能有伟大的社会变革。社会的进步可以用女性（丑的也包括在内）的社会地位来精确地衡量。"④恩格斯在《反杜林论》中也转述了傅立叶的观点："在任何社会中，妇女解放的程度是衡量普遍解放的天然尺度。"⑤又因为中国女性受封建礼教和旧制度的压迫最深，因而她们权利地位的嬗变和生存状态的改变也最能反映出历史和时代的动向

---

① ［爱尔兰］J. M.凯利：《西方法律思想简史》，法律出版社2002年版，第5—6页。

② 周宪：《超越文学：文学的文化哲学思考》，生活·读书·新知三联书店1997年版，第187页。

③ 张红运：《时空诗学》，宁夏人民出版社2010年版，第157页。

④ ［德］马克思：《致路德维希·库格曼》，载《马克思恩格斯文集》第10卷，人民出版社2009年版，第347页。

⑤ ［德］恩格斯：《反杜林论》，载《马克思恩格斯选集》第三卷，人民出版社2012年版，第784页。

与变迁。

实际上，女性法律权利的从无到有以及近代尤其是民国时期女性法律地位和家庭社会地位的逐渐提高是人们在认知层面都有的常识，但是具体到文化的内里，尤其是对这一历史进程中女性法律地位之嬗变与知识分子言说包括文学创作之间的互文关系——前者对后者的迫切召唤抑或是后者对前者的生动记录、推波助澜甚至是反思批判，都鲜有深入系统的探究和思考。一般的文学研究多比较纯粹地注重文学书写的艺术层面和思想层面，这自然无可厚非，而相对的历史研究则更多地侧重于对史实的梳理与叙述，这也是史学研究的应有之义。但是我们都知道，从古至今，大部分文学作品就都不是"纯审美"的，尤其到近现代以后，文学创作更是有着更多切实的现实旨归和更加沉重的意义承载。在中国近现代史上，文学创作与现实社会历史进程之间一直有着剪不断理还乱的错综复杂关系：文学一方面是审美，是情感的抒发，同时它还是"启蒙"的工具，是有意无意地为历史"立此存照"。而作为思想文化史上具有划时代意义的新文化运动及新文学创作则更是如此："五四新文化和新文学运动从一开始就不是作为纯粹的文艺运动和单纯的个人解放运动发生和发展的。作为一种社会运动的目的，它以文艺为手段来实现'救国''新民'的历史任务；作为一个思想过程，它把西方文艺复兴的人本主义思想主题和启蒙运动的社会革命主题浓缩为一个连续的思想逻辑，并通过个体解放向群体解放的主题转化表达出来。就这一主题的转化来说，可以分为前后两个时期，其前期表现为人道主义思想对个性主义思想的补充与调控……个性解放向群体解放转化的后期过程，是以阶级解放、民族解放主题的融入和演变来完成的。"[①] 另一方面，社会历史进程中的诸多事件往往又成为文学创作的直接触因。一种文学思潮的产生往往和社会思潮之间有着密切而复杂的关联。

对于女性解放的历史进程和与之相关的文学书写而言，社会历史氛围以及具体的事件究竟如何触动了作家们创作的"神经"，女性法律地位的嬗变对社会现实生活究竟产生了怎样的影响，进而又如何反过来进

---

① 张福贵、刘中树：《晚明文学与五四文学的时差与异质》，《中国社会科学》1996 年第 6 期。

一步影响了文学创作？为文学提供了哪些新的主题和素材？注入了哪些新质？反过来，文学书写如何进入到社会历史进程尤其是中国女性的解放历程当中，从而在更深更广泛的社会现实层面上改变了女性的地位和命运？如对女性法律地位的改变在制度层面有何实际推进，是否以及如何起到了政治宣传的作用等。简言之，文学创作如何对社会变革包括女性法律地位的嬗变产生了反作用力？——虽然一直以来，文学能对社会历史进程产生的影响非常有限，但在各种思潮相互激荡的民国时期，尤其国共两党政治拉锯和对抗的特殊阶段，文学被用作政治工具的作用却不可低估，这在我们探究文学作品的创作始末和读者接受情况的过程中可以得知。同时，赋予民国时期女性更多权利的法律法规的出台，某种意义上是社会历史进程的必然选择，但有时则不得不说也是政治主张的体现。这些法律条文有多少能落到实处并对现实社会生活产生实际的影响，我们从梳理这一时期不同时间、不同政治空间里的文学作品或许能窥见另一种真实。

如前所述，一般的文学研究多比较纯粹地注重文学的艺术层面和思想层面，而相对的历史研究则更多地侧重于对史实的梳理与叙述，但都难免有单一化倾向，文学的史学品格往往被遮蔽，史学也常常只剩下冰冷的事实和僵硬的骨骼。因此，跨领域的文学研究和历史研究往往能让我们更好地理解和把握一段历史及那段历史中的文学。

对于民国时期文学书写与女性解放历史进程中的互动，以前都没有过切实而系统的研究。本书把女性法律地位的嬗变放到整个社会历史政治文化变迁的大环境中去考察，首次对民国女性法律地位之嬗变与现代文学书写的互动进行全面而系统的梳理和研究。从女性史、法制史的角度重新审视并解读一些以往文学史忽略的作家作品，对文学史上的一些经典作品也进行了新的阐释。既有对典型事件典型作品的个案分析，也有对某一类作品的全面考察，对传统乡土社会、都市空间以及苏区、解放区女性法律地位的嬗变与现代文学书写的关系进行全面的爬梳，以此廓清在民国这一各种思潮激荡、政治斗争激烈，社会生活也因受西方浪潮冲击而发生了翻天覆地变化的时期里，文学书写与民国女性法律地位的嬗变甚至与整个社会生活的变迁究竟发生了怎样的互动和关联，从而探究民国女性法律地位及生存状态改变的历史进程及其对文学创作的影响，以及文学对这一历史进程的反向作用，勾勒出一幅民国女性法律地位变迁的文学图景。

与此同时，将法律视角引入文学作品的细读，可以解析出蕴含于作品中但在以往却被忽略了的事实和意义，从而获得对文学的新的阐释空间和对历史的新的理解，对当下社会女性生存状态的审视和观照也同样具有参照意义。

第二节　相关研究现状

与本研究直接相关的现有研究成果极少，但在"法律与文学"这一大的交叉领域成果还比较多。尤其在国外，早在 1925 年，美国著名的社会法学派大法官本杰明·N.卡多佐就发表了名为"法律与文学"的论文。这篇论文后来收在了他的著作《演讲录：法律与文学》①中，主要讨论的是法律文本的文学风格、修辞等问题，只是当时没有引起重视，而且以现在的观点看，他的研究属于"作为文学的法律"（law as literature）范畴。直到 1973 年，美国密歇根大学法学教授詹姆斯·伯艾德·怀特出版了《法律想象：法律思想和法律表现的性质研究》一书，提出文学研究很类似于法律中的解释活动，法律与文学有着密切的联系。这本探讨文学研究对法律教育存在重要启发借鉴作用的著作，便成为"法律与文学"运动的奠基之作。他的成果发表以后，马上得到了美国其他法学研究者的重视，并接着在英美等国掀起了"法律与文学"关系的讨论。1989 年，美国第一份法律与文学期刊《卡多佐法律与文学研究》（*Cardozo Studies in Law and Literature*）在纽约卡多佐法学院创刊，正式将"法律与文学"运动推向热潮。接下来的十年里，围绕"法律与文学"这一主题发生了许多论争，其中最重要的是芝加哥法学院的著名法律经济学教授波斯纳与怀特之间的那场旷日持久的论战。波斯纳针对怀特在《法律想象》中认为"想象"在法学教育中具有重要性的观点提出异议，并撰写出版了《法律与文学：一场误会》一书。但颇具意味的是到来年

---

① ［美］本杰明·N.卡多佐：《演讲录：法律与文学》，中国法制出版社 2005 年版。

再版时，他对书中的内容进行了增删，并把书名中的"一场误会"去掉了，尽管他还常常流露出对文学的轻视和不屑，但对原书的修改仍然表明他对"法律与文学"研究的默认。这本书也成为这一运动最重要的参考书之一。在这些论争中，英美法学界又出现了与此相关的一大批专家和著作，如佛格森的《美国文化中的法律与文学》、威斯博格的《语词的失败：现代小说中作为主人公的律师》、托马斯的《对法律与文学的诘问》等。而且美国的法学院大都设置了"法律与文学"的课程，可见这一运动的影响之大。随后，一些非西方国家也加入了对这一领域的研究。

中国的"法律与文学"研究大致从20世纪90年代开始，在这一领域涌现了一批研究论文和专著。但我们不能把中国的"法律与文学"研究简单看成对西方这一运动的回应，从目前的研究成果看，中国的此类研究打上了更深的本土色彩，研究进路上也多有不同。如贺卫方的《中国古代司法判决的风格与精神——以宋代判决为基本依据兼与英国比较》（《中国社会科学》1990年第6期），文章通过对古代判书的研究论述了其风格与精神内蕴，并运用了比较研究的方法，应当属于"作为文学的法律"（更准确地说是作为文本的法律）范畴（law as literature）。他后来在"法律与文学"相关领域又发表了数篇论文并结集为《法边馀墨》（法律出版社1998年版）出版。徐忠明借鉴史学家陈寅恪"以文证史""诗史互证"的研究路数，从中国古代文学作品中发掘古代法律制度的史料，发表了数篇相关论文，后结集为《法律与文学之间》（中国政法大学出版社2000年版）。同样是从古代文学作品中找寻材料来研究中国传统法律与社会的，还有汪世荣的《中国古代判词研究》（中国政法大学出版社1997年版）、梁治平的《法意与人情》（中国法制出版社2004年版）、徐忠明的《包公故事：一个考察中国法律文化的视角》（中国政法大学出版社2005年版）与《案例、故事与明清时期的思想文化》（法律出版社2006年版）、张静莉等编著的《文学与法律》（陕西人民出版社2020年版）等，这类研究大多带有法制史或法律思想文化史的研究趋向和旨归。苏力的《法律与文学——以中国传统戏剧为材料》（生活·读书·新知三联书店2006年版）是一部以中国古代戏剧为材料来研究法律问题的力作，不仅有从法制史角度的切入，更有对诸多法理问题的深入思考，该书后又在 2017 年进行了再版。

此外，冯象的《木腿正义》（北京大学出版社 1999 年版）运用中外的文学文本材料来深入阐述思考法理问题，该书作者较好的文学修养使这本书的文字本身呈现出浓厚的文学色彩，但就其根本还是对诸多法律问题的探讨；陈文琼的《国家政治语境中的"法律与文学"》（中国社会科学出版社 2013 年版）以西方"法律与文学"运动为理论基础，立足于新中国成立初期和改革开放至今的政法实践，考察"法律与文学"在动态司法实践中的践行作用；白慧颖的《法律与文学的融合与冲突》（知识产权出版社 2014 年版）则从"法律与文学的关系""法律对文学的保护与规范""文学经典作品所展示表现的法律现象分析""法律化的文学出现的背景、原因及后果""从文学的角度研究司法文书的撰写以及从法律的角度研究法制文学的创作"五个方面论述法律与文学的融合与冲突关系；刘星显的《法律与文学研究：基于关系视角》（社会科学文献出版社 2014 年版）从法律与经济学、法律与社会学、后现代法学以及法学教育四种法律与文学关系的视角，详细阐述回答"法律与文学是什么"的问题；许慧芳的《文学中的法律》（中国政法大学出版社 2014 年版）从法律学说史的角度，通过对 20 世纪初至 20 世纪 90 年代英美法学学者关于文学作品中法律主题的阐释的研究，以及关于"文学中的法律"的综述性研究文献的整理，对所涉及的法理学问题进行了系统的梳理；张立新的《正义的呐喊：英美文学与法律》（法律出版社 2016 年版）通过对著名英美文学作品中关于法庭、律师、法官和形形色色的法律案件的描述分析，探讨了作家与法律的渊源，分析了这些文学大师们在其作品中所叙述的故事情节和故事背景所映衬出的英美现实社会中法律思想和法律制度的变迁。

上述诸多研究成果，除了少数是对"法律与文学"关系的研究以外，其余研究成果无论是对"作为文学的法律"（law as literature）的法律文书的研究，还是对"文学中的法律"（law in literature）的研究，其最终旨归都是法律——或是研究某个具体的法律问题，或是对某个法理问题的探讨，文学在这里充当的不过是法律的"侍女"。而且上述诸多研究者也大多来自法学界。与此同时，值得注意的是这些研究者在研究时所选用的文学材料大多取自中国古代文学和西方文学，对中国现当代文学关注极少。这里值得一提的一位研究者是余宗其，他是作为文学研究者涉足这一领域而成果较丰的一位学者。早在 1995 年他就出版了《法律和文学的交叉地》（春风文艺出版社 1995 年版），首次运用法学的理论和方法全面系统地论述了古今中外文学中的法律的表现形式、法学内涵等，但其最终落脚点是"文学"，即为文学作品的解读提供一种新的思路和视角。其后他又相继写作和编著出版了《法律与文学漫话》（华艺出版社 2001 年版）、《鲁迅与法律》（华艺出版社 2001 年版）、《中国文学和中国法律》（中国政法大学出版社 2002 年版）、《外国文学和外国法律》（中国政法大学出版社 2003 年版）等专著，对"文学与法律"这一领域给予了持续的关注和研究。其中《中国文学和中国法律》一书中涉及现当代文学的某些作品，为解读这些作品提供了新的视角和方法。

若以"法律"和"文学"为关键词对中国知网进行论文检索，截至 2020 年底，有大约 350 篇的论文，其中绝大部分是外部研究，即法律对文学的规约作用（law of literature）的研究（很多涉及对民间文学、网络文学的法律保护问题）。还有 110 篇左右的论文涉及"文学中的法律"或对"法律与文学"研究作方法论上的探讨。

前者如罗岗的《"文学式结构"与"伦理性法律"——重读〈"锻炼锻炼"〉兼及"赵树理难题"》（《文学评论》2014 年第 1 期），邓骏捷、刘曦冉的《美国汉学界中国公案小说研究的价值与意义——以"文学中的法律"问题为中心》（《明清小说研究》2020 年第 3 期）等，都是从文学文本中发掘其法律内涵和意蕴，有些既是对法律问题的研究，也是对文学文本的再解读。

后者如林国清的《中国古代法律与文学发展关系初探》（《福建论坛》1999 年第 2 期），胡水君的《"法律与文学"：主旨、方法与局限》（《中华读书报》2001 年 10 月 24 日），康天军的《"法律与文学"研究，可能及意义》（《人民法院报》2005 年 5 月 19 日），杜智慧的《文学作品潜移默化的影响力要远大于空洞的法律读本》（《法治生活报》2010 年 3 月 23 日），刘汉波的《文学与法律跨学科研究宜多向拓展》（《中国社会科学报》2010 年 7 月 22 日），钟华、杨宇的《文学与法律：跨学科研究中的困惑、误区及理性回归》[《湘潭大学学报》（哲学社会科学版）2020 年第 1 期]等。这些论文则对"法律与文学"研究的意义及方法等方面进行探讨，但与本书研究论题直接所涉无多。

以"法律和文学"为主题的硕士论文大概有 50 篇，其中大部分也属于文学的外部研究，即"law of literature"（主要涉及民间文学、网络文学的保护问题），与本论题相关的硕士学位论文仅有 1 篇，即汤伟丽的《启蒙话语中的"无讼"图景——对一个中国现代文学现象的法律文化阐释》（硕士学位论文，山东师范大学，2006 年）。该论文是对中国现代文学的法律文化阐释。通过文学与法律的跨学科研究，发掘并阐释了一种富有特色的中国现代文学现象"无讼"，但该论文仅仅涉及少量现代文学作品。以"法律和文学"为主题的博士论文有 2 篇，与本研究论题相关的仅 1 篇，即汤伟丽的《"欧美尼德斯"之魅——中国解放区复仇文学主题的法律文化阐释》（博士学位论文，复旦大学，2009 年）。该论文比较系统地从法律文化阐释的角度对"中国解放区复仇文学主题"进行了深入研究。

综上所述，对"民国女性法律地位之嬗变与中国现代文学书写"这一主题进行系统研究的直接成果暂未看到，与该论题直接相关的研究成果亦较少，权且将敝作当作抛砖引玉之论吧。

第三节　主要研究方法

1. 文史互证的方法

从某个角度说，本书是法律条文、历史材料和文学文本的一种互文性考察，通过对法律、历史材料的爬梳和文学文本的解读来获得对历史的另一种观照方式以及对文学的新的阐释空间。毫无疑问，考察对象所在时期的法律条文和原始历史材料是本书立论的基础，但历史毕竟不只是史料记载中的梗概、框架和一堆冰冷的事实、法条与数据，历史更是由诸多细节组成的丰富生活。诸多历史现象和文学创作的"同构"品质不能不说明文学也不失为返回历史现场的途径之一。

2. 文本细读的方法

本书一方面"建筑"于历史材料与法律条文之上，另一方面则"建筑"于对文学文本的细读之上。对文学作品与历史材料和法律文本的比照探析，离不开对文学文本的深耕细作。对文学与历史的跨学科研究的意义之一也就在于文学研究能够弥补史学研究的单一化倾向和对细节与精神层面的忽视。而文学研究要做到这一点则势必要求对文学文本进行细读，这包括对文学文本的历史性要素细节的看重以及对文学作品本身美学品格的关注与审视。

3. 比较研究的方法

本书对描写女性法律地位嬗变同一主题内容的作品进行比较。既有相同时间相同空间里不同作家关于同一主题的作品的分析比较，又有相同时间不同空间里同一主题作品的比较，还有相同空间不同时间甚至不同时间不同空间里同一主题作品的比较，同时对历史材料与文学作品对同一主题的不同书写进行比较，通过比较揭示不同文学作品存在的不同美学风格及思想倾向以及历史书写与文学书写之间的差异和张力，并分析导致这些差异的背景和原因。

4. 整体研究和个案剖析相结合

民国时期女性法律地位的嬗变涉及不同时间不同空间里女性权利的方方面面，在一个新旧交替、各种政治力量拉锯的历史时期，这样的研究对象可以说是错综复杂的。如传统乡土社会里女性几乎无甚权利可言，对其的文学书写也谈不上某项具体的权利，只能说连最基本的权利都缺失，所以本书采取了选取典型现象来切入的方式，以此来揭示乡土社会女性权利状态的样貌。而在都市空间和后来的苏区、解放区，文学书写反映最多的是女性的婚姻权、教育权、经济权这些与女性日常生活关系最密切的权利，而不可能穷尽权利的方方面面，而这也正是女性史、法制史所关注最多的。并且涉及的不同女性权利的文学书写作品也有多有少，所以有的主题只能选择一些有代表性的现象、事件和文学作品，如涉及女性财产继承权的"李超事件"和胡适的《李超传》。但是女性法律地位的嬗变与现代文学书写这一论题，又绝不仅仅是个案研究所能涵纳的，所以还需要整体研究的眼光，只有把这二者有机结合起来，才能有效地深入该论题。

第四节　基本结构

本书绪论主要对研究的意义、研究现状、研究方法等加以说明。

主体部分分为四章。第一章是关于女性地位的文学书写传统与现代有关女性问题的几次讨论。前者是本书展开的大背景，关于女性地位的文学书写古已有之，对中国古代文学中有关女性礼法地位书写的作品进行梳理，有助于我们找出这一大的脉络并继续向前延伸。而现代有关女性问题的几次讨论则是现代文学关于女性法律地位嬗变进行书写的小语境，对其的廓清有助于我们了解当时的话语氛围，对民国时期女性法律地位嬗变及其现代文学书写发生的情境有更准确和清晰的把握，这些讨论对现实社会生活中女性地位的改变和作家的创作心态亦产生了不小的影响。

第二章是民国时期传统乡土社会女性的法律地位与中国现代文学书写。民国时期乡土社会女性的法律地位实际上是几千年传统宗法社会里女性礼法地位的自然延续，它最大限度地保持了古代女性生存状态的样貌。生活在此空间里的女性基本谈不上有何法律上的权利，她们处于传统礼法社会的最底层。因此本章采取了选取典型现象、以斑窥豹的方式来展开，以对"溺女""童养媳""典妻""蓄妾"等传统陋俗及其现代文学书写的关注来接近这一段历史。同时对不同作家对同一主题的不同书写进行比较分析，发掘蕴藏于不同作品中的不同立场、视角与精神内蕴，也以此尽可能全面地获得对民国时期传统乡土社会里女性法律地位及生存状态的了解和审视。

第三章是都市女性法律地位的嬗变与中国现代文学书写。都市空间里的女性是最早享受到现代法治文明的女性群体。相较于法治文明很难渗透到的广大乡土社会腹地而言，都市空间能比较有效地受到现代法治文明的洗礼。这些都市空间犹如给几千年宗法社会的厚土镶上了一道金边。①

---

① 罗苏文在《女性与近代中国社会》一书中曾经指出："近代城市由点到线，在东南沿海、长江沿岸、渤海湾一一描绘出耀眼的金边。厚土与金边的并存是近代中国社会转型时期的基本特点，也向女性的适应与选择提出前所未有的机遇和挑战。"参见罗苏文《女性与近代中国社会》，上海人民出版社1996年版，第204页。本书借用这一"厚土""金边"的提法，但本书所说的"金边"是泛指比较有效地受到现代法治文明洗礼的都市空间，与之相对的广大乡土社会则为"厚土"。本书第二章标题"金边下的厚土"也由此而来。

生活在都市空间里的民国女性（无论是原原本本的都市女性，还是由乡土走入都市的女性），她们都或多或少地享有了几千年来女性从未获得过的法律上的权利，如教育权、婚姻权、财产继承权、职业权、参政权等。而与此相关的中国现代文学书写也大大地丰富起来。通过查阅那个时期与女性法律权利相关的法律条文和历史史料以及梳理关于此类题材的文学书写会发现，法律条文和社会现实生活之间还存在很大的差距，不同作家面对同一主题也表现出不同的书写趋向。但总之对此的文学书写揭示出在这个新旧更迭的时代里，女性在经历着社会现实生活重大变迁的同时，又怎样经历着心灵世界的巨大蜕变。

第四章是苏区、解放区女性法律地位的嬗变与中国现代文学书写。随着社会进程的推进和革命形势的变化，1927年中国共产党逐渐开始了独立领导革命的实践过程，一批批苏维埃区域逐渐开始在中国大地上出现。从这一时期开始，乡土社会女性的命运才真正开始有了前所未有的改变。在此之前，民间习俗和宗法力量才是乡土社会生活秩序的真正主宰，乡土社会女性的法律地位及生存状态相比于古代封建时期也无根本不同。也是从这一时期开始，到抗日民主革命根据地时期，再到第三次国内革命战争时期，中国共产党领导下的苏区、解放区乡土社会女性才真正开始享有婚姻权、教育权、经济权、参政权等法律上的权利。而这时期的文学都基本将为政治宣传作为首要任务。与女性解放相关的文学创作也大多和社会革命或阶级解放联系起来。当然，也有文学作品对"新的世界"里女性的生存状态进行了深刻的审视，而这一类文学创作较之前一时期相类主题的创作达到了更深的深度，虽然在当时受到质疑甚至批判，但对于女性地位的提高和女性自身主体意识的觉醒却无疑起到了积极作用。

结语部分总结民国女性法律地位的嬗变与中国现代文学之间的"互动"关系。分析在民国不同时间不同空间里女性法律地位在法律条文层面与现实社会生活层面之间的差异，以及相应的现代文学对其的书写有何不同表现，并揭示在这差异和不同表现的背后隐藏着的文化内里和历史逻辑。

第一章

女性法律地位之文学书写传统与中国现代妇女问题讨论

对于民国女性法律地位之嬗变的中国现代文学书写而言，女性法律地位之文学书写传统是其大背景，现代妇女问题讨论则是其小语境，因而它们也是本书得以展开的基础。法学界的研究者更多从法律修订的角度来看女性地位的变迁，历史学、社会学的研究者则更多从社会思潮的变化、政权的更替来看女性地位的改变，而文学在女性权利地位嬗变这一社会历史进程之中所扮演的角色和所起的作用往往被置于研究视角的边缘而被忽视，但实际上文学的角色和作用是潜在而且并非无足轻重的，尤其是近现代传媒业兴起与发展乃至文学逐步与政治"联姻"之后。

首先文学的书写至少为保存和记录某个特定时期女性的生存状态提供了一个途径和视角。当然，我们可以说，要探寻某个时期女性法律地位，可以去查阅那个时期的法律史料。这是途径之一，诚然不错。现有的关于女性问题的法制史方面的研究成果的确主要从反映女性法律地位的律文诠释及条文演变的角度进行考证，但也有研究者指出这种单一研究方法的弊端，认为研究女性法律地位的方法不仅要观察国家制度层面有关女性权利的静态规定，也须结合司法实践中对这些法律条文的动态应用。"研究法律自离不开条文的分析，这是研究的根据。但仅仅研究条文是不够的，我们也应注意法律的实效问题。条文的规定是一回事，法律的实施又是一回事。某一法律不一定能执行，成为具文。社会现实与法律条文之间，往往存在着一定的差距。……我们应该知道法律在社会上的实施情况，是否有效，推行的程度如何，对人民的生活有什么影响等等。"① 这就会让人产生通过进一步查阅某一时期的司法档案来研究这一时期女性法律地位在具体现实生活中"落实"的情况，从而进一步了解女性相关法律地位的想法，这自然比依靠单一的法律制度材料进行研究要有效和可靠得多，但是，也并非无懈可击。首先，在漫长的奴隶、封建社会时期，女性连最基本的生命权都得不到保障，遑论其他各项权利，即使到了民国这个法制现代化转型的时期，在几千年传统礼教及法律文化重压的"惯性"下，有多少女性为了维护自身权益真正走入了法律诉讼程序这一点本身就是很可质疑的，还有多少女性在对自己的法律权利所知甚少甚至一无所知的情况下就已成为那个年代女性群体里"沉默的大多数"。少有人会来为她们的命运和人生作"档案记录"，也少有人会对一段不熟悉且没有直接情感关联的久远历史作重新打量。即便是进入司法档案的，也少有人愿意拂去那些覆盖其上的尘灰，让它们重现于阳光之下。但是文学，却可以让我们永远保持热情，从这个意义上说文学创作是保留一段历史剪影最有效的途径之一，文学阅读是进入一段历史并对其葆有一份最深切理解的方式之一。正如著名历史哲学家海登·怀特在谈到历史文本与文学文本之间的关系时曾说："通常文学理论家在谈论某一文学作品的'语境'时，他们假设这个语境——历史背景——具有文学作品本身无法达到的具体性和易近性，似乎观察从成千上万的历史文件中组合起来的昔日世界的真实性比探究某个文学作品的深层要更为容易一些。但是所谓历史背景的具体性和易近性——那些文学批评者所研究的文本语境——本身就是历史学家研究这些语境时所制造的虚构产品。历史文件不比文学批评者所研究的文本更加透明。历史文件所揭示的世界也不是那么易于接近的。历史文件和文学文本均不是已知的。实际上，历史文件所表现出来的世界之不透明随着历史叙事的生产而不断增长。"② 也就是说，从某一个角度来看，所谓的史料即历史文件并不一定能比文学文本更加有效地反映一段客观的"历史"。用通俗一点的说法，如果把一个时期的社会现实生活看作历史"本身"的话，那么文学书写在"记录"那段历史的有效性方面（如对某一历史问

① 瞿同祖：《瞿同祖法学论著集·导论》，中国政法大学出版社 2004 年版，第 9 页。

② ［美］海登·怀特：《作为文学虚构的历史文本》，载张京媛主编《新历史主义与文学批评》，北京大学出版 1993 年版，第 168—169 页。

题的深层次审视），有着和诸多历史文件（包括司法档案）作用相当甚至是后者不可替代的价值。文学书写很多都是对现实社会生活的投影和折射，对于现代文学而言，有很多作品本身即是作家自己生活经历和心路历程的展示以及作家对当时现实生活中诸多"现象"和"事件"的"立此存照"。也正是基于这一点，文学书写尤其是现代文学书写对于女性法律地位的嬗变而言还有着切实的作用——文学所改造和撼动的是人的心理意识和情感，而这种撼动才是最深层最根本的，它不仅仅是对女性自我意识的唤醒，同时还让人对女性问题有不同的省视并产生新的理解与同情，于此再形成广大社会和舆论的反响，从而对妇女解放的进程产生实质性影响。

　　文学书写对于法律研究、历史研究发生意义不只因为如前所述的书写的内容，更深层的意义还来自于文学书写的方式。海登·怀特在《作为文学虚构的历史文本》中说："人们经常忘记，无论是关于个人生活的事件，还是关于一个机构、一个国家或整个民族的历史事件，都不能明显地构成一个完整的故事。我们不会'生活'在故事中，尽管我们事后以故事的形式来讲述我们生活的意义，并以此类推到国家和整个文化。列维－斯特劳斯在一篇关于历史编纂学的'神话'性质的文章中谈到，如果一个外星人读到关于法国大革命的无数历史书籍时，他一定会感到十分惊奇的，因为在这些著作中，'作者不总是利用同一事件；当他们利用同一事件时他们却又从不同的角度来写这个事件。这么多形式各异的历史书籍都是关于同一国家、同一时期、同一事件——事件的真实性被打散在多层结构中的各个层面里'。"① 当然他这里所论述的是对"历史叙述"的看法，但如前所述，如果文学书写也可看作"历史叙述"方式之一种的话，那么这段论述对于文学书写也同样有效。本书无意"解构历史"，更不是否定历史的"客观性"，相反地，本书是在寻求一种对某一特定历史——民国女性法律地位之嬗变——的新的观照方式。对于社会生活中同一"现象""事件"，或者更准确地说是同一类"现象""事件"，不同的文学书写者所采取的书写方式各不相同——无论如何我

----

　　① ［美］海登·怀特：《作为文学虚构的历史文本》，载张京媛主编《新历史主义与文学批评》，第169页。

们都不可能完全还原历史——而这种书写差异所形成的张力可以让我们从不同的路径去尽量接近"现场"（却永远不可能完全抵达）。这种差异既包含纵向时间轴的，也包括横向空间上的。而文学自身也正是在直面历史的动向与变迁中，在这些张力和差异里，获得其生命与价值。也正是在这多个层面上，民国时期女性法律地位之嬗变与中国现代文学书写的研究才成为可能并具有丰赡的意义。

第一节　中国传统社会女性礼法地位与文学书写

之所以采用"古代女性礼法地位"这一说法，是因为在中国古代社会里礼法是合一的。虽然从夏朝起，作为阶级统治重要工具的法制就已出现，而且随着世代嬗替，沿革脉络清晰，构成了具有民族特色的"中华法系"，但这中华法系的根却植在传统礼制当中，古代国家法律的制定从根本上说是为了维护"礼"的运行。

中国传统宗法伦理中女性的地位又如何呢？从母系社会为父权社会所取代起，女性的地位就一落千丈。在长达几千年的奴隶、封建社会时光长河中，女性一直处在被压迫压抑的地位。一系列宗法伦理信条的制定创设都是为了巩固以男性为主导的社会统治，而且这种宗法伦理随着封建制的发展还不断踵事增华。神权、君权、族权、父权、夫权任何一种纲常伦理都可以将女性缚住，更何况多种权力之线的层层缠绕，女性就是那被缚其中的蛹，很难有破茧而出的一天。"三从四德"是封建礼教为规约和压迫女性而制定的女性行为准则，实际上则是剥夺女性权利和戕害女性人格的工具。"三从"，是指"未嫁从父，既嫁从夫，夫死从子"（《仪礼·丧服·子夏传》），"四德"则是指"妇德、妇言、妇容、妇功"[①]（《周礼·天官·九嫔》）。在漫长的几千年中，无数充满灵性和生命原力的女子就被这"三从四德"牢牢地束缚甚至扼杀了。女性漫长

---

① "四德"一定程度上有其合理成分，但在中国古代封建社会"三从四德"是作为一个整体用来约束女性行为的，也即"四德"是为"三从"服务的，本质上是为了维护"男尊女卑"的封建礼法秩序。本书也是从这个意义上来使用"四德"。

的一生都浓缩在了这短短的四个字里。无论是哪一个人生阶段，无论是哪一个生活向度，女性都无独立人格可言，溺女、买卖女性等陋俗的普遍存在更是反映出女性地位的极其低下。在法律上，古代更是将各种权力对女性的压制成文化、法典化。中国古代女性常常因为一些所谓的"罪"连最基本的生命权都被随意剥夺，人身自由权和婚姻自主权、教育权以及经济权、家庭财产继承权等多项权利更是无从谈起。古代女性的这种无权状态在浩如烟海的文学作品中更是得到了生动的体现。

早在《诗经》中就有这样的诗句表现男尊女卑、重男轻女的传统："乃生男子，载寝之床，载衣之裳，载弄之璋。……乃生女子，载寝之地，载衣之裼，载弄之瓦。"① 意思是说如果生的是儿子就让他睡在很好的床上，穿很好的衣服，拿很好的玉器给他玩。如果生的是女儿，就让她睡在地上，用普通的衣被，拿陶瓦（纺锤）给她当玩具。由此可以看出女性地位的低下从出生那一刻就已注定。整个封建社会时期，男尊女卑已经成为天经地义。即使是女性自身，都不自觉地认同这种"传统"，如汉朝著名的女史学家班昭在《女诫》"卑弱"篇中说："古者生女三日，卧之床下，弄之瓦砖，而斋告焉。卧之床下，明其卑弱，主下人也。弄之瓦砖，明其习劳，主执勤也。斋告先君，明当主继祭祀也。三者，盖女人之常道，礼法之典教矣。谦让恭敬，先人后己，有善莫名，有恶莫辞，忍辱含垢，常若畏惧，是谓卑弱下人也。晚寝早作，不惮夙夜，执务私事，不辞剧易，所作必成，手迹整理，是谓执勤也。正色端操，以事夫主，清净自守，无好戏笑，洁齐酒食，以供祖宗，是谓继祭祀也。"② 从这些言论甚至篇名"卑弱"都可以看出对女性卑下地位的规约。此后又有晋朝李婉所作的《女训》，唐太宗长孙皇后所撰的《女则》、唐朝宋若莘、宋若昭姐妹所著的《女论语》，明朝仁孝文皇后所作的《内训》二十篇以及《女教篇》《女诫论》《女儿经》等女子教训书，无一不是将女性置于低男性一等的地位上，"教导"女性要如何"无我"。男尊女卑是天经地义，妇不从夫就为礼法所不容，所以"阴盛阳

---

① 陈襄民、刘太祥、葛培岭等注译：《五经四书全译》一，中州古籍出版社 2000 年版，第843页。

② （汉）班昭：《女诫·卑弱篇》，载楼含松主编《中国历代家训集成·汉唐编》一，浙江古籍出版社 2017 年版，第 4 页。

衰""怕老婆"就成为贻笑于人的耻辱。这也是历代戏曲、笔记、小说、笑话中一些"怕老婆"故事的来由，因为这违背了"常理"，所以才有戏剧性，才具喜感，这也正反向体现了男尊女卑的传统礼俗。正如白居易《长恨歌》中一句"遂令天下父母心，不重生男重生女"①倒恰恰说明了社会上普遍重男轻女的习俗。

古代女性地位的低下最显著地体现在婚姻关系中。传统儒家伦理中的"夫为妻纲"规定了女性在婚姻家庭夫妻关系中的地位。"夫为妻纲"最早为董仲舒所提倡（见《春秋繁露·基义》），后《白虎通·三纲六纪》中系统化为："三纲者，何谓也？谓君臣、父子、夫妇也。"将夫妻关系和君臣、父子关系并提，意为妻要服从夫就像臣服从君，子服从父一样。这意味着女性是完全依附于男性的，她们只不过是丈夫的附属物，没有独立的人格权。《说文》解释"妇"为"服也"，《尔雅·释亲》则解释："妇之言服，服事于夫也。"也因为女性是完全依附于男性的，所以女性的命运也完全由男性来决定，汉代女诗人班婕妤就曾用纨扇来比女人："新裂齐纨素，皎洁如霜雪。裁成合欢扇，团团似明月。出入君怀袖，动摇微风发。常恐秋节至，凉飚夺炎热。弃捐箧笥中，恩情中道绝。"②在古代社会，女性就犹如男性手中的扇子一样，需要时可"出入君怀袖"，不需要时就被"弃捐箧笥中"了。这首诗可以说写的不只是诗人的一己之情，可以称得上是所有古代中国女性命运的写照。

在中国古代的法律上对夫妻权利的规定也是极为不平等的。妻子即使受再不堪的待遇也不能到官府控告丈夫，否则，与卑幼告尊长一样犯了"干名犯义"罪。唐、宋律对犯该罪的女性要处徒刑两年。明、清则更为严苛，妻妾告丈夫与子孙告祖父母或父母同罪，杖一百徒三年，诬告者绞。即使是丈夫与人通奸也不能举告，而丈夫却有捉奸的权利，即使是当场杀死与人通奸的妻子，也不过判"杖八十"。除此之外，男子还享有离婚休妻的特权。丈夫可以"七出"的任何一条而离妻，但妻子却不能离夫。这种丈夫的权利和妻子的无权都受到封建法律的认定。如

① （唐）白居易：《长恨歌》，载张明非等编著《古诗类编》第三卷，广西人民出版社1990年版，第433页。

② （汉）班婕妤：《怨歌行》，载钟尚钧等编《中国历代诗歌类编》，河南教育出版社1988年版，第673页。

《唐律》明确规定："妻妾擅去者，徒二年；因而改嫁者。加二等。"① 同时又规定男人娶妾是合法的。唐以后的法律大多承唐制，甚至对于女性规约之严苛有过之而无不及。虽然唐以前的历代法典没有完整的保存下来，但残卷、佚文尤其是很多文学作品都对这种夫妻权利地位严重不平等的状况有生动的体现。《诗经》里《卫风·氓》② 中贤惠的女子即使是完全符合"妇德"，但还是只因为丈夫"士贰其行"就落得被抛弃的结局。有时候女性不仅要受到丈夫的不公待遇，甚至要受到代行父权的婆婆的干涉。《孔雀东南飞》中焦仲卿妻虽然"十三能织素，十四学裁衣，十五弹箜篌，十六诵诗书"，可谓知书贤淑，然"十七为君妇，心中常苦悲……鸡鸣入机织，夜夜不得息。三日断五匹，大人故嫌迟。非为织作迟，君家妇难为。妾不堪驱使，徒留无所施。便可白公姥，及时相遣归"。③ 再贤良淑德又如何，弃留全由不得自己，婆婆的这种权力其实仍然是父权男权的延伸。又如《上山采蘼芜》④ 中虽然丈夫说"新人虽言好，未若故人姝。颜色类相似，手爪不相如"，但现实不还是"新人从门入，故人从阁去"么？更加显出女性地位之低下的是，即使是已经为男家生子的女性，也仍然避免不了被抛弃的命运。白居易的《母别子》就写出了这类女性的悲哀："母别子，子别母，白日无光哭声苦。关西骠骑大将军，去年破虏新策勋。敕赐金钱二百万，洛阳迎得如花人。新人迎来旧人弃，掌上莲花眼中刺。迎新弃旧未足悲，悲在君家留两儿。一始扶行一初坐，坐啼行哭牵人衣。以汝夫妇新嬿婉，使我母子生别离。不如林中乌与鹊，母不失雏雄伴雌。应似园中桃李树，花落随风子在枝。新人新人听我语，洛阳无限红楼女。但愿将军重立功，更有新人胜于汝。"⑤ 诗歌不仅写出了已为人母的女性被弃的悲惨和凄凉，诗歌结尾更

① （唐）长孙无忌：《唐律疏议注译》，甘肃人民出版社 2017 年版，第 400 页。

② 《氓》，《诗经·卫风》，载胡光舟、周满江主编，张明非等编著《古诗类编》第三卷，广西人民出版社 1990 年版，第 540 页。

③ （汉）无名氏：《焦仲卿妻》，载胡光舟、周满江主编，张明非等编著《古诗类编》第三卷，广西人民出版社 1990 年版，第 496 页。

④ （汉）乐府诗《上山采蘼芜》，载胡光舟、周满江主编，张明非等编著《古诗类编》第三卷，广西人民出版社 1990 年版，第 543 页。

⑤ （唐）白居易：《母别子》，载胡光舟，周满江主编，张明非等编著《古诗类编》第三卷，广西人民出版社 1990 年版，第 549 页。

是写出了作为女性的共同悲哀，而最后"新人新人听我语，洛阳无限红楼女。但愿将军重立功，更有新人胜于汝"更可谓点睛之笔，直指男权社会权力的本质核心，也更本质地揭示出女性地位整体低下的状态。而夫妻双方即使是当初情投意合，最后女性被抛弃也只是在须臾之间。宋朝王安石的《君难托》就写出了女性爱情和权利毫无保障的状态："槿花朝开暮还坠，妾身与花宁独异。忆昔相逢俱少年，两情未许谁最先。感君绸缪逐君去，成君家计良辛苦。人事反覆那能知，谗言入耳须臾离。嫁时罗衣羞更着，如今始悟君难托。君难托，妾亦不忘旧时约。"① 同样的明代袁宏道的《妾薄命》也写出了女性毫无独立地位，对男性完全依附而惨遭抛弃的命运："落花去故条，高有根可依。妇人失夫心，含情欲告谁。灯光不到明，宠极心还变。只此双峨眉，供得几回盼。看多自成故，未必真衰老。辟彼数开花，不若新生草。织发为君衣，君看不如纸。割腹为君食，君咽不如水。旧人百宛顺，不若新人骂。死若可回君，待君以长夜。"② 即使是被抛弃，也仍然要以死相候，这只能说中国古代女性独立人格的缺失致使她们无论如何也走不出属于男性附属品的心理定式。又如清代赵执信的《弃妇词》："两姓无端合，亦复无故分。昔时鸳鸯翼，今日东西云。浮云本随风，妾心自不同。君心剧无定，见弃如枯蓬。出门拜姑嫜，十走一回顾。心伤双履迹，一一来时路。留妾明月珠，新人为耳珰。不恨夺妍宠，犹得依君旁。宝镜守故奁，上有君家尘。持将不忍拂，旧意托相亲。此生一以毕，中怀何日宣。愿得金光草，与君驻长年。"③ 从这些诗句可以看出，不论女性因为什么原因被弃，最后都还对原来的夫君抱有幻想，至死不悔，这就更显出女性的不幸，因为这恰恰是因为女性被"好女不侍二夫"的封建礼俗浸染太深所致。

作为"七出"之一的"无子"则更是成为女性被弃的重要原因。而"无子"之所以被作为"七出"之条也源于男尊女卑，有女不为有后的礼俗。宋代陆游的《夏夜舟中，闻水鸟声甚哀，若曰姑恶。感而作诗》

① （宋）王安石：《君难托》，载胡光舟、周满江主编，张明非等编著《古诗类编》第三卷，广西人民出版社 1990 年版，第 550 页。

② （明）袁宏道：《妾薄命》，载胡光舟、周满江主编，张明非等编著《古诗类编》第三卷，广西人民出版社 1990 年版，第 553 页。

③ （清）赵执信：《弃妇词》，载钱仲联、钱学增选注《清诗精华录》，齐鲁书社 1987 年版，第 91—92 页。

就写出了女性因未能生子而被遣返娘家的悲惨结局："女生藏深闺，未省窥墙藩。上车移所天，父母为它门。妾身虽甚愚，亦知君姑尊。下床头鸡鸣，梳髻著襦裙。堂上奉洒扫，厨中具盘飧。青青摘葵苋，恨不美熊蹯。姑色稍不怡，衣袂湿泪痕。所冀妾生男，庶几姑弄孙。此志竟蹉跎，薄命来谗言。放弃不敢怨，所悲孤大恩。古路傍陂泽，微雨鬼火昏。君听姑恶声，无乃遣妇魂。"① 中国古代社会的女性，哪怕是贤惠持家，尽心事舅姑，最后只要无子就难以避免被抛弃的悲凉结局。

在婚姻关系中，夫就是天，是君，妻则是地，是臣，妻子必须无条件地服从丈夫。男性可以三妻四妾，用多种理由出妻，女性则只能唯夫是从，从一而终。从秦始皇开始，历代封建统治者都倡导和褒奖"贞妇""烈女"，而这种贞节又只是针对女性的。妻子死了，丈夫可以再娶，丈夫死了，妻子则需替丈夫守贞。班昭的女诫中就曾有言："夫有再娶之义，妻无二适之文。"宋代林景熙所作《妾薄命六首》② 中就用乐府旧题分咏六个古代烈女的故事，其中一则写西晋石崇以百斛而聘之妾绿珠在石崇死后坠楼殉情："念主惠妾深，缘妾为主累。楼头风雨深，残花抱春坠。"还有一首则写唐朝张尚书之爱妾在其死后守在旧第燕子楼中，十余年不嫁："春风燕子来，秋风燕子去。去来影常双，孤鸾抱憔悴。"无论是殉情而死还是不嫁守节，女性的命运都是悲惨的。当然也有再嫁的女性，但儒家伦理却是鼓励女性守贞的，尤其是在理学盛行的宋代，由于程颐、朱熹等之倡导，"饿死事小、失节事大"成为要求寡妇守节、不得再嫁的思想准则。到了清代，对女性的种种压迫和对女性贞节的要求更是到了极致，甚至鼓动和强迫寡妇殉夫。如果说《孔雀东南飞》中刘兰芝被休返娘家，兄长又逼其再嫁时她投水而死还是因为对丈夫的感情忠贞不渝，到了宋代以后，守节则逐渐变为了女性的一项天职和义务了。元代贡师泰写有《段节妇吟》："河可塞，山可移；志不可夺，义不可亏！妾为段家妇，年纪方及笄。上堂奉翁姑，入室携两儿。儿死夫亦死，此生将何为？昔如双鸳鸯，今日为孤雌。昔日三春花，今

① （宋）陆游：《夏夜舟中，闻水鸟声甚哀，若曰姑恶。感而作诗》，载胡光舟、周满江主编，张明非等编著《古诗类编》第三卷，广西人民出版社1990年版，第551页。

② （宋）林景熙：《妾薄命六首》，载胡光舟、周满江主编，张明非等编著《古诗类编》第三卷，广西人民出版社1990年版，第441页。

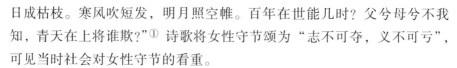

日成枯枝。寒风吹短发，明月照空帷。百年在世能几时？父兮母兮不我知，青天在上将谁欺？"① 诗歌将女性守节颂为"志不可夺，义不可亏"，可见当时社会对女性守节的看重。

当然也有批判片面贞操节烈观的文学作品和文人言论，尤其是在明中叶以后，这类作品和言论更是空前繁荣起来。李贽是最早对"节妇"陋俗进行批判的，他直斥不许寡妇再嫁是没有出息的"不成人"，赞许再嫁"好"！著名经学、文学大家归有光、毛奇龄都直斥贞女陋俗，还引起一场针锋相对的论战，一直持续到清末，在社会上形成广泛的影响。支持归有光、毛奇龄的还大有人在，如阮葵生、汪中、俞正燮等。在吴敬梓的《儒林外史》中也塑造了殉夫女性王三娘的形象，锋芒直指吞噬女性生命的封建礼教。而对于单向地苛求女性的贞操，男性则可以随心所欲，也有人大加挞伐。叶燮就主张："女子之德甚多，不必专以节烈著称；以节烈著称，实妇人不幸。"② 俞正燮也主张："古言'终身不改'。身，则男女同也。"并提出不应只许男人"出妻"，也应赋予女性"出夫"的权利。在李汝珍的小说《镜花缘》中，作者也借强盗妇人之口直斥了其夫劫人为妾的行为，她说："你不讨妾则已，若要讨妾，必须替我先讨男妾，我才依哩！"③ 这样的言论在当时可谓惊世骇俗，但却表明传统封建礼教的大厦正在被丝丝撼动。正如胡适在《镜花缘》的引论中所说："三千年的历史上，没有一个人曾大胆的揭出妇女问题的各方面来作公平的讨论。直到十九世纪的初年，才出了这个多才多艺的李汝珍，费了十几年的精力来提出这个极重大的问题。他把这个问题的各方面都大胆的提出，虚心的讨论，审慎的建议。他的女儿国一大段，将来一定要成为世界女权史上的一篇永垂不朽的大文；他对于女子贞操，女子教育，女子选举等问题的见解，将来一定要在中国女权史上占一个很光荣的位置：这是我对于《镜花缘》的预言。也许我和今日的读者还可以看见这一日的实现。"④ 事实证明，历史印证了胡适的预言。但总的

① （元）贡师泰：《段节妇吟》，载陈衍辑撰《元诗纪事》下册，上海古籍出版社1987年版，第482页。
② 《民国丛书》编辑委员会著：《民国丛书》第三编《中国思想研究法 中国思想之检讨》，上海书店1991年版，第256页。
③ （清）李汝珍：《镜花缘》下，人民文学出版社1979年版，第373页。
④ 胡适：《胡适文存》二集，黄山书社1996年版，第512—513页。

来说，当时那些文学作品和文人言论无疑正好反向证明了封建伦理纲常对女性压迫之深重。

与"三从四德""男尊女卑"一样对女性进行规约压迫的还有"女主内"的宗法秩序，这更是进一步剥夺了女性外出从事经济活动、参与家外事务的权利。《周易·家人》说"女正位乎内，男正位乎外，男女正，天地之大义也"，《礼记·内则》中曰"男不言内，女不言外"，后面继续引申出"男主外，女主内"，实则是将女性禁锢在了家庭的牢笼之中，操持家务成了女性唯一能从事的活动。而操持家务是不能获得直接的经济收益的。此外女性低人一等的地位也导致了女性不具备宗法继承的权利，因为女性只是作为男性的附属物而存在，所以只能服从于男性，宗法的继承系统亦不将女性纳入，只有男性才能延续香火，传宗接代，从而也就进一步导致了女性经济地位的低下，女性不得蓄私财，不能有财产继承权也就不足为怪了。《礼记·内则》中说："子妇无私货，无私蓄，无私器，不敢私假，不敢私与。"在家庭中，家里的一切都不属于女性，女性不能私有钱财和用具，不能私自把家里的东西借给别人或者送给外人，否则就构成了"七出"之一的罪名"盗窃"。

"女主内"的封建伦理不仅是对女性的经济权利的制约，还是对参与家庭以外事务包括政治活动权利的剥夺。《诗经·大雅·瞻卬》中说"妇无公事，休其蚕织"，意思是女人不应该管国事，而应该以蚕织为其善，为其业。一些朝代的开国皇帝为了其统治的"长治久安"，往往将禁止女性与政作为一项内容而以诏令、训谕的形式公布于世。如《三国志·魏文帝纪》中记载，文帝曹丕于黄初三年（222）九月诏："夫妇人与政，乱之本也。自今之后，群臣不得奏事太后，后族之家不得当辅政之任，又不得横受茅土之爵。以此诏传后世，若有违背，天下共诛之。"①《明太祖实录》中也有类似禁止女性干预政事的记载。但是不可否认历史上仍然有一些女性登上了政治舞台并对历史进程产生巨大的影响，如历史上曾统治全国的女皇帝武则天以及一些干预朝政的后妃，甚至是和亲的公主，等等。但这都只是"例外"，不代表女性的整体。即便是有政治才能的女性想要涉足政治领域，也会受到诸如"牝鸡司晨"

---

① 刘宁元：《中国女性史类编》，北京师范大学出版社 1999 年版，第 61 页。

之类论调的攻击。总的来说封建礼法是禁止女性参政的，女性的政治地位也极其低下。女性更多的是作为政治的工具而"参与"政治。如政治联姻、美人计等，女性都是成为政治的工具或牺牲品。更甚者如杨贵妃杨玉环，虽然她恃宠而骄，但"安史之乱"的责任绝不应由一个女子来全部承担，玄宗马嵬坡前赐死，杨贵妃不过是代其以死而谢天下罢了。白居易的《长恨歌》、洪昇的《长生殿》都是为这个成为政治牺牲品的女性而作。她的悲剧究其根源还是传统礼法中因歧视女性而来的"女祸"论所导致。

中国古代女性不仅没有独立的人格权、婚姻自主权、经济权、参政权，甚至连受教育的权利也被"剥夺"。虽然并没有哪个朝代的法律明文规定女子不许接受教育，但一般而言只有贵族女子尚有机会诵读诗书，辩文识字，且那不过也是为了把她们训练成为"知书达理"的贤妻良母，更好地为男权社会服务罢了。即使识字，也认为"妇女只许粗识柴米鱼肉数百字，多识字，无益有损也"①。甚至说"女子无才便是德""妇人识字多诲淫"。这实际上是用种种荒谬的言论来阻止女性受教育，让女性一直处在混沌未开化之中，从而使男权社会的统治更加稳固持久，同时也就剥夺了女性的受教育权。即使是有机会接受教育的女性，传统女教也只是对她们进行"德育"而非"智育"，几千年间种类繁多的女教书就可以作为明证。这实际上是压抑女性的才智使其得不到发挥，从而让女性"稳稳"地成为男性的附庸。对于女性受教育权的被剥夺与压抑，中国宋朝著名女诗人朱淑真就曾有过不平之诉："女子弄文诚可罪，那堪咏月又吟风？磨穿铁砚非吾事，绣折金针却有功"，又如"闷无消遣只看诗，不见诗中话别离。添得情怀始萧索，始知伶俐不如痴"。② 这是为数不多的女性为自己的境遇和地位鸣不平的作品之一，中国古代的文学作品更多的是将理想女性塑造成低眉顺眼、柔婉娇弱的形象，即使是女性自己的文学创作，也大部分受制于传统儒学为主流的文化氛围而题材狭窄。无怪乎谭正璧先生在《中国女性文学史话》中要大发感慨：

---

① 《温氏母训》，载张鸣、丁明编《中华大家名门家训集成》上册，内蒙古人民出版社1999年版，第872页。

② （宋）朱淑真：《自责二首》，载张璋、黄畲校注《朱淑真集》，上海古籍出版社1986年版，第154—155页。

"有那么一班无聊的女作家，她们专门吟风弄月，以博取男性的欢心。结果她们的作品便沦为无病呻吟，抹却了自己真实的心灵，把文学当作媚人的游戏，早已失去了文学的伟大的意义了。"① 由此可知，即使是受过教育的女性在用她们的才学来发出自己的声音时仍然受到传统礼法和男权文化的掣肘，这不能不说是女性教育的最大悲哀。

要了解封建社会时期女性的礼法地位状况，我们一方面可以从历代律例和风俗志中找寻答案，但从文学作品和典籍中我们更能窥见历史细节的真实与丰富，尤其是对于女性在这种社会关系与法律地位中的生存状态、心理意识及情感，只有从历代的文学作品和文人言论当中才能细细品读，也让我们对传统中国社会女性地位的低下和生存状态的悲惨有感同身受的体贴与同情。

第二节　民国时期有关妇女问题的讨论

在漫长的古代社会时期，在传统礼俗的束缚下，广大女性可谓几无权利地位可言。到近代民主主义思想萌芽以后，女性权利地位低下的状态渐渐引起越来越多人的关注和思考。如前所述，明末和清代都曾出现一大批同情女性的思想家。他们著书立说甚至身体力行来表示对女性权利地位状态的不平和批判。如胡书巢针对女性贞操论提出的"不娶处子"及袁枚直斥"女子不宜为诗文"的论调，广收女弟子，屡刻女弟子诗等。这些个体行为实际上也体现出时代思潮的种种动向。这些动向渐渐成为推动女性解放的力量，使女性在复杂的社会历史进程当中慢慢成长，也使女性的法律地位在错综复杂的矛盾斗争中逐步提升并最终朝实现现实意义上的男女平等而迈进。这集中体现在社会生活当中就是女权运动的发生和兴起以及社会上关于女性问题的更广泛的讨论热潮的到来。

在太平天国、戊戌维新和辛亥革命时期，曾经兴起过几次女权运动。那些妇女运动的先驱们兴办女学、戒除缠足、创办妇女报刊、争取女性参政权等，无论是在理论宣传上还是社会实践上都取得了不小的成果和

---

① 谭正璧：《中国女性文学史话》，百花文艺出版社 1984 年版，第 21 页。

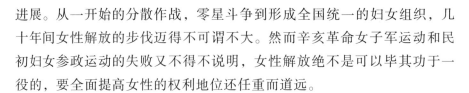

进展。从一开始的分散作战，零星斗争到形成全国统一的妇女组织，几十年间女性解放的步伐迈得不可谓不大。然而辛亥革命女子军运动和民初妇女参政运动的失败又不得不说明，女性解放绝不是可以毕其功于一役的，要全面提高女性的权利地位还任重而道远。

辛亥革命虽然推翻了清政府，形式上结束了两千多年的封建专制制度，但却并没有彻底地撼动中国社会，辛亥革命后各军阀政府走马灯似的轮番登场使得中国的政治局面更加混乱，各种社会矛盾也并没有得到缓解，女性的权利和法律地位更没有得到根本性改变，女性尤其是广大底层女性依然是地位最卑下、命运最悲惨的群体。在法律上，晚清修律虽然制定了新的民律和刑律草案，但民国最初20年的民事法律并没有依用修订的新律，而是仍然沿用《大清刑律》的民事部分修改而成的旧律。即使就此而言，实际上对《大清刑律》的修改也不是全面的，仍有一些律例得到保留，尤其是有关女性的立法。因此，直到1929—1930年国民党政府颁布新律的时候，有关女性的立法才有所变更，女性在法律上的权利和地位也才相应地有所改变。而在此前的近20年时间里，民国女性于法典规定下的地位与清代女性甚至历代女性并无多大不同。

尤其是以袁世凯为首的北洋军阀夺得政权后，为了重建封建礼教的权威，梦想靠旧有的礼俗来恢复秩序，开始鼓吹尊孔读经，同时极力打击妇女运动，解散妇女参政团体，勒令停办女子法政学校。他还在法律上剥夺女性的各项权利，在社会习俗上更是倒行逆施，表彰节烈。1914年3月2日，袁世凯政府颁布《治安警察条例》，该条例规定女子与被剥夺公权的人、未成年人一样，"不得加入政治结社"；第12条规定女子"不得加入政谈集会"①。这就从法律上剥夺了女性参与结社和言论的自由。3月11日，又公布了《褒扬条例》，该条例第1条第2款规定"妇女节烈贞操可以风世者"，"得受本条例之褒扬"②，还会由大总统给予匾额题字并颁发金质或银质奖章褒奖。

1917年11月，中华民国代总统冯国璋又再颁布《修正褒扬条例》，

<hr>

① 《治安警察条例》，《政府公报》第653号，印铸局发行，1914年3月3日，转引自刘巨才《中国近代妇女运动史》，中国妇女出版社1989年版，第406页。

② 《褒扬条例》，《政府公报》第662号，1914年3月12日，转引自刘巨才《中国近代妇女运动史》，中国妇女出版社1989年版，第406页。

将"妇女节烈贞操可以风世者",作为呈请"褒扬"的九种行为之一。如其中一些细则规定:"节妻:年在三十岁以内,守节至五十岁以上者,若年未及五十而身故,以守节满十年者为限";"女子未嫁,夫死自愿守节者";"烈妇烈女凡遇强暴不从致死,或羞愤自尽,及夫亡殉节者,属之其与遭寇殉节者同"。① 这种倒行逆施条例的颁布使得原本经妇女运动先驱们努力后有了些微进步的妇女解放运动又偃旗息鼓甚至出现倒退。在当时这种制度和舆论氛围影响下,就出现了"海宁的唐烈妇历 98 日之长,以九死之惨为夫殉葬","海盐 19 岁女孩俞氏为未婚夫服丧三年归报地下","上海陈宛珍在未婚夫死后 3 小时服毒殉节"② 这类愚昧而可悲的行为,统治者们强制为女性立下的贞节牌坊不知谋杀了多少女性的自由和生命。但当时这样的举动竟然被一些封建卫道者大肆鼓吹,奉为"节妇""贞女"。如 1914 年出版的《女子世界》就大肆宣扬此种贞节观,还专门为这些悲惨的女性开辟《扬芬集》,为她们的贞节立传,不能不让人悲而复叹!

但另一方面,一大批思想先进的知识分子并没有就此退却,而是发起了一场更加彻底更为激烈的反对封建文化和礼教的思想文化革命。妇女解放运动也正是在与这一革命共体的情形下继续向前推进。女性权利的获得与国家法律制度的规定和赋予息息相关,而国家政治、法律制度的变革尤其是以法典、制度、规章的形式固定下来,又往往与一定的社会思潮的推动分不开,同时社会思潮的萌芽与发展及声势壮大又往往由某些个人和群体积极倡导宣传而起,对于这种倡导宣传的渗透人心,报刊传媒与文学创作不能不说是最有效的方式和途径之一。一大批知识精英,尤其在早期,主要是男性知识分子在妇女解放运动中起到了非常重要的作用。可以说妇女问题从五四开始一直是民国时期知识界、报刊传媒界乃至政界都关注的主题之一。民国时期对于妇女问题也有过几次较为集中的讨论。这些讨论通过报刊传媒的"传播",对社会各界都产生了不小的震动和影响。现代作家关于民国女性法律地位之嬗变的文学书写也正是在这样的语境中进行。

---

① 赵凤喈:《中国妇女在法律上之地位》,上海商务印书馆 1928 年版,第 124—125 页。

② 中华妇女联合会:《中国妇女运动史》,春秋出版社 1989 年版,第 64 页。

一 五四时期有关妇女问题的讨论

妇女问题是五四时期反封建的重要主题之一。从戊戌变法、辛亥革命时期开始，就有先进的思想家和妇女运动者开始自办报纸刊物、发表言论，提倡男女平权，以巨大的勇气和热情投身妇女运动当中。越来越多具有先进思想的知识分子开始以刊物为阵地来进行思想传播和自我言说。对女性命运和地位进行关注和思考是他们思想表达的一部分。可以说近代女性意识的觉醒以及社会各界对女性问题的关注都与近代报刊传媒的鼓吹作用关系重大。到五四时期，这种声音更为响亮，一大批思想家、文学家和社会活动家都以刊物为阵地纷纷撰文，批判抨击旧礼教传统对中国妇女的身心压迫，大声疾呼要把妇女从封建枷锁中解救出来，在政治、经济、文化等各个方面赋予女性与男性平等的权利和地位。五四时期的很多报刊也专门开辟了妇女问题专栏或专号，对妇女问题展开热烈的探讨。相应的在文学创作方面，妇女问题也成为重要主题之一。"'五四'新文化运动对妇女问题的重视，对妇女问题研究和探索的热烈程度和深广程度，都达到了我国文化史上前所未有的新水平。"[①]

五四新文化运动初期的报纸期刊大多具有强烈的精英启蒙意识，提倡新文化，反对旧文化，提倡新道德，反对旧道德，强调对民众的启蒙，唤醒"人"的意识的觉醒。这种意识也很鲜明地反映到妇女解放问题上，如《新青年》就率先于 1917 年 2 月 1 日第 2 卷第 6 号开辟"女子问题"专栏；五四时期最具影响力的《晨报》也在 1919 年 5 月 4 日开辟"妇女问题"专栏；紧接着《民国日报》副刊在 1919 年 6 月 6 日开辟了副刊《觉悟》，也设有讨论妇女问题的专栏；《星期评论》1919 年 7、8月第 8、9 号开展"女子解放从那（哪）里做起"的讨论；《少年中国》1919 年 10 月 15 日第 1 卷 4 期特刊"妇女号"；《少年世界》1920 年第 1卷 7、8 号特刊"妇女号"；《星期日》1920 年第 33、34 号是"妇女问题号"。还有《解放与改造》《新潮》等刊物上也都刊登了大量关于妇女问题的文章。在这些刊物上发表文章的既有从启蒙立场和角度撰文的胡适、鲁迅、蔡元培、周作人、吴虞等人，也有带有一定阶级色彩的早期

---

① 杨义：《中国现代小说史》，人民文学出版社 1986 年版，第 202 页。

马克思主义者如李大钊、陈独秀、沈雁冰、田汉、陈望道、戴季陶等人。这些关于妇女问题的讨论涉及的范围相当广泛，讨论者既对传统的封建妇女观作了全面的否定和批判（尤其是在北洋军阀政府颁布《褒扬条例》和《修正褒扬条例》之后各地封建保守势力大肆鼓吹女性为夫殉节的"节烈"之时），同时又对妇女运动、女子教育、女性求职、经济权利、伦理、道德、贞操问题、男女社交公开问题，婚姻、家庭问题甚至是妇女的衣饰问题等都进行了讨论，提出了许多建设性的意见。

应当说中国的妇女解放运动最早是由男性精英知识分子所发动和启蒙的，明末清初一些思想家的言论可谓中国最早女权思想的萌芽。男性作家们对于女性问题的思考一开始大多也是站在启蒙的视角和立场。1915 年 9 月 15 日，陈独秀于《青年杂志》创刊号上发表了《敬告青年》一文，揭开了新文化运动的序幕，与此同时，他也提出了妇女解放问题："世称近世欧洲历史为'解放历史'：破坏君权，求政治之解放也；否认教权，求宗教之解放也；均产说兴，求经济之解放也；女子参政运动，求男权之解放也。"① 可见，陈独秀在新文化运动发起之初就已经有了明确的妇女解放观念。

鲁迅从始至终都是一个对妇女问题保持着高度关注和持续探索的思想家、文学家。无论是在现实生活中对走出家庭的年轻女性的帮助与扶持，还是在创作中对妇女问题题材的持续热衷与思考，都反映出其对女性问题热度与理性兼备的思想境界与深度。在其论著中有关妇女问题的篇目不少，这些文章论及的问题也相当广泛，包括家族制度、子女教育、爱情婚姻、传统女教、女性经济独立，新女性以及女性的性权利和性心理等问题，更不论其小说创作中所灌注的对女性的深切同情与思考。1918 年 8 月，鲁迅在《新青年》第 5 卷第 2 号上以唐俟的笔名发表了著名的《我之节烈观》，对残害中国妇女几千年的封建道德礼教进行全面的清算，对当时社会上封建顽固派鼓吹的"节烈救世说"发起猛烈的抨击。当时袁世凯政府颁布《褒扬条例》鼓励女子守节，于是社会上"节烈救世说"也风行一时。这种说法认为，人心日下、国将不国是因为女性不节烈造成的，只要女性节烈了，世道人心便好，于是国家也便得救

---

① 陈独秀：《敬告青年》，《青年杂志》1915 年 9 月 15 日。

了。鲁迅针对这种"节烈救世说"的荒谬和虚伪撰写了《我之节烈观》一文。这既是鲁迅向传统礼教宣战的第一篇檄文，也是五四时期女性启蒙和妇女解放的一篇重要文章，它对"吃人"的旧道德"节烈观"作了系统而全面的批判和清算，对五四思想解放运动和女性解放运动都做出了重要贡献。在《我之节烈观》发表四年后，鲁迅又在北京女子高等师范学校作了题为《娜拉走后怎样》的演讲，表现出其对女性问题既热忱又冷静的态度和思想境界（将在后文中论述，此处不赘）。除此之外，鲁迅还陆续发表了《寡妇主义》《我们现在怎样做父亲》《灯下漫笔》《关于妇女解放》《幸福的家庭》等与女性问题相关的文章，并将他的妇女解放思想倾注到其文学创作当中去，如《祝福》中祥林嫂、《伤逝》中子君等女性形象的刻画无不浸透着其对女性问题的思索。

胡适作为最早对女性问题予以关注的现代知识分子之一，在 1918 年 9 月的《新青年》第 5 卷第 3 号上发表了一篇题为《美国的妇人》的文章，这是他在参加一次友人聚会后而作。在这次宴会上，他遇到了一位美国女记者，她"苍老的壮志，倔强的精神"被胡适视为一种新女性的人生观。女性 30 多岁在中国是已经被视为在家相夫教子的年龄，而这位女记者却代表几家报馆即将赴俄国担任特别调查员，这引起胡适由衷的佩叹。胡适意在将这种"新女性"的人生观介绍给国人。他认为"把这种精神来补助我们的贤妻良母观念，正可以使中国女界有一点新鲜空气，定可使中国产出一些真正自立的女子"①。他还主张女子应该有"超贤妻良母人生观"，女子教育应以"超贤妻良母主义"为宗旨。此外，胡适还写了《曹大家〈女诫〉驳议》《敬告中国的女子》《论贞操问题》等文章来表达他对女性问题的看法，并将其对这些问题的思考灌注到文学创作中。他的《终身大事》可谓现代文学史上最早表现女性婚姻自由权的戏剧。而他为一个无名女学生所作的《李超传》也可以说是现代文学史上独一无二的"女权"传记。

此外还有不少现代作家都对女权问题进行了深入的探讨。叶绍钧的《女子人格问题》一文曾指出："女子自身，应该知道自己是个'人'，所以要有能力充分发展，做凡是'人'，当做的事"，"他那做妻的事实，

①　胡适：《美国的妇人》，《新青年》第 5 卷第 3 号，1918 年 9 月。

应知道是顺自然之理，和男子做女子的夫一样。并不是去做男子的财产、奴隶，替他管家事，长财产"，"男子也应知道，不尊重他人的人格，就是贬损自己的人格"。① 这些早期启蒙者的声音可以说为国人尤其是中国的女性打开了一扇开启心智之门，也鼓舞着女性在争取自身权利的路上继续前行。

五四时期，还有一些思想家和妇女运动者提出了把妇女运动的重心转移到第四阶级的主张，这对现代作家尤其是大多出身于小资产阶级的现代女性作家而言产生了有力的影响。如蔡元培在当时提出了"劳工神圣"的口号，李大钊更是有关于中产阶级妇人和无产阶级妇人联合起来的号召。1919年2月，李大钊撰写《战后之妇人问题》探索妇女解放的道路问题。在文中他写道："我以为妇人问题彻底解决的方法，一方面要合妇人全体的力量，去打破那男子专断的社会制度；一方面还要合世界无产阶级妇人的力量，去打破那有产阶级（包括男女）专断的社会制度。"② 还有田汉，在对世界各国妇女运动进行历史性的回顾之后，也发表了寄望于第四阶级妇人运动的见解，他在《第四阶级的妇人运动》中将妇人运动分成四个阶级，着重指出第四阶级即最底层的千百万妇人才是"真正彻底的改革论者"，即"妇人的劳动运动"。③ 这样的讨论和文章发表，在妇女问题已经成为社会关注热点的当时形成了一个旗帜鲜明的舆论场，每一个对此问题有所思考和关注的人包括现代作家，都会在无形之中受其影响。所以，在现代文学作品中反映底层妇女被封建思想和陈规陋习禁锢和压迫的悲惨命运的作品不在少数。随着社会的发展和历史阶段的变迁，文学作品中反映女性逃离家庭，外出求学、求职，或投身社会革命的文学作品也日益增多。

这些言论的发表，辅之以传媒报刊的宣传力量，使得整个社会尤其是政治力量和知识分子团体都对妇女问题有了比较广泛而切实的关注。早期关于妇女问题讨论的一个特点是参加讨论的主体绝大部分是男性精

---

① 叶圣陶：《女子人格问题》，《新潮》第1卷2号，1919年2月。

② 李大钊：《战后之妇人问题》，载中华全国妇女联合会妇女运动历史研究室编《五四时期妇女问题文选》，生活・读书・新知三联书店1981年版，第19—20页。

③ 田汉：《第四阶级的妇人运动》，载中华全国妇女联合会妇女运动历史研究室编《五四时期妇女问题文选》，生活・读书・新知三联书店1981年版，第33页。

英知识分子，他们大多受过先进的教育并有过出国留学的经历，受过一些西方女权运动及思想理论的影响，有着比较鲜明的立场，对于女性解放的途径也有着自己的设想及思路，更难能可贵的是他们无一不对女性抱有最深刻的理解和同情并积极努力地致力于女性解放的事业，五四时期关于女性问题讨论热潮的形成若没有他们的发起和推波助澜是很难想象的。与此同时，这一时期的女性群体就很鲜明地作为启蒙的对象被放置在了客体的位置（当然也不排除极少数知识女性如吴虞的妻子曾兰等一直积极地致力于女性解放的斗争）。

但随着新文化运动的展开，越来越多的女性知识分子也积极投入这一阵营当中，开始组织社团、自办刊物，撰写文章等。20 世纪初期妇女解放运动高潮的形成与知识女性自身的努力也同样是分不开的，她们为开启女性心智、唤醒女性的主体意识付出了艰难而巨大的努力。在这一时期仅就妇女报刊而言呈现出一片繁荣之势。据初步估计，1919 年至1922 年创办的妇女报刊达十余种。① 这包括《醒世》周刊（1919 年 6 月天津第一女子师范学生团创办），《平民》半月刊（1919 年 11 月 1 日天津女界爱国同志会和天津学联联合出版）、《女界钟》（1919 年 11 月 21日湖南周南女校创办）、《新妇女》半月刊（1920 年 1 月 1 日上海务本女子中学的五位教师创办）、《妇女评论》（1920 年 5 月 1 日创刊于苏州）。这些女性报刊所探讨的妇女问题涉及女性解放的诸多方面，② 如《醒世》报道各地妇女参加爱国运动的消息，继辛亥革命"女子参政运动"之后，继续唤起女性的参政意识；《平民》就曾专门讨论过妇女解放和妇女生计以及婚姻自主等问题；《女界钟》则主要讨论妇女解放、妇女劳动等问题，该刊还对女权运动史上著名事件赵五贞之死进行热烈的讨论；《新妇女》则提倡婚姻自主，妇女经济独立、社交公开、男女教育平等、妇女参政等，更值得一提的是它已经开始注意到资产阶级和无产阶级两种不同阶级的妇女地位和命运，有些文章还介绍了马克思主义，并把妇女问题与劳动问题、废除私有财产问题联系起来，但是还不能说它具有鲜明的阶级立场；《妇女评论》对于解决妇女问题的方式，意见颇不统

---

① 刘巨才：《中国近代妇女运动史》，中国妇女出版社 1989 年版，第 430 页。
② 刘巨才：《中国近代妇女运动史》，中国妇女出版社 1989 年版，第 430—431 页。

一，有人认为要实行乡村教育，有人则热衷于工读互助主义，对女子工读互助团抱有很大希望。此外，它还集中讨论了儿童公育问题，认为儿童公育是解放妇女的关键所在。

此外，还有一些女性刊物则已经带有一定的阶级意识，如《妇女声》（上海中华女界联合会创刊于 1921 年 12 月 13 日）、《妇女评论》（上海《民国日报》副刊，创刊于 1921 年 8 月 3 日）、《现代妇女》（妇女问题研究会和中华节育研究社共同出版，是《妇女评论》的姊妹刊物，创刊于 1922 年 9 月 6 日）、《妇女周报》（《妇女评论》与《妇女周报》于 1923 年合并改组而成）等，此外还有《劳动与妇女》（广东共产主义小组创刊于 1921 年 2 月 13 日）。《妇女声》对废娼问题、节制生育问题都做了专门的探讨，对国内外妇女运动的情况及国内各地女工罢工的情况也做了大量报道。总的来说，它强调知识阶层妇女和无产阶级劳动妇女相结合的必要性，认为只有通过革命手段，推翻旧社会，才是妇女解放的根本道路；①《妇女评论》（上海《民国日报》副刊）虽然也提出经济独立、妇女参政、婚姻自由等口号，但不同的是，它所提出的这些口号的内涵与早期新文化运动刊物中提出的这些口号时要求男女平权、个性解放的内涵已有所不同，它已经开始把女性的解放和社会制度联系起来，认为只有消灭私有制，实现社会制度的变革，才能实现妇女在政治、经济、文化、教育等各方面与男性的平等。在 1923 年《妇女评论》与《妇女周报》合并改组为《妇女周报》以后，则把妇女解放更加紧密地结合到实际层面的政治斗争中去；②创刊较早的《劳动与妇女》则是一个由共产主义小组主办的刊物，从刊物的名称即可看出它的主要特点，它将妇女问题与劳动问题联系起来，认为要从根本上解决妇女问题就只有两个办法：一是实行公有制；二是工人阶级掌握政权。但在具体思路上撰稿者却不是太清晰，他们并没有提出改造社会制度，而是仍然从男女平等和经济独立的思路来思考妇女解放的方法和途径。③

从以上论述我们虽然可以想见五四时期妇女运动及妇女报刊的蓬勃之势，但总的来说，从与参与妇女解放的男性人数和整个社会女性群体

---

① 刘巨才：《中国近代妇女运动史》，中国妇女出版社 1989 年版，第 431—432 页。
② 刘巨才：《中国近代妇女运动史》，中国妇女出版社 1989 年版，第 432 页。
③ 刘巨才：《中国近代妇女运动史》，中国妇女出版社 1989 年版，第 431 页。

的人数相比较而言，参加讨论和致力于妇女解放的女性却是很少的，而这也恰恰说明了妇女解放的迫切性和必要性。但是经过考察我们也会发现，中国现代第一批女作家如冰心、陈衡哲、冯沅君、凌叔华、庐隐等却大多是在这一社会思潮的影响和感召下开始从事文学创作的，她们的很多作品也体现了对妇女解放问题的关注。

但和西方女作家由女性文学发展到女权主义文学不同的是，中国女作家从一开始就不是带有极端的女权主义立场。虽然随着近代社会思潮的涌动及新文化运动的兴起，女作家们也具有一定的女性意识和女权意识，但他们在面对男性世界时并不采取一种极端的批判立场，而只是争取要做"和男人一样的人"。与此同时，中国现代女作家的创作从一开始也并没有仅仅拘囿于女性的情感小天地里，"从女性文学崛起的社会、阶级背景来看，西方女性文学是资本主义生产发展的产物，由中产阶级妇女为创作主体，既具资产阶级民主性，也富资产阶级太太小姐的闲暇性。而中国现代女性文学的勃起，同整个民主主义和妇女解放运动相联系，具鲜明的社会内涵与革命色彩"①。

虽然五四时期关于妇女问题的讨论没有使得妇女解放运动成为一项独立的、强大的社会运动继续发展下去，但是这场讨论已经为之后几十年甚至百年中国女性地位的改变奠定了基础，也为文学探索女性问题进行了理论的准备。

二 20 世纪三四十年代：两次"妇女回家"论与"贤妻良母主义"

虽然五四时期形成的妇女解放的热潮随着新文化运动的过去也渐呈冷却之势，但是对于女性解放相关问题的讨论从五四后就一直没有真正停止过，当然声音也并不都是整齐划一的大合唱，20 世纪三四十年代就有过两次比较集中的关于"妇女回家"和"贤妻良母主义"的论争。这两次论争的发生都与中国当时的社会背景密切相关，也可以说是在特定的历史语境下才有了这两次比较集中的关于女性问题的讨论。表面上看，讨论的问题似乎主要指涉的是女性的职业权、参政权等，但实际上并不存在绝对孤立的关于某项女性权利的单独探讨，可以说这是女性解放从

---

① 盛英主编：《二十世纪中国女性文学史》，天津人民出版社 1995 年版，第 18 页。

理论和实践两方面均向纵深处的发展。

20世纪30年代中期第一次"妇女回家"论（伴随着"贤妻良母"主义的讨论）的出现和日本帝国主义对我国的侵略逐步深入，蒋介石政府为了强化其统治而提倡"新生活运动"有关。这场"重新估定人生价值"的新生活运动，提倡尊孔读经，复兴传统道德文化。随着这场运动的推行，社会上的复古思潮又开始盛行，对待女性的态度也开始出现向回转的潮流。与此相呼应的是，国际上因为1929年经济大危机导致失业人口剧增的影响，在德国，希特勒上台后提出了对妇女要实行"三K主义"，即德文字母K打头的三个词：厨房、教堂、床铺，这意味着要让妇女回到家庭，把更多就业的机会让给男性。这种思潮也广泛波及其他国家。与此同时苏联却鼓励妇女从家庭中走出来，到社会上去从事许多和男子一样的职业。这两种截然不同的对待女性的思潮传到中国后，关于妇女问题的立场也相应地分为两大阵营。一是力倡"妇女回家"，做"贤妻良母"；一是继续发展五四时期提出的女性应当"走出家庭"，争取女性更多权利的观点。当然也有人提出比较折中的看法。

这场关于"妇女回家"和"贤妻良母"的讨论从1934年一直延续到1937年，参与者众多，既有文化界、教育界的知识分子，也有妇女界、政界的知名人士，这些论争的文章主要发表在《东方杂志》《申报》副刊《妇女专刊》和《国闻周报》《中央日报》《女声》《妇女月报》《妇女生活》《新运月报》等报刊上。在这些论争中，虽然有的现代作家并未直接参与，但在他们的创作中却也留下了对这一问题的回应性思考。最典型的代表如陈衡哲。她在一篇题为《复古与独裁势力下妇女的立场》的文章中就表达了她对"妇女回家"和"贤妻良母主义"的看法："在现社会的情形之下，我们既不主张每一个女子都须走出家庭来做一点旁的事业，我们也不赞成'不准有智识的女子走出家庭'的一类论调。因为假如每一个女子都走出了家庭，儿童们便须失掉他们的母亲；不准有智识的女子走出家庭，国家便须失掉天才女子的贡献。这两者都是一个民族的命脉，任何一样的损害都是担受不起的。"① 这可以说不只是从女性职业权、参政权等角度对女性问题的思考，而是从民族前途的

① 陈衡哲：《复古与独裁势力下妇女的立场》，《独立评论》第159号，1935年7月14日。

① 陈衡哲：《复古与独裁势力下妇女的立场》，《独立评论》第159号，1935年7月14日。

第一章 女性法律地位之文学书写传统与中国现代妇女问题讨论

35

更高层次来对女性定位进行探究。1938 年，《陈衡哲文集》上、下卷由开明书店出版，其中"妇女编"专门谈到了诸多女性问题。她认为女性要从一个性奴隶的地位超升到一个主人翁的地位，既要推翻封建礼教，又要反对希特勒要妇女"回到厨房去"的口号。她提倡女子"为人"和"为女"双全的人格建构，认为一个最好的母亲也应该是一个才能智慧超越的女子。还认为对妇女解放而言，参政不是唯一的途径，只有女性自身内心和人格的解放，才能去接受参政的利刃，去增进文化。陈衡哲的这些看法似乎是对论战双方观点的一种"调和"，但毋庸置疑，这也是最具建设性的观点。其实早在 1934 年接受子冈的访问时，陈衡哲就谈过自己作为女人，身为人妻和人母的切身感受："我自己对孩子的牺牲很大，这是没办法的事，生育无论如何女人是推不开，家庭里的事男人总是管不好，只要社会上的人养成一个不轻视管家的妇女的观念便好了，使不能作其余的事的妇女能毫不惭愧地管家，免得为了不被轻视而硬要去参加自己所不能处理的事，结果反倒糟了。"① 但这并不代表陈衡哲认为女性就应该完全回到家庭，而是说女性要根据自身的特点在"走出去"和"走回来"之间找到平衡。

此外还有一些作家也对此发表他们的看法。时任《申报》编辑的周瘦鹃在《申报》副刊《妇女专刊》的发刊词中说："妇女们的出处，还须采用折衷办法，就是社会和国家有事时，便当挺身而出，为社会为国家直接服务，社会和国家没事时，那么不妨退守在家庭中，做伊们的贤妻良母……古人有言，治国必须齐家，家齐而后国治，这话实在是不错的。为家庭服务，其重要性正不在为社会为国家服务之下……妇女们离不了家庭，家庭中实在需要一位贤妻良母。"② 郭沫若 1937 年 1 月也在《妇女生活》上发表《旋乾转坤论——由贤妻良母说到贤夫良父》一文，提出"我提倡贤夫良父，当然我也并不要求愚妻恶母，反而以人格为本位的真正的贤妻良母，我是极端地渴仰着的。妻而求其贤，母而求其良，也和夫而求其贤，父而求其良的一样，是应当的事体"③。显然郭沫若并

---

① 子冈：《陈衡哲女士访问记》，《女声》1934 年第 3 卷第 2 期。
② 周瘦鹃：《发刊词》，载《申报》副刊《妇女专刊》1936 年第 1 期。
③ 郭沫若：《旋乾转坤论——由贤妻良母说到贤夫良父》，《妇女生活》1937 年第 4 卷第 1 期。

不是赞同一般意义上的"贤妻良母"，而是首先强调"以人格为本位"。老舍也在1936年一篇题为《婆婆话》的文章中谈到对受过教育尤其是受过高等教育的女性与"贤妻良母"的看法，对于男性娶妻他说道："一个会操持家务的太太实在是必要的。假如说吧，你娶了一位哲学博士，长得也顶美，可是一进厨房便觉恶心，夜里和你讨论康德的哲学，力主生育节制，即使有了小孩也不会抱着，你怎办？听我的话，要娶，就娶个能作贤妻良母的。尽管大家高喊打倒贤妻良母主义，你的快乐你知道。这并不完全是自私，因为一位不希望作贤妻良母的满可以不嫁而专为社会服务呀。假如一位反抗贤妻良母的而又偏偏去嫁人，嫁了人又连自己的袜子都不会或不肯洗，那才是自私呢。不想结婚，好，什么主义也可以喊；既要结婚，须承认这是个实际问题，不必弄玄虚。"① 当然，老舍并不是反对女性受教育，而是认为女性应该对自己想成为什么样的个体以及能成为什么样的个体有清醒的认识。相比之下，林语堂的观点就激烈得多了，1936年2月，《申报》副刊《妇女专刊》的记者访问了林语堂，谈到"贤妻良母"，林语堂说道："一个女人，必须做贤妻良母。""好出风头的女性，都是坏蛋！大凡优良的女性，不喜出风头的，只是在家里不声不响的教养子女，尽她天赋的使命。新贤妻良母，是多么高贵的天职？"② 由此可见，仅就现代作家群体而言，对"妇女回家"和"贤妻良母"问题看法都有多种，如前所述，这其实指涉的不仅仅是单一的女性职业权、参政权等问题，而是关系到女性解放问题的整体路径。现代作家对女性问题的有关思考也必将灌注到其文学作品当中而对作品人物形象产生相应的影响。

如果说20世纪30年代关于"妇女回家"和"贤妻良母"主义的论争是随着1937年抗战全面爆发，广大妇女投身到抗日救亡的历史洪流当中去而平息的话，那么40年代初期关于"妇女回家"和"贤妻良母"主义论争的再次发生则是战争进入相持阶段的产物。

自从抗战爆发，大批职业女性投身到抗日救亡的洪流当中去，也就极大地推动了女性在职业上的发展，但到了战争相持阶段，国民党政府

---

① 老舍：《婆婆话》，载《老舍文集》第14卷，人民文学出版社1989年版，第551页。
② 寄萍：《幽默大师林语堂夫妇访问记》下，《申报》副刊《妇女专刊》1936年第6期。

为了限制共产党势力的扩大，努力将妇女运动纳入国民党的控制之下以作为制约手段之一。国民党浙江执行委员会于 1940 年制定了《非法妇运防止办法》，这一办法被发到各省执行委员会查照参考。1941 年 1 月时，国民党中央组织部又召开全国妇女运动干部会议，将三民主义确立为妇女运动的最高指导方针并提出了"妇女回家"的主张，鼓励妇女"加入国民党并生育更多的孩子"，还制定了"奖励生育"等四条要旨。① 国民党妇女政策的制定使得社会上从 20 世纪 30 年代中期起就已抬头并在抗战爆发后也未销声匿迹的"妇女回家"论获得了官方的支持和依据。与此同时，社会上因经济衰退而歧视和裁减女职员的风气也就更进一步被助长。

另外，反击"妇女回家"论的声音从其出现之日起也就没有停止过。这场论战发生于国统区，国统区的各大妇女报纸及重要杂志几乎都卷入了这场论战。但战场主要有三个：一是围绕 1940 年 7 月 6 日重庆《大公报》发表的端木露西的《蔚蓝中一点黯淡》所展开的论战；二是《战国策》与桂林《力报》副刊《新垦地》的论战；三是围绕福建省主席陈仪于 1939 年 10 月在《改进》半月刊上发表的《我的理想国》展开的论战。综观这几场论战，反驳"妇女回家"论及"贤妻良母"主义者所运用的几乎都是马克思主义的思想和观点，而"妇女回家"论者的出发点和立场则不一：如端木露西的文章是针对当时社会上少数中上层妇女的腐化现象而作，把这些负面结果全部清算和归结到自五四以来的妇女运动头上未免有失偏颇，但其出发点却是从女性立场出发，认为"一个女子为了她自身的幸福，似乎也有权要求享受一个幸福的家庭吧，而这一种家庭最主要的是必须她自己作一个好主妇、好母亲"②。而陈仪的《我的理想国》则可以说一定程度上是为了统治阶级的利益而作，其不仅撰文表达"妇女在家庭中第一件事就是教养儿女。其他家事的管理及煮饭，烧菜，做衣服等等都是女子应做的事"③。在行为上他也通令福建各机关禁用、限用女职员。端木露西和陈仪的文章一经发表，即刻遭到

① 朱家骅：《如何做妇女运动》，载陈庭珍编《抗战以来妇女问题言论集》，青年出版社 1945 年版，第 16 页。

② 端木露西：《蔚蓝中一点黯淡》，《大公报》（重庆），1940 年 7 月 6 日。

③ 陈仪：《我的理想国》，《妇女月刊》1942 年第 1 卷第 6 期。

了妇女界及其他一批马克思主义思想影响下的人士的撰文反击，此二人都没有再予回应，可以说反"回家论"者在这两场论战中获得了压倒性胜利。在社会舆论的压力下，当时福建省政府新上任的主席还不得不宣布收回了陈仪禁用女职员的通令。而《战国策》与桂林《力报》副刊《新垦地》之间则可谓出现了真正的交锋。这场论战的触发点是《战国策》上发表的两篇文章：尹及的《谈妇女》和沈从文的《谈家庭》。文章发表后，桂林出版的《力报》副刊《新垦地》在聂绀弩、邵荃麟、葛琴的主持下针对这两篇文章的观点集中展开了论战，发表了文章有40余篇。在论战过程中，论战双方主要就何为男女平等，男女不平等的原因是什么及怎样实现男女平等等问题集中进行了论争。这场论战中"回家论"者主要是从"生物平等"和"分工合作"的角度出发，这虽然和端木露西及陈仪的文章的立场和思考角度有很大不同，但其最后的归结点还是在于要获得男女平等，女性就应当回到家庭中去，这是由男女生理上的差异引起的，所以男女应当分工合作。而反"回家论"者运用的依然是马克思主义及唯物主义的立场及观点，他们认为男女不平等的根源不是由男女与生俱来的生理差异引起的，而是在于社会历史的原因，因此要实现男女平等就要改革社会制度，只有这样才能让女性真正拥有和男性平等的权利和地位。

沈从文是直接参与了论战并成为浪尖风口上的人物甚至可以说是众矢之的的少数现代作家之一。在《谈家庭》一文中，沈从文说道："谈及妇女问题时，大家当然都明白问题的出发点是由于男女在生活方面的不平等，为争求平等，所以发生问题。象征平等是女子得到男子所能得到的一切，知识、权力和社会地位。争解放成为一个动人的名词：因为必解放方得到一切。要求大，纠纷多，当然不容易解决。谁也不会把这件事从一个较新观点来解释，认为一部分人争解放只是想要一个家而得不到，或有了个家又不太像家，因此有问题。解决它并不十分困难，还是从'家'着手！"① 可以看出，沈从文是倾向于女性回到家庭做贤妻良母的，但并不意味着他认为女性低人一等，而是认为女性宜家，但是否

---

① 沈从文：《谈家庭》，载《沈从文全集》第14卷，北岳文艺出版社2002年版，第148页。原载《战国策》1940年10月1日第13期。

能实现则男性也负有责任："就社会多数而言，男子在这问题上若真以为女子应当从家中发展，对家多发生一点兴趣，多负分责任，似乎需要放下名词上纠缠的习惯，莫尽架空说理，且努力来安排一个家。这个家若适宜于发展母性本能，又无悖乎作主妇的尊严，问题是简单的。我们不能徒说贤妻良母是男子的理想，应当说男子如何来学作一个模范丈夫，方可望女子乐其家室，达到女子的理想。据我想来，一般男子都还需要更多一点教育，学得对女子多一分了解，（因为她们自己是永远不能了解自己母性的伟大的！）多有一份体贴，（因为她们最需要的就是体贴！）如此一来，妇女运动者会改变一个方向，从'对立'的形式一变而为'合作'的要求，也未可知。"① 应当说沈从文所言还是有一定道理的，并非像当年论争另一方所批判的那么"反动"，但是在论及走出家庭从事职业或参政的女性时，沈从文的观点的确有失偏颇："其中自然也有少数特别的，即一部分男性十足的女子，在生理上有点变态，在行为上只图摹仿男子，当然不需要家。其次是身心不大健康，体貌上又有缺点的女子，要家而得不到一个家的，她必然会说家是种无意义的组织。这两种人在社会上是个比较少数，并非多数。这两种人必需到社会上去作各种活动发展，方能填补生命的空虚。这事既对于她们本人有意义，对社会当然也有益无害，为的是如此一来，可以减少许多女子由于婚姻不遂而产生的神经病！我们对这种人实在不用勉强找寻理由，逼她们回转家庭，正因为这些人即乐意有个家庭，社会是帮不了忙的。"② 这种论调甚至可以说是十分尖刻了。如果说部分女性在家庭中做"贤妻良母"也是对社会的一大贡献值得认可的话，那么还有部分女性走出家庭从事各种职业和社会活动也同样不应该受此菲薄。

　　对于"贤妻良母"主义，冰心在20世纪40年代也曾发表过自己的看法。因为在冰心眼中她的母亲就是一个典型的贤妻良母，所以她说："关于妇女运动的各种标语，我都同意，只有看到或听到'打倒贤妻良母'的口号时，我总觉得有点逆耳刺眼。当然，人们心目中'妻'与

---

① 沈从文：《谈家庭》，载《沈从文全集》第14卷，北岳文艺出版社2002年版，第152—153页。原载《战国策》1940年10月1日第13期。

② 沈从文：《谈家庭》，载《沈从文全集》第14卷，北岳文艺出版社2002年版，第152页。原载《战国策》1940年10月1日第13期。

'母'是不同的，观念亦因之而异。我希望她们所要打倒的，是一些怯弱依赖的软体动物，而不是像我母亲那样的女人。"① 冰心的看法显然没有沈从文的偏颇，可谓中肯之论。

总之，40年代这场关于"妇女回家"和"贤妻良母"主义的论战既是抗战前那场论争的延续，也是其深化和发展。反"回家论"者对马克思主义思想和唯物主义方法的运用，使得妇女解放运动有了更为强大的理论武器，再加上自五四以来妇女解放运动的发展，使得反击论者在舆论上占了一定的优势。但在社会实际生活中，"回家论"和"贤妻良母"主义依然有很大的影响力，抗战时期出现的大规模的妇女失业现象就是明证。不过我们不能就此抹杀这场论战在妇女解放进程中的巨大作用和历史性意义。不管是论战的哪一方，对待女性是应当"回到家庭"做"贤妻良母"还是走出家庭投入更广大的社会生活实践这一问题，都显得有些极端，当然这和当时的社会历史语境相关。反倒是一些与论争保持了一定距离却又不失关注该问题的现代作家对此给出了更为理性的思考。

综观从五四时期至20世纪40年代关于妇女问题的几场讨论及论战会发现，每一场讨论和论争都有为数众多的知识分子参与其中，他们创办刊物，撰写文章，创作作品，形成了广泛而巨大的舆论影响力。而中国现代作家在这一问题的讨论和论争中也是具有代表性的知识分子群体之一，他们当中有人从五四时期起就一直对女性问题保持着高度的关注和热忱，并把他们对女性问题的看法灌注到他们的文学创作当中，如鲁迅、周作人、胡适、郭沫若、茅盾等；还有作家站在人道主义立场对女性给予深厚的同情，如巴金、老舍等；还有作家甚至卷入有关妇女问题论争的风口浪尖，成为众矢之的，如林语堂、沈从文等。早期的研究习惯性地倾向于将他们简单划入"反动立场"而予以批判，但是一些时间过去之后，我们应该采取更加冷静而客观的态度对他们的思想及立场予以重新审视，辩证看待而不是陈陈相因地对其盖棺定论、全盘否定。在这个论题上，文学界的研究者似乎做得更先一步，关于这类作家在文学

---

① 冰心：《我的母亲》（1941年3月7日），载《关于女人和男人》，人民文学出版社1993年版，第16页。

史上的评判和定位早已有了新的看法。但笔者翻阅近代史材料时发现，对于他们在这些论争中的角色和定位却依然停留在论战当时反驳者所持的立场上，这未免有失历史的客观和公允，也会造成对他们的文学作品研究和相应思想研究出现断裂的现象。还有更多的现代作家，虽然未直接参与这些讨论和论争当中，但他（她）们也受到这些讨论和思潮的影响及感召，对女性问题亦投注了较多的思考，如萧红在《女子装饰的心理》一文中也表达了她对女性地位的看法："在文明社会中……男子处处站在优越地位，社会上一切法律权利都握在男子手中，女子全居于被动地位。虽然近年来有男女平等的法律，但在父权制度之下，女子仍是被动的。因此，男子可以行动自由，女子至少要受相当的约制。"① 而张爱玲则在一篇题为《更衣记》的文章中，以女性从清朝到20世纪40年代衣着和穿着方式的变化勾勒出女性地位变化的图景。遑论诸多现代作家在他们创作中体现出的对女性问题的关注。可以说，尽管他们立场不同，观点各异，但正是他们对女性问题的密切关注及与之相关言论的积极发表，才使得妇女解放问题成为社会广泛关注的问题之一。他（她）们的思想进一步投射和灌注到文学创作当中并由此"传播"开去，影响更多的读者和受众。这些作品的创作与被传播都无不有力地促进了民国时期女性主体意识的觉醒与确立，对于女性法律地位的嬗变与权利的获得甚至是整个现代女性解放进程的推进都可谓功不可没。

---

① 萧红：《女子装饰的心理》，载《萧红文集》第 3 卷，安徽文艺出版社 1997 年版，第 104 页。

第二章

金边下的厚土:民国传统乡土社会
女性法律地位与中国现代文学书写

1840 年鸦片战争的爆发敲开了古老中华帝国的大门,中国在面临着被西方列强侵略的危机的同时,也接受着西方文化的多重冲击,西方国家的法律文化也在此时涌入中国,并对中国传统古老的中华法系产生巨大而深远的影响。当时的中华民族面临着内忧外患,社会危机进一步加重,各种社会力量,无论是清朝统治集团内部的早期改良派、洋务派,还是资产阶级改良派和革命派,在探索各种救国途径的过程中也纷纷提出法律改革的方案。日薄西山的清王朝统治者为了挽救其摇摇欲坠的政权,迫于形势开始着手从制度上进行改革,其措施之一便是向西方的法律学习。1903 年修订法律馆成立,并由沈家本和伍廷芳担任修律大臣,开始全面修订现行律例并制定新法律。根据清廷发布的"总期中外通行"的修律方针,沈家本以汇通中西为修律的指导思想,在修律过程中翻译并借鉴参考了大量外国法律,同时也兼取了中国传统法律的一些原则和精神。可以说晚清修律是中国法律史上富有里程碑意义的大事,从此,中国传统的封建法系解体,仿照大陆法系构架的以六个主要部门法组成的中国近代法律体系得以建立起来。

清末修律是在《大清律例》的基础上展开的,经过数年的民商事调查和法典编撰,最后完成的有《大清民律草案》《大清商律草案》《大清现行刑律》(这是清政府于 1910 年 5 月 15 日颁行的一部过渡性法典)和《大清新刑律》《刑事民事诉讼法草案》《刑事诉讼律草案》《民事诉讼律草案》《商律》等。其中与女性法律地位相关的立法主要体现在《大清现行刑律》《大清新刑律》《大清民律草案》《大清民事诉讼律草案》《大清刑事诉讼律草案》等法律条文里。在这些法律里，女性第一次拥有了独立的法律主体资格。值得一提的是，虽然这些法律修订完毕，但除了《大清现行刑律》作为过渡期法律颁行以外，其他新修订的法律都还未来得及颁布实施，清王朝就覆灭了。在民法方面，有的研究者指出："新的民国政府没有采用晚清政府依 1900 年德国民法典为范本草拟的新法典，而是继续使用清末修订过的旧法典。结果是一部自称为刑法典的《大清刑律》中的民事部分被出乎意料地当作民国民法典使用了近二十年。"① 也就是说直到 1929—1930 年南京国民政府（1927 年 4 月—1948 年 5 月）新的民法典颁布，《大清现行刑律》的民事部分条款才真正停止采用，而之前的南京临时政府时期（1912 年 1—4 月）和民国北京政府时期（1912 年 4 月—1928 年 6 月）在民事法律方面都基本沿用清朝的《大清现行刑律》的民事部分条款。新的政府理应有新的法律，但民国前近二十年基本沿用旧法，这一点颇让人费解，但一定有它的因由。有研究者指出："新政府在民国元年（1912）决定保留修订本清法典中的民事条例与清政府 1910 年保留它们的原因一样：全新且极不相同的新法典还未经试用，而经过修订的旧法典则考虑到中国的现实。允许有一段过渡时期也许更行得通，过渡期内由最高法院选取法典中的部分予以试行并依实践的反馈作适当的修改。这正是随后二十年民国政府所遵循的策略。"② 的确如此，几千年封建法系统摄和礼法传统运行下的中国社会，要想一下子将其完全清理换上全新的"血液"，恐怕也只会"患"上更严重的"疾病"，因此慢慢过渡和循序渐进应该是合理可行的选择。

尽管民国时期民事相关的法律沿用的是清朝的旧法，但从清末修律开始女性就已经历史性地拥有了独立的法律人格权，再加上民国时期各阶段政府一系列其他法律法条的颁行，女性更是拥有了更多法律上的权利。但是，民国时期的中国，除了少数大都市，在广大的乡土社会还是有许多成文法典直接渗透和规约不到的地方。不同于受国家政权直接控制和影响的大都市，民国时期广大乡村社会的秩序很长时期大多仍然按

① 黄宗智：《法典、习俗与司法实践：清代与民国的比较》，上海书店出版社 2003 年版，第 2 页。

② 黄宗智：《法典、习俗与司法实践：清代与民国的比较》，上海书店出版社 2003 年版，第 20 页。

照千百年来一直遵循的礼法传统在运行。中国国家法制的近代转型是以清末预备立宪为起点的，而中国古代的法律，从 8 世纪上半叶的唐律到 18 世纪仍然占据法律体系核心位置的《大清律例》，一脉贯穿，陈陈相因，变化甚少。通过对中国法制史的研究我们还可以看到，在古代中国社会，国家法并不是社会秩序的全部基础，除了国家正式的法典外，在国家法所触及不到的地方和领域如广大乡土社会，另外一种形式的"法律"在起着调节秩序的作用，那就是所谓的"民间法"。这种乡土社会法制空间受民间法宰制的状况，即使到了民国时期也没有多大改变。如 1945 年前后时任燕京大学教授的雷洁琼发表于上海《妇女》庆祝抗日战争胜利特刊上的《妇女与新中国的建设》一文中所说："法律的保障，也是妇女一致的要求。中国现在的法律，对于妇女权利的规定，可以说是进步的。但是社会习俗与传统的势力，现在还超过了法律，很多妇女仍然受着不合法律的待遇，受着种种封建的束缚和压迫。例如妇女人口的买卖，在很多农村里，还普遍实行，杀女婴，育养媳、妾婢卖淫等制度的存在，农村妇女与劳动妇女过度劳动的非人生活，辗转呻吟于封建桎梏之下，得不到法律的保障，何能发挥其能力服务国家社会。以后必须使法治精神能达到全国各角落去，每一个妇女都能获得法律的保障，享受合法合理的生活，她们才能共同担负起复兴与建设富强新中国的重任。"① 而要对"民间法"的概念在此给出一个明确的界定比较难，因为即便是法学界的研究者，他们基于不同的立场和学术旨趣对民间法的界定也不尽相同。但民间法与习俗、习惯、习惯法等又具有错综复杂的关联，在有的研究者那里，它们都没有严格的区分，有时候可以交替使用，而有的研究者又将其条分缕析。② "总的来说，中国古代民间法，表现为诸如家法族规、各种民间性组织制定的规范、村规乡约以及各种风俗习惯等。"③

---

① 雷洁琼：《妇女与新中国建设》（1945 年 10 月 20 日），载中华全国妇女联合会妇女运动历史研究室编《中国妇女运动历史资料（1945—1949）》，中国妇女出版社 1991 年版，第 7—8 页。原载上海《妇女》庆祝胜利特刊。

② 周赟：《论习惯与习惯法》，载谢晖、陈金钊主编《民间法》第三卷，山东人民出版社 2004 年版，第 82 页。

③ 蒋传光：《中国法律十二讲》第五讲"家法族规：中国古代的民间法"，重庆出版社 2008 年版，第 97 页。

　　本书基于展开的需要，将广大乡土社会与都市空间分开论述，因而对概念的借用和界定也在此基础上进行。对比于对都市社会秩序进行管制规约的国家成文法典，本书在面对国家成文法典渗透不到的广大乡土社会时，将借用"习俗"的概念，这既包括上面所说的家法族规、民间组织的规范，村规民约等以成文的形式固定下来的"法"，也包含自然生成、世代相沿的、可能只是口耳相传或者生在人心理意识层面的"法"。国家成文的"法典"与"习俗"似乎是相对而且冲突的两个范畴，但是当查阅相关司法档案材料及法制史料时我们会发现，这二者在现实司法实践当中有时候是处于调和的状态，而且对此二者的调和能使司法手段最大限度地有效落实到实践层面。① 在中国法制近代转型的清末时期，即使国家成文法即法典的修订已经至少在形式上借鉴了西方法律的体系，有了现代法律的雏形，但在实质或内容上有很多都还是中国古代伦理纲常的"还魂"，尤其在"民事"领域，这表现到社会生活层面就是国家成文法典与社会习俗一定程度的重合一致。

　　当然，不可否认的是成文法典与社会习俗之间仍然存在巨大的缝隙，在中国的历史上，的确有许多乡规、民俗和流行的惯习是完全不为官府所承认和支持的，有的甚至一直为国家法律所明文禁止，如溺女、典妻等陋俗。但它们却有着极强的"生命力"，结果不但是官府屡禁不止，而且它们往往迫使各地官府有时做出妥协。就这样，它们与国家法形成了事实上的共存状态。在这种情况下，民国时期广大乡土社会的人们，尤其是女性，仍然生活在几千年封建礼法的枷锁之下，有时他们悲惨的命运和结局还可以说是成文法与习惯法也即国家法律制度与民间习俗的"合谋"。在广大乡土社会，民国女性除了要与男性一起遭受巨大的苦难之外，她们还要单独遭受更多更大的苦难。乡土社会女性的命运似乎从一出生就已经被注定了，有很多女婴才刚刚来到人世就被剥夺了生命权，溺女在民国时期的乡间还是极为常见的现象。即使是有幸生存下来的女性，一旦天灾人祸、战乱降临，或者是因为生活的贫穷和艰难，她们往往就成为被出卖的对象。被出卖的既有幼女和少女，也有已为人妻的妇

----

① 参见黄宗智《法典、习俗与司法实践：清代与民国的比较》，上海书店出版社2003年版。

女。幼女被卖，大多是给人当童养媳，少女被卖则不是给富人做妾，就是给官绅当丫鬟奴婢，更甚者则被转卖到妓院，成为娼妓。还有的女性即使在嫁为人妇，身为人母之后也难逃被卖的命运，典妻这一残忍野蛮的习俗在民国时的乡村就并不少见。即使不是被卖，强加于女性头上的"三贞九烈"也让她们难逃死亡的命运，或者是让她们虽生犹死地度过余生。

从出生到死亡，民国时期乡村女性的命运都是极其悲惨的。她们无论是家庭地位还是社会地位都非常低下，即使从清末修律以后到民国各个阶段的执政府时期国家法律不断赋予了女性某些权利，但她们也不知道如何行使，甚至根本就对法律和权利一无所知。中国古代社会法律从来都是为封建皇权、男权、父权社会的统治而服务的，所以女性的法律地位一直就非常低下。到了近代法律转型时期，即使法律在一定程度上赋予了女性更多的权利，但因为社会结构和国民自身尤其是女性本身文化教育水平的低下而导致的主体认知意识淡薄，她们很少因为维护自己的权利而走入法律诉讼程序，家法族规、乡规民约就主宰了她们的全部命运。这是几千年礼法传统运行的惯性，整个乡土社会和乡村女性群体自己也将这一切视为理所当然，因为从来如此，所以也就这样下去，即使再痛苦也默默地忍受了，最多也只是如千年石磨般在礼教的重压下发出几声微弱的痛苦呻吟。除了女性自身的因素以外，社会大环境也使得一些旧风俗不可能在短时期内改变或消失。虽然清末至民国以降，各种新思想新思潮大量涌入，但正如钟敬文教授在《民俗学和民间文学》一文中所说的那样："在激烈变动的社会生活中，那些过时的旧风俗、旧习惯等的灭亡过程，并不是那么简单顺利的。人们的思想跟'趋新'同时，往往有'恋旧'的一面（自然，归根结底，它是有一定的社会的和思想的根源的）。"① 又正如《倾城之恋》中白流苏的哥哥劝流苏时所说："你别动不动就拿法律来唬人！法律呀，今天改，明天改，我这天理人情，三纲五常，可是改不了的！你生是他家的人，死是他家的鬼，树高千丈，落叶归根……"② 言语虽冷酷，但却道出了某种冰冷而又坚硬的

---

① 钟敬文：《钟敬文民间文学论集》上，上海文艺出版社1982年版，第186页。

② 张爱玲：《倾城之恋》，载金宏达、于青编《张爱玲文集》第二卷，安徽文艺出版社1996年版，第49页。

社会现实。

但是有一个群体，即那些由乡土社会进入都市空间开始文学创作的作家文人们，他们从乡土社会走出来，受过一定的教育，并大多受过五四新文化运动的冲击和洗礼，于是当他们在新思想新文化的烛照下再对乡土社会作一回望和打量时，就会看到不一样的"风景"，产生不一样的思考问题的方式和角度。而且在"个性解放""人道主义""妇女解放"等新文化旗帜的感召下，民国时期乡村女性的地位和命运就成为他们创作表现最多的题材之一。他们用笔为那个特定年代里女性的生存状态和命运作了生动的记录。

一方面妇女解放思潮及运动必然对作家们的创作产生影响，另一方面，作家们的创作也是对当时社会状况包括女性生存状态的"立此存照"，并且面对相同的历史文化语境，有着不同成长环境和生活阅历以及不同写作立场的作家们分别会以何种方式、何种视角来讲述这一历史，是以亲历者的身份控诉、言说或改写，还是以旁观者启蒙者的姿态批判、揭露或创造，我们都可以从文学这架潜望镜后窥见历史真实的某一个侧面，同时也体现出知识分子不同的思想文化心态。当然论及女性的法律地位及权利所涉的方面是很多的，而对于当时乡土社会的女性而言，连最基本的生命权和人格权都无从谈起，所以相应的现代文学对乡土社会女性法律地位的书写也并不是与现代女性所应拥有的某项具体权利对应，而更多的是对一些强加于女性身上的几千年传统习俗的审视和批判，并以此揭示出民国时期乡土社会女性的地位及生存状态。因此本章内容也以撷取现代文学中重点书写的几种典型习俗——溺女、童养媳、典妻、蓄妾以及一些家法族规为展开的基础，从而以此管窥整个乡土社会女性法律地位和生存状态的全貌。

第一节　被漠视的女性生命权：溺女习俗

溺婴，是指将初生儿投置到水中淹死的习俗，后来扩大解释为一切侵害初生儿生命的行为。溺婴在中国则主要表现为溺弃女婴，也称作溺女。这一恶俗在中国由来已久，早在战国时期，韩非就曾对当时"产男则相贺，产女则杀之"（《韩非子·内储说》）的社会风气予以过抨击。《颜氏家训》中，太公曰："养女太多，一费也。"陈蕃则说："盗不过五女之门，女之为累，亦已深矣。"① 由此可见女性在古代被视为败家和贫穷的根源。生了女儿，就意味着要负担她从小到大的吃穿费用，出嫁时还得准备丰厚的嫁奁，无力负担这些开销的家庭于是就将女儿溺杀。到清代时溺婴之风犹盛，甚至有仇视女子的封建学者汪士铎主张用溺杀女婴的办法来控制人口增长，可谓荒谬残酷之至。光绪四年（1878）翰林院检讨王邦玺在奏疏中指出："民间生女，或因抚养维艰，或因风俗浮靡难以遣嫁，往往有淹毙情事，此风各省皆有，汉西尤盛。"② 现在这从各种文献中仍不难找到相关记载：在福建，"闽人生子多者，至第四子率多不举。……若女则不待三，往往临蓐；以器贮水，产则溺之，谓之洗儿"③。在湖南，根据《清史列传》（卷七四）《刘棨传》的记载："康熙三年，选调长沙知县，以廉明称。邑人患育女为累，多弃之不顾，棨严禁之。"④ 在山西，"晋民素称朴厚，而溺女一事竟狃于故习，不能湔除。往往生一女，犹或冀其存留，连产两胎，不肯容其长大。甫离母腹，即坐冤盆，未试啼声，已登鬼箓"⑤。在安徽，"女多辄不举，嗣艰者冀目前之速孕，资乏者忧异日之赠奁，乃至富而多男之家亦复相习为之"⑥。富裕之家尚且如此，由此可见溺女陋俗在中国传统社会的普遍。

但实际到了近代，对于溺女这一恶俗，统治阶级采取了许多措施，试图加以禁止。如有的地方颁布了《请禁溺女详》《严禁溺女谕》，有的地方官还慷慨解囊，刊行《戒溺女歌》，劝诫民间勿溺女并广为散发。还有的省份如湖南、安徽等各府州县广设育婴堂。对于这些地方政府行为，清政府都予以支持。在法律上，乾隆时代就开始了探讨溺婴法。乾

---

① 赵元信、何锡蓉：《中国历代女性悲剧大观》，安徽人民出版社1993年版，第177页。
② 《大清律例统纂集成》卷28《刑律斗殴》，转引自冯尔康、常建华《清人社会生活》，天津人民出版社1990年版，第357页。
③ 陈登原：《国史旧闻 第二册》上册，辽宁教育出版社2000年版，第134页。
④ 陈登原：《国史旧闻 第二册》上册，辽宁教育出版社2000年版，第134页。
⑤ 安颐等：《晋政辑要》卷18《户制》，转引自姜涛《中国近代人口史》，浙江人民出版社1993年版，第302页。
⑥ 嘉庆《泾县志》卷一《风俗》，转引自张研、毛立平《19世纪中期中国家庭的社会经济透视》，中国人民大学出版社2003年版，第107页。

隆三十年，御史刘天成为禁止溺女有法可依，请求制定规条，后因皇帝认为能否根治溺女取决于地方官是否实力奉行而未果，但对此的讨论却并未终止。七年后，江西按察使欧阳永琦上奏，请求"嗣后凡有生女溺毙者，照故杀子孙之罪，杖六十徒一年，族邻保甲知情不行救阻，照知情谋害不即阻当律治罪"①。礼部也提出："查故杀子孙之律，原以子孙并无违犯教令，而祖父母、父母有心故杀，故拟杖徒，以惩其不慈之罪，若甫生幼女，毫无知识，仍有违犯，乃以恶习相沿，甘心溺毙，实与故杀无异。如果事发到官审实，自应即照故杀子孙律办理，毋庸另议专条。"② 实际上这是把江西一省的禁溺女之律推广到全国，由此，对于溺女进行禁止就有了全国性的法律规定。但即便如此，民间溺女习俗仍是屡禁不止。以至于同治初年清朝又有一次禁革溺女、广设育婴堂的行动。皇帝更是颁谕："著各直省督抚董饬所属地方官出示严禁，并责令各州县劝谕富绅，广设育婴处所，妥为收养，俾无力贫民，不致因生计艰难，再蹈恶习，倘仍不知悛改，即治以应得之罪，毋稍姑贷。"③

到 19 世纪末，随着资产阶级维新思想及运动的兴起，禁溺女婴已经成为社会革新活动的重要内容之一。如郑观应、谭嗣同等都在自己的著述中对这一恶习予以抨击，并提出了"男女平等"的先进思想。但是尽管移风易俗的新潮在全国广泛掀起，并对这一陋习形成了有力冲击，事实上，它却是禁而未止，一定程度上还有增无减。延至民国时期，这一现象在民间也还是普遍存在。相应的政府为保护女婴也采取了相当的措施。以浙江省为例，"1928 年 12 月浙江省民政厅内政部召集第一期民政会议时，就提出了禁革溺女办法案。1929 年 2 月 17 日，民政厅特通令境内七十五县长暨杭甬两市长查照"④。该办法提案一方面提出了实行该案的理由："我国自古重男轻女之陋习，显然轩轾。是以生男则友朋举以相庆，生女则举家索然寡欢，至有因而溺毙者。推原其故，固由于男

---

① 常建华：《走进古代婚姻女性的世界》，中华书局 2006 年版，第 189 页。

② 常建华：《走进古代婚姻女性的世界》，中华书局 2006 年版，第 189 页。

③ 光绪《大清会典事例》卷四百，转引自常建华《走进古代婚姻女性的世界》，中华书局 2006 年版，第 191 页。

④ 《民国禁革溺女陋习案一瞥》，《浙江档案》2003 年第 3 期。

女待遇不平，实亦生计之困难，环境之压迫有以使之然也……夫男女同为人类，同一人命，育女而毙之，是直不以人类人命相视，此于人类平等上溺女恶习亟宜禁革者一也。"① 随后，针对这一陋俗提出了相应的解决办法："一、村里宜组织保婴会……凡该村里内贫乏无力养育之婴孩，均得由其父母向该会按月具领贴养费……二、村里宜调查孕妇。查地方自治开始实行法……兹拟责成村里，凡各邻贫苦妇女怀孕者，应随时由邻长调查登记，并事先予以说明，将来生产，不问男婴女婴，知力不能养，得向保婴会领费贴养，并告以溺毙之责任而切戒之。"② 该案对于溺毙婴儿的行为和人的惩办措施也进行了严格的规定："三、溺毙婴儿者宜实行依法惩办。查溺毙婴孩，本与杀人同罪，乃因社会恶习相沿，视同习惯，人民不告发，司法不检举，以致犯者屡屡，而犹不自知身已犯法，恬不为怪，此于禁革前途大有影响。是宜先行布告周知，嗣后如有再违犯，即将父母实行依法惩办，庶足以资儆戒，而期革除。"③ 尤其难能可贵的是，该办法还把相应的责任规定到了"村里职员"，并将溺女问题与女性其他地位问题联系起来予以了相应规定："四、村里职员相当责任。禁止溺毙婴孩，应有村里职员随时劝告警戒，各邻邻长，尤应就本邻邻户，按户切实告诫约束，倘再有发现，除溺毙之父母依法惩办外，各村里职员，并应由行政上予以相当处分。至革除嫁女妆奁，改良女子待遇，提倡女子职业，与溺女问题有关，应另案分别处理。"④ 实际上，针对溺女陋俗实施相应法律规定、提案办法的不仅仅是在浙江省，民国时期各行政省对此都有相应的办法提案出台。如陕西省民政厅就曾通令提倡男女平等——"查有溺女事件发生即以杀人论罪"⑤。

然而几千年习俗的力量是强大的，法律在很多时候落实到现实操作层面最后还是难免变成了一纸空文。溺女现象在民间依然以各种形式存在着，最终因溺女而走入司法审判程序的终究是极少数。这些卑微而弱小的生命如何消逝，在很多文献资料中仍然有案可考。近代以降，西方

① 《民国禁革溺女陋习案一瞥》，《浙江档案》2003年第3期。
② 《民国禁革溺女陋习案一瞥》，《浙江档案》2003年第3期。
③ 《民国禁革溺女陋习案一瞥》，《浙江档案》2003年第3期。
④ 《民国禁革溺女陋习案一瞥》，《浙江档案》2003年第3期。
⑤ 陕西省地方志编撰委员会编：《陕西省志》第62卷之三《妇女卷》，陕西人民出版社2001年版，第509页。原载《新秦日报》1928年2月25日。

来华传教士对中国社会进行了深入的考察，对溺女习俗也进行了详细的记载。在上海工作过很长时间的麦华佗（W. H. Medhurst）曾写道："在大部分英国人眼中，中国人有着溺婴民族的名声，这一印象来自于那些匆匆的访客和观察旅行家的故事。这些人可能会说到'婴儿塔'树立于大部分城镇的郊区，还会在池潭或河流中发现一些可疑的小包裹；据说手推车绕城行进的目的是收集被遗弃的婴儿；小棺材遍布于乡野……"① 在北方，这一现象也非常普遍，主要活动于北京地区的传教士外交官何天爵（Chester Holcombe）指出："自我们认识中国人的那一天起，他们就受到杀害婴儿和虐待儿童的指控。凡是长期居住在中国并拥有正常理智的外国人都会明确地认为弃婴现象在中国相当普遍。"② 还有撰写过《中国人的气质》一书的明恩溥（Arthur H. Smith）在他的著作中也指出："有机会了解实情的人已经做了大量的调查以揭示中国的溺婴现象。可以肯定地说，这种犯罪在一定程度上到处盛行，而在严重的地方甚至改变了男女的性别比例。"③ 又如"中国妇女的状况是最惨的，受苦、受难、受歧视，各种苦难和贬抑无情地伴她从摇篮一直走向坟墓。她一降生就被公认为是家庭的耻辱。……如果她没有立即被溺死……就被当做一个卑贱的动物，几乎不被看作人……"④ 或许以上的言论带有西方眼光和色彩，也可能有一定的夸大和失实之处，但是从这些记载仍不难推断，溺婴尤其是溺女在中国近代社会的确是一个比较常见的现象。

即使到了民国时期，这种恶俗仍然在广大民间普遍存在。现代报刊传媒也对此进行过相关的统计和报道，在《华北新闻日报》上就刊登过一篇报告，其撰稿人曾对中国 160 名妇女进行过调查，在这篇报道中指出，这 160 名妇女总共生育过 631 个儿子，538 个女儿，"共杀了 158 个女儿，但其中没有任何妇女杀过自己的儿子"。从这些数据可以看出，被溺杀的女婴大概占女婴总数的 3/10，这个数目可谓触目惊心。甚至"还有一名妇女已经记不清杀死了多少个女儿。一个妇女最多可能杀死

---

① W. H. Medhust, *The Foreigner in Far Cathay*, London：Edward Stanford，1872，p.89.

② ［美］何天爵：《真正的中国佬》，鞠方安译，光明日报出版社 1998 年版，第 121 页。

③ ［美］明恩溥：《中国乡村生活》，陈午晴、唐军译，中华书局 2006 年版，第 204 页。

④ ［英］约·罗伯茨（J. A. G. Roberts）编著：《十九世纪西方人眼中的中国》，蒋重跃、刘林海译，中华书局 2006 年版，第 70 页。

过自己的 11 个女儿"①!

这样的数据在今日看来是让人不寒而栗而且难以理解的，因为杀死女婴的往往就是她们的亲生父母，很多甚至就是母亲自己。然而在当时的社会则是习焉不察的现象。有很多鲜活稚嫩的生命就在悄无声息中逝去了。如果不是女婴生命的早逝，那么生下女儿的母亲命运也是悲惨的，现代文学史上的女戏剧家袁昌英的母亲就是因为生的四个都是女儿，最终在亲戚邻里的白眼和耻笑声中郁郁而逝的。古已有之的这一陋俗因为在民间普遍存在而不被视为异举，因而古代文学作品中甚至都甚少有对此的表现。

林纾在近现代文学史上因其翻译的外国文学作品而被人重视，另又被作为反对白话文的守旧代表而受到新文化运动健将们的诟病和抨击，但实际上他出版于 1897 年的比被认为是中国第一部白话诗集的胡适的《尝试集》还要早二十三年的童谣体白话诗集《闽中新乐府》，却表达了非常"现代"的思想和内容，其中的《水无情——痛溺女也》就对"溺女"这一在中国传统社会习焉不察的陋俗进行了批判和揭露。他的《闽中新乐府·水无情》描写出了女婴一出生生命权就被剥夺的悲惨情景：

> 孰道水无情，有情偏浸出胎婴。
> 女儿原是赔钱货……
> 脐上胞水血尚殷，眼前咫尺鬼门关。
> 阿爷心计忧盐米，苦无家业贴兄弟，
> 再费钱财制嫁衣，诸男娶妇当何时？
> 阿娘别有皱眉事，乳汁朝朝苦累伊。
> 床上缝鞋袜，镜上梳头发，
> 还要将来再费钱，何如下手此时先？
> 一条银烛酸风烈，一盆清水澄心洁；
> 此水何曾是洗儿，七分白沫三分血。②

---

① ［英］吉伯特·威尔士、亨利·诺曼：《龙旗下的臣民——近代中国礼俗与社会》，邓海平、刘一君译，光明日报出版社 2000 年版，第 325 页。

② 仲富兰：《民俗与文化杂谈》，上海教育出版社 1992 年版，第 166 页。

"脐上胞水血尚殷，眼前咫尺鬼门关"，只此一句就写出了女性命运的可悲，才一出生就面临死亡，刚获得生命，生命权就被剥夺。而将女婴溺杀的父母则是出于经济因素的考虑，"再费钱财制嫁衣，诸男娶妇当何时？""还要将来再费钱，何如下手此时先？"因为给女儿嫁妆要费钱，还有儿子娶妻还没钱，还不如趁早把女儿杀了。这为人父母的逻辑，显得如此荒唐，然而在古代甚至是近现代中国民间社会这都是比较普遍的现象，这不能不说是中国自古以来"男尊女卑""女人非人"的文化根由所致。

近代以降尤其是五四新文化运动以后，"人"的意识逐渐觉醒，才更进一步有了对于"女人非人"的历史的新的审视、批判和考量，"溺女"这一现象也才进入不少现代作家的创作视野，成为被呈现的对象之一。现代作家们用他们的笔记录下了女婴们可悲的命运和短暂的"一生"，并在思想不同、风格各异的文学作品中对这一陋俗予以了有力的抨击，即使有的作品运用的是冷静的笔触、克制的文字，但文字背后的情感也依然是强烈的。

在对女性命运的关注和思考方面，萧红可以说是现代作家中用力甚多的一位，她对女性问题的思考在《呼兰河传》《小城三月》《生死场》中都有很多的笔墨予以呈现，对于女性地位卑下、命运悲惨的根源她也有比较深刻地探究。对于东北民间重男轻女的习俗，萧红用她轻盈而貌似闲散的文字娓娓道来。在《呼兰河传》中有一段对老爷庙和娘娘庙的对比描写，文字读似轻松俏皮，但读完后掩卷却让人有抑制不住的沉重：

> 娘娘庙是在北大街上，老爷庙和娘娘庙离不了好远。那些烧香的人，虽然说是求子求孙，是先该向娘娘来烧香的，但是人们都以为阴间也是一样的重男轻女，所以不敢倒反天下。所以都是先到老爷庙去，打过钟，磕过头，好像跪倒那里报个到似的，而后才上娘娘庙去。
>
> ……
>
> 娘娘庙是比较的清净，泥像也有一些个，以女子为多，多半都没有横眉竖眼，近乎普通人，使人走进了大殿不必害怕。不用说是娘娘了，那自然是很好的温顺的女性。就说女鬼吧，也都不怎样恶，

至多也不过披头散发的就完了，也绝没有像老爷庙里那般泥像似的，眼睛冒了火，或像老虎似的张着嘴。

……

塑泥像的人是男人，他把女人塑得很温顺，似乎对女人很尊敬。他把男人塑得很凶猛，似乎男性很不好。其实不对的，世界上的男人，无论多凶猛，眼睛冒火的似乎还未曾见过。就说西洋人吧，虽然与中国人的眼睛不同，但也不过是蓝瓦瓦地有点类似猫头鹰眼睛而已，居然间冒了火的也没有。眼睛会冒火的民族，目前的世界还未发现。那么塑泥像的人为什么把他塑成那个样子呢？那就是让你一见生畏，不但磕头，而且要心服。就是磕完了头站起再看着，也绝不会后悔，不会后悔这头是向一个平庸无奇的人白白磕了。至于塑像的人塑起女子来为什么要那么温顺，那就告诉人，温顺的就是老实的，老实的就是好欺负的，告诉人快来欺侮她们吧。

人若老实了，不但异类要来欺侮，就是同类也不同情。

比方女子去拜过了娘娘庙，也不过向娘娘讨子讨孙。讨完了就出来了，其余的并没有什么尊敬的意思。觉得子孙娘娘也不过是个普通的女子而已，只是她的孩子多了一些。

所以男人打老婆的时候便说：

"娘娘还得怕老爷打呢？何况你一个长舌妇！"

可见男人打女人是天理应该，神鬼齐一。怪不得那娘娘庙里的娘娘特别温顺，原来是常常挨打的缘故。可见温顺也不是怎么优良的天性，而是被打的结果。甚或是招打的原由。①

之所以引用如此大段的文字是因为这一段文字写出了女性地位卑下的比较深层次的根由，重男轻女的观念在中国人的思想里可谓已经根深蒂固了，乃至鬼神崇拜也是"一样的重男轻女"。在这样的民俗氛围下，溺女现象的出现也就不足为奇了。

萧红的《生死场》一直被视为她的代表作之一，它生动地"记录"了那块黑土地上"忙着生，忙着死"的人们各异的生活情态。对于溺杀

---

① 萧红：《呼兰河传》，浙江文艺出版社2004年版，第61—64页。

女婴的现象也同样有不凡的"记载"。王婆是《生死场》中比较"核心"的人物之一，对她一生命运的呈现也就是中国女性或者说东北农村女性在那个特定年代里生活和命运的一个缩影。萧红直接借用王婆之口，讲述了一个母亲亲手"杀"死自己女儿的过程和心理流程，读来让人顿感悲凉：

> 屋里，像是洞里，响起鼾声来，布遍了的声波旋走了满院。天边小的闪光不住的在闪合。王婆的故事对比着天空的云：
>
> "……一个孩子三岁了，我把她摔死了，要小孩子我会成了个废物。……那天早晨……我想一想！……是早晨，我把她坐在草堆上，我去喂牛；草堆是在房后。等我想起孩子来，我跑去抱她，我看见草堆上没有孩子；我看见草堆下有铁犁的时候，我知道，这是恶兆，偏偏孩子跌在铁犁一起，我以为她还活着呀！等我抱起来的时候……啊呀！"
>
> ……
>
> "……啊呀！……我把她丢到草堆上，血尽是向草堆上流呀！她的小手颤抖着，血在冒着气从鼻子流出，从嘴也流出，好像喉管被切断了。我听一听她的肚子还有响；那和一条小狗给车轮轧死一样。我也亲眼看过小狗被车轮轧死，我什么都看过。这庄上的谁家养小孩，一遇到孩子不能养下来，我就去拿着钩子，也许用那个掘菜的刀子，把孩子从娘的肚里硬搅出来。孩子死，不算一回事，你们以为我会暴跳着哭吧？我会嚎叫吧？起先我心也觉得发颤，可是我一看见麦田在我眼前时，我一点都不后悔，我一滴眼泪都没淌下。以后麦子收成很好，麦子是我割倒的，在场上一粒一粒我把麦子拾起来，就是那年我整个秋天没有停脚，没讲闲话，像连口气也没得喘似的，冬天就来了！到冬天我和邻人比着麦粒，我的麦粒是那样大呀！到冬天我的背曲得有些利害，在手里拿着大的麦粒。可是，邻人的孩子却长起来了！……到那时候，我好像忽然才想起我的小钟。"
>
> 王婆一推邻妇，荡一荡头：
>
> "我的孩子小名叫小钟呀！……我接连着熬苦了几夜没能睡，什

么麦粒？从那时候起，我连麦粒也不怎样看重了！就是如今，我也不把什么看重。那时我才二十几岁。"①

这是一个包含着故事的故事，王婆不仅讲述了自己"杀死女儿"的过程——虽然一开始她并不是有心的，但也证明了这个女儿的可有可无，不然她不会如此随意地将自己的女儿放置在底下有着铁犁的草堆上——而且还讲述了与此相关的其他故事："这庄上谁家养小孩，一遇到孩子不能养下来，我就去拿着钩子，也许用那个掘菜的刀子，把孩子从娘的肚里硬搅出来……"正是因为这样的事情在那块土地上太过于平常了，所以王婆才会觉得女儿死了就"和一条小狗给车轮轧死一样"，"孩子死，不算一回事"，她"一滴眼泪都没淌下"。但人非草木，孰能无情，更何况是自己的亲生骨肉，所以虽然开始觉得"要小孩子我会成了个废物"，但在麦子收割以后，看着邻人的孩子长大了，才忽然想起那个被自己摔死了却一滴泪也没有掉过的三岁女儿"小钟"来，并且"接连着熬苦了几夜没能睡"，什么"也不怎样看重了"。但是对于这块黑土地上的母亲，萧红还是写下了这样的文字："母亲一向是这样，很爱护女儿，可是当女儿败坏了菜棵，母亲便去爱护菜棵了。农家无论是菜棵，或是一株茅草也要超过人的价值。"② 母亲也是女性，曾经也是"女儿"，她的母亲或许曾经也是这样待她，所以等到她为人母后，再这样对待自己的女儿也是"顺理成章"了。一代又一代女性的命运就被这种看似永恒不变的"常"所注定。小说中后来金枝的女儿"小金枝"也被金枝的丈夫像摔一件家里的物件一样摔死了，最后还被扔到乱坟岗上让野狗撕扯得什么也不剩。

这样小小女性生命的消逝在"生死场"中是稀松平常的事情，它们的死亡不会引起任何震动也不会产生任何反响，它们出现于作家笔下的文字中就似乎正和它们出现于这人世间又消失于人世间一样，让人觉得是那么毫不经意。

---

① 萧红：《生死场》（1934 年 9 月 9 日），载《萧红作品精选·小说卷》，漓江出版社 2004 年版，第 76 页。

② 萧红：《生死场》（1934 年 9 月 9 日），载《萧红作品精选·小说卷》，漓江出版社 2004 年版，第 89 页。

溺女的习俗不仅在东北地区稀松平常，在中国更加广袤的土地上，在每一个不为人知的乡村角落，这样的故事都在不断上演着。对于柔石的经典之作《为奴隶的母亲》，大家熟悉的或许都只是其中母亲被典卖的情节，唤起的更多的也是对小说中母亲心分两处悲惨命运的同情。其实在小说中也有一处一直被忽视的关于溺女行为的刻画，读来让人触目惊心。这个故事发生在江浙农村，作者叙述的笔触是随着"母亲"知道自己被典卖以后对往事的回忆而展开的："这时，在她过去的回忆里，却想起恰恰一年前的事：那时她生下了一个女儿，她简直如死去一般地卧在床上。死还是整个的，她却肢体分作四碎与五裂。刚落地的女婴，在地上的干草堆上叫：'呱呀，呱呀'声音很重的，手脚揪缩。脐带绕在她底身上，胎盘落在一边，她很想挣扎起来给她洗好，可是她底头昂起来，身子凝滞在床上。这样，她看见她底丈夫，这个凶狠的男子，飞红着脸，提了一桶沸水到女婴的旁边。她简直用了她一生底最后的力向他喊：'慢！慢……'但这个病前极凶狠的男子，没有一分钟商量的余地，也不答半句话，就将'呱呀，呱呀'声音很重地在叫着的女儿，刚出世的新生命，用他底粗暴的两手捧起来，如屠户捧将杀的小羊一般，扑通，投下在沸水里了！除出沸水的溅声和皮肉吸收沸水的嘶声以外，女孩一声也不喊——她疑问地想，为什么不重重地哭一声呢？竟这样不响地愿意冤枉死去么？啊！——那是因为她自己昏过去的缘故，她当时刳去了心一般地昏去了。"① 父亲亲手溺死自己刚出生的女儿，母亲心如刀割般的疼痛直至昏厥过去，这是一幅多么荒唐悲凉的人间惨景。

同样是以乡土文学创作被文坛认可的湘籍作家彭家煌在他的作品中也留下了对"溺女"这一陋俗的文学书写。彭家煌《喜期》中的"静姑"是家中的第二个女儿，过着"极刻苦"的日子。用作者的话说"她的命运的好坏，当她还没有在娘胎里发芽时就注定了的"。因为在她出生前他的父亲就说了："夫妻俩还过不舒畅，那能一个不了一个的尽养赔钱货！……若是往后还照样，养下来我准把她往马桶里一塞。"最后还是做母亲的一番话让她存活了下来："牛婆下了崽，你欢喜，猪婆下了崽，是母的你更欢喜，为的它将来也会一窝一窝的养，好给你生财，

---

① 柔石：《为奴隶的母亲》，载《柔石经典》，京华出版社 2001 年版，第 227 页。

唉，人当不了猪牛，我，我还活什么……"① 这样静姑才逃过了"寿终马桶"的命运，活在了人间。能活下来，就这一点静姑是已经非常幸运了，虽然就她后面的人生而言，这还只是苦难的开始。

民国时期民间尤其是乡村的溺女习俗并没有因为五四新文化运动的到来而有所改变，因为对于乡土社会而言，现代法律制度力量的渗透尚且无力，文化的影响就更微。但不同的是，在新文化的烛照下，已有大批的知识分子包括作家文人把目光投注到这一曾经不为人注意的习俗上，并对之进行了大量的文学书写。无论如何，这对于特定年代里女性生存状态的"记录"都是尤具意义的，而且这种记录不只是冷冰冰的数据，而是血肉丰盈的文学书写，相形之下也更具有震撼人心的力量。然而我们可以看到的是，对于这一陋俗的文学书写和批判并没有因为作家所处地域或立场的不同而不同，只不过在文字的风格上表现出个体的差异。自然，作家们在对这一陋俗进行文学书写时并没有从女性生命权和人格权的法律视角出发的自觉，但是毫无疑问，他们的作品却成为民国时期女性法律地位和生存状态的最生动的呈现。

不要以为这种陋俗已经成为历史，对它的关注也没有失去意义。虽然旧的社会制度已经被革除，但习俗却并没有随着社会制度的消亡而消失。即使到了 20 世纪 90 年代，我国的人口普查仍然告诉我们这样的事实：正常情况下女婴的死亡率应该比男婴低 19%，而实际上 1990 年女婴的死亡率仍然比男婴高出 16%。② 这样的数据背后隐含的问题是显而易见的，可以说重男轻女的观念仍然在民间存在着，在一定时期内只不过更加隐蔽、更加不易被察觉而已。随着现代科技和医疗技术的发展，另外一种变相的方式又出现了，即许多父母不惜耗费大量的精力和财力来"生"儿子，从而造成人口比例失调，这个问题已经引起了人口学家和国家政府的注意。而实际上，这绝不仅仅是一个孤立的人口问题，而将会是一个复杂且影响深远的社会问题。

---

① 彭家煌：《喜期》，载《彭家煌小说经典》，印刷工业出版社 2001 年版，第 102 页，原载《文学周报》286、287 期合刊，1927 年 10 月。

② 数据来源于《北京青年报》1988 年 3 月 29 日；《华商时报》1993 年 9 月 17 日。

第二节　没有权利的童年：童养媳习俗

随着溺弃女婴习俗而起的还有童养媳的盛行。童养媳制度始于何时，暂无史料考证，但到宋代已经很盛行。"童养媳"这一称谓也起于宋代，到元、明、清时，更是成为一种常见的社会现象。封建社会对女性贞操的强调是童养媳制度产生的原因之一，此外贫困及民间由来已久的男尊女卑思想导致的女性地位低下同样是导致童养媳这一陋习盛行的原因。一方面，贫困的家庭会以生女儿为累赘，但女儿毕竟又是亲生骨肉，将其置于死地到底还是于心不忍，于是就"己先抚育"，俟"童年即与人订婚，未及婚姻，即送至夫家养之"①这样于女方家就不但省去了抚育女儿长大的生活费用，而且还免除了将来出嫁时要准备的妆奁费，这在一些有厚嫁之风的地区尤为盛行。同时对于男方家而言，也大多是出于贫困的原因而养童养媳，"贫家恒抱人女乳养，小时可同操作，既长可省婚财。生女者恐妨作业，亦愿抱与人，故童养媳最多，俗呼'囝娘子'，言如货之囤于家也"②。又如陈盛韶道光时在福建诏安县为官时为减少溺女行为而实行的"苗媳"法（实际指童养媳）："婆人抚女七八年能执箕帚，又七八年能为人妇，为人母，无嫁娶之艰，有妇子之乐。"③主观上这是为官者为了控制溺女恶俗而出的对策，但客观上能够推行也是因为对于男方而言既省去了娶费之难，又获得了一个免费的劳动力。

由此观之，童养媳的习俗乃是对于男女双方家长都"有利"的事情，于是其风盛行也就不足为怪了。比如在江西赣州一带民间"多养童养媳，每在髫龀或哺乳时入门，略具花烛仪，及长，择祭祀祖而配之，

---

① 光绪《清河县志》卷3，转引自梁景时、梁景和编著《中国陋俗批判》，团结出版社1999年版，第107页。

② 民国《南昌县志》卷56《风土志》，转引自王美英《明清长江中游地区的风俗与社会变迁》，武汉大学出版社2007年版，第62—63页。

③ 陈盛韶：《问俗录》卷2、卷4，转引自常建华《清代的国家与社会研究》，人民出版社2005年版，第315页。

谓之合帐，虽不备礼，而贫家可免溺女之患"①。又如福建同安县，有"自幼抱养苗媳，及长始行合卺者；亦有送归女家择配亲迎者，贫家大半如是，乡村尤甚"②，根据相关研究，清末有些地方如长汀、安溪一带，童养媳在民间婚姻比例甚至高达 30% 左右。又比如在一些客家地区，还有不少"等郎妹"，其实也就是童养媳。即有的人家在男孩尚未出生时就给他养一个媳妇。男孩不出生，"等郎妹"就一直等下去，直到有男孩出生为止。那男孩便算是她的丈夫。客家地区有关于"等郎妹"的民谣："十八娇娇三岁郎，抱郎喂饭又喂汤，好比慈母喂小子，又好笑来又悲伤。十八娇娇三岁郎，抱郎撒尿去尿缸，小郎一哭我挨骂，愈思愈想愈凄凉。十八娇娇三岁郎，夜夜抱郎上眠床，不是看你爹娘面，一脚撩你落下床。等郎妹子苦凄凄，目汁流来好洗衣，黄连树上挂猪胆，苦死一生无人知。"③ 听来让人顿感凄凉。另一首民歌则以戏谑的语调来道出等郎妹的悲戚："十八女儿九岁郎，晚上抱郎上牙床。不是公婆双双在，你做儿来我做娘。"④

童养媳的习俗虽然很多时候是因为双方家庭在贫困之下无奈的选择，但也是千百年来女性地位低下的表现之一。实际上它是一种对女性的变相买卖，作为女性自身她们没有决定自己命运的权利，到了婆家以后往往也要受到非人的待遇甚至被迫害致死。在婚姻和爱情上的无自主权也埋下了女性一生不幸的根源。但因为童养媳在民间是作为一种婚姻形态而存在，甚至如前所述，它有时还是封建社会时期官府应对溺女陋俗的对策之一，所以自古以来直至民国早期都未受到法律的禁止，对童养媳等早婚形式做出禁止规定的最早法律条文应该是 1916 年由当时司法部附设的法律编查会制定的民法草案，其中《民律亲属篇草案》第三章规

① 同治《赣州府志》卷 20，转引自刘善群《客家礼俗》，福建教育出版社 1995 年版，第 47 页。

② 民国《同安县志》卷 22《礼俗》，转引自福建省民俗学会编《闽台婚俗》，厦门大学出版社 1991 年版，第 103 页。

③ 《四川山歌》，载商礼群选注《中国古典文学作品选注·古代民歌一百首》，上海古籍出版社 1979 年版，第 136 页。

④ 赵元信、何锡蓉：《中国历代女性悲剧大观》，安徽人民出版社 1993 年版，第 198 页。

定："男子未满十六岁，女子未满十五岁，不得成婚。"① 但这只是草案，并未成为正式法典，所以效力有限。对"童养媳"明文禁止的条文最早出现还是在 1926 年国民党"二大"通过的《妇女运动决议案》② 中第四条"反对多妻制和童养媳"，而且其措辞也只是"反对"，且没有上升到法律层面。直至国民党政府在 1930 年公布了《民法》，在《民法》的《亲属编》中规定男女平等，并于《民法·亲属编》第 972 条规定："婚约由男女当事人自己订定。"这一条规定从法律上肯定了男女双方在决定自己的婚姻方面的自主权，排除了他人干涉，对自古以来"父母之命，媒妁之言"的封建婚姻是一种强有力的抵制，且男女双方在婚姻方面权利是平等的。第 980 条还规定："男未满十八岁，女未满十六岁都不得结婚。"③ 这里，从下限规定了男女双方的结婚年龄，也就从法律上对民间普遍的早婚、童养媳、娃娃亲等婚姻恶俗起到有效的抵制作用。不过像"溺女"那样国家法律早有明文禁止的民间习俗尚且屡禁不止，想要在短时间内通过法律将童养媳陋俗予以禁绝也是不太可能。以童养媳盛行的闽西为例，根据有关研究资料，"直至民国三十四年（1945），仍有大量的童养媳"，"在这些乡村中，以茶镜的樟树保（村）的童养媳数量居第一位，有童养媳户占总户数 72%……上杭村最少，有童养媳户占总户数 27%"。④ 童养媳的大量存在表明了民国时期女性地位仍然低下的事实，绝大多数的童养媳命运都是悲惨的，童养媳陋俗也成为中华老大帝国身上最大的毒瘤之一，而这也成为现代有识之士大力呼吁禁绝的现象以及现代文学创作中极力批判和表现的题材之一。

其实文学作品对表现"童养媳"这一女性特殊群体的命运早已有之，元杂剧《窦娥冤》就塑造了文学史上最早的童养媳形象。在中国现代文学中，更是有不少作家将目光投注到"童养媳"身上，对她们的命

---

① 法律编查会编印：《民律亲属篇草案》第 3 章（1915 年），转引自梁景和《近代中国陋俗文化嬗变研究》，首都师范大学出版社 1998 年版，第 81 页。

② 《妇女运动决议案》，载中华全国妇女联合会妇女运动历史研究室编《中国妇女运动历史资料（1921—1927）》，人民出版社 1986 年版，第 505 页。原载《政治周报》第 6、7 合刊，1926 年 4 月 10 日。

③ 汪玢玲：《中国婚姻史》，上海人民出版社 2001 年版，第 423 页。

④ 钟其生：《闽西童养媳问题研究》，《社会科学》（福建）2 卷第 3、4 期（1946 年 13 月），转引自刘佐泉《客家历史与传统文化》，河南大学出版社 1991 年版，第 339 页。

运和不幸遭遇给予了深厚的同情，对造成她们生存状态的原因进行了探究和思考。这一方面与新文学提倡"人的文学""平民文学"有关系，另一方面则是因为现代作家有很多都是从乡村走出，他们对童养媳的生存状态都有着比较切身的体会，甚至有的现代作家和"童养媳"之间还有着非常直接的关联：如现代演员作家王莹就曾被父亲以5000元卖给别人做童养媳并受尽折磨；王西彦的母亲和他的三个姐姐以及嫂子、婶婶都是童养媳；郁达夫的姐姐九岁时也做了人家的童养媳；甚至是有着出国留学经历的现代派代表人物之一李金发，其妻朱亚凤也是童养媳。更不须提其他诸多现代作家与童养媳之间剪不断理还乱的关系了。从现代文学作品所塑造的童养媳来看，她们的命运大多是悲惨的，就连鲁迅临终前所写《女吊》中那个女鬼也是因为当童养媳不甘凌虐最后投缳而死的，童养媳生活的悲惨由此可见一斑。

在五四新文学的发轫期，冰心就以问题小说登上五四文坛，其中她创作的《最后的安息》①就写出了童养媳"翠儿"的悲惨命运，可谓是对"童养媳"问题进行关注的最早的现代小说之一。文中"惠姑"初见"翠儿"时"只见她也只有十三四岁光景，脸色很黑，衣服也极其褴褛，但是另有一种朴厚可爱的态度"。她的善良热心使身为富家小姐的惠姑免去了骑车摔下坡落入水里的厄运。后来在惠姑的询问下，她才说道："家里有我妈，还有两个弟弟三个妹妹。我自从四岁上我爹妈死去以后，就上这边来的。"不懂人间辛酸的惠姑还继续问道："你这个妈，是你的大妈还是婶娘？"翠儿摇头道："都不是。"随后惠姑才忽然想到"她一定是一个童养媳了"。在随后的了解中，惠姑才知道，翠儿的婆婆对她极其不好，因为"在翠儿过来不到两个月，公公就病死了，她婆婆就成天里咒骂她，说她命硬，把公公克死了，就百般的凌虐她，挨冻挨饿，是免不了的事情"，而翠儿"那孩子倒是温柔和气，很得人心的"。因为没有人的关爱，翠儿几乎生活在一个黑暗混沌无爱的世界里，当惠姑对她好关心她时，她觉得感动却又不知所以，"可怜翠儿在世上十四年了，从来没有人用着怜悯的心肠，温柔的言语，来对待她。她脑中所充满的只有悲苦恐怖，躯壳上所感受的，也只有鞭笞冻饿。她也不明白世界上

① 冰心：《最后的安息》，载《冰心选集》，人民文学出版社2004年版，第48—57页。

还有什么叫做爱，什么叫做欢乐，只昏昏沉沉的度那凄苦黑暗的日子。要是偶然有人同她说了一句稍为和善的话，她都觉得很特别，却也不觉得欢喜，似乎不信世界上真有这样的好人。所以昨天惠姑虽然很恳挚的慰问她的疾苦，她也只拿这疑信参半的态度，自己走开了。"可以看出作为童养媳，受到摧残的不仅仅是身体，心灵也被折磨得已经近乎麻木了。小说中接着叙述了一个情节，因为翠儿怕吵架的弟弟们把妈妈闹醒了，又是她的不是，想去阻止，结果他们也拿翠儿来出气，抓了翠儿一脸的血痕。即便是那么小的孩子，也知道用男尊女卑的思想来欺压翠儿，可见这种思想的"深入人心"：

> "你也配出来劝我们，趁早躲在厨房里罢，仔细我妈起来了，又得挨一顿打！"翠儿看更不得开交，连忙又走进厨房去，他们还追了进来。翠儿一面躲，一面哭着说："得了，你们不要闹，锅要干了！"他们掀开锅盖一看，喊道："妈妈！你看翠儿做饭，连锅都熬干了，她还躲在一边哭呢！"她妈便从那边屋里出来，蓬着头，掩着衣服，跑进厨房端起半锅的开水，望翠儿脸上泼去，又骂道："你整天里哭什么，多会儿把我也哭死了，你就趁愿了！"这时翠儿脸上手上，都烫得起了大泡，刚哭着要说话，她弟弟们又用力推出她去。她妈气忿忿的自己做了饭，同自己儿女们吃了。①

这段描写真切地写出了童养媳翠儿地位的卑贱与生活的不幸。惠姑知道了翠儿的苦况，最后想要把她救离这苦难的深渊，惠姑父亲的话也可看作是作者本人对童养媳问题的思考："惠姑这孩子真有慈爱的心肠，她曾和我说过翠儿的苦况，也提到她要怎样的设法救助，所以我任凭她每天出去。我想乡下人没有受过教育，自然会生出像翠儿她婆婆那种顽固残忍的妇人，也就有像翠儿那样可怜无告的女子。我想惠姑知道了这些苦痛，将来一定能以想法救助的。惠姑！你心里是这样想么？"这时惠姑一面听着，眼里却满了晶莹的眼泪，便站了起来，走到父亲面前，将膝上的报纸拿开了，挨着椅旁站着，默默地想了一会，便说："我回

---

① 冰心：《最后的安息》，载《冰心选集》，人民文学出版社2004年版，第51页。

去了，不能常常出来的，翠儿岂不是更加吃苦？爹爹！我们将翠儿带回去，好不好？"她父亲笑了说："傻孩子！你想人家的童养媳，我们可以随随便便的带着走么？"惠姑说："可否买了她来？"何妈摇头说："哪有人家将童养媳卖出去的？她妈也一定不肯呵。"虽然说买卖人口在当代社会已经受到法律的明文禁止，但在当时的年代里，惠姑所能想到的帮助翠儿脱离苦海的方法也只能是"以其人之道还治其人之身"，"买了她来"。女性可以被当作牲口一样随意买卖，其法律地位的低下由此亦可见。

可以说女性教育水平低下的确是女性地位无法改变的重要原因之一，同样作为女性，婆婆往往就是虐待童养媳的"主凶"，受制于她们的认知水平和自我意识，她们不可能有更多更高的见识或观念来指导她们的行为。并且"多年媳妇熬成婆"，这种"风俗"就这样代代相传下去。很难说如果翠儿活下来，多年以后她就不会成为另一个童养媳的婆婆，以同样的方式去对待另一个"翠儿"。

但在当时的情境下，童养媳翠儿自己也是努力挣扎，想要摆脱这残酷的枷锁的，在她得知惠姑要回去的时候，她希望并请求她带她走，当翠儿显得为难时，她就哭起来，并且很明白自己的将来会是什么景况了："我家里的人，不拿我当人看待，姑娘也晓得的，我活着一天，是一天的事，哪里还能等到过年，姑娘总要救我才好！"不想两个小姑娘的对话被前来寻人的翠儿婆婆听见了，"那妇人揪住翠儿的衣领"，一面打一面骂，对于惠姑的劝阻，妇人说道："我们婆婆教管媳妇，用不着姑娘可怜，姑娘要把她带走，拐带人口可是有罪呵！"在这位婆婆的口中，婆婆"管教"（其实是虐待）媳妇是天经地义的事，而且一句"拐带人口可是有罪呵"居然还让法律成了保护童养媳买主利益的武器，而对于童养媳的权益本身却没有任何保护的凭仗。最后童养媳翠儿就在婆婆的毒打下静静地死去了，"初次的安息，也就是她最后的安息"！

在这篇小说中，冰心以人道主义的视角写出了童养媳卑贱的地位和悲惨的命运，对文中的童养媳翠儿寄予了深厚的同情，虽然小说没有明确地指明如何改变她们命运的途径，但也提出了"教育""法律"等因素是导致童养媳习俗得不到禁止，童养媳的生存状态和命运也得不到改善的原因，在新文学发轫初期，可以说是有一定思考深度的。

除了冰心外，萧红的作品《呼兰河传》中也塑造了现代文学史上另一个经典的童养媳形象——小团圆媳妇。在这篇作品中，萧红对团圆媳妇初到胡家时的状态有比较细致的描绘，"她的头发又黑又长，梳着很大的辫子，普通姑娘们的辫子都是到腰间那么长，而她的辫子竟快到膝间了。她脸长得黑忽忽的，笑呵呵的"。可以说，这是一个正值豆蔻年华的健康少女形象。但是对于这样一个自然生长的生命，旁人又是如何看待如何评价的呢？作者对此没有少费笔墨，在院子里的人看过老胡家的团圆媳妇之后，都有各自的评价，周三奶奶说"见人一点也不知道羞"；隔院的杨老太太说："那才不怕羞呢！头一天来到婆家，吃饭就吃了三碗"；周三奶奶又说："哟哟！我可没见过，别说还是一个团圆媳妇，就说一进门就姓了人家的姓，也得头两天看看人家的脸色。哟哟！那么大的姑娘。她几年十几岁啦？"就连"我"的母亲也说"那团圆媳妇不像个团圆媳妇"；老厨子说："没见过，大模大样的，两个眼睛骨碌骨碌地转。"有二伯说："介（这）年头是啥年头呢，团圆媳妇也不像个团圆媳妇了。"而这些评价都为小团圆媳妇后面凄惨的生活和悲惨的结局埋下了伏笔。[1] 因为"过了没有几天，那家就打起团圆媳妇来了，打得特别厉害，那叫声无管多远都可以听得见的"。而左邻右舍也都开始议论起来了，这议论却不是针对小团圆媳妇的可怜境遇而发，而是说"早就该打的，哪有那样的团圆媳妇一点也不害羞，坐到那儿坐得笔直，走起路来，走得风快"。并且她的婆婆以打她为"荣"，因为这是她威严的体现。她在井边上饮马，和周三奶奶聊天的时候也说："给她一个下马威。你听着吧，我回去我还得打她呢，这小团圆媳妇才厉害呢！没见过，你拧她大腿，她咬你；再不然，她就说她回家。"于是"从此以后，我家的院子里，天天有哭声，哭声很大，一边哭，一边叫"。

而接下来的日子里直到小团圆媳妇重病死去之前的生活状态，她的婆婆有一段陈述，在她与旁人说来这些话是如此的理直气壮，漫不经心，但对于小团圆媳妇而言则是如同生活在地狱：

> 她来到我家，我没给她气受，哪家的团圆媳妇不受气，一天打

---

[1]　萧红：《呼兰河传》，浙江文艺出版社 2004 年版，第 124—125 页。

八顿，骂三场。可是我也打过她，那只是要给她一个下马威。我只打了她一个多月，虽然说我打得狠了一点，可是不狠哪能够规矩出一个好人来。我也是不愿意狠打她的，打得连喊带叫的，我是为她着想，不打得狠一点，她是不能够中用的。有几回，打得是狠着点了，打昏过去了。可是只昏了一袋烟的工夫，就用冷水把她浇过来了。是打狠了一点，全身也都打青了，也还出了点血。可是立刻就打了鸡蛋青子给她擦上了。也没有肿得怎样高，也就是十天半月地就好了。这孩子，嘴也是特别硬，我一打她，她就说她要回家。我就问她："哪儿是你的家？这儿不就是你的家吗？"她可就偏不这样说。她说回她的家。我一听就更生气。人在气头上还管到了这个那个，因此我也用烧红过的烙铁烙过她的脚心。谁知道来，也许是我把她打掉了魂啦，也许是我把她吓掉了魂啦，她一说她要回家，我不用打她，我就说看你回家，我用索链子把你锁起来。她就吓得直叫。①

一天打几顿，打了一个多月，打昏过去了用冷水浇，全身青了肿了，还用烧红过的烙铁烙脚心。这在现在看来简直是酷刑，而从小团圆媳妇的婆婆口中说出来却似乎是天经地义。这样的生活境遇，再健康生长的生命怕是也经不起折腾而要凋谢了。总之，童养媳在任何情况下都可以成为婆婆发泄的对象："若是那小团圆媳妇刚来的时候，那就非先抓过她来打一顿再说。做婆婆的打了一只饭碗，也抓过来把小团圆媳妇打一顿。她丢了一根针也抓过来把小团圆媳妇打一顿。她跌了一个筋斗，把单裤膝盖的地方跌了一个洞，她也抓过来把小团圆媳妇打一顿。总之，她一不顺心，她就觉得她的手就想要打人。"对于为何童养媳就要受到如此非人的待遇，婆婆家长们自有她们的理由："她打谁呢！谁能够让她打呢？于是就轮到小团圆媳妇了。有娘的，她不能够打。她自己的儿子也舍不得打。打猫，她怕把猫打丢了。打狗，她怕把狗打跑了。打猪，怕猪掉了斤两。打鸡，怕鸡不下蛋。惟独打这小团圆媳妇是一点毛病没有，她又不能跑掉，她又不能丢了。她又不会下蛋，反正也不是猪，打

---

① 萧红：《呼兰河传》，浙江文艺出版社 2004 年版，第 136 页。

掉了一些斤两不要紧，反正也不过秤。可是这小团圆媳妇，一打也就吃不下饭去。吃不下饭去不要紧，多喝一点饭米汤好啦，反正饭米汤剩下也是要喂猪的。"① 这些理由和原因读起来是如此的可笑，似乎毫无道理，但在那样的年代那样的社会环境下，童养媳的地位的确就是如此低下。最后那个曾经"黑忽忽、笑呵呵的"小团圆媳妇就在婆婆和封建迷信的折磨下悲惨地死去了。

童养媳的命运大多悲苦，无论是在中国的北方还是南方。彭家煌《喜期》中那个始终没有出现姓名的大女儿也是一个童养媳。在妹妹"静姑"的怀想中"有生以来只见过姐姐一面，那是姐姐和姐夫圆房后回家时才见的，现在恐怕是相逢不相识了，她脸上被打伤的瘢痕不知增加了多少，从前那黄瘦的躯壳，现在不知消减黝黑到什么程度，但她究竟受惯了折磨，不像自己这样的怯弱"②。这是小说中出现的仅有不多的对大女儿的描述，作为童养媳的命运在静姑的猜想中也只能是这样的景况了。与作家的生活经历有关，在浙江籍作家王西彦的笔下童养媳的形象更是大量出现。《悲凉的乡土》中童养媳凤囡过着奴隶般的日子，每天都承受着婆婆的打骂。《乐土·楝喜》中楝喜婶婶的女儿们也做了童养媳，在半冻半饿之中过着日子。《苦命人》中的"妈妈"也是童养媳，时常遭到婆婆的打骂。还有同是浙江籍作家陆蠡的散文《水碓》中对那个童养媳的描写，她"承受了凡是童养媳所应受的虐待和苛遇：饥饿，鞭挞，拿绳缠在她的指上，灌上火油点着来烧，冬天给她穿粗布，叫她汲水、牵磨、制糕饼、做粗动细，凡是十五岁不应该做的事都做了"。可以说这样的残酷待遇比之《呼兰河传》中的小团圆媳妇也有过之而无不及，而她最后的结局却更加悲惨，"在一个将近除夕的冬夜里，被石杵卷进臼里，和糕饼粉捣成了肉酱"③。广东籍作家冯铿的《一个可怜的女子》中，童养媳香姑也因不堪婆婆虐待还跳河自尽。还有现代演员作家王莹（安徽）的自传体长篇小说《宝姑》中，主人公周宝文原本应有幸福的童年，但却被卖做了童养媳，受尽婆婆虐待，与那些童养媳悲惨结局不同的是，宝姑没有死去，而是逃离了虎口到异地求学并最后投身

---

① 萧红：《呼兰河传》，浙江文艺出版社 2004 年版，第 151—152 页。
② 彭家煌：《喜期》，载《彭家煌小说经典》，印刷工业出版社 2001 年版，第 105 页。
③ 陆蠡：《水碓》，载《陆蠡集》，浙江文艺出版社 1984 年版，第 47—48 页。

了革命，宝姑的遭遇实际上就是作家王莹自己的亲身经历。由此也说明女性要改变自身悲惨的命运，则必须改变造成这种命运的社会制度，作品和生活本身都说明了这一点。

当然，因为本身经历和成长环境的不同以及所处流派立场的不同，现代作家们就同一题材、同一主题进行文学书写时，所表现出的文学风格和精神旨趣也各异。同样是写童养媳，在擅长乡土田园抒情的牧歌式书写的沈从文笔下，又呈现出别样的面貌。沈从文的《萧萧》① 中的萧萧也是个童养媳，她的生活境遇与最后人生的归宿似乎比之其他作品里的童养媳要幸运许多。当然，看到沈从文对萧萧初为人媳时的描写，多少也还会让人想起萧红笔下的小团圆媳妇。因为萧萧和小团圆媳妇一样，初到婆家时都有着健康的心灵和身体，这是自然人性的流露。新娘子做媳妇都是要哭的，但也有做媳妇不哭的人，"萧萧做媳妇就不哭，这小女子没有母亲，从小寄养到伯父种田的庄子上，终日提个小竹兜箩，在路旁田坎捡狗屎挑野菜。出嫁只是从这家转到那家。因此到那一天，这女人还只是笑。她又不怕羞，又不怕。她是什么事也不知道，就做了人家的新媳妇了"。这也是一个正值豆蔻年华，懵懂单纯的少女形象。因为毕竟"萧萧做媳妇时年纪十二岁，有一个小丈夫，年纪还不到三岁。丈夫比她年少九岁，还不曾断奶"。而这也为萧萧日后的生活轨迹埋下了伏笔。但相比之下，萧萧比小团圆媳妇要幸运得多：

> 萧萧嫁过了门，做了拳头大丈夫的小媳妇，一切并不比先前受苦，这只看她一年来身体发育就可明白。风里雨里过日子，像一株长在园角落不为人注意的蓖麻，大叶大枝，日增茂盛。这小女人简直全不为丈夫设想那么似的，一天比一天长大起来了。②

> 几次降霜落雪，几次清明谷雨，一家中人都说萧萧是大人了。天保佑，喝冷水，吃粗粝饭，四季无疾病，倒发育得这样快。婆婆虽生来像一把剪子，把凡是给萧萧暴长的机会都剪去了，但向下的日头同空气都帮助人长大，却不是折磨可以阻拦得住。

---

① 沈从文：《萧萧》，载《沈从文文集》第六卷，花城出版社1983年版，第220页。
② 沈从文：《萧萧》，载《沈从文文集》第六卷，花城出版社1983年版，第222页。

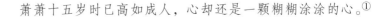

萧萧十五岁时已高如成人，心却还是一颗糊糊涂涂的心。①

　　然而萧萧的"自然生长"也让她的生活道路在某个特定的时刻就转到另一条道上去了。萧萧长大了，丈夫却依然是那么小。家里的工人花狗却对萧萧有了别样的心思，萧萧有点明白的时候就常常觉得惶恐不安了。但花狗却是一个男子，劳动力强，手脚勤快，又会玩会说，所以萧萧的小丈夫喜欢同他玩，他也便一有机会就缠在萧萧身边，对她唱歌，用各种方法把她的惶恐减去。于是"终于有一天，萧萧就这样给花狗把心窍子唱开，变成个妇人了"。但是当萧萧有了身孕以后，花狗却逃走了。于是萧萧"收拾一点东西预备跟了女学生走的那条路上城去。但没有动身，就被家里人发觉了。这种打算照乡下人说来是一件大事，于是把她两手捆了起来，丢在灶屋边，饿了一天"。按照常理，从此这应该就是童养媳萧萧厄运的开始了，因为对于这家人来说，这个十年后预备给小丈夫生儿子继香火的童养媳肚子却被别人抢先下了种，这可是一件天大的事。萧萧自己也便想到了悬梁、投水、吃毒药。但是祖父却没有立即让萧萧死去，而是让萧萧本族的人来决定萧萧的生死，按照规矩，萧萧将要面临两种结局，如果家中人要面子，那么就会将其沉潭淹死，如果舍不得，就再将其发卖。萧萧是幸运的，因为"沉潭多是读过'子曰'的族长爱面子才作出的蠢事。伯父不读'子曰'，不忍把萧萧当牺牲，萧萧当然应当嫁人作'二路亲'了"。

　　对于这种境况下女性要么被沉潭要么被发卖的规矩，作者写道："丈夫知道了萧萧肚子中有儿子的事情，又知道因为这样萧萧才应当嫁到远处去。但是丈夫并不愿意萧萧去，萧萧自己也不愿意去。大家全莫名其妙，只是照规矩像逼到要这样做，不得不做。"② 这里的"规矩"就是当地的习俗或曰乡规民约。从这些文字可以看出沈从文对这种封建陋俗之残忍和违背人性之处的质疑。而这也可以作为最后他给童养媳萧萧安排的还算美好结局的原因的注解。

　　最后，萧萧既没有被沉潭，等待发卖也一直没有人来买，于是萧萧

────────────

① 沈从文：《萧萧》，载《沈从文文集》第六卷，花城出版社1983年版，第229页。
② 沈从文：《萧萧》，载《沈从文文集》第六卷，花城出版社1983年版，第234页。

就在这人家过年，第二年还生了个儿子，"团头大眼，声响洪壮。大家把母子二人照料得好好的，照规矩吃蒸鸡同江米酒补血，烧纸谢神。一家人都欢喜那儿子"。不过作者仍有一处但书之笔："生下的既是儿子，萧萧不嫁别处了。"所以说，因为"生的是儿子"，才是萧萧最终不用被发卖改嫁别处的根本原因，倘若生的是女儿，童养媳萧萧后半生的命运恐怕也就要被重新改写。

将萧萧与其他童养媳的悲惨结局对比我们或许会觉得她仍然是幸运的，但是沈从文的抒情笔致仍然遮盖不住这种"少男娶长妻"的陋俗对人性的扭曲。民国时期这种现象还很普遍，畸形的婚姻形态对于女性的精神和身体都造成严重的束缚与残害。当年安徽民间就曾流传着这样的民谣："井里开花不露头，妻大郎小夜夜悲，等到日后郎长大，奴家已经白了头，亲妈啊，俺的日子哪天熬到头？"[1] 表达的正是女性在这种畸形婚姻形态下的无奈和苦楚。

这种现象在民国乡间非常的普遍，就连我们或许不太注意的鲁迅《祝福》中的祥林嫂，他的第一个丈夫也比她小十岁，只不过《祝福》揭露的重点不在此而在于传统节烈观对女性的摧残和压迫罢了。杨刚的小说《翁媳》对于这种陋习对女性身心的戕害进行了非常深刻的批判。《翁媳》中的女主人公月儿被嫁到朱家作望郎媳时才 5 岁，那时她未来的丈夫"牛奶子"尚未出世，在"望"了 8 年之后小丈夫才来到人间，而此时月儿已是花季少女，渐渐地她同公公香哥在共同生活和劳动中相爱了。婆婆朱大娘其实也是望郎媳，丈夫香哥长大成人时她已经年老色衰，巨大的年龄差异使夫妻之间毫无感情可言。被这种民间陋俗折磨得心理有些扭曲的朱大娘，一边假装对菩萨虔敬借机与和尚偷情来使自己的欲望得到宣泄，一边又残暴地对待与自己有着相同命运的媳妇月儿。当她发现了丈夫与月儿有私情时，设计抓住了他们，最终月儿被佛家法师以"狐狸精"的罪名判处死罪，推入河中处死。"月儿不晓得自己所犯的罪过有多重"，"她以为自己并不是跟男人睡觉，却是喜欢朱香哥。这两个里头有天大的分别"，但最后还是被"落下水里去了"。[2] 一个美

① 顾鉴塘、顾鸣塘：《中国历代婚姻与家庭》，商务印书馆 1996 年版，第 161 页。
② 杨刚：《翁媳》，载《杨刚文集》，人民文学出版社 1984 年版，第 252、253 页。原载《榴火文艺》1936 年第 1 期。

好的生命就这样惨遭扼杀，由此也就揭示出了乡土社会这种封建陋俗及家法族规对女性的沉重压迫和残害，其实在这种习俗下受害者不仅仅是望郎媳月儿，还有对月儿施暴的曾经同样也是望郎媳的婆婆朱大娘。

同样的，现代作家彭家煌也在他的小说《活鬼》中对这种少男长妻风俗对正常人性和心理的扭曲进行了书写。虽然小说中荷生娶妻时已经十三四岁了，荷生的老婆比他还大十来岁，已经不算是童养媳，但这篇小说仍然将"少男娶长妻"这一风俗对女性身心的束缚与残害体现得淋漓尽致。"她除了洗衣服烧饭外，没有事情可以消磨她那过剩的精力。她见了咸亲，脸上泛起两朵红云，低了头，忸怩而微笑的走过去。咸亲也庄重的笑着目送了她一程，而且乘着机会，活溜溜的眼珠在井边和荷生之间来回的闪动。"① 咸亲是荷生的忘年交，因为荷生家总"闹鬼"，所以他在荷生的盛邀下以捉鬼为名住进了荷生家。最后却因与荷生嫂的私情而丧命于荷生的猎枪之下，从此消失了。而懵懂少年荷生却仍以为是自己的力量把"鬼"吓走了。小说读来让人既感讽刺又感悲凉。而在沈从文的《萧萧》中，后来萧萧生的儿子牛牛在十二岁时又结了亲，媳妇比牛牛又年长六岁。"唢呐吹到门前时，新娘在轿中呜呜的哭着，忙坏了那个祖父、曾祖父。这一天，萧萧抱了自己新生的毛毛，在屋前榆蜡树篱笆间看热闹，同十年前抱丈夫一个样子。"② 又一个新的萧萧出现了，这种仿佛千年止水的民间习俗，一年又一年，一代又一代，要何时才是尽头呢？在沈从文淡然而节制的文字和对自然人性讴歌的背后，仍然有着对这种民间习俗的质疑和批判。虽然小说结尾似乎戛然而止，但却余味悠长，引人深思。

同样是以童养媳为题材，童养媳的悲惨处境到了延安时期的丁玲笔下却被"处理"成了阶级压迫的结果。小说《东村事件》中十五岁的七七是个童养媳。但她甚至连正常情况下童养媳的"幸福"都没能拥有。因为她被穷困的婆家送给了地主赵老爷当丫头，其实是以她为"性筹码"来救出被关押在牢中的公公。七七的失贞实际上是为婆家做出的牺牲，而且这也不是她自己选择的结果，而是奉婆婆之命实施的行为，但

① 彭家煌：《活鬼》，载《彭家煌小说经典》，印刷工业出版社 2001 年版，第 41 页。
② 沈从文：《萧萧》，载《沈从文文集》第六卷，花城出版社 1983 年版，第 235 页。

在中国传统的贞操观里她却并没有也不可能获得家人尤其是未婚夫的理解和同情，甚至更多的是要遭受多重的身心伤害。当未婚夫陈得禄在抱住七七时，"思想却跳到另外一个人，一个有胡子的占有过她的人的身上，就是那个赵老爷；于是他从地上弹起来，踢她，在她肉体上挥着拳脚。她的衣服破了，头发散在颈上，哭着跑下山去，然而当他把她追着时，交给她下一次会晤的日子，她又不敢违反他的命令"①。小说没有像其他童养媳题材的作品那样突出婆婆对七七的"虐待"，即使是七七被送给赵老爷，那也是因为婆家的贫穷和赵老爷对七七美色的觊觎；即使是未婚夫对七七的拳脚相加那也不是因为七七是"童养媳"，而是因为"一个有胡子的人占有过她"，从而凸显出与赵老爷的"阶级对立"和地主对农民的"阶级压迫"。于是最后小说以东村的贫苦农民包括七七未婚夫陈得禄参加反抗地主压迫的斗争而结束。童养媳在抗日根据地和解放区的法律里都属于被禁止的婚姻形态，小说在这里将笔触延伸到了阶级斗争中。

现代作家们以童养媳为创作题材的文学作品，既有对此种陋风恶俗的理性批判，也有对隐藏在习俗背后的人的心理和人性的深层次剖析，还有对童养媳命运的阶级视角的"观照"，这一方面表现出作家们对乡土社会原始、封闭、落后性的思考，另一方面也呈现出了对特定年代里乡村女性的非人生存状态的同情，更有对改变童养媳处境的方式的探寻。半个多世纪以后的今天，这些作品读起来仍然能给读者带来强烈的心理冲击和心灵体验，并进一步引发我们对女性主体意识及其生存状态的继续思索，而这也正是文学的价值所在。

第三节　无权之妻：典妻习俗

典妻，又称典婚，也就是民间俗话所说的"借妻生子"，指丈夫将妻子作为私人所有的物品以一定的价格在一定时期内典当、质押、租借给别人。这是我国历史上最野蛮的婚俗之一，也是民间为生计所迫而于

---

① 丁玲：《东村事件》，载《丁玲文集》第三卷，湖南人民出版社1983年版，第128页。

无奈之下的选择。根据历史文献的记载，典婚最早在南北朝时期就已出现："建元初，狡勇游魂，军用殷广，浙东五郡，丁税一千，乃有质卖妻儿，以充此限，道路愁穷，不可闻见。"① 到唐代中期，典卖妻女的现象渐渐已经演化成风俗。这在柳宗元和韩愈等出任刺史期间对当地风俗的记载中都有呈现："或因水旱不熟，或因公私债负"，"逐相典贴，渐以成风"②。宋代以后，典婚这种现象亦更加普遍，在许多正史或杂记中都有相关记载，如《宋史》《续资治通鉴长编》和苏轼的《再论租欠六书札子》及洪迈的《夷坚志》等典籍中都有有关典卖妻女的记载和描述。到了元代以后，典妻之风在南方各省盛行，浙江尤盛，以至于当时到浙江任职的官员王朝不得不向朝廷奏请严行禁止这一陋俗，他在写给中书省的请牒中，对典妻陋俗引发的问题作了比较详细的记载："其妻既入典雇之家，公然得为夫妇或婢妾，往往又有所出，三年五年限满之日，虽曰归还本主，或典主贪爱妇之色，再舍钱财。或妇人贪慕主之丰足，弃嫌夫主，久则相恋，其势不得不然也。轻则添财再典，甚则偕以逃亡，或有情不能相舍，因而杀伤人命者有之。"③

由此观之，典妻的风俗在当时确实已经引发了一系列社会问题，并且从根本上说它也与中国传统儒家的伦理道德相悖，因此，从元代开始，国家法律就开始对之予以明令禁止："诸以女子典雇于人，及典雇人之子女者，并禁止之。若已典雇，愿以婚嫁之礼为妻妾者，听。诸受钱典雇妻妾者，禁。其夫妇同雇而不相离者，听，诸受财嫁卖妻妾，及过房弟妹者，禁。"④ 但是典妻的风俗却并没有因为法律的禁止而杜绝，到明代，典妻的风俗仍然在南方各省流行，即使到明清之际，统治者对典婚恶俗在法律上的规定和处罚更加具体和严厉，也仍然不能对之予以根绝。据《明律》规定："凡将妻妾受财典雇与人为妻妾者，杖八十。典雇女者，杖六十。妇女不坐。若将妻妾妄作姊妹嫁人者，杖一百，妻妾杖八十。知而典娶者，各与同罪，并离异，财礼入官；不知者不坐，追还财

① （南朝）萧子显：《南齐书》，中华书局 1972 年版，第 483 页。

② （唐）韩愈：《应所在典贴良人男女等状》，载《全唐文·卷五百四十九》，中华书局 1983 年版，第 5566 页。

③ 《中华文化通志·婚姻志》，上海人民出版社 1998 年版，第 153 页。

④ （元）宋濂等：《元史·志第五十一·刑法二》，中华书局 1976 年版，第 2642 页。

礼。"① 到清朝时，清律沿用明律，到清光绪三十四年，即公元1908年修订刑律时，就把"杖"改为"罚"。十杖为一等罚，依此类推。新律规定，在婚姻生活中，禁止丈夫典卖妻妾，"凡将妻妾受财典雇与人为妻妾者处八等罚，典雇女者父处六等罚"。"若将妻妾作姊妹嫁人者处十等罚，妻妾处八等罚，知而典娶者各与同罪并离异。"② 即使到民国成立后，颁行的现行律中，也有"禁止典雇妻女"的条文，可见从国家法律的层面来说，典妻的风俗从元代开始就越来越受到法律的严厉禁止。但是事实上，从现在可以看到的典籍看，这一风俗却是屡禁不绝，明代冯梦龙的《寿宁待志》、归有光的《遗王都御史书》、清代赵翼《檐曝杂记·甘省陋俗》等文献中都有关于此的记载。及至清代，这种现象在很多地区也都还大量存在。清人徐珂在《清稗类钞》中曾写道："浙江宁、绍、台各属，常有典妻之风"，"男子妻亡，无力续妻，或妻久不育，常在外别谋一妻，订立契约，限以岁月时期，久者称'典妻'，暂者称'租妻'，期至则各离。所生子女则归男子，其被租妻之妇，大抵为孀，亦有因家贫夫存，而出典，出租者"。③ 即使到了民国时期，根据《民商事习惯调查报告录》的记载，典妻的风俗在全国大部分地区依然存在，浙江、福建等地典妻之风尤盛。据调查，民国十九年时浙江奉化地区"一些人家的妇女，丈夫亡后，遗有子女，家无恒产，难以度日，无奈将己身典与他人为妻，以获得钱粮养活子女，维持生活"④。根据1930年浙江省在全省范围内进行的一次民事习惯调查（后汇编成《浙江民商事习惯调查会报告》），当时的宁波、绍兴、金华、温州等地都有典妻习俗存在。还有福建福安、古田等地也都盛行典妻。不仅如此，典妻的陋俗还从南方一直蔓延到北方各省，如辽宁当地所谓的"搭伙"和甘肃的"僦妻"其实也都是类似于"典妻"的地方习俗。

可见女性的权利及地位在国家法律规定的层面和社会实际生活层面是有着较大差距的，国家法律虽然严禁将女性作为商品典卖他人，但是

---

① 《中华传世法典：大明律》，法律出版社1988年版，第60页。

② 《法律草案汇编》，修订法律馆司法公报处1926年版，第59页。

③ 浙江图书馆：《重修浙江通志稿》第十七册《民族》，1985年，转引自叶丽娅《试论典妻风俗》，《民俗研究》1989年第3期。

④ 浙江图书馆《浙江民商事习惯调查会报告·第一次报告》，转引自叶丽娅《试论典妻风俗》，《民俗研究》1989年第3期。

典妻习俗却仍然屡禁不止，这有着多方面的社会原因。一方面典妻多发生在灾害频发或战乱频仍的时期和经济落后的地区，为贫困所迫的家庭无力维生，只好靠典卖妻女来获得经济来源。另一方面，是受传统宗法社会下传宗接代思想的影响，典妻的雇主大多是在无子的情况下租买人妻生子以传香火。但是，归根结底，典婚陋俗的存在还是因为中国女性地位低下所致。几千年的传统宗法社会里，女性没有独立的人格权，更没有独立的经济权，她们长期处于依附男性的地位，因而女性就像是男性的私有财产，可以当作商品一样被随意典卖。而且在这种习俗相沿多年的地区，人们并不认为这种行为是违法的，所以民不告，官亦不究。而且即便有民知道律例对此有所规定，但是因为种种现实原因，也会出现知情不报甚至互相隐瞒的现象，官府对于这种"家务事"通常也采取比较暧昧的态度，并不会真正严查，这是法律与风俗及社会现实生活的冲突，也使得女性法律权利和地位得不到真正的保障和落实。而实际上，在这种陋俗下，被典的女性和原夫仍然保留夫妻关系，但却不得不离开自己的丈夫和子女，走入另一个家庭与别的男性同居生活，等到生子以后，"留子不留娘"的规定又使得身为母亲的她们不得不离开同样是自己亲生骨肉的孩子回到原来的家庭当中，可以说这种陋俗给女性肉体和精神上带来巨大的双重伤害，但这种伤害却也因女性地位的低下而被无情地漠视了。"女人非人"的确就是几千年来中国绝人部分女性命运的写照。

五四新文化运动以后，女性问题逐渐成为社会各界尤其是知识分子关注的主要社会问题之一，伴随着现代作家们对女性题材和乡土题材文学创作的热衷，典妻这一陋俗也就走入了现代作家们的创作视野。现代文学作品中，以典妻为题材的作品可谓不少，较为人知的有许杰的《赌徒吉顺》、柔石的《为奴隶的母亲》、罗淑的《生人妻》，此外还有潘漠华的《冷泉岩》、台静农的《蚯蚓们》、含沙的《租妻》、沈从文的《丈夫》及巴金的《第二的母亲》等作品也都涉及典妻问题或类似于典妻的习俗。虽然作家们都把目光投向了这一领域，但实际上他们进行创作的时间，创作时的立场以及作品的思想内蕴各不相同，思考该问题的角度和表达的话语形态也各异，但是正是这些不同的作品带领我们从不同的角度和层面进入那个特定年代的特定"场景"，也引发我们对这一陋俗所造成社会问题尤其是对女性法律地位和生存状态的多角度思考。

其实对典妻之俗进行表现的文学作品从元、明时期就有。但是那些作品所表达的思想内蕴和现代文学作品有着很大不同。如关汉卿的杂剧《刘夫人庆赏五侯宴》中就有典卖女性的情节，在此剧中王屠夫的妻子王嫂在王屠夫死后，因自己无力殡葬丈夫、抚养儿子，但是又想保持"贞节"，从一而终，有道是"一马不背两鞍，双轮岂碾四辙？烈女不嫁二夫"，于是她就将自己在一定时间内出典给了赵太公，得了些财物将丈夫埋殡了，然后带着儿子去了赵太公家。至于后来被赵太公私下将典身契换作了卖身契则是后话。在这里没有对这一陋俗的批判，正和"卖身葬父"颂扬的是女子的孝一样，这里的"典己葬夫"也有着一种女性自我牺牲的"崇高意味"。又如明朝西湖渔隐人《欢喜冤家·铁念三激怒诛淫妇》中所写的"我那营中，常有出汛的，出征的，竟有把妻子典与人用。或半年，或一载，或几月，凭你几时"①，在这里同样也没有对典妻对女性造成戕害的描写，相反似乎透出一种对人性的"体恤"。由此可以看出，现代文学作品关于典妻的叙述拥有着完全不同于古代文学作品的内在品格。

许杰的《赌徒吉顺》创作于1925年，是最早描写典妻陋俗的现代小说。作者本身是文学研究会成员之一，他的创作深受"为人生"创作宗旨的影响。小说《赌徒吉顺》就是他针对家乡浙江典妻陋俗盛行的现象而作。全篇并没有像后来几部描写典妻的小说一样重点刻画这一习俗下女性的行为和心理以及此陋俗给女性带来的悲惨命运，而是通篇围绕丈夫吉顺典妻前后的心理活动而展开叙述。起初他一心只想靠赌博发财，梦想着有朝一日能辉煌腾达，过上让别人艳羡、妻儿幸福的生活，但是结果却输得欠下一身债，不得不将自己当初都引以为耻的典妻行为付诸实施。对他的心理描写既有赌赢了时的自傲和对未来美好生活的憧憬，也有赌输了时回到家面对妻儿时的忏悔以及最后将妻子典卖出去后深深地内疚与自责。小说中的吉顺妻是中国传统乡村女性的典型代表，她柔顺、隐忍，在丈夫整日混迹赌场不思归家的情形下一个人独自抚养着四

第二章　金边下的厚土：民国传统乡土社会女性法律地位与中国现代文学书写

---

① （明）西湖渔隐人：《欢喜冤家》，大众文艺出版社1998年版，第135页。

个儿子一个女儿，还要承受丈夫对她的打骂。面对丈夫欠下一身赌债回来也没有一句怨言，甚至怕丈夫心情不好发脾气而不敢告诉他追赌债的人曾来过家两次。尽管吉顺的内心对妻子也充满内疚，但最终还是因为经济的窘迫将她作为商品典卖了出去。这里作者有着对吉顺贪念纸醉金迷都市生活心态的批判，但更多的却是对他被扭曲了的心灵和人生的同情。在小说的结尾，面对典妻的结局，吉顺的内心对妻子升腾起一股因内疚自责而起的少有的温存，"他俩的心弦合奏了，他们的中间，虽然是隔着一条破棉被，但是他们觉得是胸贴着胸的，他们两颗颤跳的心房，相互的体贴着，简直比两颗红宝石，放在柔软的法兰绒上还要安适。他忘掉了一切的苦痛，一切的烦恼，一切的被人间所凌辱、讪笑、卑弃的愤恨"①。从这些文字中可以看出，小说除了对吉顺本身的性格含有"哀其不幸，怒其不争"的批判意味以外，也有对封建陋俗和整个黑暗社会的控诉。小说中对典妻中间人文辅的刻画非常到位，他从一开始就极尽口舌之能撺掇吉顺典妻，到最后又是他到富绅陈哲生家去努力说合，可以说吉顺整个典妻的过程都是在他的"催促"下完成的，而文辅和哲生这两类人物都是旧的社会制度和社会习俗下的产物，文辅也就是在典婚陋俗中所称的"中人"或"介绍人"。如果说作者的笔触对吉顺还带着对被侮辱与被损害者的同情的话，那么对文辅和哲生这两类人物则是带着否定和批判的。虽然对吉顺妻进行直接描写的文字并不多，但是作为女性的卑下地位和悲惨遭遇都已经在吉顺的内疚和忏悔中以及文辅与哲生、吉顺的讨价还价中被鲜明地呈现了出来。

柔石的《为奴隶的母亲》②创作于1930年，所写的也是他的家乡浙东地区的典妻风俗。柔石曾参加过新文学运动，受过新文化的洗礼。1928年后受鲁迅影响开始译介一些国外的进步文学作品，再加上他本身是共产党员，所以我们从《为奴隶的母亲》这部小说可以看出，在这部作品中既有着作者对女性在男权社会里悲惨命运万分同情的启蒙主义视角的灌注，同时又带有一定阶级意识的色彩。小说以现实主义的手法描写了一个农村妇女从被典前到被典三年中及被典后不同时期却同样悲惨

---

① 许杰：《吉顺》，载《许杰短篇小说选集》，人民文学出版社1981年版，第138页。

② 柔石：《为奴隶的母亲》，载《柔石经典》，京华出版社2001年版，第224页。

的生活。她的丈夫"黄胖"原本是一个做生意的皮贩，有的时候也做一些农活，"假如有五人同在一个水田内，他们一定叫他站在第一个做标准"。可见也是一个勤劳能干的人物，但是境况却总是不佳，债就慢慢多起来了。他也因此变成了一个抽烟、喝酒、赌钱样样俱全的"非常凶狠而暴躁的男子"。这样一个男子曾亲手溺杀了自己的女儿，在贫穷的逼迫下又典卖了自己的妻子。而作为女性，面对丈夫的出典毫无办法，尽管她临走时还说情愿饿死也不愿离开，最后也还是只能忍痛割舍了自己还只有五岁的儿子"春宝"去给邻村的秀才地主充当生育的工具。在地主家她受尽同是女性的地主婆的虐待和嘲讽。秀才地主为了要一个儿子对她还算是不坏，但等到儿子"秋宝"出世，三年典期既满，她也仍然逃脱不了被驱逐的命运。尽管这时她已经像当初舍不得春宝一样舍不得秋宝了，她甚至幻想着能把春宝接过来，永远在新家住下去，但是这永远只能是一个梦，最后她甚至连做秋宝母亲的资格也被剥夺，只被允许叫"婶婶"。她再一次承受了骨肉分离的巨大痛苦回到已阔别了三年的家中，而此时，她那还和三年前一样瘦弱的儿子"春宝"却已认不出她来，等待她的仍然是无穷无尽的黑暗生活和对秋宝的无尽思念。小说深刻地写出了"典妻"这一野蛮陋俗对女性身心的摧残，在这篇小说里，女性既是受男性压迫欺凌并被当作商品随意典卖的对象，同时又是地主阶级对农民阶级压迫的最惨痛的承受者。典妻并没有给这个贫困的农民家庭带来更多经济上的改善，但却将女性推入一个身心俱裂的更加苦痛的深渊。在对女性主体心理活动及感受的描写方面，《为奴隶的母亲》毫无疑问比《赌徒吉顺》更进了一步，对典妻这一陋俗和几千年男权文化的批判也更加深刻。

　　女作家罗淑作于1936年的《生人妻》是另一部描写典妻陋俗的现代小说，与前两部小说不同的是，这个典妻的"故事"发生在四川沱江上游的山区，因此也呈现出与前两部描写江浙地区典妻风俗不同的地域特色。而且不同于《赌徒吉顺》中吉顺对妻子的冷漠和《为奴隶的母亲中》黄胖对春宝娘的暴戾，《生人妻》中的丈夫和妻子却有着恩爱的感情。他们勤劳、隐忍，面对生活的艰难一起努力，直到有一天他们唯一赖以谋生的卖草生计也无以为继时，丈夫沉默忠厚的性格才变得有点暴怒起来。虽然他有时候也对妻子发火，但他将妻子出典的动机却是中间人九叔公所说的"放她一条生路",而不想两个人"眼对眼的看着饿死"。这相比于《赌徒吉顺》中吉顺因为欠下赌债而在文辅的撺掇下将妻子典卖和《为奴隶的母亲》中黄胖将妻子典卖是因为听了沈家婆"儿子总舍不得",妻子"穷了还养在家里做什么"的劝说,《生人妻》中的丈夫将妻出典就显得多了几分无奈和酸楚。在将妻子典出后,丈夫还赎回了妻子用了二十几年因为贫穷才抵押出去了的银发簪送给她带走。"银簪直是一柄锋利的剑,给他们划开了心的隔膜,就从那裂缝中涌出纯朴的真诚的感情"①。妻子最终也是因为体谅丈夫才平息了愤怒,答应了被典,但临走前还不忘提醒他记得收晾在树上的衣服。夫妻情深通过这些小细节就很好地点染了出来。妻子被典卖的对象是一个"谁提起都要吐口唾沫的瘦鬼"胡大,丈夫虽感到不舍和屈辱,但也只能向命运无奈地低下了头。女人进入胡大家,马上就被"命令"去猪圈"洗晦气",后来又因为不小心用衣袖扫到了杯碟蜡烛而遭到胡大的辱骂,夜里又受到胡大弟弟的调戏和骚扰,在忍无可忍之下,她连夜逃出了胡大家,一路受到人的追赶,还摔下坡去受了伤。等到天亮时赶回家一路喊着"当家的"时,破败的屋里却已空无一人。原来丈夫因为她的逃跑,被胡大兄弟告之以撞骗的罪名而被保甲抓走了。接下来女人的命运会如何,小说没有再写下去,但却是不难想见的。这篇小说之最不同于其他两篇作品的地方除了上文所提到的夫妻感情状态不同以外,就是被典主人公的人物性格。在《赌徒吉顺》中吉顺妻正面描写的文字本来就很少,但从她对待吉顺和他们艰难生活的态度就可知道她是一个极度隐忍、柔顺的女性,对于被丈夫打骂以及被典,她都未发出自己的声音;《为奴隶的母亲》中春宝娘虽然面对被典"几乎昏去","连腑脏都颤抖",还吞吐着问"决定了么"以及到最后离开时也表示情愿饿死也不愿离开,但她最终还是顺从地去到了秀才地主家,没有发出更多反抗的声音,在地主家面对地主老婆的刁难和欺侮时,她也未做出任何反抗的行为。而《生人妻》中的女人则是完全不同的农村女性形象,她从一开始就有抗争的意识,当知道丈夫将自己典卖以后,她对丈夫便破口大骂,骂他"狼心狗肺",骂他"不要良心",最终她同意离开,也不是因为顺从和屈服,

---

① 罗淑:《生人妻》,载《罗淑选集》,四川人民出版社1980年版,第11页。

而是出于对丈夫的体恤。在胡大家受到欺凌和羞辱时，她努力反抗并最终逃走了。虽然结局并不好，丈夫因他而被捕，她的生活也将更加孤苦无依，但她所表现出的强烈的反抗意识却是难能可贵的。如有的研究者所指出的，与作者受地域文化的影响有关，巴蜀女子就有这种泼辣蛮强的性格，而江浙女子则多柔顺温婉。但笔者认为，这更和作家的女性身份及其与左翼文学靠近的文学立场有关。罗淑作为一名女性作家，她曾留学法国，受到过西方文化中"平等、自由"精神的浸染，所以她笔下塑造的这位"生人妻"就比其他男性作家笔下的"典妻"更多了一份女性的自我意识和对女性不平等地位的反抗精神。此外，她的文学创作是在左翼文艺运动影响下起步并逐渐成长起来的，且她的作品创作于阶级斗争比较激烈的 20 世纪 30 年代中后期，这就使得她的这篇作品有着更鲜明的阶级对立的色彩。小说中的胡大是"本乡本土人，自田自地人家"，相比于没有自己的土地，靠卖草为生的漂泊的夫妻俩，自然仍属于"有产阶级"。夫妻之间感情恩爱情节的设置甚至一定程度上淡化了"男女对抗"的意味，而转为对"阶级对抗"的着重与强调。

现代文学作品中对典妻风俗或类似于典妻风俗进行描写的还有台静农的《蚯蚓们》、沈从文的《丈夫》、潘漠华的《冷泉岩》、含沙的《租妻》、施瑛的《棉裤》等作品。台静农的《蚯蚓们》写的是农民李小因为"年岁欠收，无钱使用"，遂将妻子和儿子卖与他人，与《赌徒吉顺》相同的是小说也并未对李小妻在被卖这件事情上所表现出的态度和立场进行描写，只在小说的结尾处通过四岁儿子的口说道，"爸爸，妈妈叫我问你要钱"，而这一行为也是在一个老女人的提醒下做出的："现在你不跟他了，小孩子你给他养活着，还不向他要点钱，作小孩子的私房吗？"[1] 可见女人对于自己和儿子同时被卖并没有表现出不满与反抗，像那个年代中国的大部分乡村女性一样，对于这样的命运她们只能默默地承受。小说从开始到结尾都贯穿着对李小自责内疚心理的描写，不同于吉顺的诸多恶习，李小则纯粹是因为遇上了"十来年没有遇见的荒年"，又受到田主们的不断讨债，于无奈之下典卖妻儿。小说中出现的另一个女性——李小的表舅母，就是她一再劝他"心放宽些，年头变好，弄点

---

① 台静农：《蚯蚓们》，载《地之子　建塔者》，人民文学出版社 1984 年版，第 99 页。

钱还可娶一个"。同为女性，她对于女性被卖的命运却是麻木的，或者说这种现象在乡间尤其是荒年太过于平常了。潘漠华的《冷泉岩》亦是描写了一个女性在各种生活境遇下被当作商品多次辗转卖与他人的悲惨遭际，面对这样的境遇，女性周遭的人及女性自己都已经习以为常了。而正是由此，我们更可以看出女性地位卑下的积习深重以及民国时期乡村女性命运的悲惨。

沈从文的《丈夫》描写的是湘西地区类似于典妻的一种风俗。不同于大都市里那些操持皮肉生涯的妓女，湘西某条河流上那些为做"生意"而来的女子都有着非常简单的理由，而且与丈夫都保持着一份"自然平常"的关系。"事情非常简单，一个不疴疴于生养孩子的妇人，到了城市，能够每月把从城市里两个晚上所得的钱，送给那留在乡下诚实耐劳、种田为生的丈夫，在那方面就过了好日子，名分不失，利益存在。所以许多年轻的丈夫，在娶媳妇以后，把她送出来，自己留在家中耕田种地，安分过日子，也竟是极其平常的事情。"[1] 沈从文淡然的笔墨写出了那地方上人精神的某种麻木状态，他们把这叫"生意"，并且认为这种工作和别的工作一样，既不和道德冲突，也不违反健康。虽然有的女性做了生意就慢慢与乡村离远，慢慢学会了一些"城市里才需要的恶德"，但"仍然不缺少在任何情形下还依旧好好的保留着那乡村纯朴气质的妇人"。《丈夫》中描写的就是这么一位，等到丈夫去看妻子的时候，媳妇会往他嘴里塞上乡下人抽不上的"哈德门"香烟，"半夜里，或者已睡着，或者还在胡思乱想，那媳妇抽空爬过了后舱，问是不是想吃一点糖。本来非常欢喜口含冰糖的脾气，是做媳妇的记得清楚明白，所以即或说已经睡觉，已经吃过，也仍然还是塞了一小片冰糖在口里。媳妇用着略略抱怨自己那种神气走去了，丈夫把冰糖含在口里，正象仅仅为了这一点理由，就得原谅媳妇的行为，尽她在前舱陪客，自己也仍然很和平的睡觉了"[2]。然而在探望媳妇期间亲历了两次媳妇在前舱接客，自己在后舱落泪的情形后，男子的内心起了变化，当媳妇把挣来的钱都交到他手中时，"男子摇摇头，把票子撒到地下去，两只大而粗的

① 沈从文：《丈夫》，《沈从文别集·丈夫集》，岳麓书社1992年版，第59页。
② 沈从文：《丈夫》，《沈从文别集·丈夫集》，岳麓书社1992年版，第62页。

手掌捂着脸孔，像小孩子那样莫名其妙的哭了起来……水保来船上请远客吃酒时，只有大娘同五多在船上，问到时，才明白两夫妇一早都回转乡下去了"①。可以说，沈从文的观照角度和立场与其他作家都是不同的，在这里，没有过多的对女性地位卑下的状态的揭示，也没有对阶级对立立场的展现，更多的是对城乡文化冲突和乡下人纯朴人性的描画和肯定。而女性充当男性玩物和泄欲工具的本质却都被淡化了，而这只能说是作为女性的另一种悲哀。

第四节　妻之外还有妾：蓄妾习俗

"妾"是一个距离生活在现代社会的我们似近似远的字眼，在铺天盖地的古装电视剧、电影中我们总是经常能看见"小妾"们若隐若现的身影，在若干古代甚至近现代文学作品中我们也总会感受到性格各异的妾形象，妾文化似乎是中国古老文化不可分割的一部分。的确，它在我国可谓"源远流长"，我国古代实行的就是一夫一妻多妾的婚姻制度。赵凤喈先生在《中国妇女在法律上之地位》（修正本）中有言"中国婚姻制度虽采一夫一妻制，而妻之外可有妾，却为数千年来社会之特殊组织。妾在社会上之地位虽属卑劣，而历代法律均予以承认，且于其权益关系有分明之规定"②。可见，妾制在中国古代并非仅仅是存在于民间的一种文化习俗，而是得到法律明文规定认可的婚姻家庭组织形式。古人蓄妾非常普遍，从位处至尊之位的皇帝到一般的贵族甚至到平民都可以蓄妾，只不过皇帝之"妾"的称谓不同罢了。

而关于妾的起源，赵凤喈在其著述中也有相关的论述："妾之起源极古，当与奴制并兴，其初或为战争之俘虏，或为罪人经默认为奴婢者。至于《礼记内则》'奔则为妾'注云：'妾之言接也，闻彼有礼，走而往焉，以得接见于君子也。'想系后代演变之所致。《白虎通·嫁娶篇》：'妾者，接也，以时接见也。'汉刘熙《释名》释亲属：'妾，接也，以

---

① 沈从文：《丈夫》，《沈从文别集·丈夫集》，岳麓书社1992年版，第86页。
② 赵凤喈：《中国妇女在法律上之地位》（修正本），上海商务印书馆1928年版，第110页。

贱见接幸也。'此皆视妾为贱者，以侍奉其夫为事。与上述'妻者齐也，与夫齐体'不同。后代之法律，率多遵此而为之解释。如《唐律户婚》门"以妻为妾"条疏议曰：'妻者，齐也，秦晋为匹配；妾通买卖，等数相系。'《清律》'妻妾失序'条注：'妻者，齐也，与夫齐体之人也；妾者，接也，仅得与夫接见而已。贵贱有分，不可紊也。'由此观之，妻处于与夫齐身同体之地位；妾不过近其夫，侍侧而已。故妾有侧室，偏房，副室，如夫人，次妻，下妻，二相公娘，小家眷等之别称。"① 从妾起源的历史到对妾的多种称谓我们可以了解到，虽然法律规定了妾的合法地位，但是作为妾的女性其地位却是相当低下的，她们最初是作为战争的俘虏或奴隶被主人选中而为妾，或者是作为"妻"的陪嫁而为妾，又或者是未经过"父母之命""媒妁之言"，也未经过正式的婚嫁礼仪与人相奔不被社会认可而为妾，再后来"妾通买卖"，妾可以作为商品被随意地买卖或作为礼物相赠于人，妾作为人的尊严和自由就更无从谈起了。妾之悲惨命运之极致则是以妾为陪葬品，这从奴隶社会起一直到封建社会末期都存在着。

隔着历史的烟尘回望打量，妾文化在现代传媒影视的包装下仿佛呈现出一种别样的美感，一妻多妾的婚姻家庭组织形式或许还会引起一些人无限的思慕与向往。但不知在这些看似美丽的假象背后凝聚着多少女性的斑斑血泪。正因为此，虽然在古代社会大多数人一直把蓄妾视作理所当然，但也有一些具有反抗思想的女性和对女性具有同情心的男性很早就发出过反对蓄妾的声音，如东晋著名政治家谢安的夫人刘氏（《世说新语》），唐初开国功臣管国公任瑰的夫人刘氏（《朝野金载》），唐太宗李世民的重要谋士房玄龄的夫人卢氏（《唐语林》）都曾有敢于反对丈夫蓄妾的故事传世，② 而北宋的王安石和司马光则因主动将妻子为他们纳的妾打发走而一时传为佳话。但是，无论如何，古代封建社会时期反对蓄妾的人和事都只是极少数。即使到了近代，主张废妾的声音逐渐响亮，太平天国就曾实行男女禁隔的制度（纳妾更无从谈起）；受到新思潮影响的维新派改良主义者康有为、梁启超、谭嗣同等也都曾主张废妾；

① 赵凤喈：《中国妇女在法律上之地位》（修正本），上海商务印书馆 1928 年版，第110—111 页。

② 王绍玺：《小妾史》，上海文艺出版社 2008 年版，第 145—147 页。

一些具有新思想的资产阶级革命者如蔡元培更是身体力行，以自己的行动对蓄妾的旧俗进行坚决抵制。民国后还有人专门发表反对蓄妾的文章，如单毓元的《中国禁止纳妾之方法》①、陈东原的《中国婚姻制度与习尚之沿革及其相随的弊害》②，范莳海的《提倡一夫一妻制与论娶妾之害》③ 等，但是文化界较有影响力的人物却没有专门撰文参与，也未引起比较大的社会效应。而且从社会现状尤其是掌权者的角度来说主张蓄妾的状况并没有得到根本性的遏制和改变。太平天国时期的禁妾也只是针对普通的兵士和干部，而像洪秀全及各王所纳侍妾的数量根本就不受这些律例的限制。到了北洋军阀政府时期，身为民国大总统的袁世凯纳妾数量更是达九人之多。他不仅自己蓄妾，还利用国家的法律条文来为此种行为"开道"，一时间政客、军阀、商人都蓄妾成风。他在任期间颁布的《中华民国褒扬条例》更是大肆褒扬为夫守节的女性。而在社会现实生活情况而言，老夫少妾的模式更在多数，往往作为一家之主的男性会有一个年龄相当的妻子，但妾的年龄却偏于年轻，等到男主去世，为之守节的多是姬妾，这种时间跨度从十几年到几十年不等。正值青春年华的女性就这样将自己的余生托付给了一块牌坊，其对人性的戕害和残忍是不言而喻的。

到了南京国民政府时期，反蓄妾渐渐也被一些具有新思想的人物接受和认可，法律承认的也是一夫一妻的婚姻模式。但是对于妾制，南京国民政府的法律仍然是含糊其辞。虽然赵凤喈先生在其著作《中国妇女在法律上之地位》（修正本）中曾说，"现行法令对于此问题，既无禁止之文，亦无奖励之章，盖视为一般社会之道德问题也"，"现行法无关妾制之明文，解释上应认妾制已废除"。④ 但这只能说是作者个人对法律的一种理解。总的来说，南京国民政府对蓄妾的确是采取了一种比较暧昧

① 单毓元：《中国禁止纳妾之方法》，载梅生编《中国妇女问题讨论集》第6册，新文化书社1923年版，第107页。

② 陈东原：《中国婚姻制度与习尚之沿革及其相随的弊害》，《国闻周报》1926年第3卷32期。

③ 范莳海：《提倡一夫一妻制与论娶妾之害》，《妇女旬刊》第270—272号合刊，1928年5月。

④ 赵凤喈：《中国妇女在法律上之地位》（修正本），上海商务印书馆1928年版，第110页。

的态度，尽管当时尤其到了民国后期法官也强调"妾之制度，于亲属编施行时业已废止"①，但落实到现实生活层面说"妾制已废除"却又略显牵强。我们说北洋军阀政府时期的《暂行新刑律补充条例》对于蓄妾问题实际上是语焉不详，大理院做出"凡以永续同居，为家族一员之意思，与其家长发生夫妇类同之关系者，均可成立。法律不限何种形式"的解释其实是认可只要把妾当作家庭成员，那么蓄妾就为合法，实际上也就是对蓄妾的一种变相保护。南京政府对于蓄妾问题也是采取了与此类似甚至于更加"倒退"的态度。根据南京政府最高法院1928年7月公布的"解字第109号解释"，"若在许婚当时，实已明白通知已有妻室，则其再娶之妻，在法律上仅为妾之身份，即不得谓为欺饰而遽令离异"。② 这实际上就是再一次从法律上认可了"妾之身份"，那么蓄妾也即可以"有条件"存在了。如论文前述，民国时期前近二十年的民事法律实际上并未采用清末修律产生的新民律，而是沿用清末修律之前的旧法（更确切地说是对北洋军阀政府时期民法的继承，而北洋军阀政府时期的民事法律又主要以《大清新刑律》的民事部分和大理院判例为主），直到1930年南京国民政府才正式颁布新《民法》，新民法的亲属编则到1931年才正式实施。在《民法·亲属编》中，第985条规定"有配偶者不得重婚"，这就规定了婚姻实行一夫一妻制，禁止了纳妾的恶俗。但与其矛盾的是，司法院对该条文又做出了如下解释："《民法亲属编》施行后，不得以纳妾为缔结契约之目的，如有此类行为，即属与人通奸，得为离婚请求之原因。惟在施行前业已成立之纳妾契约，或在施行后得妻之明认或默认，而为纳妾之行为，其妻不得据为离婚之请求。"③ 这种文字游戏实际上又将《民法》中看似进步的禁止蓄妾条文变成了一纸空文，因为在当时新旧交替的社会文化氛围中，绝大部分作为"妻"的女性是没有多大的勇气对于丈夫的蓄妾行为进行明确反对的，那自然就成了对这一行为的"默认"了。与此法律的矛盾暧昧态度相印证的正是当时的社会氛围，社会各界人士除了妇女团体和妇女运动的代表人物对蓄

---

① 《民国二十三年上字第297号第二部补遗》，转引自程郁《清至民国的蓄妾习俗与社会变迁》，博士学位论文，复旦大学，2005年，第228页。

② 王绍玺：《小妾史》，上海文艺出版社2008年版，第162页。

③ 王绍玺：《小妾史》，上海文艺出版社2008年版，第162页。

妾持坚决反对态度以外，绝大多数人包括部分新派人物以及受过现代教育的留学生对此都持一种近乎矛盾的态度。而这也正是民国时期虽有法律明文规定"禁止"蓄妾，但此现象仍大量存在的原因。

就作为对人间万象进行捕捉和书写的文学而言，从古至今它就没有放弃过对"蓄妾"这一题材的表现。中国古代文学作品中有许多对身为妾妇女性悲惨命运的描写。从白居易《琵琶行》中那个"老大嫁作商人妇"的歌妓到《红楼梦》中被人唾弃的赵姨娘以及在孤独无依、被人遗忘的情境中悄然死去的周姨娘，还有一批正值花样年华却不得不为人妾的少女平儿、袭人、香菱等，中国古代文学作品塑造出了一系列让人同情的妾形象。当然，也有文学作品不乏对某些时期妻妾和睦怡然生活的书写，如《金瓶梅》中就有不少西门庆的妻子吴月娘同几个妾（李娇儿、孟玉楼、孙雪娥、潘金莲、李瓶儿）外出同游场景的描写，展现出妻妾之间生活温情脉脉的一面，当然也可看作在明代妾的地位没有清朝那么低下，生活亦没有那么悲苦的一种表现。但各色女性为了争夺一个男人的宠爱而钩心斗角的生活仍然改变不了女性在男权社会里作为男性附属品而存在的根本事实。

到了民国时期，尽管社会制度层面有了些微的进步，但仍有无数的女性无法摆脱这道枷锁并为此耗尽了一生。现代文学作品中就有不少文学作品反映了这一残酷的社会现象。作家们是在什么样的背景下开始对这一题材的文学创作笔者无从一一考证。但毫无疑问，民国时期一波接一波的女权运动及社会上或多或少的反蓄妾的声音必然在某个时刻触发过作家们的创作灵感，让他们情不自禁地也提起笔来为之呐喊。他们或许没有为蓄妾问题专门发表过文章，但在他们的文学创作中却灌注了他们对这一问题的思考和关注。这当中有的作品也许并未产生很大的社会影响，但却也记录下了民国时期妾之生活的"一帧小影"，如彭家煌的《节妇》、凌叔华的《古韵》。而有的作品则产生出强大的社会效应，并使更多的人尤其是新一代的青年人加入争取"自由、平等"——当然也包括反蓄妾的队伍中来。这样的作品如巴金的《家》，相比于直接参与某一运动或论争，他们对社会文明进步所起的作用也是丝毫不让的。

彭家煌的《节妇》创作于1929年，小说在当时并没有引起多大的社会反响，后来也并没有进入现代文学经典名篇之列，但它对民国时期一类女性地位和命运的表现和对造成这种状况的原因的剖析都具有相当的深度，一定程度上说还带有某种女性主义的视角。小说中的阿银当年是仅以八元的身价，在十岁的时候被卖给候补道妇人做小婢的。关于阿银被卖的原因，小说交代是因为那是一个大饥荒的年头，当时的候补道大人已经年过半百、儿女成群，并无意来"设置这个赘疣"，只因候补道妇人的"慈悲"，以八元"慷慨"地收买了。原本阿银的母亲只想将阿银卖个四五元以求母女活命的，由此我们也可以看出民国时期作为女性地位卑下的事实。"革命以后，候补道大人挈眷退隐乡居了。十几年的乡居，阿银的日子过得很不错，先是只受点呵斥，轻微的鞭打，或罚一天不准吃饭，一夜不准睡觉；先是只服侍候补道妇人，沏茶盛饭，倒马桶，洗衣裳；先是只能吃剩饭残羹睡地板，穿仅仅不致冻死的衣服；可是夫人几年之后去世了，阿银可就交了运。她不再受打骂和冻饿，也不必担任过劳的工作，她服侍候补道大人，吃好的，穿好的，而且可以睡在候补道大人脚边，当天冷的时候。"[1] 从作者这些不无同情的反语中，我们不难体会出阿银作为小婢生活的悲惨。而实际上到这时她已经不只是一个小婢而相当于候补道大人的蓄妾了。果不其然，最后阿银由候补道人做主"嫁给了他自己"，而且还是行的"文明结婚礼"。"男女相对鞠鞠躬就完事，这是很合潮流的，所以大家对于这对红颜白发的夫妇并不觉着怎么出奇"。至于阿银，"长孙和别的孙儿女们叫她'太婆'时，她觉着有些苦恼，对于这奇迹简直昏迷了。这些孩子们往常在家时不是拖着她的辫子当牛马一般牵着玩吗？这些孩子们往常不是粗糙的恶毒的叫着'阿银''死鬼'吗？她是已经习惯和他们那样子的，于今全变了"。[2]

阿银还没有完全适应这种改变后的生活，候补道大人却在 72 岁时去世了，而这时的阿银还只有 20 岁，孩子刚 1 岁。阿银的境遇正是那个年代里诸多小妾命运的缩影。候补道大人死后，一家人的关注点都落到了阿银身上。虽然年轻人有些赞成阿银如果愿意改嫁就改嫁，但长男柏年和族中的长老都觉得阿银是正式的，且养了孩子，改嫁在官家是不成话

① 彭家煌：《节妇》，载《彭家煌小说经典》，印刷工业出版社 2001 年版，第 255 页。
② 彭家煌：《节妇》，载《彭家煌小说经典》，印刷工业出版社 2001 年版，第 256 页。

的。"她是应该守节，能守几时就算几时啊！于是阿银在候补道府上守着。守着什么呢？守着把孩子养大好靠孩子吗？守着候补道大人的牌位，争这口气，世代书香的名气吗？希冀在五六十年后有人给立贞节坊，有总统之流赐给褒状吗？阿银全没想这一切。守与不守她全可以随便的，反正无论怎样这都像是丫头的职务似的。"① 这里阿银还并没有想到那些诸如"孩子""名气""节坊""褒状"之类的东西，她只觉得这是她的本分，她的职务，在她意识的根子里，她永远都是丫头，是下人。这种精神状态才是比那个年代里绝大部分女性悲惨的生活状态本身更加可悲的。而且，事实上，造成这种状态的不仅仅是女性自己，而是整个社会的氛围，具体到每个女性个体，就是那些在她生活周遭的人的态度与目光。如阿银，失去了候补道大人的依托，阿银在家中的地位重又回落，她不免受些闲气和奚落。但"她做惯了丫头，她便努力的从事各种的操作，刻苦自己，菲薄自己，她自己觉得依然过得很不错"。② 这种精神的麻木状态，或许就是支撑那个年代里诸多"节妇"活下去的依凭。

接下来发生的故事可谓荒唐至极、可笑之至却又可悲可叹至极。不久，长子柏年"垂怜"，把她接到北京小住了。在柏年夫人生病住院的时期，阿银又被"结婚"了，"她的心灵上发生了一种油然的生趣，身体上出现了一种天真的活泼，她不再无可无不可了，不再作婢女，亲姆，太婆，寡妇了，在她的生命上感觉着一种不可名状的需求与满足，在这样的少妇的生活中，长男真没有冷遇她，她生活得比从前更好"。然而，当柏年夫人病好以后，"一切似乎都感觉一种不便"。只能让阿银再回乡下去。对于阿银来说，"不过是重又回去受闲气，受奚落，操过劳的工作，月月年年板板滞滞的活着，那真是太难了"。而对于柏年，这场欢乐只不过是平常生活的"外快"罢了。他"有资格，有地位，有名誉，有金钱，而且有老婆"，"外快"是终究不能列入决算的。但故事还没有完，阿银被送上车，柏年和夫人安排她到上海后由他们的儿子也是阿银的"长孙"振黄照顾。但在阿银到了上海后，在"长孙"振黄眼里阿银绝不是"太婆"。"她比自己还小一岁，她脸色红润，饱满。她剪了发，

① 彭家煌：《节妇》，载《彭家煌小说经典》，印刷工业出版社2001年版，第258页。
② 彭家煌：《节妇》，载《彭家煌小说经典》，印刷工业出版社2001年版，第258页。

穿了新式的旗袍。她是一棵开展的鲜花。她需要新鲜的雨露",在照顾她逛上海、吃饭、看电影、逛舞厅之后,阿银和振黄又像闹剧又似悲剧般地在一起了。"阿银好像真正结了婚。振黄将自己的所有,全部奉赠给阿银,阿银也将自己的所有和他的相交换。"最后,振黄还将阿银接到自己的寓所里住了半个月。但不久即接到父亲柏年的信:"务嘱太婆即日回乡,青年孀妇,应守先君坟墓,否则飞短流长,有隳家声,贻羞乡里,置我等颜面于何地!""振黄接到信后装出非常的气闷的样子",阿银也"显得非常的有勇气,愤怒,而且责骂起来了"。然而当振黄最后决绝地说她应当回去时,阿银也只得"睁着眼睛瞧着他半天不说话,她没有勇气了",最后"无声无息的决意回乡去做节妇"了。

　　如果这个故事讲到候补道大人死去算完,那的确只能说是讲述了一个再普通不过的"老夫少妾""夫死妾守节"的俗套故事,没有多大特别之处。但作者揭示问题的深度在于将这个故事接着讲了下去,而这个故事的后半部分才是揭示出了造成女性在那个年代里悲惨命运的本质原因,那就是几千年来压迫女性的多种权力之一——"男权"。几千年来,女性都只是男性的附属品,是传种的工具,是猎艳的对象,是泄欲的途径,唯独不是一个有着独立意识和尊严的平等的主体——人。作品中的阿银实际上成为祖孙三代男性的玩物,何其荒唐,何其可悲。以此作品就揭示出,要改变女性的地位(包括法律地位)和命运,要改变的绝不仅仅是男性或者仅仅是女性,而是整个社会包括每一个个体骨子里根深蒂固的"男尊女卑"的思想。

　　与彭家煌的中篇小说《节妇》不同,《家》是长篇,涉及的主题绝不仅仅是妾制,但不可否认,"废妾"的确也是巴金在这篇小说中想要表达的主题之一。巴金的《家》创作于1931年,是接受《时报》的约稿而作。而20世纪30年代正是南京国民政府颁布新《民法》的时期,法律虽然对妾制仍然保持了一定暧昧态度,但毕竟规定了"重婚"罪,作为女性在那样的年代里反对丈夫纳妾是有一定难度的,但法律终究算是赋予了这项权利,作为女性更是有选择不为妾的自由。这一时期青年们都努力争取婚姻自主权,妇女界也以"宁死不做妾"相号召。而这正成为巴金的《家》创作的时代背景。巴金在家中塑造了鸣凤这一先为丫头、后被送为人妾的女性形象。巴金从人道主义的视角写出了鸣凤的悲惨命运，最后鸣凤为反抗这种婚姻不得自由、"老夫少妾"的生活而付出了生命的代价，不知这是否也可以看作巴金对社会上尤其是妇女界号召的"宁死不为妾"的女权运动思想的回应。

《家》①中鸣凤对自己在现实中将会有的命运作了清醒的思考：她到了相当的年纪，太太会对她说："你的事情做够了。"一乘小轿子把她抬了出去，让她嫁给太太所选定的，她自己并不认识的一个男人，也许还是一个三四十岁的男人。于是她在那个人的家里贫苦地生活下去，给他做事，给他生小孩，或甚至在十几二十天以后又回到原来的公馆里伺候旧主人，所不同的是那个时候她可以得到一点工钱而且不至于常常挨骂。"五太太房里的喜儿不就是这样的吗？"她想到。从这段心理独白我们可以看出鸣凤对她自己的地位和将来的命运是看得很清楚的，之前许多年的"惯例"摆在那，"她们"的命运都一样，不管是叫"鸣凤"还是叫"喜儿"，只是名字不同罢了，她们都属于那个年代的同一个女性群体。而且最后的事实也表明，鸣凤的境遇比她自己所能想象得到的还要不济，她被送给一个名叫冯乐山的老头做妾，最后鸣凤选择了投湖自杀结束了自己年轻的生命。

《家》中除了鸣凤外，还有对婉儿、陈姨太等姨太太（妾）的叙事，尽管她们的生活境遇不尽相同，但正如《红楼梦》中既有妾如尤二姐死于妻妾之争中，也有妾如平儿者能处处妥帖地生活，既有如丫头袭人者一心想为妾而摆脱为奴婢的命运，也有如晴雯者宁死也不作妾一样，无论哪一种选择，无论哪一种生活，作为妾，甚至作为女性，在一个社会文明程度还没有达到一定高度的时候，其境遇都是可悲的，只不过不同的个体因个性不同、精神麻木程度的不同而所感觉到的痛苦程度不同罢了。

凌叔华创作于 20 世纪三四十年代的长篇自传体小说《古韵》也写出了清末民初时期一个官宦大家族中妾们的辛酸故事。在描写妻妾们争风吃醋、明争暗斗而实则本质都凄惨悲凉方面，这篇小说和当代作家苏童的《妻妾成群》有着异曲同工之妙。小说中在描写"爸爸"要娶新妈这件"喜事"时，通过 6 岁小女孩"我"的视角来展开。新妈已经是我的

① 巴金：《家》，人民文学出版社 1953 年版，第 20—21 页。

第六个妈妈了，在娶新妈时，爸爸变得比平时和蔼许多，几位妈妈也都是喜气洋洋的样子在张罗着。不过让"我"不明白的是美丽的五妈为什么偷偷地哭，而且是哭了一整晚都没吃东西。还说想要一死了之。"我"也不明白为什么没有儿子的妈妈总是要被有儿子的妈妈欺负。小说还通过"我"的视角来描述了三妈和新娶的六妈之间一场公开的争斗：三妈骂新娶的六妈一天到晚缠着老爷，不让他到别的房里去，六妈则反击三妈是醋坛子，而且还反锁了门和"野男人"睡觉，于是两个妈妈就撕打起来，"三妈和六妈又黑又长的头发，披散在脸和脖子上，遮住了眼睛，怪吓人的。粉和胭脂就着眼泪，把脸上弄得红一块，白一块，黑一块的，还有好多指甲抓过的印子"①。这样的场面既可怖又心酸，生活在高墙深院里男权制下的女性们，因为这争斗显得有点阴森和鬼气，作者对她们外貌的描写无论有意无意都让读者体会出男权社会下女性的可悲和妾制的残酷。

女性为妾之生活的可悲在李劼人的创作中同样有不俗的表现。小说《对门》中旅长的二太太在三太太说其与勤务兵"不对相"的谗言中被旅长枪杀于庙宇，而这还只是妾们悲剧的开始，随着四太太、五太太进门，饱受娇宠的三太太地位也渐失，后因私情被旅长逐出家门，结局亦很凄凉。有研究者曾将《对门》与沙汀的《在祠堂里》作比较研究，《在祠堂里》中的女主人公是被活埋进坟墓而死，"两个女人，相同的命运……连惨死的地点都有相似之处，一个是庙宇，一个是祠堂，象征着男权社会里女性的悲剧性地位"②，可谓洞见深刻。普通人家纳妾如此平常，豪门巨族更是有过之而无不及。张恨水的《金粉世家》中国务总理金铨道貌岸然地反对儿子们纳妾，可是自己却是妻妾成群。他的儿子们也都步其后尘，在外寻花问柳、变相蓄妾。金燕西对冷清秋算是自由追求，恋爱结合，但最终仍然露出纨绔子弟的本性。对此，曾有研究者道出了更深层的文化根由："金氏父子的所作所为，不只是个人品德的败坏，而且透露出深远的社会文化背景。……金家姐妹不是出于血缘关系

---

① 凌叔华：《古韵》，载傅光明、郑实编《凌叔华文萃》，文化艺术出版社2002年版，第45页。

② 秦弓：《荆棘上的生命——20世纪三四十年代中国小说叙事》，春风文艺出版社2002年版，第125页。

去支持金燕西，而是反过来声援外姓人冷清秋，女性的同情心背后掩映着对男权传统的反抗。冷清秋的傲然对立以及最后不辞而别，连同金氏姐妹的支持，其实是对家庭乃至整个社会男权权威的挑战。"①

对于民国时期娶妾的普遍程度和人们意识中对蓄妾的看法，还有很多作家的作品中都有反映，如许地山在一篇文章中说："现在我们觉得最合理而最流行的理想便是所谓一夫一妇制，但这种制度已经显出破裂底现象。加以它底自身从成为一种制度以后便有两种障碍，使它不能成为一种很美满的制度，这两种障碍便是卖淫与纳妾。……侍妾底存在虽由于男子经济充裕，但从一夫一妇制下人因为地位、名誉等等原故，失掉他们底恋爱自由，道德底要求与责任对于这两种障碍虽然是有，究竟不能把它们销除干净。"② 又如老舍的《老张的哲学》中，老张就曾理直气壮地劝孙八娶妾："有几个作大人的不娶妾？……武官作到营长不娶小，他的上司能和他往来不能？文官作到知事不娶小，有人提拔他没有？八爷！你可是要往政界走的，不随着群走，行吗？"③ 这所体现的就不只是一个人的想法，而是整个社会的文化氛围。《赵子曰》中的闫乃伯也认为"自由恋爱是猪狗的行为。嫖妓纳妾是大丈夫堂堂正正的举动。所以为维持风化起见，不能不反对自由恋爱，同时不能不赞助有志嫖妓纳妾的"④。凌叔华《有福气的人》中章老太太也曾大度地对待丈夫一再娶妾的事实："大家人没有两三个侍妾是不成体统的，那争风吃醋是小家子气的人才做出来。"⑤ 在这种社会氛围里，尽管有少数几个知识分子的撰文抨击，尽管有女界运动者的摇旗呐喊，尽管最终在法律上取得了微弱的进展和突破，但蓄妾仍然是民国社会现实生活中司空见惯的现象。

但是在这样的社会氛围里，较之古代社会，妻妾的地位又确乎有了

① 秦弓：《荆棘上的生命——20世纪三四十年代中国小说叙事》，春风文艺出版社2002年版，第170页。

② 许地山：《现行婚姻之错误与男女关系之将来》，《社会学界》第一卷，1927年6月，第206—207页。

③ 老舍：《老张的哲学》，载舒济、舒乙编《老舍小说全集》第一卷，长江文艺出版社1993年版，第69页。

④ 老舍：《老张的哲学》，载舒济、舒乙编《老舍小说全集》第一卷，长江文艺出版社1993年版，第292页。

⑤ 凌叔华：《有福气的人》，载傅光明、郑实编《凌叔华文萃》，文化艺术出版社2002年版，第207页。

那么一些不同。很多婚姻史、女性史研究者都曾在研究中反复强调妾之地位的低下，如前提到的赵凤喈的《中国妇女在法律上之地位》，王绍玺的《小妾史》，以及郭松义的《伦理与生活 清代的婚姻关系》等书中都曾表达过此种观点，但实际上到了民国时期，妻妾之间的地位已经出现了一些微妙的变化。"随着男女平等意识的增强，妾也得以在某些方面提高自己的地位。例如作为家属的一员，妾和其他家属一样拥有被家长赡养的权利；与妻一样，妾可以拥有私产，而且根据家长的遗嘱，可以取得一定的遗产继承权。民国时期妾的出身也发生复杂化的趋向，以前为妾者多为妓、婢和贫苦民家女儿，民国时为妾者相比前清而言，贫多于贱，良家女儿更多。清末女学兴起后，受过现代教育的女学生竟然也成为一种待价而沽的商品。而在妇女不能经济独立的现状下，男子于扶养前妻的前提下，追求自由恋爱，也形成了不少或许可以称为'准蓄妾'现象。这些现象的出现也改变了以往妻妾关系的格局，甚至出现了妾跟随家长出入公共场所而正妻反困守家庭的现象。"① 由此可以看出，到了民国时期，虽然不乏妾依然生活在男性和大妇的欺压凌辱之下，但正如程郁在《清至民国的蓄妾习俗与社会变迁》中所研究的那样，② 妻妾之间的关系变得比以前更加复杂纠葛。

作为现代作家在其文学创作中可能会依然为"妾"说话，为那些被侮辱与被损害的灵魂代言，但同样也有作家注意到了在蓄妾旧俗依然流行，新思潮又刚刚兴起的社会里，另外的一个群体——"妻"却渐渐不知不觉地也成为蓄妾习俗的牺牲品。现代作家林语堂就曾在他的小品文《妓女与妾》中发出过另一种声音："是那些不被丈夫爱护而能保持家庭中荣誉地位的比较幸福呢？还是拿了生活费而各走各路的比较幸福呢？这一个问题殆为一个迷惑不可解的一大哑谜。在中国妇女尚未具备西方姊妹们之独立精神时，那些弃妇常为无限可怜的人物，失掉了社会地位，破碎了家庭。世界上大概有一个幸福妇人，便另有一个无论怎样尽人力所及总不能使她成为幸福的妇人。"③ 他这里所谈的就是原来家庭中的

---

① 余华林：《再现妾在社会习俗中的复杂》，《中华读书报》2007 年 1 月 24 日。

② 程郁：《清至民国的蓄妾习俗与社会变迁》，博士学位论文，复旦大学，2005 年。

③ 林语堂：《妓女与妾》，载《林语堂名著全集》第 20 卷《吾国与吾民》，东北师范大学出版社 1994 年版，第 156 页。

妻，也即古时所说的大妇，当新思潮兴起，女性面对丈夫蓄妾，可以选择不同意，在此情形下，若丈夫执意蓄妾，则妻可以选择离婚，那么问题就出现了，离了婚的"妻"出路何在呢？林语堂提出了这个问题。为了追求婚姻自由，男女平等，女性拥有的法律上的权利的确比以前更多了，但现实社会生活却依旧是残酷的，这就是为什么20世纪30年代离婚率突然升高，而自杀率也同时增高的重要原因。进而林语堂又说："在中国，这样的情形每日都有见闻；而那些摩登姑娘以其残忍的心肠撵出人家原来的妻子，照我看来，跟我们的祖宗的野蛮思想相差不过毫厘之间，虽然她们的摩登足以不容另一女人以同等的身份同居。在过去，往往有一个实际是好妇女，受了环境关系的支配，致勾搭上了已经结了婚的男子，而她又衷心爱他，因自愿充偏房之选，并甘心谦下地服侍大妇。而现在则各不相让，彼此捐着一夫一妻制的招牌，想撵出另一个人而攘取她的地位，这在女子看来，可以认为较为进步的方法。这是摩登的、解放的与所谓文明的方法。倘妇女界自身喜欢这种办法，让她们干下去好了，因为这就是她们自身才是第一个受到影响的人。"[1] 虽然这种言论不无偏激之处，但却道出了"片面的深刻"。的确，在"一夫一妻"制获得法律的认可，女性可以追求更多权利的同时，作为那些失去了丈夫之爱或者从来就没有获得过丈夫之爱的"妻"又该情何以堪？她们能凭借什么与更加年轻貌美甚至有才学的女性抗衡？在这种情形下她们的权益如何得到保障？林语堂认为"这个问题就是真正的妇女经济独立也不能解决它"，"年轻貌美的女人，自然在她们的同性斗争中会获得胜利而牺牲了老的女人。这个问题实在是既新而又长久了的。婚姻制度是以是永久不完美的，因为人类天性是不完美的。我们不得不让这个问题以不了了之，或许只有赖天赋之均权意识和父母责任心之增进，始能减少这种案件的数量"。[2] 这样的论说可谓洞见深刻，时至今日，他所论及的问题也还依然存在着，究其源，"废妾"与否或许并不是真的使女性获得权力和幸福的关键（当然这一步作为推动社会文明必不可少），"天赋

---

① 林语堂：《妓女与妾》，载《林语堂名著全集》第20卷《吾国与吾民》，东北师范大学出版社1994年版，第156页。

② 林语堂：《妓女与妾》，载《林语堂名著全集》第20卷《吾国与吾民》，东北师范大学出版社1994年版，第156—157页。

之均权意识"才是真正能使女性挣脱枷锁的那把钥匙。而且废妾也不仅仅是一个孤立的问题，也绝不是靠少数人的身体力行和嘶声呐喊就能改变，它既是关于女性的问题，更是关系到整个社会文明进程的问题，只有人的意识和社会制度同步或者更加超前了，"妾"制才可能真正被废除。

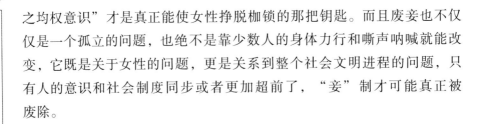

第五节　其他乡规民约下"死"去的灵魂

从清末女权运动逐渐兴起之后，一批批具有新思想的知识分子社会人士大力提倡"男女平权"以及妇女界尤其是一些妇女团体百折不挠地争取女性的各项权利，使几千年来男尊女卑的社会制度有了些微的改变，这在 20 世纪 20 年代以后国共两党出台的多次宣言及有关妇女的议案中都有所体现。在国家正式的法律层面也的确赋予了女性几千年来前所未有的多项权利。但是，正如五四新文化运动的影响力只局限于知识分子群体和一些交通传媒都相对发达的大都市一样，国家制度对女性权利的赋予也远远渗透不到中国乡土社会的广大腹地。因此在那些国家法律制度的触角延伸不到的广袤土地上，民国时期女性的命运和千百年来女性一直经受着的那样并没有多人改变，家法族规、乡规民约才是她们命运的真正主宰。民国时期乡土社会的女性，大多从出生起就因为名字叫"女人"而被注定了命运多舛。或许从刚一出生就被溺杀，或许被卖为童养媳、婢女或小妾，甚至即使是在嫁为人妻之后，也仍然摆脱不了被典卖的命运。倘若稍微幸运一点能避开这些境遇，但却也要承受着古老宗法社会几千年来的层层桎梏——族权、父权、夫权、男权。种种权利将女性层层缠绕，将她们包裹成一只只无法动弹的茧，在这厚重的茧里，她们发不出自己的声音，只能在让人窒息的空气中悄然死去抑或麻木地度过一生。

中国土地幅员辽阔，民族众多，各地的风俗习惯各异，民国时期关于女性也有着各种不同的乡规民约。但翻阅资料会发现，无论何种乡规乡俗，对待女性都有着根子里一致的贬抑倾向。"三从四德""三贞九烈"无疑都是用来规约女性的。而这种几千年来约定俗成的规矩，渗透到每个人的意识里（不仅是男性），就成为"杀"死女性的元凶。习俗的力量是强大的，但也并非所有的女性都具有天生的"奴性"。可是凡敢与礼教习俗对抗的女性最终都付出了惨重的代价甚至生命，而那些剩下的，都是一些"麻木"的灵魂，一如鲁迅笔下的祥林嫂，就像行尸走肉一般，只有"眼睛间或一轮，才能感觉到她是一个活物"。现代文学作品中除了有对溺女、童养媳、典妻、蓄妾等对女性残害压迫的旧俗的刻画表现外，还有更多的作品对女性在各种乡规民约下生活的不同命运进行了书写。文学史上从来没有哪一个时期有如此多的作家同时将目光投注在这片古老土地的女性身上，也从来没有哪一时期的文学像现代文学这样把如此多的笔墨集中倾注在女性题材上。可以说现代文学作品对乡土女性生活境况及精神状态的"记录"和展示都是前所未有的，几千年来延续的男尊女卑的传统在 20 世纪的前几十年里获得了巨大的突破和改变，现代文学在参与女性解放进程中的作用功不可没。

　　提到对乡土社会女性命运的书写，萧红必然是被首先想起的作家之一，她也是现代文学史上对乡土女性的生存状态给予了最多关注和书写的作家。她的《呼兰河传》《生死场》《小城三月》等作品对生存在东北那块黑土地上的女性的生存状态都有很出色的文字表现。《呼兰河传》其实是一幅东北地区的风俗长卷，对女性地位的书写也就糅合在对当地风土人情的刻画中。在《呼兰河传》的开头不久，萧红就对东北地区重男轻女的习俗有很"风趣"的描写。"就是七月十五这夜生的孩子，怕是都不大好，多半都是野鬼托着个莲花灯投生而来的。这个孩子长大了将不被父母所喜欢，长到结婚的年龄，男女两家必要先对过生日时辰，才能够结亲。若是女家生在七月十五，这女子就很难出嫁，必须改了生日，欺骗男家，若是男家七月十五的生日，也不大好，不过若是财产丰富的，也就没有多大关系，嫁是可以嫁过去的，虽然就是一个恶魔，有了钱大概怕也不怎么恶了，但在女子这方面就万万不可，绝对的不可以；若是有钱的寡妇的独养女，又当别论，因为娶了这姑娘可以有一份财产在那里晃来晃去，就是娶了而带不过财产来，先说那一份妆奁也是少不了的。假说女子就是一个恶魔的化身，但那也不要紧。"[①] 这其中既有对

_____

① 萧红：《呼兰河传》，浙江文艺出版社 2004 年版，第 44 页。

"男女有别"封建思想的描写——男子生于七月十五只是不大好，若在女子却是万万不可。但若有钱却又另当别论，这又反映出另一方面乡土社会里"有钱能使鬼推磨"的封建观念。

对于当地指腹为亲的习俗萧红也用不乏幽默的笔致缓缓道来：

> 这指腹为亲，好处不太多，坏处是很多的。半路上当中的一家穷了，不开烧锅了，或者没有窝堡了，其余的一家，就不愿意娶他家的姑娘，或是把女儿嫁给一家穷人。假若女家穷了，那还好办，若实在不娶，他也没有什么办法。若是男家穷了，男家就一定要娶，若一定不让娶，那姑娘的名誉就很坏，说她把谁家谁给"妨"穷了，又不嫁了。"妨"字在迷信上说就是因为她命硬，因为她某家某家穷了，以后她就不大容易找婆家，会给她起一个名叫做"望门妨"。无法，只得嫁过去，嫁过去之后，妯娌之间又要说她嫌贫爱富，百般地侮辱她。丈夫因此也不喜欢她了，公公婆婆也虐待她，她一个年轻的未出过家门的女子，受不住这许多攻击，回到娘家去，娘家也无甚办法，就是那当年指腹为亲的母亲说："这都是你的命（命运），你好好地耐着吧！"年轻的女子，莫名其妙的，不知道自己为什么要有这样的命，于是往往演出悲剧来，跳井的跳井，上吊的上吊。①

可见，在这样的民间习俗里，女性生存的空间是相当逼仄和压抑的。首先这指腹为亲不是自己的选择，而是父母之命，中途不管出现何种变故，娶与不娶男方还有可以选择的权利，嫁与不嫁女性却没有选择的自由。其次若是男方穷了，也是责在女方，嫁到夫家，一方面要受到丈夫的冷落，另一方面还要受到同为女性的妯娌的侮辱，回到娘家也得不到支持，所以在这样的习俗底下，女性也只有"跳井的跳井，上吊的上吊"了。作为女性的这种宁死也不愿意生，正透射出在那样的情形下女性的生活是何等的痛苦与不堪。

在萧红的笔下，女性的寻死甚至比男性的上战场还需要更多的勇气：

---

① 萧红：《呼兰河传》，浙江文艺出版社 2004 年版，第 53—54 页。

这井多么深，平白地你问一个男子，问他这井敢跳不敢跳，怕他也不敢的。而一个年轻的女子竟敢了。上战场不一定死，也许回来闹个一官半职的。可是跳井就很难不死，一跳就多半跳死了。

那么节妇坊上为什么没写着赞美女子跳井跳得勇敢的赞词？那是修节妇坊的人故意给删去的。因为修节妇坊的，多半是男人。他家里也有一个女人。他怕是写上了，将来他打他女人的时候，他的女人也去跳井。女人也跳下井，留下来一大群孩子可怎么办？于是一律不写。只写，温文尔雅，孝顺公婆……①

《小城三月》中萧红刻画了另一位在传统习俗和礼教束缚下死去的女性形象。《小城三月》中的翠姨美丽沉静，而且会弹琴会吹笛吹箫，若是有机会接受教育也必将成为一名优秀的知识女性。她也想过要念书，然而生活却没有给她这样的机会，所以她对那些在哈尔滨读书的学生生出无限的羡慕之情，并从心里默默地爱上了"我的堂哥"。她以前也有过机会嫁给一位学生的，但因为她是"寡妇"的女儿，民间习俗里认为"好女不嫁二夫"，所以对方家族的祖母认定她的家教是不好的，所以翠姨自己也"一天把这个背来了不知多少遍，她记得清清楚楚"，并且认为"他"（我的堂哥）必定也是这样看她的。后来她被许配给了一个又矮又小还只有十七岁但"有钱"的人，并约好三年后来娶她。翠姨希望时间推得越晚越好，但那一天终究还是来到了，就在接到说要迎娶她的消息那一天起，翠姨就病倒了。"她的婆婆听说她病了，就要娶她，因为花了钱，死了不是可惜了吗？这一种消息，翠姨听了病就更加严重。婆家一听她病重，立刻要娶她。因为在迷信中有这样一章：病新娘娶过来一冲，就冲好了。翠姨听了，就只盼望赶快死，拼命地糟蹋自己的身体，想死得越快一点儿越好。"② 而"哥哥"却仍不敢轻易去看望她，因为一个男子随意地去拜访一位年轻女子这是不允许的，在那小城里没有这样的风俗。最后在母亲的好心下，他们才有了一次见面的机会，然而，从那以后，翠姨就在抑郁中死去了。翠姨是有抗争过的，她努力地将婚

① 萧红：《呼兰河传》，浙江文艺出版社2004年版，第54页。

② 萧红：《小城三月》，载《呼兰河传·小城三月》，复旦大学出版社2004年版，第228页。

期一拖再拖，接到婚讯后又坚持要再念一下书，她努力地希望能摆脱既定的命运轨迹，然而在那样的年代里，一个弱女子的力量太微薄了，她见识到城里学生们的生活以后，也有过自己的梦想和追求，但命运最终给予她的却是梦醒后无路可走的悲凉。

在《生死场》中，萧红更是将女性地位的卑下和命运的悲惨刻画到让人触目惊心的地步。"生死场"中的女人似乎个个都挣扎在生与死的边缘。患了瘫病的月英，一个美丽的女人，却仍然要忍受丈夫的冷漠甚至打骂，"坐在一边那个受罪的女人一夜呼唤到天明。宛如一个人和一个鬼安放在一起，彼此不相关联"①。不久就在孤独中死去。那个怀着孩子即将要生产的女人——五姑姑的姐姐，也逃脱不了被丈夫打骂的命运。因为怀有身孕，丈夫让拿靴子动得太慢，就被丈夫拿起长烟袋打过来。而且莫名其妙的，她的丈夫每年都这样，看见妻子生产就反对。最可怕的时候竟然会举起大水盆向她抛过来，如果不是有人拖走，女人的下场可想而知。"大肚子的女人，仍涨着肚皮，带着满身冷水无言的坐在那里。她几乎一动不敢动，她仿佛是在父权下的孩子一般怕着她的男人……她又不能再坐住，她受着折磨，产婆给换下她着水的上衣。门响了她又慌张了，要有神经病似的。一点声音不许她哼叫，受罪的女人，身边若有洞，她将跳进去！身边若有毒药，她将吞下去。她仇视着一切，窗台要被她踢翻。她愿意把自己的腿弄断，宛如进了蒸笼，全身将被热力所撕碎一般呀！"② 这段文字写出了女人生不如死的身心体验，痛苦之状让人感同身受。最后孩子落产了，女人当场死去，"用人拖着产妇站起来，立刻孩子掉在炕上，像投一块什么东西在炕上响着。女人横在血光中，用肉体来浸着血"。这段文字读来让人触目惊心，女人横在血光中的身体正是她们命运的最真实写照。而作为似乎是与成业"自由恋爱"而结合的少女金枝，最终也不过是男性的奴隶和工具罢了。她在"爱情"的驱使下大胆地冲破了男权社会对女性身体的束缚，与成业发生了关系，但在萧红的笔下，金枝不过是成业欲望的对象罢了，他从没把她当作一个有着平等人格的主体来对待，而且这一关系的发生也体现

---

① 萧红：《生死场》，载《萧红作品精选·小说卷》，漓江出版社2004年版，第100页。
② 萧红：《生死场》，载《萧红作品精选·小说卷》，漓江出版社2004年版，第112页。

出男权对女性的压迫，金枝是被动的无奈的，即便是在她有了身孕的时候成业也不放过她，在这段关系里，没有因情爱而生的体恤，有的只是性的压迫和占有。最终，金枝在出嫁还不到四个月的时候，"就渐渐会诅咒丈夫，渐渐感到男人是严凉的人类！那正和别的村妇一样"。一个对爱情，对男性抱着期待的女性，在现实的残酷和人情的冷漠下，灵魂死去了。

在那块土地上，女性的命运终究逃脱不了男权尤其是夫权的重压，在《呼兰河传》中萧红就曾写过那地方上男人打女人的习俗，那是最司空见惯的事情，女性在那个年代里，扮演的永远只是男性的附属物，正如《桥》中的黄良子一样，她们是没有姓名的一群人，"黄良是她男人的名字，从她做了乳娘那天起，不知是谁把'黄良'的末尾加上个'子'字，就算她的名字"①（无独有偶，女性的这种"无名"状态也曾出现在冰心的笔下，在《六一姊》中，那位农家少女没有名字，她之所以叫六一姊是因为她有一个叫"六一"的弟弟）。女性对于男性而言只是欲望的工具、免费的劳动力，是男性任意压迫奴役的对象，她们甚至连生育的工具都算不上，因为她们的生育甚至还比不上动物的生育来得"有意义"。

萧红的创作除了写到"生死场"中传统礼教对女性精神世界的束缚、男性对女性身心的压迫和摧残，在 20 世纪 30 年代的创作中她还从阶级的视角对女性所受的多重重压进行了书写。在小说《王阿嫂的死》（1933 年 5 月 21 日哈尔滨《国际协报》副刊）中，这种有意为之的"阶级视角"不能不说呈现出明显雕琢的痕迹，小说的开头就点出了王阿嫂所属的阶级。"在村里，五妹子、愣三、竹三爷，这都是公共的名称。是凡佣工阶级都是这样简单而不变化的名字。这就是工人阶级一个天然的标识。"②当村妇们得知王阿嫂的男人在后村被人用火烧死了后，就有人提议"'今天晚上我们都该到王阿嫂家去看看，她是我们的同类呀！'田庄上十几个妇人用响亮的嗓子在表示赞同。张地主走来了，她们都低下头去工作着。张地主走开，她们又都抬起头来；就像被风刺倒

---

① 萧红：《桥》，载《萧红作品精选·小说卷》，漓江出版社 2004 年版，第 40 页。
② 萧红：《王阿嫂的死》，载《萧红作品精选·小说卷》，漓江出版社 2004 年版，第 3 页。

的麦草一样，风一过去，草梢又都伸立起来"①。最后王阿嫂死了，村民们去送行，结尾处萧红仍不忘对这种阶级的同情再书一笔："月亮穿透树林的时节，棺材带着哭声向西岗子移动。村妇们都来相送，拖拖落落，穿着种种洋洋擦满油泥的衣服，这正表示和王阿嫂同一个阶级。"② 这种从始至终从阶级的视角来关注女性命运的用意是明显的，但并未遮盖住其对造成女性生存困境原因的揭示。女性的确是生存在多重枷锁之中，不仅仅是传统的束缚，不仅仅是性别的压迫，女人是奴隶下的奴隶，是被压迫者中的被压迫者。在那样的年代和社会环境里，"穷人连妻子都不是自己的""她又怎么办呢？小孩子若生下来她可怎么养活呢？我算知道，有钱人的儿女是儿女，穷人的儿女，分明就是孽障"。王阿嫂在夫亡女幼并且怀有身孕的情形下，还依然去田里劳作，张地主却还对她拳脚相加，最后王阿嫂死了，"等到村妇挤进王阿嫂屋门的时候，王阿嫂自己已经在炕上发出她最后沉重的嚎声，她的身子早被自己的血浸染着，同时在血泊里也有一个小的、新的动物在挣扎。……王阿嫂就这样的死了！新生下来的小孩，不到五分钟也死了"③。女性就是这样生活在多重桎梏之下，举步维艰，"活着"有时对于她们来说就如同身处地狱。

五四时期在文坛上颇引人注意的女作家冯沅君以创作爱情小说而闻名，她对于五四这一变革时期男女青年在挣脱礼教束缚过程中的恋爱心理刻画细致入微，在当时产生了不小的影响。而她创作于1924年的小说《贞妇》却刻画了一个不同于其他作品中女学生形象的在封建礼教重压下被吞噬了灵魂的农村妇女形象。《贞妇》的主人公何姑娘从小失去父母成为孤儿，后嫁到慕家，受尽了婆婆和丈夫的欺凌并最终难逃被休的命运，被休回家以后兄嫂对她也非常刻薄。然而，正如同其他千百个逆来顺受的农村女性一样，即使在这样的境遇里，何姑娘也坚持守贞，就算有人上门提亲，她也誓不改嫁。几年过去，精神和物质的双重匮乏就将她折磨得骨瘦如柴。然而当听到婆婆去世的消息后，她却仍然执意要拖着病重的身子到慕府去吊丧。也是在那里她见到了留洋归来的原来的丈夫，心如刀割，对人哭诉她对慕家的耿耿忠心直到吐血倒地，最终在

---

① 萧红：《王阿嫂的死》，载《萧红作品精选·小说卷》，漓江出版社2004年版，第7页。
② 萧红：《王阿嫂的死》，载《萧红作品精选·小说卷》，漓江出版社2004年版，第9页。
③ 萧红：《王阿嫂的死》，载《萧红作品精选·小说卷》，漓江出版社2004年版，第8页。

四天后悲惨地死去，去给婆婆奔丧的她却和婆婆一起出殡了。小说中的何姑娘就是典型的旧式中国女性的代表，在她的脑子里，"从一而终"的封建教条已经深植骨髓。而造成她性格的却是当时她所生活的整个乡土社会的文化氛围。虽然在当时的年代里一些大的都市已经受到新思想的冲击和洗礼，也已经有很多女性敢于冲出传统对女性的束缚去追求属于自己的幸福，然而在那些远离都市的穷乡僻壤，人们仍然生活在古旧的礼俗传统之中，而何姑娘正是生活在这样令人窒息的环境里。当她嫁到慕家时，就受到婆婆和丈夫的欺凌，被休回家后，兄嫂又嫌弃她被休的名声，尽管对她被休回家时带回来的"一千串钱"却不嫌弃，就连疼爱她的姑母也对她"咬着牙替慕家守贞的志气"表示赞同。当何姑娘守贞五年后拖着病体去给婆婆奔丧时，当年那个暗地里陷害她的姑太太也为她感动，当初瞧不起她的丈夫也不免"动情"。这就是"何姑娘"们所生活的社会环境。冯沅君在这篇小说中的笔致是沉静而节制的，她没有像在以往的爱情小说中那样过多地说理，而是将对封建礼教的批判蕴藏在她冷静的文字当中，相比于以往爱情小说中对女青年、女学生形象的塑造，《贞妇》中何姑娘形象的刻画对于揭示传统女性的命运和生存状态有着其他作品不可替代的意义。

在对女性命运的思索和女性精神世界的文学表现方面，鲁迅无疑是现代文学史上的一座高峰。即使是在对无甚"精神世界"可言的乡土女性的刻画与塑造上他也达到了入木三分的境界。鲁迅在其文学创作中塑造出了生存在各种礼俗重压之下的乡土社会女性的群像，《祝福》（1924年2月7日）中的祥林嫂，《离婚》（1925年11月6日）中的爱姑以及《明天》（1920年6月）中的单四嫂子，甚至是《在酒楼上》（1924年2月16日）中那个想要一朵剪绒花的少女阿顺，她们无一不是"死"在乡土社会的民间规约之下，即便是具备一点"斗争、反抗"精神的爱姑，最后也还是被传统无形的威压所"驯服"了。

《祝福》中的祥林嫂是最广为人知的乡土女性形象经典之一。在这篇小说里，鲁迅为我们展示了乡土女性因封建的节烈观而所承受的生活苦痛与精神重压。祥林嫂守寡之后从婆家逃出来初到鲁四老爷家的时候，鲁四老爷就因听说她是寡妇而"皱了皱眉"，面露不悦。后来祥林嫂又被她的婆婆抓回去了，抓回去的目的就是为了给她的小叔子换娶媳妇的钱而要将其再嫁，并且是嫁到深山老林中去。中国几千年的传统都是要求女性的贞节，"好女不侍二夫"就是对女性节烈的"规约"，然而祥林嫂的处境却是她想保持贞节、想"不侍二夫"都不能，虽然她在再嫁的仪式上将自己撞得头破血流，但也仍然改变不了"被再嫁"的命运。本来再嫁后用卫老婆子的话说是"交了好运"的，生了儿子，儿子长得好，丈夫能做事，还有自己的房子。然而天有不测风云，后来丈夫患风寒死了，但祥林嫂仍然坚强地自己做活抚养儿子，日子也还能过。不料儿子也被狼给叼走了，更加雪上加霜的是，家里的大伯又来将房子收走。由此可见当时的乡土社会女性在夫死子亡的情形下是没有财产继承权的。而实际上民国时期这时的法律已经赋予了女性在配偶及子女死亡后对家庭财产继承的权利，只不过现代社会的法律无法渗透祥林嫂远嫁的深山老林罢了。最后祥林嫂在卫老婆子的带引下再一次站在了鲁四老爷家的门前。"当她初到的时候，四叔虽然照例皱过眉，但鉴于向来雇用女工之难，也就并不大反对，只是暗暗地告诫四婶说，这种人虽然似乎很可怜，但是败坏风俗的，用她帮忙还可以，祭祀时候可用不着她沾手，一切饭菜，只好自己做，否则，不干不净，祖宗是不吃的。"① 以前祥林嫂最忙的时候就是祭祀，现在却清闲了，当她照旧去拿祭祀用品时，四婶都会慌忙地阻止。祥林嫂不明究竟，只是很困惑，精神也恍惚了；闲下来的时候就不停地对人讲述她的儿子阿毛被狼叼走的故事，最后人们听得多了也从同情变成了调侃。而祥林嫂直到柳妈对她说了一番话才明白了为何鲁四老爷及四婶对她态度有如此的转变，于是她也觉得自己是个罪人了。后来她用一年辛苦赚来的全部积蓄去"捐了门槛"，想换回做正常人的权利。但是当她再一次在祭祀时去碰祭祀用品遭到四婶的喝止之后，就完全绝望了。她终于明白她的罪是洗不干净的。不到半年的时间她头发就白了，人也健忘了。最后被鲁家打发出门，沦为了乞丐，如行尸走肉一般"只有眼睛间或一轮，才让人感觉到她是一个活物"。直到临死前她还问"人死后是否有灵魂"这样的问题，可见她内心对柳妈曾经说过的"嫁给两个男人，死后也要被锯开"的话恐惧之深，然而她

---

① 鲁迅：《祝福》，载《鲁迅小说杂文散文全集》上，广西民族出版社 1995 年版，第324—325 页。

又问"人死了是可以一家人团聚的吧",可见她内心又希望人死了有灵魂的矛盾与挣扎。祥林嫂最后就在这样的恐惧与挣扎中死去了。鲁四老爷在知道祥林嫂死了的时候,说的唯一一句话就是"不早不迟,偏偏要在这时候,——这就可见是一个谬种"。由此看出封建礼教之入人心之深,祥林嫂也就是死在这种几千年的妇女节烈观之下的。这正如鲁迅在《我之节烈观》中所说:"社会公意,不节烈的女人,既然是下品,他在这社会里,是容不住的。社会上多数古人模模糊糊传下来的道理,实在无理可讲;能用历史和数目的力量,挤死不合意的人。这一类无主名无意识的杀人团里,古来不晓得死了多少人物;节烈的女子,也就死在这里。"①

　　不节烈的女子没有活路,节烈的女子,也同样"死"在"节烈"里。《明天》(1920 年 6 月)就是鲁迅另一篇写女性节烈之苦的小说。如果说《祝福》中的祥林嫂是因为自己迫于无奈之下的"不节"而承受别人的歧视和自己内心的煎熬默默死去,那么《明天》则是描写的单四嫂子在"守节"之苦下虽生犹死的生活。单四嫂子丈夫死了,她坚守着几千年流传下来的所谓妇道,靠自己日夜劳作纺纱来养活自己和只有三岁的儿子。在鲁镇这个古风流传的地方只有两家睡得最晚,一家是咸亨酒店,另一家就是咸亨酒店隔壁的单四嫂子家。咸亨酒店的晚是因为客人们吃菜喝酒唱小曲,单四嫂子则是因为熬夜纺纱。咸亨酒店里喝酒的红鼻子老拱和蓝皮阿五一半是为了喝酒,另一半则是为了听隔壁单四嫂子家的声音然后肆意调笑。在他们眼里,单四嫂子是个寡妇,然后也就成为他们欲望的对象。所谓的传统道德节烈观对女性的残酷之处也由此深刻地体现出来。要女性守节的是男性,对守节的女性虎视眈眈的也同样是男性。单四嫂子不仅要承受着一个人独自抚养孩子的艰辛和超负荷的体力劳作,还要忍受着各种轻侮和虎视眈眈的目光。小说的标题"明天"本身就暗示着单四嫂子赖以生活下去的动力和支撑,因为她有孩子宝儿,所以她的守节和她的艰辛都有了值得坚持下去的理由和希望。她的守节既是为了丈夫,也是为了孩子。在几千年女性"无我"文化的浸染下,女性唯独没有自我。然而老天连这个原本就可怜的愿望也不遂她,

---

　　① 唐俟(鲁迅):《我之节烈观》,载《新青年》第 5 卷第 2 号,1918 年 8 月。

宝儿最后得病死了。单四嫂子陷入了终极的空虚，后面的生活她将如何继续下去，是继续守节还是变成烈妇？可以说任何一种选择对女性来说都是残酷的。变成烈妇，其悲惨自不必说，多少女性就是这样埋葬了自己的青春和生命。然而继续守节也绝非易事。鲁迅先生在小说的结尾处写道："单四嫂子终于朦朦胧胧的走入睡乡，全屋子都很静。这时红鼻子老拱的小曲，也早经唱完；跄跄踉踉出了咸亨，却又提尖了喉咙，唱道：'我的冤家呀！可怜你，——孤另另的……'蓝皮阿五便伸手揪住了老拱的肩头，两个人七歪八斜的笑着挤着走去。"① 可以说红鼻子老拱的那一尖喉咙和蓝皮阿五与他的调笑都是指向单四嫂子的。之前在单四嫂子抱着宝儿去治病的路上，蓝皮阿五就没有放过与其"接触"的机会，他借口要帮她抱宝儿，尽管单四嫂子一直推拒，他最后还是"伸开臂膊，从单四嫂子的乳房和孩子中间，直伸下去，抱去了孩子。单四嫂子便觉乳房上发了一条热，刹时间直热到脸上和耳根"②。"寡妇门前是非多"，有宝儿的时候尚且如此，现在孩子没了，红鼻子老拱和蓝皮阿五之流只会更加肆无忌惮。一个女性在自己孤身一人的情况下想要守节，其艰难可想而知。但倘若"失节"，那么单四嫂子的结局也无非就是另一个祥林嫂罢了。

如果说《祝福》和《明天》描写的是女性嫁为人妻后的"不节"之痛与"节烈"之苦，那么《在酒楼中》则给我们讲述了一个正值花季的少女未婚先亡的惨剧。匍匐在男权脚下生活了几千年的女性，要么牺牲自己的青春甚至生命成为"节妇"或"烈女"，要么就在"不节"的阴影中苟延残喘了此余生或悲惨地死去。而更可悲的则是一个少不更事的少女在还对人生怀着美好期待和热烈憧憬的时候却遭遇严霜一样冰冷现实的打击然后凋零。《在酒楼中》出现在吕纬甫的追叙和回忆中的船家少女阿顺就是这样一个凋零萎谢了的生命。"瘦瘦的瓜子脸，黄脸皮；独有眼睛非常大，睫毛也很长，眼白又青得如夜的晴天，而且是北方的无风的晴天，这里的就没有那么明净了。她很能干，十多岁没了母亲，

① 鲁迅：《明天》，载《鲁迅小说杂文散文全集》上，广西民族出版社1995年版，第241页。

② 鲁迅：《明天》，载《鲁迅小说杂文散文全集》上，广西民族出版社1995年版，第239页。

招呼两个小弟妹都靠她；又得服侍父亲，事事都周到；也经济，家计倒渐渐的稳当起来了。邻居几乎没有一个不夸奖她，连长富也时常说些感激的话。"① 这是一个既懂事又能干的少女形象，连吕纬甫的老母亲在离乡多年以后都还记得她，并嘱咐儿子返乡时带两朵她一直渴盼的剪绒花。但是当吕纬甫回到家乡找到阿顺家时，却得知阿顺早已经死去，而死去的原因更是荒唐而且发人深省："大约从去年春天以来，她就见得黄瘦，后来忽而常常下泪了，问她缘故又不说；有时还整夜的哭，哭得长富也忍不住生气，骂她年纪大了，发了疯。可是一到初秋，起先不过小伤风，终于躺倒了，从此就起不来……有一夜，她的伯伯长庚又来硬借钱，——这是常有的事，——她不给，长庚就冷笑着说：你不要骄气，你的男人比我还不如！她从此就发了愁，又怕羞，不好问，只好哭。长富赶紧将她的男人怎样的挣气的话说给她听，那里还来得及？"② 阿顺的伯伯长庚是一个偷鸡贼，他对阿顺所说的话也不过是一时的气话和诳语。然而受封建思想浸染已久的女子，终究撕不开那层脸面去打听自己将来的男人是何许人，临死前还说如果她的男人真比长庚不如，"那就真可怕呵！比不上一个偷鸡贼，那是什么东西呢"？可见阿顺是一个忠厚纯良的女子，也因为女性终究是男性的附属物，自古以来"嫁鸡随鸡，嫁狗随狗"，"好女不侍二夫"的训诫也使得她对于自己将来的生活充满了绝望。可以说阿顺的死一方面是因为自己的体弱，但更多的却是死在中国几千年的传统对女性的禁锢里。倘若她有足够的勇气去向旁人打听一下未来的丈夫（事实是，顺姑死的时候他来送殓了，衣服很干净，人也体面，流着泪说自己撑了半世小船，苦熬苦省的积起钱来聘了一个女人，偏偏又死掉了，可见是一个忠厚老实的好人，偷鸡贼长庚说的全不是事实），或者有勇气嫁过去，倘若男人真是偷鸡贼还不如的人就改嫁，那么阿顺的结局就不会是郁郁而终了，代代相沿的乡规民约才是真正杀死顺姑的那道利刃。

顺姑的死是死于她轻信谎言，更死于她逆来顺受、听天由命的性格，实际上这是传统文化浸染下走出的女子所共有的性格。如果她们勇敢一

---

① 鲁迅：《鲁迅小说杂文散文全集》上，广西民族出版社1995年版，第333页。
② 鲁迅：《鲁迅小说杂文散文全集》上，广西民族出版社1995年版，第334—335页。

点，敢于向包括皇权、族权、父权、夫权在内的整个男权系统挑战，那么她们的生活和命运会不会是另一番模样？但是当然这需要非同一般的勇气，她们的这种勇气如何获得，行为如何落实？如果这样是否就会有不同的结局？鲁迅的《离婚》又给我们讲述了一个乡土社会里的"勇敢"女子爱姑的故事。

爱姑自从嫁到夫家就经常遭受辱骂，而且她的丈夫"小畜生"后来还姘上了寡妇，想用80元钱就将爱姑打发回家。但是爱姑不同于乡土社会里大多数逆来顺受的女性，她勇敢地进行抗争，且"已经闹了整三年"，用她自己的话说是："姘上了小寡妇，就不要我，事情有这么容易的？""要撇掉我，是不行的。七大人也好，八大人也好。我总要闹得他们家败人亡！慰老爷不是劝过我四回么？连爹也看得赔贴的钱有点头昏眼热了。"① 可见爱姑反抗决心之坚定。而且在要再次去见慰老爷、七大人的路上，她也表现得勇气十足："老畜生，小畜生，全都走投无路。慰老爷她是不放在眼里的，见过两回，不过一个团头团脑的矮子：这种人本村里就很多，无非脸色比他紫黑些。"② 可以说，到此爱姑都是鲁迅笔下，甚至可以说是现代文学人物画廊中最泼辣，最具"反抗精神"的人物。然而，等她进了屋，看了满屋的人，就开始"不敢看他们"，当工人搬出年糕汤时，她"越加局促不安起来了，连自己也不明白为什么"。但是她见了七大人，认为他是"知书识理"的，于是还是"勇敢起来了"，说"我一定要给他们一个颜色看，就是打官司也不要紧。县里不行，还有府里呢"，当慰老爷劝其罢手时，她仍然坚定地说："那我就拼出一条命，大家家败人亡。"然而七大人说话了："我一添就是十块，那简直已经是'天外道理'了。要不然，公婆说'走！'就得走。莫说府里，就是上海北京，就是外洋，都这样。你要不信，他就是刚从北京洋学堂里回来的，自己问他去。"③ 当那尖下巴少爷附和了七老爷后，爱姑仍然还不放弃想要据理力争，虽然这时她的"爹不说话，弟兄不敢来，慰老爷是原本帮他们的，七大人又不可靠，连尖下巴少爷也低声下气地像一个瘪臭虫，还打'顺风锣'。但她在胡里胡涂的脑中，还

① 鲁迅：《鲁迅小说杂文散文全集》上，广西民族出版社1995年版，第409—410页。
② 鲁迅：《鲁迅小说杂文散文全集》上，广西民族出版社1995年版，第411页。
③ 鲁迅：《鲁迅小说杂文散文全集》上，广西民族出版社1995年版，第413页。

仿佛决定要作一回最后的奋斗"。① 然而只当她听见七大人一声"高大摇曳"的"来——兮"以后，态度立刻就转变了，她忽然觉得大势已去，觉得都是自己的错，同时觉得七大人确实威严，先前都是自己的误解，所以太放肆，太粗鲁了。于是她说出了那句决定她的反抗终归失败的话——"我本来是专听七大人吩咐……"顷刻之间之前一切的努力和抗争都化为了泡影，"全客厅顿然见得一团和气了"，最后爱姑在对老爷们的道谢中和父亲领了90元钱离开了。

爱姑前后态度的转变颇具戏剧性，但细细想来又合乎情理，因为她之前用以武装自己的思想最主要是她是"三茶六礼定来的，花轿抬来的"，所以她是有心理支撑的，且她家有六个弟兄，还有一个"高门大户都走得进的，脚步开阔的""平时沿海居民对他都有几分惧怕的"父亲，所以她理直气壮。然而当这一切不再起作用，尤其是七老人说出了那句"公婆说'走！'就得走"的传统伦理纲常后，爱姑就觉得道理都不在自己这了。而且七大人那句"莫说府里，就是北京上海，就是外洋，都这样"更是彻底了断了爱姑"县里不行，还有府里"的念想。爱姑最终还是只有回到娘家一条路可走，尽管她开始具有反抗精神，但根基却是脆弱的，因为她所倚仗的也正是封建传统势力用以压迫女性的封建伦理纲常，所以她最终还是无法改变自己的命运，只能在孤寂中终了残生。

对乡规民约对女性的压抑与迫害进行文学书写的还有来自湘西边地的作家沈从文，尽管这位来自边地的田园牧歌手每当将笔触伸向那块神奇的土地时就变得异样的温柔与美好，但是在他美丽文字的背后也难掩对偏乡僻壤陈规陋俗礼教暴力的愚昧残忍的反省与批判。

在《月下小景》中，按照当地自古传下来的野蛮习俗，一个女子如果同第一个男子恋爱并把贞操给了他，那么她一定只能同第二个男子结婚，如果一个女子爱上了一个男子想与其结婚，那么她必定要先把初夜给予另一个男子。如果有哪个女人违反了这习俗，就要被沉潭或者被扔到地窟窿里去。就在这种陈规陋俗的野蛮桎梏下，作品中相爱的两个人，只能在万般无奈之中，从容地相约着一起走向死亡。这是沈从文带着无

---

① 鲁迅：《鲁迅小说杂文散文全集》上，广西民族出版社1995年版，第413—414页。

限诗意的美好写就的一篇小说，小说语言意境皆极美，就连最后的死也是在月光淡淡洒满各处的时候，两人微笑地躺在野花铺就的床上，安静地等待死亡的来临。但每一个读小说的人都可以感受到，对这种野蛮习俗的暴力的批判就蕴藏在那些诗意叙述的背后。

又如熟悉和喜欢沈从文作品的人大多读过《萧萧》。在这篇小说里，萧萧是个童养媳，12 岁就有了一个还不到 3 岁的小丈夫，随着日子一天天过去，萧萧渐渐长大了，慢慢地为家中工人花狗诱惑做了"坏事"，并准备逃跑。被家人发现"预备给小丈夫生儿子继香火的萧萧肚子，已被别人抢先下了种"，一切就全乱了套。于是就要对萧萧处置，看是"沉潭"还是"发卖"。"沉潭"即是这偏疆僻壤种种陋俗之一种，即将人绑在磨石上扔到水里去淹死，一般是针对有辱门庭的女性。然而萧萧是幸福的，她没有被沉潭，只是等待发卖，然而她生了个"团头大眼、声响洪壮"的儿子，一家人都欢喜，于是萧萧也就不嫁别处了。多少年月过去后，儿子十二岁又接了亲，"那一天，萧萧抱了自己新生的月毛毛，却在屋前榆蜡树篱笆看热闹，同十年前抱丈夫一个样子"。这是萧萧的故事，作于 1929 年。这一时期，沈从文还投入在对家乡人事的深情礼赞中，写萧萧的故事是为了表达对这种美好人性的赞美，而没有对陋俗的鲜明批判。然而现实毕竟不是如此美好的，现实中在那样的边城还有很多"萧萧"却是得到别样的下场。

这类故事的另一版本在沈从文 20 世纪 40 年代创作的《雪晴》（1946）与《巧秀和冬生》（1947）中得到书写。在这两篇作品里，沈从文对"沉潭"这一野蛮残忍的暴力习俗进行了深刻的批判。这两篇作品其实构成的是一个倒叙的结构。《雪晴》中一个叫巧秀的姑娘跟一个吹唢呐的人"跑了"，《巧秀与冬生》即是追叙这之前发生的事情，并由此引出巧秀妈——另一个"萧萧"当年的故事。巧秀妈 23 岁即守寡，那时巧秀才不到两岁，和另一个黄罗寨的打虎匠偷偷相好。族里人因图谋她家的几亩薄田，将两人"捉奸"，然后"把黄罗寨那风流打虎匠两只脚捶断，且当小寡妇面前捶断"[1]。心怀狠毒，曾经垂涎巧秀妈而不得的

① 沈从文:《沈从文文集》第七卷，花城出版社 1983 年版，第 367 页。

族长继而提议"把这个不知羞耻的贱妇照老规矩沉潭"①，于是"一些年青族中人，即在祠堂外把那小寡妇上下衣服剥个精光，两手缚定，背上负了面小石磨，并用藤葛紧紧把石磨扣在颈脖上。大家围住小寡妇，一面无耻放肆的欣赏那个光鲜鲜的年青肉体，一面还狠狠的骂女人无耻"②。然后用船划到潭的最深处，貌作雄强的族长，"冷不防"就把女人掀下了水。"一阵子水泡向上翻，接着是水天平静"了。③ 颇值得人回味和思索的是这篇小说的结尾："我仿佛看到那只向长潭中桨去的小船……一切东西都不怎么坚牢，只有一样东西能真实的永远存在，即从那个对生命充满了热爱，却被社会带走了爱的二十三岁小寡妇一双明亮、温柔、饶恕了一切的眼睛中看出去，所看到的那一片温柔沉静的黄昏暮色，以及在暮色倏忽中，两个船桨搅碎水中的云影星光。巧秀已经逃走半个月，巧秀的妈颈悬石磨沉在溪口长潭中已十五年。一切事情还并没有完结，只是一个起始。"④ 可以看得出，沈从文在这篇小说里的文字仍是他一贯素淡节制的风格，然而正是从这些节制的文字里，透射出沈从文对残忍野蛮暴力习俗的沉痛批判，这和他近 20 年前对同一类事件的书写相比，其角度之殊引人深思。毫无疑问，20 年前沈从文在用这类题材进行创作时，重心是放在对湘西那地方人性美好自然的赞美上，前提是"萧萧"没有被沉潭，与此同时却有许多被沉潭"萧萧"的悲惨命运没有得到呈现。20 年后沈从文再对那一块土地作凝眸和回望，会发现那些愚昧和残忍是忽视不了的，而且更加清醒地意识到短时间内这种礼教的暴力并不会消失，所以他说它"只是一个起始"。这一思索方式和这一时期内沈从文整个文学创作的思路也是一致的。20 世纪二三十年代沈从文创作中更多的是对家乡人事的赞美，30 年代后期到 40 年代的创作则更多了一份理性与反省。

除了以上作家有比较鲜明的意识对于乡土社会被压抑与噤声的女性命运进行文学书写以外，还有不少现代作家在他们的创作中留下了他们对于传统礼教下旧式女性地位和命运的关注。冰心的《庄鸿的姐姐》

---

① 沈从文：《沈从文文集》第七卷，花城出版社 1983 年版，第 367 页。
② 沈从文：《沈从文文集》第七卷，花城出版社 1983 年版，第 368 页。
③ 沈从文：《沈从文文集》第七卷，花城出版社 1983 年版，第 370 页。
④ 沈从文：《沈从文文集》第七卷，花城出版社 1983 年版，第 381 页。

中，姐姐因为是女孩，只能将自己想和弟弟一起上学的愿望默默地藏在心底，直到慢慢消瘦死去。石评梅的剧本《这是谁的罪》中女主人公因实在无法忍受婚姻的苦痛而将丈夫毒害致死，然后自己也自杀了却了生命。石评梅的小说《董二嫂》中，董二嫂的婆婆是传统乡间恶婆婆的典型代表，她总是唆使儿子打媳妇。男人打女人似乎是天经地义的事情，最后董二嫂被活活打死。丁玲的《阿毛姑娘》中的乡下小媳妇阿毛，一些偶然的契机下知晓了另一种"幸福的生活"，在那样的生活里物质充裕，男人也亲切体贴，于是心生向往并且想有机会就去追寻这种比较幸福的生活，然而却受到家人粗暴的制止和压抑，她最后也只能在抑郁中吃火柴头结束了自己的生命。

即使是在巴金的《家》中，并非处于奴婢地位的女性梅芬和瑞珏，她们的命运也不会比丫鬟鸣凤幸运多少。梅芬是有钱人家的小姐，然而她既没有鸣凤那种悲惨的经历也没有她敢于向命运抗争的勇气，她一生只是让命运摆布，自己不能做一点主。当母亲为她包办了婚姻时，她也只是默默地忍受，痛苦地埋葬她和觉新之间的爱情。在出嫁一年不到就守寡以后，她又接受封建家庭制度的"规约"陪着母亲过着尼姑庵一样清静寡淡的生活。即使是与觉新再遇后，她也只能压抑着自己的感情不敢诉说，最后在抑郁中默默死去。而觉新的妻子瑞珏也是和梅芬一样温顺纯良的女子，她富于同情心也具有自我牺牲的精神，为了别人的幸福甘愿委屈自己，从不反抗。即使是在她临产的时候，为了遵循封建礼俗的规定，避免与高老太爷的死相冲发生"血光之灾"，也默默忍受着被送到郊外阴暗潮湿小庙里的痛苦，最终因难产而凄惨地死去。在巴金笔下有钱人家的小姐太太尚且如此，地位低下的其他女性就更加悲惨。在小说《杨嫂》中，杨嫂是一个女佣，她守寡且无儿无女，一直跟随着作者一家人四处辗转，尽心伺候着主人一家，但她的辛劳付出和尽心尽力终究换不回别人对她的丝毫尊重与同情，在她病倒时马上就遭到嫌弃和诅咒，最终在一间阴暗潮湿的小屋里孤独地死去。她就和《祝福》中的祥林嫂一样，勤勉的劳作也改变不了她们因为是奴仆且守寡而受人歧视的命运，祥林嫂即使在死去后仍被鲁四老爷骂为"谬种"，杨嫂的死也让主人感到发自内心的轻松和高兴。

此外还有女兵作家谢冰莹的小说创作也表现了诸多被封建礼教残害

致死的女性。《新婚之夜》中的秀姑娘，因为在这个封建父权社会里无力反抗家庭对婚姻的包办，被迫卖给一个48岁的老男人，最后撞墙而死。《巧云之死》中潘巧云的丈夫一夫多妻，她因寂寞难耐与和尚偷情，最后被自己的丈夫杀死，成为一夫多妻封建婚姻制度的牺牲品。《梅姑娘》中16岁的少女因为母亲早逝，父亲又嫖又赌而被卖给塘山冲里大财主的独生子做二老婆，梅姑娘宁可讨饭也不愿意嫁给那么一个"软子"——没有半点骨头，像棉花一样，坐下来不到一尺，但站起来却有七尺多长。眼睛像牛一般大，简直就是个怪物。梅姑娘为此自杀了三次，第一次用刀子割破喉管，后被发现，一下就砍去四个手指头。第二次投水，第三次又吞药，但都被强行救活并被关禁闭，第四次，她终于投水自尽了。一个温柔美丽的少女面对着封建家长制度和包办婚姻丝毫没有决定自己命运的权利，只能活生生地被逼入绝境。

从中国现代作家对民国时期传统乡土社会女性命运的文学观照来看，出现在他们文学作品中的，无论是刚一出生就被溺弃的女婴，还是尚当幼年就被卖为童养媳的幼女少女，无论是已为人妻仍难逃被卖命运的典妻，还是用青春年华为枯老男权殉葬的蓄妾，又或者是在乡规民约家法族规下"死"去的年龄、地位各不相同但命运却相似的各色女性，这些形态各异的女性形象都体现了现代作家们对中国传统乡土社会里女性生存状态的关注。毫无疑问，她们的地位是卑贱的，生活是压抑的，命运是悲惨的，她们中的绝大多数都在几千年男尊女卑文化的重压下和封建礼俗的枷锁中消逝了青春甚或生命。虽然在社会各界进步人士的努力下，现代法律渐渐赋予了女性较之于前更多的权利，但是这种现代法律文化却很难渗透广大乡土社会，即使有所影响，其力量也难以与传统习俗的力量相抗衡，这就是为什么在大都市正发生着翻天覆地变化的同时广大乡土社会却被撼动甚微的原因。但另一方面不可否认的是，新的时代已然来临，在新文化、新思潮的冲击和影响下，现代文明又或多或少地浸染到广大乡土社会的腹地，虽然没有带来多少实质性的改变，但是有不少人已经隐隐约约感受到了外面有一个神秘的不同的世界正在慢慢展开。这既是现代作家群中很多人为何走异乡、寻异路的原因，也是出现在他们笔下的人物在朦朦胧胧中对外面的世界有所期待和向往的原因。王西彦的小说《黄昏》中福田媳妇经常会望着"火车路",期待着"那东西到来的时刻"。萧红《小城三月》中的翠姨在体会了城里学生们的生活以后更加感觉到自己生活的无望。沈从文《萧萧》中的萧萧每次坐在家门前看着那些放了暑假回来的女学生,心中也生出几许莫名的向往,当她与长工花狗的事情发生以后,她就曾想着像那些女学生那样到城里去了。从这些隐隐约约的期待和希冀甚至是绝望里,我们可以看出她们确乎感受到了另一种生活的存在,只是福田媳妇、翠姨、萧萧们要获得这种生活,还有很长的路要走,她们只有走出那片乡土,走进被现代文明洗礼的大都市,在那里,她们才有"新生"的希望,她们才有更多的机会和更大的可能性获得法律赋予现代女性的多项权利,如教育权、劳动权、从政权,以及经济、婚姻中的各项权利等。然而任何社会变革都不是一蹴而就的,女性权利的获得和法律地位的嬗变也同样如此,因此从乡土社会出走进入都市的女性们,如同一只只破茧而出的蝶,她们在争取自己各项权利,在获得"女学生""女职业者""女从政者"等多种身份的过程中必然也将付出泪与血的代价。鲁迅曾说,出走的娜拉要么堕落要么回来,那么从古老礼俗传统这个大"家"出走的女性又将何为?而这又成为现代作家对现代女性法律地位嬗变及生存状态进行文学书写的另一个重要维度。

第三章

走向有光的所在：都市女性法律
地位之嬗变与中国现代文学书写

"从事理上推想起来，娜拉或者也实在只有两条路：不是堕落，就是回来"，这是鲁迅在题为《娜拉走后怎样》的演讲里曾说过的话。出走后的"娜拉"到底会怎样，在鲁迅作演讲时的民国早期，冲出传统男权家庭的女性确乎只有这两条路可走——堕落或者回来，更不济则是死亡。因为无论当时的文化环境还是社会制度都没有为走出家庭和传统男权樊篱的女性提供可以独立生存的保障。虽然自清朝末年清政府就全面推行法制改革，传统的法律体系解体了，中国的法律开始了现代化的进程，但一方面北洋政府时期中央政权频繁更迭使得法制现代化的进程时断时续，有时甚至还出现倒退，另一方面法律的规定落到现实实践层面往往又受到传统法治及习俗的多重影响而大打折扣。

无论如何，就离国家权利中心最近，国家政权力量也最易渗透到的都市而言，法制的文明较之乡土社会仍然更为进步。而且随着社会各界人士的努力和社会进程的推进，妇女解放运动也取得了巨大的突破和进展。在法律制度层面，南京国民政府建立以后更是加快了法律现代化的步伐。"于1929—1930年颁布的国民党民法典几乎完全模仿1900年的德国民法典，它与以往法典相比有根本的概念分歧：清法典视父系家庭为基本社会单元，国民党民法典以男女个人为中心。"但"国民党法律不是其德国范本的副本，它是以晚清草案为蓝本、经连续两次修订的产物。这些修订在某些重要方面使法律更切合中国的既存习俗与现实，在其他方面它们则引入了更进一步的根本性改变"。① 总的来说，南京国民政府的立法者们总结了清末法律改革以来各届政府在立法方面的经验和教训，以期建立一个既符合法律现代化进程规律又能与中国当时的社会国情和民风习俗相适应的法律体系，因而他们一方面保留了中国传统法律中的一些原则，另一方面又对西方国家先进的法律理论和制度进行了吸收，"此混合体特别包含了成文法意图与惯习之间的双向影响。国民党民法典应被视为一部多层次的文献，不仅包括借鉴自德国范本的概念构成，也包括选择性地保留了习俗与清代旧法律的某些方面。其中大部分仅被吸收为实用条例，不带意识形态色彩，但少部分在概念上仍然一仍其旧，有些甚至与新法典的主干概念框架背道而驰"②。南京国民政府新民法典的这些特点就决定了与女性相关的立法及女性的法律地位具有一定的封建落后性，同时民国时期女性（尤其是都市女性或者是由古老乡土社会出走进入都市的女性）的地位和命运也正经历着千年未有之变局，而与此相关的中国现代文学书写也为这一女性法律地位的巨变记下了浓墨重彩的一笔。

第一节 "我若出了牢笼"：民国女性教育权

> 我若出了牢笼，
> 不管他天西地东，
> 也不管他恶雨狂风，
> 我定要飞他一个海阔天空！
> 直飞到精疲力竭，水尽山穷，
> 我便请那狂风，把我的羽毛肌骨，
> 一丝丝的都吹散在自由的空气中！
>
> ——陈衡哲（笔名莎菲）《鸟》③

---

① 黄宗智：《法典、习俗与司法实践：清代与民国的比较》，上海书店出版社 2003 年版，"导论"第 2—3 页。
② 黄宗智：《法典、习俗与司法实践：清代与民国的比较》，上海书店出版社 2003 年版，"导论"第 4 页。
③ 陈衡哲：《鸟》，《新青年》第 6 卷第 5 号，1919 年 5 月。

这是中国现代文学史上最早迈上文坛的女作家陈衡哲的一首新诗，"我若出了牢笼"展现出的正是女性渴望自由的心声和呐喊。而对于现代女性而言，女性教育权的获得，是她们得以发出自己的声音不再缄默，并逐步获得各项权利的重要基础。但是女子教育权的获得却也经过了一个漫长而曲折的过程，与此相关的文学书写也就成为中国现代文学史上意义重大的一部分。

在中国几千年的封建社会里，女性都不能拥有和男性同等受教育的权利，"女子无才便是德""妇人识字多诲淫"等封建思想就是女子无法获得受教育机会的生动写照，有限的家庭教育是女性能获得教育的唯一途径。对于绝大多数的女性而言，则连家庭教育也是不可能的事。而要像男性一样进入学堂接受正规系统的教育则更加无异于异想天开。如果要追溯女学堂开办的历史，中国最早的女学堂还是由西方的传教士创办的，尽管他们创办的目的是为了传教，但客观上却开了我国女学的风气之先。有机会接受教会教育的女性也成为中国最早的一批知识女性和职业女性。

直到戊戌维新之前，国内有一批改良主义者如陈虬、郑观应等人开始主张国人自办女学堂，但没有得到清朝政府的重视。到了戊戌维新时期，维新派人士开始发起酝酿筹备女学堂，由倾向于维新派的民族资本家经元善主持女学堂的创建工作。1898 年 5 月 31 日，中国历史上第一所由中国人自己创办的女学堂在上海开学，初名"桂墅里女学会书塾"，后来在向清政府申请刻制女学堂公章时定名为"中国女学堂"，有些书刊上又称"经正女塾"。梁启超还为女学堂起草了《女学堂书塾创办章程》和《倡设女学堂启》，并提出"上可相夫，下可教子，近可宜家，远可善种"和"兴国智民"的口号。但原则上，中国女学堂仍然以贤妻良母主义为办学的总方针，对于男女分别制度也有非常严格的规定，可以说它仍然受着许多封建教条的束缚和禁锢，但即便如此，它还是受到许多保守势力的反对和攻击，因而只存在了有限的两年时间。不过它的创办对于挑战"女子无才便是德"的传统道德观念和开通风气都有着非常积极的意义。而且这第一所自办女学堂的停办并没有使兴女学之议就此止步，反而使各大报纸传媒开始对女子无学无教无权的状况开始热议，而这又为兴女学热潮的再起做了进一步的准备。到 20 世纪初，尽管仍然面临着封建保守势力的重重阻力和清政府的压制摧残，民间办女学的潮流还是势不可当，以致清政府最后不得不迫于舆论的压力首次对女子教育做出了若干规定，即 1903 年奏准颁行的"癸卯学制"，但"癸卯学制"仍以遵循礼教为最高宗旨，并坚持将女性终生束缚于家庭，"只可于家庭教之，或受母教，或受保姆之教"①。1904 年起草颁布的《奏定蒙养院章程及家庭教育法章程》仍然重申这样的原则，但无论如何政府毕竟已经承认了对女子实行教育的必要性。与此同时，民办女学仍然如雨后春笋般不断涌现，但因民办女学对女子实施教育的方式和教育范围有与奏定章程相违的情形而一度遭到禁止和查办。即便如此，民办女学仍然是屡禁不绝。这样的状况使清政府不得不改变策略而考虑官办女学，1905 年，学部成立，1906 年明定官制并将女学纳入学部职掌，西太后更是面谕学部实行女学，正式宣告了女学的开禁。

尤具历史意义的是，1907 年我国历史上第一个女学章程——《学部奏定女子小学堂章程》26 条和《学部奏定女子师范学堂章程》39 条颁布，这两个章程的颁定标志着我国女子受教育的权利第一次获得法律的明文规定和认可，女子教育被正式纳入学制系统，教育权也成为中国妇女在诸项权利中最早获得的一项权利。女学章程颁布后，女学堂和女学生人数马上就出现较大幅度增长，见表 3 - 1：

表 3 - 1　　　　　1905—1908 年女学堂数与女学生数统计表

年份	女学堂数（个）	女学生数（名）
1905	71	1761
1906	245	6791
1907	402	14658
1908	512	20557

资料来源：罗苏文：《女性与近代中国社会》，上海人民出版社 1996 年版，第 137 页。

其中"官立增 1 倍多，公立增 20%，私立增 1 倍多"②，设立女子学

① 《奏定学堂章程》，载董宝良《中国教育史纲·近代之部》，人民教育出版社 1990 年版，第 263 页。
② 罗苏文：《女性与近代中国社会》，上海人民出版社 1996 年版，第 137 页。

堂已经逐渐成为清末政府的一项基本国策，而女子小学堂、女子师范学堂的设立为女性在教会中学教育之外又获得了更多受教育的机会，也为女性进入更为广阔的社会生活提供了途径。除了国内女学堂外，女子留学也出现较大幅度增长，据1901年12月的调查，当时在日本的留学生共272名，其中女留学生只有3名。① 但到1907年，仅东京一地，就有约100名中国女留学生。② 随着女性教育和女子留学的兴起和发展，在辛亥革命前夕逐渐形成了一个不小的知识女性群体，这些知识女性对于进一步推动女性解放运动的发展起了巨大的作用，她们也是后来辛亥女子军运动和民初妇女参政运动的核心力量。

有了清末女子教育取得的进步，民国以后，女性教育更是获得长足的发展。首先取得的进展之一是民初的学制改革，1911年4月，各省教育总会联合会议议案《请变更初等教育方法案》中提出："初等小学儿童年龄在十岁以内，准男女同学。"③ 1912年1月19日教育部正式颁布了《普通教育暂行办法》，其中明确规定小学男女可以同校，从此初等小学准许儿童男女同校，这是中国教育史上男女合校的发端。此外，还为女生单独设立中学、师范和实业各种学校，女子中学的设立意味着政府承认了女性在接受中等教育方面也应与男性享有同等的权利，女子教育与男子教育并轨至此已成趋势并在民初十年取得了较大的发展（虽然在课程设置及相关规定上女子中学与男校还有很大不同）。可以说五四高潮中大学的开女禁并非无源之水，而是清末至民初几十年女子教育的发展为其准备了充分的条件。最早呼吁大学开放女禁的女性名为邓春兰，她在家乡的小学毕业后从事小学教育工作，在五四思潮的鼓舞下，于1919年5月19日上书北京大学校长蔡元培，吁请"国立大学增设女生席"，但因蔡元培在五四运动后一度去职离京，上书未能起作用。邓春兰为了进一步呼吁大学开女禁决定赴京，并再写《告全国女子中小学毕业生同志书》为女性获得和男性平等的教育权而疾呼。1919年8月上旬，北京、上海许多报纸发表了邓春兰的上蔡元培校长书和呼吁书。时

---

① 《日本留学生调查录》，载陈学恂、田正平编《中国近代教育史资料汇编·留学教育》，上海教育出版社1991年版，第374页。

② 罗苏文：《女性与近代中国社会》，上海人民出版社1996年版，第243页。

③ 董宝良：《中国教育史纲·近代之部》，人民教育出版社1990年版，第265页。

值新文化运动时期，因而在社会上引起强烈反响，新文化运动的领导人物陈独秀、胡适、李大钊等人都纷纷撰文支持男女同校，随后更是得到北大校长蔡元培的支持，他在报纸上公开表示："大学之开女禁问题，则余以为不必有所表示。因教育部所定规程，对于大学学生，本无限于男子规定……且稽诸欧美各国，无不男女并收。""北京大学明年招生时，倘有程度相合之女学生，尽可投考，如程度及格，亦可录取也。"①于是在1920年2月，北京大学第一次招收了9名女学生入校为文科旁听生。她们既是北京大学的第一批女学生，也是中国自办大学里第一批男女同校的女大学生。在北京大学开女禁以后，全国各地高等学校纷纷仿效，陆续对女生开放。北洋政府迫于社会无法逆转的潮流，最后也将女高师正式改为北京女子师范大学。"到1922年，全国进入大学学习的女生达到665人，其中国立大学414人，省立大学45人，私立大学206人。虽然这665名女大学生在当年大学生总数中仅占2.1%，但这毕竟是一个开端，是一个很大的进步。"②

随着大学女禁的开放，中学女子的教育改革也势在必行。过去女子中学的目的在于培养有文化的贤妻良母，所以在课程设置上与男校有很大不同，而大学女禁的开放要求女学生必须和男学生在学业上有同等的能力才能考取，所以女子中学的改革或者实行中学男女同学就必不可少。1920年11月全国教育联合会向教育部呈请了实行中学男女同学的决议，教育部没有明令批准，但也未采取措施严加阻止。1922年，全国各地就有多所中学实行了男女同校，如北京高师附中、广东执信学校、湖南岳云中学、上海吴淞中学等。也就在同年，《学校系统改革案》公布，男女同学的单轨学制设立，规定教育为男女所共有，男女应在平等的原则下受到同等的教育，至此，女性为争取和男性同等的教育权终于获得可喜的成果。到20世纪30年代，南京国民政府更是将男女平等的教育权写入国家法律，1931年5月，国民大会通过的《中华民国训政时期约法》第144条规定"中华民国受教育之机会一律平等"。

大学女禁的开放及男女教育的最终合轨为女性进入更为广阔的社会

---

① 《蔡孑民先生外交教育之谈话》，《中华新报》1920年1月1日。
② 中华全国妇女联合会：《中国妇女运动史》，春秋出版社1989年版，第96页。

生活领域，提高女性地位奠定了基础，对于"女学生"而言，这也意味着一个更加自由，有着更为广阔空间和光明前景的新时代的来临。有着不同思想不同立场的知识分子们在女性争取平等教育权的过程中发出了应有的声音，对于在这过程中和之后出现的诸多问题也进行了不同的言说。"女学生"们自身也一面体验着新的时代来临时出了牢笼所带来的身心自由，同时也承受着与此相伴而生的诸多痛感。与此相关的中国现代文学书写也因此呈现出众声喧哗的繁杂场景。

将"女子教育权""女学生"和"中国现代文学书写"这些话语放在一起来考量，很自然就会让人首先想到中国新文学史上一个特殊的群体——最早的现代女作家群。因为她们是女性获得教育权的最早受益者，是女学生中的代表人物，也是中国现代文学史上尤具历史意义承载的群体。她们既是女学生生活的亲身经历者，也是这种新的生活方式的表达者和言说者。她们是女性挣脱几千年的传统束缚获得受教育的"自由天地"后努力实现女性主体价值的一群，也是女性被压抑在男性话语下几千年后不再缄默的一群。她们的出现不是一种偶然，而是历史变革的机遇和选择，如陈衡哲、冰心、庐隐、冯沅君、石评梅、陆晶清、凌叔华、苏雪林、袁昌英等，她们本身无一不是女子高等教育的受惠者。她们在五四文坛上的出现也无不是以在北京接受女子高等教育或任教于北京的高等学府为契机。其本身就足以成为中国近现代以来孜孜追求平等的教育权和主体人格权的千万女性的缩影，而这些也都在她们的文学创作中留下了生动"记录"。如果说有关女性在获得教育权过程中所经历的曲折和获得教育权后的各种问题的历史资料为我们提供了那个时期真实社会状况的一幅剪影，那么现代文学中关于"女学生"的书写则为我们留下了时代面影的另一个侧面，这个侧面与女性的生活相关，更与女性的心灵成长史有关。

陈衡哲是最早闯入新文学园地的女作家之一。她出生在一个书香门第，有着比较深厚的传统文化根基，少女时代在上海爱国女校就读，可以说是中国最早的一批女学生之一。和许许多多"离家出走"的女性一样，陈衡哲在求学期间曾一度寄居苏州乡下的姑妈家，就是为了逃避和反抗父亲要她订婚的命令。1914 年清华学堂招收第一批官费留学生时，陈衡哲又在姑妈的鼓励和支持下报名参加并通过了考试，为实现自己的主体价值和独立迈出了关键的一步。到美国留学后，她与新文化运动的发起人之一胡适结识并对胡适文学革新的主张表示支持。在美国期间陈衡哲就开始了白话文创作的实践，她的第一篇白话作品《一日》（发表于1917年的《留美学生季报》）就是以反映女学生生活为题材的。《一日》以美国女子大学的新生在宿舍中一天的生活情形为题材，用场景片段的形式予以勾勒。这篇作品技巧比较幼稚，但却是中国现代女作家中最早反映女学生生活的作品。不过由于它反映的是美国女子大学的生活，发表也是在国外，因而并没有在当时国内文坛产生什么影响，但单就作品的题材而言，是新式女学生进入文学创作中的最早作品之一，只不过未进行较深层次的意义开掘而停留在比较肤浅的层面。陈衡哲开始在国内文坛上发表作品是在1918年，发表于1919年5月《新青年》第6卷第5号上的《鸟》是一篇尤具热力的作品（见本节开头），诗的语言饱含着激情和女性的生命热度，表现了现代女性想要摆脱传统桎梏向更广阔的天地追寻自由生活的愿望和理想。

这也是陈衡哲对自己经历和内心感情的一种抒发，诗歌的语言笔致及所包蕴的情感都与她自己立志求学和逃婚的经历相呼应。对于一个生活在尚未完全开放的年代和社会里但又有了新的生活可能性的年轻女性而言，要逃脱传统家庭和社会对自己人生道路及婚姻的设定，寻求独立的主体价值及人生理想，唯一可靠且似乎充满希望的途径似乎只有求学一途。这也是与此同一时期引起社会高度关注的"李超事件"的女主角李超所选择的方式。正如胡适在《李超传》中所言："她所以要急急出门求学，大概是避去这种高压的婚姻。她的哥哥不愿意她远去，也只是怕她远走高飞做一只出笼的鸟，做一个终身不嫁的眼中钉。"[①] 可以说李超和陈衡哲的外出求学有着非常相似的动机和触因，都是为了摆脱传统家长制对自己未来人生轨迹的设定而去追寻属于自己的自由人生。只不过陈衡哲比李超幸运，她最终实现了自己的人生理想，1920年北大开女禁以后就被聘回国，成为北京大学也是中国现代史上第一位女教授，而李超却在五四运动高潮中因贫病交加孤立无援而默默死去。有出乎寻常的诸多文化精英参加的李超的追悼会与其说是追悼一位普通女学生之死，

---

① 胡适：《李超传》（1919年11月25），《新潮》第2卷第2号，1919年12月1日。

倒不如说是追悼一种精神，也即陈衡哲在《鸟》中所抒发的"女学生"们追求自由的精神，"出了牢笼的鸟"这一意象同时出现在陈衡哲和胡适的笔下，所象征的正是这样一种精神追求，一如蔡元培为李超遗像上方手书的横幅——"不可夺志"。

冰心是继陈衡哲之后登上五四文坛的又一名现代女作家，她和陈衡哲一样也出生于一个文化氛围浓厚的家庭，祖父谢子修本身就是位教师，父亲是军官，母亲也通文墨，自冰心幼年就教她识字读书。良好的家庭环境为冰心的教育提供了优越的条件，她先在家塾上学，后入福州女师预科，随父母到北平后又入贝满女中就读，1918 年冰心以优异的成绩从贝满女中毕业并考入协和女子大学预科。1919 年五四运动爆发后冰心还曾担任协和女大自治会文书，除了上街宣传、募捐、演出外还开始撰写文章，展现出新时代女大学生的风采。在冰心最早写的杂感中就曾有一篇《"破坏与建设时代"的女学生》，提出了她对女学生标准的一些看法，体现出女性独立的自我认知意识。之后冰心还不断有杂感、小说等作品面世，渐渐地走上了写作的道路，并成为五四时期最重要的"问题小说"作家。女性问题包括女子教育权问题一直是冰心创作中关注的核心问题之一，这在她的诸多创作中都留下了鲜明的痕迹。《庄鸿的姊姊》就是一篇以此为题材的小说，小说中的"姊姊"是一位天资聪慧的女子，但是却为了把受教育的机会留给弟弟而牺牲了自己的学业，最后竟因劳累过度、渴望读书而不得直至抑郁而死。这是一篇典型的"问题小说"，虽然小说塑造的是这么一位善良、隐忍克制的典型传统东方女性，但对男女教育权之不平等的批判还是显而易见的。在其他的一些剖析妇女问题的小说中，冰心也认为"教育"是造成女性地位低下和生活状况悲惨的原因，认为"教育"才是解放女性的根本途径。在本书前面已经分析论述过的《最后的安息》中冰心也将童养媳翠儿的死归因于法律的不完善及女性没有平等的教育权，并认为翠儿的婆婆之所以如此残忍地摧残翠儿，就是因为"没有受过学校的教育"的缘故。《两个家庭》中的陈太太既不理家事又缺乏教养，冰心对她进行了批判，与此同时也将其根本原因归咎为"没有受过学校的教育"。除了对女性没有教育权的社会现实进行批判以外，冰心在其创作中也对造成这一现状的原因进行了剖析。传统家庭和道德规范对女性的束缚仍然是最主要的原因。在小说《秋雨秋风愁煞人》中，英云本是一个学识才情出众并且对自己充满自信的女学生，然而即便如此，她最终也难以逃脱坠入旧式婚姻家庭的命运，最后失去了原来的志得意满变得心如死灰。一个美好的灵魂就这样被封建传统对女性的规约所吞噬了。

与冰心年龄相当且是同乡，又几乎同时走上五四文坛的另一位知名现代女作家是庐隐。庐隐的一生远没有陈衡哲和冰心幸福，从小她就因在祖母故去当天出生而被视为不祥之物，年幼时父亲又生病死去。但不幸中却又幸运的是，她并没有因此失去接受教育的机会。父亲去世后母亲带着几个孩子投奔在北京的舅父家，她仍因性格执拗不被人喜欢而在9岁时就被送进一所教会学校寄读。14岁时她又在大哥的辅导和鼓励下考入北京女子师范学校附设的高等小学五年级就读，次年再考取该校师范预科，毕业后她就一直从事教育工作并靠自己独立生活。1919年她又以旁听生资格考入北京国立女子高等师范专科学校国文部，年底即通过大考转为正式生。此时也正值五四高潮时期，庐隐很快就积极投入个性解放的潮流中。她开始针对各种社会问题发言，创作了一批杂文和小说，高扬男女平等、妇女解放的思想。在《今后妇女的出路》一文中她写道女人应当"去过人类应过的生活，不仅仅作个女人，还要作人"①，"还要作人"即意味着女人应当做和男人一样的人，在各方面拥有和男性平等的权利。这是女性在受教育成为有知识的个体后主体意识觉醒的强烈表现。如果说冰心的诸多小说是在批判女性教育权的不可得和剖析不可得的原因的话，庐隐则是更多的书写女性在获得教育权成为"女学生"之后却仍然摆脱不了精神的烦闷与苦痛的情形。这其中又以其小说成名作《海滨故人》为代表。《海滨故人》发表于1923年《小说月报》第14卷第10号、12号上。作品的主人公露莎及其女友是一群有着青春理想和激情，怀揣着天真梦想的女学生。小说的原型实际上就是庐隐自己和她大学时代关系最亲密的几位同学。这群女学生刚刚迈出传统的牢笼，呼吸着自由的空气，渴望着做一个社会的人去寻求自己独立的主体价值。但是在无形之中她们仍然不能完全摆脱传统习俗和旧的观念的束缚，尽

---

① 庐隐：《今后妇女的出路》，载《庐隐选集》上册，福建人民出版社1985年版，第31页。

管她们曾经怀揣着要成就"社会的事业"的理想，也期盼一份自主选择的真挚的爱情，但最终却都难免坠入了现实的泥淖，她们既没有看清现实找到出路的思想深度，也没有与现实作决绝反叛和抗争的勇气。

"人与人的隔膜""想爱而又不敢爱的矛盾""人间种种罪恶之迹"都是造成露莎们苦闷的原因，然而令一般人和女性们自己所没有想到的是，女性在获得教育权后拥有了知识和进行深度思考的能力竟也会成为她们痛苦的来源之一，露莎曾感叹："十年读书，得来只是烦恼与悲愁，究竟知识误我？我误知识？"作品中的另一女学生也感慨道："记得我小时候，看见别人读书，十分羡慕，心想我若能有了知识，不知怎样的快乐，若果知道越有知识，越与世不相容，我就不当读书自苦了。"而宗颖的话则更加具体也似乎更加"深刻"地揭示了许多女学生们痛苦的因由：

> 就拿我个人的生活说吧！我幼年的时候，没有兄弟姐妹，父母十分溺爱，也不许进学校，只请了一位老学究，教我读《毛诗》《左传》，闲时学作几首诗。一天也不出门，什么是世界我也不知道，觉得除依赖父母过我无忧无虑的生活外，没有一点别的思想，那时在别人或者看我很可惜，甚至于觉得我很可怜，其实我自己倒一点不觉得。后来我有一个亲戚，时常讲些学校的生活，及各种常识给我听，不知不觉中把我引到烦恼的路上去，从此觉得自己的生活，样样不对不舒服，千方百计和父母要求进学校，进了学校，人生观完全变了。不容于亲戚，不容于父母，一天一天觉得自己孤独，什么悲愁，什么无聊，逐渐发明了。……岂不是知识误我吗？①

作品中"女学生"们的苦闷，也可以说是作家自己的苦闷，更可以说是现实生活中刚刚走出牢笼，享受到受教育的权利的女性的苦闷。读着这样的告白会让人觉得女性受教育权利的可有可无甚或"无胜于有"，因为女性权利的获得和意识的觉醒并不能给她们带来更好的生活，反而只有痛苦。但果真是这样吗？当然不是，这只能说是刚觉醒了的"人"

---

① 庐隐：《海滨故人·归雁》，人民文学出版社 1985 年版，第 125 页。

的孤独，因为社会的整体文化氛围并没有多大改变，才会让"女学生"们感到"不容于亲戚""不容于父母"和一天浓似一天的孤独感。只有更进一步的变革，让整个社会都改变，这种孤独感才会消散，只是在当时那样的氛围里，露莎们想不到，或者作者本身也达不到这样的思考深度。

尽管作者最后给小说《海滨故人》写了一个乌托邦式的结尾：露莎在昔日和游人同游之地建了一所精庐，然后就与恋人梓青云游四海音信杳然了。这虽体现出作者在精神层面的追求，从某种程度上说也是女性自我意识觉醒的一种表现，但仍多少显得有些无力，这种无力是觉醒了的女性在面对束缚了她们上千年且仍旧阴魂不散的旧传统时的无力，是她们似乎走出了旧的牢笼和枷锁后，面对新的动荡的社会现实生活时的无力。她们获得了受教育的权利和机会，相比于旧式女性有了更加鲜明和强烈的主体意识，但转型期的社会又没有为她们"走出传统"后提供新的出路。这种苦闷和愁绪绝不仅仅是露莎和她几个友人们的，而是整个五四时期或者说整个民国时期的"女学生"们所共有的。庐隐这一类的作品还有《或人的悲哀》《丽石的日记》《象牙戒指》《归雁》等，很多研究者也将其归入恋爱小说，但实际上庐隐更多的是"披着恋爱的衣裳"在探寻着新旧交替时期"女学生"们的精神状态，甚至说她的这些创作是她对自己及那个年代里"女学生"们的精神备忘录也无不可。对于庐隐，茅盾曾这样评价："在庐隐的作品中，我们也看见了同样的对于'人生问题'的苦索。不过她是穿了恋爱的衣裳。"①

同样是以热衷和擅长写青年女学生的恋爱为小说题材的现代女作家还有冯沅君。如果说陈衡哲和冰心相对较少关注和涉及这一领域，庐隐更多是借着写"恋爱"来抒写人生的苦闷的话，那么冯沅君则是第一个正面且热烈地表现新女性尤其是青年女学生们恋爱理想的女作家。冯沅君也是一个受过高等教育的现代知识女青年，当女子师范改为女子高等师范学校并于1917年开始招生时，她就投考并成为女子高等师范学校最早的一批学生之一。她的小说《隔绝》《旅行》《隔绝之后》几乎都取材于她自己学生生活中所熟悉的一些人和事。据冯沅君说取材于表姐吴天

---

① 茅盾：《中国新文学大系·小说一集》导言，上海良友图书印刷公司1935年版。

的遭遇①，但肯定也有她自己学生生活经历的影子。女性在获得与男性平等的教育权以及大学开女禁男女同校以后，青年男女学生之间有了更多接触交流的机会，再加上五四时期个性解放思潮的影响，青年男女尤其是女学生们纷纷开始意识到封建礼俗的束缚和压迫，不甘听从于传统家庭对自己恋爱婚姻的命定和规约，努力争取自由恋爱的权利。《隔绝》和《隔绝之后》中的女主人公隽华和同学士轸相爱，但家人却要她嫁给一个门当户对的公子，最后以一对恋人双双服毒自杀结局。《旅行》更是将自由恋爱中青年女学生矛盾纠结的心理刻画得细致入微。总的来说，冯沅君书写"女学生"的小说集中反映了这个群体渴望自由恋爱，并以此为实现自身主体价值的一种主要方式，但却和传统的家庭及封建婚姻观产生激烈矛盾与冲突的精神苦痛。

此外，苏雪林也在她的创作中留下了相类的作品。苏雪林的《棘心》其实也可以说是作者自己的一篇自叙传。和庐隐、冯沅君一样，苏雪林也曾就读于北京女子高等师范学校，后又赴法国留学，期间还曾因婚姻的问题一度皈依天主教。1925 年母亲的病又使她不得不中止了在国外的学业，回国后遵家长之命缔结了一桩旧式婚姻。《棘心》中的杜醒秋有着与苏雪林本人相类似的经历，她出生于一个旧式的封建大家庭，独自在北京上学，后经过几番挣扎决定赴法国留学，体现了现代女性对自身理想的追求。在法国她受到一个男青年的热烈追求，而在她出国前已有婚约在先，这使她陷入了矛盾和挣扎中。最后"母爱"战胜了情感，她选择了与素未谋面的未婚夫叔健开始通信交往。经过接触她真心地希望能解除婚约但却遭到家人的强烈反对。就这样尽管她受过高等教育并受过异国文明的洗礼，最后却仍然走不出传统家庭和封建氛围的压迫，同时放弃了学业和在婚姻中自主的权利，默默回到病重的母亲身边并顺从她的意愿与叔健完婚。作者对醒秋在此过程中矛盾心理的刻画也正是对自己心路历程的展示，出国留学、对自由爱情的渴望以及对家人提出解除婚约等行为都体现了知识女性对新生活的努力追求，但即便为自己争得了充分的教育权，却仍然不得不屈从于封建家庭对她们婚姻的

①　参见国务院学位委员会办公室编《中国社会科学家自述》，上海教育出版社 1997 年版，第 574—575 页。

束缚，最后仍然是循着千百年来妇女的老路走下去。在冰心的《秋风秋雨愁煞人》中女学生英云既美丽又好学，充满着女性在获得教育权后的理想和激情，想着在毕业以后能好好服务于社会，但最后却被母亲强迫嫁给了锦衣玉食的姨母家做了媳妇，成为这个家庭的"摆设"，女性获得受教育权后绽放的理想之花瞬间就萎谢了。冰心的《是谁断送了你》中少女怡萱好不容易才从父亲那里争取到受教育的权利，她十分珍惜，努力攻读，但却因为一封她不曾理睬的男生寄来的信件落在父亲手中而被父亲剥夺了上学的权利，最后抑郁而死。在女作家沉樱的小说《旧雨》和《生涯》中也写出了受过高等教育的知识女性并没有继续向前走，而是回到女性生活的旧路上去：有的为家事所累，终日为生计忙碌奔波；有的无所事事，在空虚无聊中打发时光；还有的则成为新式的贵妇或少奶奶；这些都写出了从"女学生"到"女学生之后"的另一种悲哀。

作为20世纪三四十年代文坛最引人注目的女作家的丁玲则在其创作中写出了女性对教育权追求的艰辛。而且不同于其他小说的是，《母亲》是一部传记色彩很强的小说，实际就是以其母亲为原型而创作的，这也很大程度上决定了作品的"写实性"。小说通过对"母亲"追求女性解放过程的描述，写出了在一个男权社会里女性各项权利的缺失状态和追求各项权利的艰辛与不易，其中争取受教育权是母亲"曼贞"迈开解放之步追求权利的开始。曼贞比弟弟大一岁，小时候什么都不比弟弟差，但是弟弟能拥有上学的机会她却只能在家学绣花，弟弟成了有学问有事业的人，她却只能暗暗羡慕。与曼贞一样，弟媳也同样年轻聪颖，但却只能受束缚于家庭，在家带四个孩子，同样写出了女性所受的禁锢。后来曼贞的丈夫死了，曼贞成了寡妇，但她依然不放弃自己想要上学的愿望，冲破重重阻碍，以寡妇的身份去上学。在这个过程中，"母亲"不仅忍受社会的各种异样目光，还要面对哪怕是最亲近的大姐和一向支持她的女仆幺妈的反对，但"母亲"还是坚定地迈上了求学之路。实际上在现实生活中，丁玲的母亲也正是这样在丁玲父亲去世后带着丁玲同校上学。"母亲"这一形象的塑造使民国时期女性受教育的现状和女性想要争取教育权的艰难都生动地呈现了出来。

除了女作家们对女性教育权的获得及获得后的情形进行文学书写以

外，在许多男作家的笔下也出现了"女学生"们的身影，他们对"她们"有着不同的审视角度从而也就写出了女性在获得教育权后的别样面影。

巴金的《家》曾经是鼓舞青年们挣脱传统家庭束缚迈向自由广阔天地的一剂很强的催化剂，很多热血青年正是在这部作品的影响下选择了别样的人生道路。青年觉慧几乎成为那一代青年心中的偶像，觉新则成为传统牺牲品的代表。而这部作品中的一系列女性形象也给我们展示出那个年代里女性的地位及命运。《家》中的琴表妹是作品中"女学生"的代表，她在觉慧兄弟们的影响下，受新思想启发成为一个追求自由平等的女学生，她曾经暗下决心："我要做一个人，一个跟男人一样的人。"这里值得注意的是人物的心理语言，首先是"一个人"，然后更加进一步地强调是"一个跟男人一样的人"。可见，在当时这位接受了新思想，追求自由平等的女学生心目中，女性只有拥有了和男性一样的平等的权利才能称得上是一个真正意义上的人。这和同是接受了新思想的女学生，后来成为著名现代女作家的庐隐的话如出一辙，她也认为女性应该"去过人类应该过的生活，不仅仅作个女人，还要作人"①。琴是幸运的，遇上了和她一样有着新思想的表哥觉民，正因为如此，觉民才会坚持反对高老太爷为他安排的婚事而娶琴，这时作为一个新知识女性的命运和地位才真正与旧女性区别开来。试想与她相爱的人如果是觉新，那么琴表妹不就会是另一个郁郁而终的梅表姐吗？但是必须承认，封建伦理纲常的力量是巨大的。同样是爱上有着新思想的青年，甚至是比觉民对自由平等思想有着更热烈追求的觉慧，丫鬟鸣凤的结局却十分凄惨。她和琴所不同的是身份的悬殊，一个是小姐，一个是丫鬟，由此我们也就可以想到，女性的解放和地位的真正改变还需要整个社会的变革（虽然阶级的解放和社会的变革并不必然会带来女性的解放，还需要与女性自身主体意识的觉醒这一内因相结合才能实现）。只有在先打破了人与人之间不平等的基础上，男性与女性的平等才会真正成为可能。对于女性而言，每一项权利包括教育权的获得也必须是在人格平等的基础上才能真正实现，不然"鸣凤们"要和琴一样走入校园并从此走上不同的人

---

① 庐隐：《今后妇女的出路》，《庐隐选集》上册，百花文艺出版社 1983 年版，第 31 页。

生道路又从何谈起呢？

巴金从人道主义的立场来对女性命运及女性权利的获得进行了书写，而在乡土抒情小说作家沈从文的笔下，女学生们又是另外的模样。在小说《萧萧》中人们更加熟悉、印象也更为深刻的或许是童养媳萧萧的形象，但是在作品中多次反复出现的"女学生"也成为小说叙述和情节展开的一个重要背景。这篇小说也是民国时期乡土社会的人们对"女学生"进行想象的最具代表性的一篇作品。

"女学生"第一次出现是在作品的一段对话中：

想起白天场上的事情，祖父开口说话："我听三金说，前天又有女学生过身。"

大家就哄然笑了起来。

这笑的意义何在？只因为在大家印象中，都知道女学生没有辫子，留下个鹌鹑尾巴，像个尼姑，又不完全像。穿的衣服像洋人，又不是洋人。吃的，用的……总而言之，事事不同，一想起来就觉得怪可笑！

萧萧不大明白，她不笑。所以老祖父又说话了。他说：

"萧萧，你长大了，将来也会做女学生！"

大家于是更哄然大笑起来。

萧萧为人并不愚蠢，觉得这一定是不利于己的一件事情，所以接口便说：

"爷爷，我不做女学生。"

"你像个女学生，不做可不行。"

"我不做。"

众人有意取笑，异口同声的说："萧萧，爷爷说得对，你非做女学生不行！"

萧萧急得无可如何，"做就做，我不怕"。其实做女学生有什么不好，萧萧全不知道。①

---

① 沈从文：《萧萧》，载杨芳芳编《沈从文作品精选》，长江文艺出版社 2004 年版，第43—44 页。

从这段对话可以看出，在湘西那样的穷乡僻壤，"女学生"是稀罕之物，甚至是"怪物"，"留个鹌鹑尾巴，像个尼姑，又不完全像。穿的衣服像洋人，又不是洋人"。所以"女学生"也成为爷爷和旁人打趣萧萧的笑料。而对于正当学龄的童养媳萧萧而言，到底"女学生"是怎么一回事，她一点也不知道，她对她们的感知也只是"每年一到六月天，据说放'水假'日子一到，照例便有三三五五女学生，由一个荒谬不经的热闹地方来，到另一个远地方去，取道从本地过身"。而从祖父那里知道，"女学生"却是这样一种人：

> 她们穿衣服不管天气冷热，吃东西不问饥饱，晚上交到子时才睡觉，白天正经事全不作，只知道唱歌打球，读洋书。她们都会花钱，一年用的钱可以买十六只水牛。她们在省里京里想往什么地方去时，不必走路，只要钻进一个大匣子中，那匣子就可以带她到地。城市中还有各种各样的大小不同匣子，都用机器开动。她们在学校，男女在一处上课读书，人熟了，就随意同那男子睡觉，也不要媒人，也不要财礼，名叫"自由"。她们也做做州县官，带家眷上任，男子仍然喊作"老爷"，小孩子叫"少爷"。她们自己不养牛，却吃牛奶羊奶，如小牛小羊；买那奶时用铁罐子盛的。她们无事时到一个唱戏地方去，那地方完全像个大庙，从衣袋中取出一块洋钱来（那洋钱在乡下可买五只母鸡），买了一小方纸片儿，拿了那纸片到里面去，就可以坐下看洋人扮演的影子戏。她们被冤了，不赌咒，不哭。她们年纪有老到二十四岁还不肯嫁人的，有老到三十四十居然还好意思嫁人的。她们不怕男子，男子不能使她们受委屈，一受委屈就上衙门打官司，要官罚男子的款，这笔钱她有时独占自己花用，有时和官平分。她们不洗衣煮饭，也不养猪喂鸡；有了小孩子，也只花五块钱或十块钱一月，雇个人专管小孩，自己仍然整天看戏打牌，或者读那些没有用处的闲书。①

---

① 沈从文：《萧萧》，载杨芳芳编《沈从文作品精选》，长江文艺出版社 2004 年版，第 44—45 页。

这可以说既是萧萧从祖父那里得来的"女学生"印象，也是湘西以及中国广大乡土社会腹地的人们对"女学生"们的想象。这种印象说不上好也说不上坏，但却处处与传统女性的行为方式和价值观不同，因而也就处处显得怪异。这种对女学生的"想象"也从侧面反映出乡土社会的人们对女性获得教育权的看法。而作为倘若在大都市则应该也有机会享受到教育权的少女萧萧，"心中却忽然有了一种模模糊糊的愿望，以为倘若她也是个女学生，她是不是照祖父说的女学生一个样子去做那些事情"？"从此以后心中有个'女学生'。做梦也便常常梦到女学生，且梦到同这些人并排走路。"① 而且从此每当祖父不再喊她"小丫头"或"萧萧"，而是唤作"女学生"的时候，她也就很欢快地答应了。从这些细节处我们可以看出懵懂未开化的乡村少女萧萧潜意识中也有了对"女学生"生活的向往，因为那意味着一种可以"照祖父说的女学生一个样子去做那些事情"的自由，那种生活意味着平等、独立、自由的女性主体人格的获得，当然在一个乡下少女的心中是不会有这些概念和词汇的，然而她却清楚地意识到，那是一种别样的人生，因而当她与花狗大的事被发现后就决定独自逃出去，进城去当"女学生"了，只不过最后的结果未遂她愿而已。

而在陆翎的笔下女学生的形象又是另外一番模样，作品《财主家的儿女们》中，那个曾经的法政学校的女学生金素痕，她有法政学校学生的"专业素质"，敢于争取自己的"权利"，与势力强大的夫家对簿公堂。受教育给她带来的不是知识女性的善意通达，而是利用所学为自己攫取最大利益的狡黠贪婪。最后丈夫被她逼疯，公公被她气死，整个高门巨族树倒猢狲散。当然，这一方面是本性使然，另一方面也与金素痕曾经所受的教育不无关系。由此也让我们看到民国女性获得受教育的权利以及财产权利等各项权利后，"滥用"权利从而走向反面的一个例子。其中也有意无意地透射出作者的"反思"立场。

老舍的《月牙儿》中对女学生的书写也表现出其对民国时期女性受教育的独特思考，他通过"我"之口说道："我遇见几个同学，有的升

① 沈从文：《萧萧》，载杨芳芳编《沈从文作品精选》，长江文艺出版社2004年版，第45页。

入了中学，有的在家里作姑娘。我不愿理她们，可是一说起话儿来，我觉得我比她们精明。原先，在学校的时候，我比她们傻；现在，'她们'显着呆傻了。她们似乎还都作梦呢。她们都打扮得很好，象铺子里的货物。她们的眼溜着年轻的男人，心里好象作着爱情的诗。我笑她们。是的，我必定得原谅她们，她们有饭吃，吃饱了当然只好想爱情，男女彼此织成了网，互相捕捉；有钱的，网大一些，捉住几个，然后从容地选择一个。我没有钱，我连个结网的屋角都找不到。我得直接地捉人，或是被捉，我比她们明白一些，实际一些。"① 在陆翎的笔下，受过教育的女学生变得"精明"透顶，而在老舍的笔下，读书反倒让"她们"显得呆傻了，除了把自己打扮好，像"货物"一样待价而沽外，似乎便没有了别的追求，本质上和"我"也没有什么不同。这种"傻"实际上写出了民国时期大部分女性即使接受了教育也仍然改变不了毫无女性主体意识的精神本质。

从以上论述我们可以知道，女性教育权的获得不仅影响到民国时期女性的生活，甚至影响到整个社会生活，而且这也在一定时期的文学创作中留下了鲜明的印记。对此，男性和女性又分别有着不同的认知和感受：在女性作家笔下，女学生有着以往任何时期女性所不具备的新的精神风貌，她们大胆、执着、有理想和追求。无论是女性获得教育权后自我主体意识的觉醒，还是觉醒后的精神苦痛，都意味着一个完全不同于以往任何时代的新的时代的到来。在很多男性作家的笔下，"女学生"则是另外一幅面影，她们或可怜，或古怪，或贪婪，或呆傻，这或许是"傲慢与偏见"，但或许也是另一种真实。同时，对于"女学生"这个群体的出现，都市里的人们和乡土社会的人们也有着完全不同的感知和想象。但不管怎样，我们仍然要说，女性教育权的获得是具有历史开创性意义的，它既是千百年来女性最早获得的一种权利，也是女性得以在之后的社会历史进程中获得更多权利的基础和保证。女性教育权的获得使女性从几千年蒙昧的历史中走出，第一次知道了"女人也是人"。即便从女性主体意识觉醒到女性在社会生活中真正成为和男性具有平等地位

① 老舍：《月牙儿》，载《中国新文学大系（1927—1937）·第五集·小说集三》，上海文艺出版社 1984 年版，第 37 页。

的主体，这之间有很长的路要走，而且可能伴随着多次阵痛，但也仍然是充满意义的。作家们的创作见证了这个过程，也记录了这个过程，而女作家们的创作更是在此之外具有了"女性自己的声音"这一双重的历史意义。

第二节 "我是我自己的"：民国女性婚姻权

我是我自己的，他们谁也没有干涉我的权利。

——子君（鲁迅《伤逝》①）

这是鲁迅的经典小说名篇《伤逝》中，女主人公子君在婚姻受到家人阻挠和反对时发自心底的呐喊。"我是我自己的"既像是一句宣言，也像是一句谶语，它一方面象征着女性独立精神和主体意识的觉醒，另一方面也意味着，她们要为此承受孤独并付出巨大的代价。然而无论如何，中国女性从近现代开始直到今天，就一直奔赴在争取和男性平等权利（包括婚姻自主权）的漫漫长路上。她们有时独自作战，有时也与男性结成同盟，血、泪甚至生命的代价都是有的，但值得并且充满意义。

一 "无权"状态下的女性婚姻与抗争

在我国封建时代，包办婚姻是普遍的婚姻缔结形式。"不待父母之命，媒妁之言，钻穴隙相窥，逾墙相从，则父母国人皆贱之。"（《孟子·滕文公下》）在这种婚姻形式下，缔结婚姻的男女双方都是牺牲品，而女性所受的压迫更为深重。因为这种婚姻的实质是对男尊女卑礼教传统的维持，作为女性，她们既没有为自己婚姻做主的权利，出嫁后也是被"嫁鸡随鸡，嫁狗随狗"和"从一而终"的礼俗重重压迫着，更加不可能有撤销婚姻的权利。直到近代，封建包办婚姻才开始受到西方思潮的冲击，女性婚姻自主的要求也渐渐被提出并以抗婚、逃婚甚至离婚的形式实践着。在中国女性史上，陈撷芬、黄扶庸、秋瑾、蔡晓仑、梁国

---

① 鲁迅：《伤逝》，载《彷徨》，人民文学出版社1998年版，第108页。

体等都以离家出走对包办婚姻进行反抗，① 并最终走上女性独立的道路。但对于当时社会大多数女性而言，社会总体文化氛围和法律制度都没有给她们的婚姻自主提供保障，中国女性在婚姻自主权获得的道路上走过了非常漫长曲折的旅程。封建婚姻在中国持续了几千年，直到 1911 年颁布的《大清民律草案总则》也仍然坚持维护这种男尊女卑的封建婚姻关系。如前所述，民国时期并没有马上采用清末修订的新律，而是将大清律例的民事有效部分（包括婚姻相关的法律）沿用了相当长的时间。虽然 1915 年由法律编查会修定出"民律亲属编第 2 次草案"，但这部草案是为了迎合袁世凯"以礼教号召天下"的政治需要，因此当时就被有识之士斥为"封建礼教的借尸还魂"。总的来说，在民国初期，民法草案，大清律例的有效部分以及大理院的判例都具有法律的效力，因此法律上关于婚姻的规定显得十分繁杂，充满了矛盾和纰漏，而这也是社会转型期法制转型不可避免的一些特征。如仅仅在离婚这一问题上，民法虽然规定了"义绝"和"不相和谐"准许离婚，但同时又规定，妻子与人通奸者，丈夫可要求离婚，而妻子要求离婚，丈夫必须"因奸非罪被判刑者"。而且 1921 年司法部又下令限制离婚，认为"若不稍寓限制，则与风俗前途大有影响"，并要求各法院"对受理请求离婚之件，务须严加取缔，而对于双方手续非十分完备者，尤不宜照准离异"②。这就体现出在"撤销婚姻"这一点上对女性权利的限制。实际上，不仅仅是"撤销婚姻"，在缔结婚姻以及婚姻中的各项权利上，女性都处于和男性不平等的地位。女性既没有自主缔结婚姻的自由，在婚姻中也是作为男性的附属品而存在，婚后更没有撤销婚姻的权利和自由。

对于这种女性在婚姻权利方面的缺失，五四之前就有大量的文学作品对之予以表现，如徐枕亚笔下《玉梨魂》中的白梨影，因几千年来"好女不侍二夫"、寡妇不能再醮的习俗，最后只能在对何梦霞的至情煎熬中绝望地死去；吴双热笔下《孽冤镜》中薛环娘也因得不到王可青之父对其的接纳而眼见王可青与别人成婚，自己则决绝地触壁殒亡；李定夷的《陨玉怨》中主人公史霞卿虽然与同学大谈"自由在法律之中，固

---

① 刘巨才：《中国近代妇女运动史》，中国妇女出版社 1989 年版，第 325—329 页。

② 《新闻报》，1921 年 1 月 12 日。转引自樊静《中国婚姻的历史与现状》，中国国际广播出版社 1990 年版，第 178 页。

不容人干涉""不自由毋宁死"的见解，然而当她与刘绮斋的爱情面对"父母之命"时，也只能做行动的弱者。但这些作品的出现毕竟也意味着这是"黎明前最黑暗的时候"，是"新青年"们即将对封建罗网发起猛烈冲击的前夜。

到五四时期，大量作品对于旧的婚姻制度对女性婚恋的束缚予以表现，无论是在作品的数量上还是思想的趋新上，都是前所未有的。而这种文学书写的动向与当时的社会思潮密切相关。随着五四新文化运动的兴起，自由恋爱、自由结婚成为青年们的普遍声音（主要在新文化思想能波及影响到的大都市，对于乡土社会而言则依然是波澜不惊），在社会上也出现了几起引起轰动的事件，对人们传统婚恋观产生了强烈的冲击。一是"赵五贞自杀"事件，1919 年 11 月，湖南长沙青年女子赵五贞因反抗父母包办的婚姻无效，在花轿中用剃头的刀片割破了喉管自杀身亡。这一事件引起了社会的强烈反响，长沙《大公报》就此事先后发表了 20 多篇文章。毛泽东当时在 12 天的时间中也连续发表了《对于赵女士自杀的批评》《婚姻上的迷信问题》《"社会万恶"与赵女士》等 9篇文章，对传统婚姻制度进行了猛烈地抨击。其他一些报刊传媒也对此事进行了相关报道和讨论，《女界钟》还为此出了专刊，在当时社会上产生了广泛的影响。在"赵五贞自杀"事件发生没多久，即 1920 年春，长沙又发生了女青年李欣淑因反抗包办婚姻而离家出走的事件。李欣淑在幼年时就被家人许配了婚约，但未婚夫未婚先亡，她父母原本打算让她守"望门寡"，但最后出于经济的考虑又将其许配给一户有钱人家。李欣淑当时就读于自治女校，接受了新文化的影响，她对此登报发表声明"我于今决计尊重我个人的人格，积极地同环境奋斗，向光明的人生大道前进！"她最后"到北京实行工读去了"①。李欣淑的出走对长沙城甚至整个社会都产生了更大的震动，对青年们的影响更大，这使得女性反对包办婚姻，争取婚姻自主权的斗争进一步深化。此外，虽不是直接反对包办婚姻，但有着这一考虑因素并最后离家求学的女学生李超之死在 1919—1920 年也在社会上产生了巨大的影响。这一系列事件的发生反映出新的社会思潮正在如春潮般涌动，女性们正为了争取自身的权利不

① 《长沙第一个积极奋斗的——李欣淑女士》，《大公报》1920 年 2 月 27 日。

惜付出血的甚至生命的代价。新的社会思潮和这些事件的发生及后续讨论报道，在青年们尤其是年轻女性的思想中产生了极大的震动，也产生了极为强烈的思想共鸣。表现之一就是在这一时期的文学创作中出现了大量与此相类似的以反对包办婚姻，争取恋爱和婚姻自由为题材的作品，这些作品既是作家们对自己内心情感的抒发，也是为整个社会的青年人代言。这正如鲁迅所说，"人之子醒了；他知道了人类间应有爱情；知道了从前一班少的老的所犯的罪恶；于是起了苦闷，张口发出了这叫声"，这是"人的真声音"，"是血的蒸气"。① 而这只能说是人的意识层面开始有了变化，法律尚未赋予女性在婚姻方面的各项权利，她们只有"遵命"的机会，而没有自我决断的自由。但毕竟社会思潮在一浪接一浪地冲击着几千年筑就的传统礼教和习俗的堤岸，虽然没有瞬间冲决的可能，但毕竟是在丝丝撼动着。与少数女性以自己的生活甚至生命实践这种新思想争取新权利同步的，是现代作家对之的文学书写，这书写也成为推动社会历史进程的诸多因素合力的一部分。

冯沅君是我国五四时期女作家群中尤具代表性的一位，因为她的文学创作，五四时期的青年女性们反抗包办婚姻、争取恋爱和婚姻自由的斗争才得到了正面的表现，这也是她最不同于五四时期其他女作家们的一点。她的作品的取材大多是青年女性因恋爱、婚姻问题而与传统封建家庭发生激烈的冲突。她既写出了在此过程中女性们矛盾挣扎的心理，也写出了她们最后悲惨的结局。鲁迅曾对此评曰："实在是五四运动之后，将毅然和传统战斗，而又怕敢毅然和传统战斗，遂不得不复活其'缠绵悱恻之情'的青年们的真实的写照。"② 《隔绝》和《隔绝之后》中的女主人公隽华与她的同学士轸相爱，但家人却将她另外许了婚约，要她嫁给一位"门当户对"的公子。对此她想做决绝的反叛，但又因为对家庭和母爱的眷恋没有勇气也无法做出与家庭彻底决裂的行为，因此而变得犹豫挣扎痛苦，最后只能以和恋人士轸双双服毒自杀作为结局。据说这两篇小说以及《旅行》都是取材于作家表姐吴天的感情遭遇③，

---

① 鲁迅：《随感录四十》，《新青年》1919 年第 6 卷第 1 期。
② 鲁迅：《中国新文学大系·小说二集》导言，上海良友图书印刷公司 1935 年版。
③ 参见国务院学位委员会办公室编《中国社会科学家自述》，上海教育出版社 1997 年版，第 574—575 页。

也就是说小说的创作的确有着类似于赵五贞似的现实生活原型。吴天也是在年轻的时候就被父母亲许给了一家地主的儿子,吴天不从,并在学校与北京大学物理系的王某相爱。母亲知道后就不让她再去上学并把她隔绝起来,吴天以绝食相抗,最后在留学归来的哥哥的调停下母亲才勉强收回了成命。现实中冯沅君表姐吴天最后的结局并没有小说中女主人公那样悲惨,但是也表明了女性婚恋不自由的状况在社会上之普遍程度,吴天最后的结局还算是幸运的,但像赵五贞、李超似的更多的年轻女性们却为此付出了生命的代价。

也有最终反抗不过传统的威压和家庭的力量而"低头"了的,如苏雪林《棘心》中的杜醒秋,而这也是作家自己亲身经历的自叙传,而且相信女主人公也是当时社会上很多有过想要追求自由爱情与婚姻的青年女性的代表;还有在封建包办婚姻中默默忍受痛苦一生的,如凌叔华《女儿身世太凄凉》中的女主人公和冰心《秋风秋雨愁煞人》中的英云,前者成了封建家族包办婚姻的牺牲品,虽然她的父母知道女儿要嫁的人是个浪荡子弟,但怕悔婚有损于大家族的名声,硬是逼着女儿出了嫁,婚后生活悲惨不堪,女儿一生的幸福就这样成了家族声誉的殉葬品。后者则是被母亲逼迫嫁给了有钱的姨母家,不甘成为家庭摆设而又无力改变现状的英云鲜活的生命和理想的激情最后都只能慢慢凋零。

如果不选择以死相抗,也不选择妥协归顺和默默忍受,而是选择坚定地走自己想走的路,跨出家门去追寻恋爱和婚姻的自由,那么在一个封建传统气息还异常浓厚的整体社会氛围里女性的命运又将如何呢?鲁迅的小说经典名篇《伤逝》给了我们答案之一种。

《伤逝》写于1925年10月21日,那时新文化运动已经结束,很多青年都陷入了徘徊和迷茫。如果说新文化运动前他们是处于沉睡之中,而现在他们则都已经被唤醒,但窗外却依旧是黑沉沉的夜,梦醒了又该往哪里去?那些走出了家庭的"娜拉"们又怎样了呢?小说的女主人公子君在面对家人对她恋爱婚姻自由的阻挠时曾大声喊出:"我是我自己的,他们谁也没有干涉我的权利。"子君的确是当时许多有勇气走出家门去努力追寻自己理想生活和婚姻爱情的年轻女性的代表。她的"故事"也可以说是胡适的戏剧《终身大事》中田亚梅的"续集"。《终身大事》创作于新文化运动发轫之初的1919年,当婚恋自由受到父亲的干涉时，田亚梅也曾大声宣言："这是孩儿终身大事，孩儿应该自己决断，孩儿现在坐了陈先生的车去了！"① 作者以此凸显女性冲决封建婚姻罗网、争取婚恋自由的反封建的主题。只是故事到此戛然而止，走出家门的"田亚梅"后面怎样了却没有成为作品继续思考的问题。然而这一探索在《伤逝》中续接上了，这是鲁迅在此问题上比胡适更深刻的地方，但这或许也与五四运动的落潮有关。在《伤逝》中，子君与涓生的爱情是真挚的、动人的，但她选择走出家门也仍然需要很大的勇气。因为当时的社会封建势力还很强大，他们这份并非父母之命的爱情必然受到压迫和打击。后来涓生失业了，子君也成了一名地地道道的家庭主妇，当这份爱情坠入日常油米柴盐的现实之境并被日复一日的烦琐所消磨时，子君和涓生都不得不面临另一个新的困境。小说中对涓生的心理进行了较多的刻画，曾经在他眼里鲜活动人的子君如今已经变成了一个只知道养油鸡和小狗并和邻居斤斤计较的庸俗妇人，再加上生活的艰难，这一切都使涓生觉得生活已经变得面目全非并且不堪忍受，所以虽然他经过内心的反复挣扎和煎熬，但最终还是选择了向子君提出分手。没有职业，也没有任何经济来源的子君只得重新回到她曾经坚决出走的家，最后在家长的威严和旁人的冷眼中默默死去，而这离他们结婚才只有短短一年的时间。虽然对涓生的卑怯和自私有一定的审视甚至批判，但小说更多地还是将问题思考的角度放在了社会层面，那句"人必须活着，爱才能有所附丽"的经典名言所指正是现实社会生活是爱情得以存活的基础，如果人连在社会上生存的能力都失去了，爱情又何从谈起呢？可以说生活的艰难和窘迫是导致涓生和子君分手最主要的原因，而子君在最后只能死去也是因为女性在社会上独立生存能力以及面对整个社会重压的勇气与承受力的缺乏，而这又的确不是一个弱女子能够独自改变和有力承担的。当时的社会环境对于女性，即使是接受了新文化新思想的女性自主选择自己的爱情婚姻，还是有着无形的强大压力。从当年胡适的剧本《终身大事》女主角田女士竟无人敢扮演就可以想见。胡适在剧本的跋中说："这出剧本是因为几个女学生要排演，我才把他译成中文的。后

---

① 胡适：《终身大事》，载洪深选编《中国新文学大系·戏剧集》，上海良友图书印刷公司1935年版，第8页。原载《新青年》第6卷第3号，1919年3月。

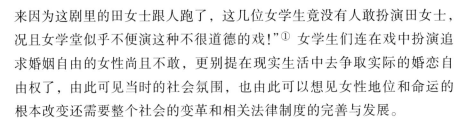

来因为这剧里的田女士跟人跑了，这几位女学生竟没有人敢扮演田女士，况且女学堂似乎不便演这种不很道德的戏！"① 女学生们连在戏中扮演追求婚姻自由的女性尚且不敢，更别提在现实生活中去争取实际的婚恋自由权了，由此可见当时的社会氛围，也由此可以想见女性地位和命运的根本改变还需要整个社会的变革和相关法律制度的完善与发展。

当时的法律制度对于女性而言最多只能说是曙光微现，整个民国时期政权更迭频繁，虽然在1915年和1925年政府先后两次对沿用的《大清民律草案》进行了修订，有了民国民律亲属编第二次草案和第三次草案的出台，这相比于封建时代法律对女性相关的规定算是有了一些进步，但还是有不少歧视女性的地方，而且当时民国民律、大清民律有效部分以及大理院的判例都被民国政府承认有效，而它们彼此间存在不少纰漏和矛盾之处。所以对于女性在婚姻中权利的规定就显得尤为繁杂。在这种法律和社会秩序都相对混乱的状态下，女性婚姻权利要获得法律的切实保障是不大可能的。

二 女性婚姻自主权的获得与实践

在建立合法政府之前，国民党在几次宣言中都提出了男女平等包括在婚姻中女性权利的问题，如1924年国民党在"一大宣言"中就提出了"于法律上、经济上、教育上、社会上确认男女平等之原则，促进女权之发展"。1926年1月，国民党"二大"又进一步通过了《妇女运动决议案》②，规定要组织领导妇女参加国民革命运动，并注意妇女的自身解放。此外，还在法律和行政方面实行了一些原则，其中第四条规定："反对多妻制和童养媳。根据结婚离婚绝对自由的原则，制定婚姻法，保护被压迫和逃婚的妇女，对再婚的妇女不得蔑视，反对司法机关对男女不平等的判决。"但这都还没有上升到法律制度层面，且当时国民党也未建立合法的政府。无论如何，这些宣言和原则的提出为1930年南京

---

① 胡适：《终身大事·跋》，载《民国丛书》第一编《胡适文存》卷4，上海书店1989年版，第302页。

② 《妇女运动决议案》，载中华全国妇女联合会妇女运动历史研究室编《中国妇女运动历史资料（1921—1927）》，人民出版社1986年版，第502页。原载《政治周报》第6、7合刊，1926年4月10日。

国民政府《中华民国民法》中关于男女平等及与婚姻相关的法律的制定奠定了基础。到 1931 年 5 月 5 日新《民法》正式开始实行，可以说经历了约 30 年的摸索和实践，在婚姻制度方面的立法才终于初步完成了从传统向现代的转变。

国民党政府在 1930 年公布的《民法》中关于女性权利的规定（包括婚姻中的权利）取得了突破性进展。在《民法》的《亲属编》中，规定男女平等。这对结束中国历史上旧的婚姻关系起了非常重要的作用。《民法·亲属编》的 972 条曰："婚约由男女当事人自己订定。"这条规定可以说开了中国婚姻方面法律的先河，第一次打破了婚姻自古以来"父母之命，媒妁之言"的传统，从法律上肯定了男女双方在决定自己婚姻方面平等且自主的权利。此外第 980 条规定："男未满十八岁，女未满十六岁都不得。"985 条规定："有配偶者不得重婚。"这就从法律上禁止了娃娃亲、童养媳及纳妾等婚姻恶俗。《民法》还比较公正地对待男女离婚的问题。《民法》规定：一方有下列情况之一者（重婚；与人通奸；受他方不堪同居之虐待；妻虐待公婆或公婆虐待妻致不堪为共同生活；恶意遗弃他方；有精神病；生死不明已逾三年或被判处徒刑），另一方可向法院请求"离婚"。这里的一方就指夫妻任意一方，可以说《民法》在婚姻的撤销方面也赋予了女性与男性平等的权利。[1]

法律制度的变革必然会对人们的现实生活产生较大的影响，尤其是国家权利能够直接且迅速控制到的大都市。而新《民法》对婚姻方面的规定对 20 世纪 30 年代人们的婚恋生活迅速产生了影响。仅就离婚案件而言，如 "1933 年南京地区有离婚案件计 86 件，其中由男方主动提出离婚的为 25 件，由女方主动提出离婚的为 60 件，双方同意离婚的仅 1 件。离婚理由：对方经济压迫 15 件，对方遗弃 14 件，对方不道德行为 7 件，双方意见不合 35 件，对方侮辱 7 件，对方疾病 4 件，对方判刑 4 件"。[2] 另外，根据 1929—1932 年上海离婚案件分析，女方主动提出离婚的比例也呈上升趋势，如表 3－2 所示：

① 汪玢玲：《中国婚姻史》，上海人民出版社 2001 年版，第 423—425 页。
② 《首都地区离婚案件统计》，载《中华法杂志》第 5 卷 1、2 合号（1934 年），转引自汪波《婚姻诉讼法全书》上编，上海民治书店 1930 年版，第 637 页。

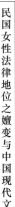

表 3 - 2　　　　　　1929—1932 年上海离婚统计—离婚主动分析

年份	男方（人）	百分比（%）	女方（人）	百分比（%）	双方（人）	百分比（%）	总计（人）	百分比（%）
1929	133	20.62	133	20.62	379	58.76	645	100
1930	177	20.75	138	16.18	538	63.07	853	100
1931	64	10.02	48	7.51	527	82.47	639	100
1932	25	6.02	43	10.36	347	83.62	415	100
总计	399	15.63	362	14.19	1791	70.18	2552	100

资料来源：罗苏文：《女性与近代中国社会》，上海人民出版社 1996 年版，第 340 页。

　　从表 2 可以看出，在 1929—1932 年的上海，相比于男方主动提出离婚的比率，女方主动提出离婚的比例（包括双方合意的）呈上升的趋势。这就意味着女性（主要是都市女性）逐渐开始懂得利用法律来行使自己婚姻上的权利。至少从法律条文上说，男性可以三妻四妾，女性则只能"从一而终"的历史结束了，婚姻不再是囚禁女性的牢笼，这也从一个侧面反映出社会制度层面的变革所促进的女性的真正觉醒。

　　社会制度的变革不仅会对整个社会的风气产生比较重大的影响，而且相应的也会进一步反映到特定时期的文学创作中来。对于民国时期婚姻法律制度的革新对人们生活的影响以及文学创作风尚的变化，张爱玲就曾说过："北伐后，婚姻自主，废妾离婚才有法律上的保障。恋爱婚姻流行了，写妓院的小说忽然过了时，一扫而空，该不是偶然的巧合。"[1] 这可以说是道出了当时文学创作的某种动向，如果说五四时期的"恋爱"小说更多的是写对恋爱婚姻自由的渴望和争取而不得，并且女性对自己恋爱和婚姻自主权的争取还显得异常矛盾、徘徊和痛苦的话，那么到了 20 世纪 20 年代末至三四十年代，文学作品中所表现的女性对传统的反叛就显得更加勇敢和决绝，恋爱婚姻自主在文学作品中的表现

---

　　① 张爱玲：《国语本〈海上花〉译后记》，载金宏达、于青编《张爱玲文集》第 3 卷，安徽文艺出版社 1992 年版。

也显得更加"洒脱",甚至走入婚姻然后又提出离婚的女性也开始出现在文学作品中。

如果要说现代文学史上以反映社会转型期女性对封建社会秩序和伦理观念的反叛为题材而显出其鲜明创作风格的作家,一定会让人想到一个名字——丁玲。丁玲独特的早年经历——父亲的早亡,母亲的开明及对外祖母包办婚姻的抗拒逃离等都对她的人生道路和文学创作产生了非常重大的影响。

《梦珂》是丁玲的处女作,写于1927年秋,于同年12月10日发表于《小说月报》第18卷12号上,发表时就深受编辑叶圣陶的赞赏,发表后更是马上就受到文艺界人士的关注。同年冬,丁玲又创作了《莎菲女士的日记》,并发表于1928年2月《小说月报》上,同样引起了文坛的瞩目。紧接着,丁玲还创作了《暑假中》《阿毛姑娘》等小说(这四篇小说结集为《在黑暗中》,由开明书店1928年10月出版),她初涉文坛的这批创作就体现出其强烈的女性自尊意识以及探寻女性价值的"企图"。

《梦珂》中的同名女主人公梦珂是一个五四的女儿,她具有新思想,向往着自由平等的生活。她同时也是一个从乡土社会出走的少女,从穷乡僻壤来到大都市求学,是很多那个年代里少女的代表。后来她因无法忍受学校里卑俗教员的气而被迫离校寄居于姑母家。但也就是在这个看似和谐、温暖、其乐融融的家庭中梦珂却懂得了什么是虚伪。她渐渐明白自己对于那些苦苦追求她的公子哥而言只是玩物而已,他们对她"好"或者欺骗她,都没有把她当成一个真正平等的人来对待。于是梦珂选择再次出走,希望能靠自己的力量独立地在社会上生存。这体现出作者对女性自我人格和价值的珍视与追求。后来梦珂又化名通过自己的努力进了"圆月剧社"当演员,总算实现了自己想要独立的理想,但仍然受到现实狠狠的重击,因为她慢慢体会到这个"纯肉感的社会"也是丑陋的,作为一个女性要在这样的社会里生存仍避免不了要面对和承受许多"侮辱"。她从追求独立自主的生活到最后不免落到出卖身体甚至出卖灵魂的地步,其间充满了挣扎的痛苦和煎熬。这篇作品带有一定作家的自叙传色彩,至少梦珂的某些经历有作家自身经历的影子,对此丁玲就曾说:"我那时为什么去写小说,我以为是因为寂寞。对社会的不满，自己的生活无出路……便提起了笔，要代替自己来给这社会一个分析，因为我那时是一个很会牢骚的人，所以《在黑暗中》，不觉的也染上一层感伤。"①《梦轲》的确有一种感伤的力量，但同时又有一种热烈大胆的情绪，虽然最后梦轲不免"堕落"下去了，但她相比五四时期那些最后仍割不断与传统千丝万缕联系的女性而言更多了一份反叛的勇气和决绝。所以当父亲来信催她回家和姨母的儿子结婚时她拒绝了，她拒绝再做一个传统无爱婚姻里驯顺的旧式妻子，虽然对于新式的婚姻她也充满疑虑，但还是尝试着在都市里生存下去。而《莎菲女士的日记》②中的莎菲则比露莎走得更远，莎菲也是一名知识女性，有了灵魂的觉醒。她比梦轲有着更坚决彻底的反叛精神和更孤傲不羁的个性。面对着追求她的两个异性，她清楚地意识到自己真正需要的是什么。虽然苇弟忠厚善良，但同时也优柔怯懦。凌吉士虽有着令莎菲着迷的"中世纪骑士风度"的丰仪，但却虚伪市侩。而这都是莎菲所厌恶的，同时也正是莎菲苦闷的来源，因为她不只是在追求"性爱"，而是从"人"的意义层面追寻女性的主体价值。她需要的不是一个依靠，更不甘心做男性的附属品，她所真正需要的是一个灵魂伴侣，一份彼此平等相互理解的爱。从小说中莎菲有时近乎变态的心理中透射出的正是她高层次的精神追求，所以最后莎菲抛开了她的追求者们独自离开了。

可以说莎菲的形象体现了作家不同于五四时期女作家们的更高层次女性意识的觉醒。莎菲对传统伦理道德的蔑视和挑战是义无反顾的，虽然她也有苦闷和内心的煎熬，但那是因为追寻中的迷茫而带来的虚无，而不是因为对传统的瞻前顾后和对社会各方面势力的左顾右盼，而这就足以使她和五四第一批女作家作品中的女性群像区分开来。"从十年前震慑了文坛的，出现于冰心笔下的封建资产阶级的女性（我想说是资产阶级与封建社会的混血儿还比较正确些）看来，丁玲所表现的'Modern Girl'的女性姿态，正给予了她们以一种强烈的对照，表现着一种广大的时代的距离；反映着中国的近十年来的社会，是怎样闪电般的在变革，以及这些变革了的社会形态又是怎样的转变了近代女性的意识形态，造

① 丁玲：《我的创作生活》，载《创作的经验》，天马书店 1933 年 6 月版，转引自杨义《中国现代小说史》（中），载《杨义文存》第二卷，人民文学出版社 1998 年版，第 257 页。

② 丁玲：《莎菲女士的日记》，《小说月报》第 19 卷第 2 号，1928 年。

成了她们生活上的一种绝大的旋风。"① 确如所言，丁玲创作中所表现出的女性姿态的确在一定程度上投射出民国这段时期社会的变革以及由此变革带来的女性意识的巨变。这种女性意识走到一种近乎极端的状态就有了在《暑假中》②那组女性群像的出现。承淑、德珍、春芝、嘉瑛、志清等都是从师范女校毕业后又在女校任教的女教师，应当是属于知识女性群体。正因为她们受过教育，所以才有了"非同一般"的女性意识的觉醒。她们不想屈从于父母的意志而嫁给自己不爱的人，因而也不再把"嫁人生子"作为天经地义的事情和女性唯一的归宿，而是把独身主义作为信仰，但同时又发展了一种同性之间的爱恋。这样的题材较之五四时期庐隐的《海滨丽人》更进了一步，所体现出的正是女性生活上的"一种绝大的旋风"。

如果说这些作品中的女性形象所表现的都是女性在新的历史阶段和社会氛围里对自己的婚姻选择有了不同于前的方式和勇气，她们可以不再屈从于包办婚姻，亦可以选择不再走入婚姻这座围城，还有一些作品则对走入婚姻继而又走出婚姻的女性进行了书写。欧阳予倩的戏剧《泼妇》中的妻子于素心就是这类有着和男性平等意识的女性的典型代表。虽然剧作的主旨在于讽刺那位有着新思想，与于素心自由恋爱结婚而后又回到传统男性纳妾老路上去的男性陈慎之，但毫无疑问，既大胆追求爱情自由恋爱结婚，在丈夫偷偷纳妾时又有勇气走出婚姻的女性于素心更加具有耀眼的光彩。当年那个信誓旦旦"永不纳小"的陈慎之，到头来也还是宣称"岂有不讨姨太太而能称新人物的吗?"③ 面对丈夫的"倒退"，于素心却没有选择退缩，她指责丈夫："你不是反对一夫多妻制的吗？你不是主张神圣恋爱的吗？你不是自命为主张女子解放的中坚分子吗？你不是绝对以真实不欺为信条吗？你不是主张'废娼说'，不忍拿金钱去压迫那无辜的女子吗？你始终不能不去掉你那正义人道的假面，到了今天，你证明自己从头至尾全是诈伪!"④ 于素心的一连串反问让丈

　　① 方英：《丁玲论》，转引自盛英主编《二十世纪中国女性文学史》，天津人民出版社1995年版，第212—213页。
　　② 丁玲：《暑假中》，载《在黑暗中》，上海开明书店1928年版。
　　③ 欧阳予倩：《泼妇》，载《欧阳予倩全集》第一卷，上海文艺出版社1990年版，第41页。
　　④ 欧阳予倩：《欧阳予倩全集》第一卷，上海文艺出版社1990年版，第51页。

夫无地自容，更是直指男权社会的核心。更加难能可贵的是，于素心不仅自己走出了把婚姻和男性作为依靠的男权婚姻樊篱，还将丈夫所娶的妾也带出夫家，显示出她作为女性的强烈主体意识。不过在当时的社会氛围下，角色的理想色彩也是显而易见的，而且作品并没有对于素心及丈夫所娶之妾离开夫家之后的结局提供相应的思考，走出"夫之门"的女性该往何处去，能往何处去是作品没能呈现给读者的。而另一位作家对此却做了最深刻的探寻。

张爱玲的《倾城之恋》堪称经典，以往人们在对其进行品读时，更多地把目光集中在了白流苏和范柳原的"倾城之恋"上，而对于白流苏的"前身"却没有深究。实际上白流苏是一个结了婚又离婚的女人。在随"媒婆"徐太太踏上去香港的船时她对自己的处境就已经是心知肚明，所以说这其实是她无路可走之下的无奈之举。她，一个已经出嫁而又离了婚回到娘家的女人，被兄嫂耗尽了财产，还落得个即将被赶出门的危局。甚至在前夫死后兄长还给她出主意："六妹，话不是这么说。他当初有许多对不起你的地方，我们全知道。现在人已经死了，难道你还记在心里？他丢下的那两个姨奶奶，自然是受不住的。你这会子堂堂正正地回去替他戴孝主丧，谁敢笑你？你虽然没生下一男半女，他的侄子多着呢？随你挑一个，过继过来。家私虽然不剩什么了，他家是个大族，就是拨你看守祠堂，也饿不死你母子。"白流苏倒是明白，所以冷笑相对："三哥替我想得真周到！就可惜晚了一步，婚已经离了这么七八年了。依你说，当初那些法律手续都是糊鬼不成？我们可不能拿着法律闹着玩！"三爷的对答则可以直让人冷到骨子里，三爷道："你别动不动就拿法律来唬人！法律呀，今天改，明天改，我这天理人情，三纲五常，可是改不了的！你生是他家的人，死是他家的鬼，树高千丈，叶落归根——"① 这只言片语就如当头冷水，让流苏彻底断了还在娘家继续住下去的念想，于是去香港找范柳原就成了流苏这样一个离婚女子最后的救命稻草，否则她的余生就真只能落得个"看守祠堂"了。由此也可以看出在民国这一新旧交替的时期，社会氛围对于女性而言是如何的尴

---

① 张爱玲：《倾城之恋》，载金宏达、于青编《张爱玲文集》第二卷，安徽文艺出版社1992年版，第49页。

尬。新的制度尚未完全建立，旧的也未完全摧毁，在不新不旧的社会里，受掣肘更多的仍然是女子。

到了20世纪40年代有一位作家更是对走入婚姻继而又走出婚姻的女性进行了深刻的书写，她就是苏青。离婚即"撤销婚姻"，是女性行使自己婚姻自主权的形式之一种。苏青在散文《论离婚》中曾有一段类似于自剖的对"离婚"所发的议论："一个女子在逼不得已的时候，请求离婚是必须的。不过在请求离婚的时候，先得自己有能力，有勇气。至于离婚以后怎么样呢？我以为也不必过虑。一个有能力，有勇气的女子自能争取其他爱情或事业上的胜利，即使失败了，也能忍受失败后的悲哀与痛苦。假如她因为没有能力或决心而不敢想到离婚，或者虽想到而不敢说，或者只说而不敢做，那便只好一世做奴才了。"① 这说明女性要行使自己在撤销婚姻方面的权利，一要有能力，二要有勇气，而前者尤为关键。一个没有能力的女性离了婚，便立刻失去了生存的条件，勇气从何谈起呢？那也只好如苏青所言"一世做奴才了"。其实苏青本人的经历就为她的写作提供了足够的素材：苏青出生于书香门第，曾就读于南京国立中央大学英语系，有着良好的中国古典文学和外国文学功底，但却因婚姻而放弃学业，并打算做一个贤妻良母。可婚后却主要因为经济原因而导致夫妻关系失和，有一次，苏青因向丈夫索要家庭开支发生争吵并为此挨了一记耳光，从此开始走上写作的道路。因为生的都是女儿，苏青也曾受到婆家人的奚落。结婚十年后在有了三个女儿时苏青离婚，开始依靠自己的稿费独立生活，丈夫去世后，苏青又开始独自抚养三个女儿。

她写于20世纪40年代并成为那时期上海畅销书的《结婚十年》和《续结婚十年》就是很大部分写自己亲身经历的自传体小说。女主人公怀青的婚姻经历就足以表示那是一个新旧交替的时代。虽然怀青和丈夫都是大学生，但他们的婚姻却是由父母包办的，虽然是封建婚姻形式，但交往的方式却又是现代的，甚至他们的结婚典礼也是新旧合璧，举行的是新式的文明婚礼，但新娘去参加婚礼坐的却是花轿。正是在这种半新不旧的婚姻里，残留着许多古老时代的"鬼气"：丈夫可以在她之外

① 苏青：《论离婚》，载《苏青散文精编》，浙江文艺出版社1995年版，第354页。

第三章 走向有光的所在：都市女性法律地位之嬗变与中国现代文学书写

还有一颗"多余的樱桃"——婚外情人，而作为女性，她却只能压抑自己对其他异性的爱慕；在一个法律已经明文规定男女平等的社会里，她却仍然要承受"生女"所带来的男方家族的蔑视和侮辱；想要争取经济独立外出谋职，却又受到闲言碎语的攻击不得不放弃；不得已靠丈夫供养，却避免不了要忍受丈夫对她人格的侮辱；为了尊严靠自己挣稿费养家，遇到的却是丈夫因心理不平衡而生的彻底的冷漠……这一切都是封建传统文化的阴魂不散，从而也就导致了内里有着新思想却不得不受制于半新半旧社会现实的女性怀青生活空间的逼仄和生存氛围的压抑，以至于她最终不能忍受这种没有尊严和幸福的婚姻，怀着对自由、平等的憧憬而离婚了。虽然小说的最后并不是以怀青过上了她所希冀的新生活而结局，而是写到怀青对走出婚姻充满追悔，在《续结婚十年》中甚至多次写到怀青希望能重新"入城"而不得的痛苦以及一个单身离异女人在那样的年代和社会里要获得幸福的艰难，但无论如何，苏青毕竟写出了"新"的有勇气走出围城靠自己独立生活的女性形象，而这作为自传体小说，绝不是"写实的虚构"，却可以称得上是"浪漫的纪实"。对于反映那个年代新旧交替的社会氛围和在这样的社会氛围里某个特定女性群体的婚姻和生存状态都具有意义。

三 对女性婚姻自主权的冷静思考与审视

现代文学作品既有对女性追求婚姻自由权的正面书写，也有对其的冷静思考和审视。张恨水的《春明外史》第十四回中所讽刺的就是所谓的"妇女解放组织"，那其实不过是打着女性解放的旗号而已，实际上实行的却是性解放。吴组缃的《金小姐与雪姑娘》中两位女性实际上都成了新的婚姻制度的牺牲者。雪姑娘原本是一个"终天露着嫣然笑靥的小姑娘"，"我们曾互相给饮过一杯没世难忘的初念的芳醇"。[①] 然而对于雪姑娘而言，享受过了自由恋爱的蜜果但却没能最终结出婚姻的果实，和"我"分别后又经历过社会上多番"自由恋爱"。雪姑娘最后只能再去嫁给一个老头当填房，不巧在这时与"我"相遇，重新燃起了对爱情

---

① 吴组缃：《中国现代小说名家名作原版版库·西柳集》，中国文联出版社 1998 年版，第45 页。

的渴望，但却在我的犹疑彷徨中绝望地自杀殒身。金小姐则是一个年近三十却仍未出嫁的"老姑娘"，生活在一个新旧交替时代的她就像生活在夹缝中无所适从。她"从前看过些新杂志，新书报，受了一些理论的骗。在那欺骗中，替自己建筑起一个美丽高超的理想，把自己的婚事看得非常认真。到了现在，就吃了这认真的亏……她懂得这社会只准许女子怎样做人"，所以她认为"现代社会盛行着的这种恋爱，并不见得比父母代庖的婚姻好。一个女孩子和一个男孩子在一种适当的偶然机会中相遇，便恋爱。这机会在社会上稀少得很。因之如一捆干柴碰着烈火，便马上烧了。这其间不容选择，也不容考虑……这恋爱只能给青年以麻烦，以苦厄，反不如父母代庖来得干脆"①。这似乎正是对"我"与"雪姑娘"初恋的评论。当这个待嫁的老姑娘遇见"我"时，也以为是找到了可以托付终身的对象，而"我"一直忘不了的却是雪姑娘，最终金小姐也只能黯然离开。金小姐与雪姑娘的双重悲剧都说明了民国时期女性婚恋状态的尴尬和可悲。

现代文学史上的学者型女作家袁昌英、石评梅更是对女性婚恋自由权进行了理性的思考。如果将民国时期获得婚姻自由权后的女性分类的话，可以判然分为旧式家庭的妻和具有"新思想"的年轻女子两类，前者是在女性获得婚姻自主权之前或者是获得法律上的婚姻自主权后仍然无法主宰自己的婚姻和命运之时就已经走入了"围城"，后者则是有着"新思想"的女性，她们有着自主决定自己恋爱和婚姻的机会、权利和勇气。也正因此后者往往轻易就以"恋爱婚姻自由"之名将前者逐出婚姻之城。袁昌英对这类打着"个性解放"和"恋爱婚姻自由"的旗号而无视别人痛苦的女性是持否定态度的。袁昌英的戏剧《人之道》、小说《我也只好伴你消灭》都表达了类似的主题，塑造了这两类女性的鲜活形象。《人之道》和《我也只好伴你消灭》中的妻子都是乡下女子，而他们的丈夫欧阳若雷和惟我都是在出国归来后就与她们离婚另与"新女性"结合了。《人之道》中的素莲和《我也只好伴你消灭》中的女学生秋子就是这类追求"恋爱婚姻自由"的新女性的代表。在《人之道》中

① 吴组缃：《中国现代小说名家名作原版库·西柳集》，中国文联出版社 1998 年版，第41—42 页。

素莲开始不知道真相，但是后来即使知道了丈夫前妻王妈的遭遇后，仍然认为丈夫遗弃她是出于对爱情的追求，"爱情是神圣的，无所谓对不对"①。《我也只好伴你消灭》中的秋子则更加冷酷自私，虽然她在背叛未婚夫李君时也有过思想斗争，但后来当丈夫的朋友告知他前妻和女儿的悲惨境遇时，她竟责怪朋友给他们找麻烦，让朋友"把这瞎子弄回乡下去"，她认为她和丈夫只"应顾全自己的生命与爱情，其余的就让其自生自灭"② 了。而被逐出婚姻之城的前妻结局都十分悲惨，《人之道》中王妈的儿子患猩红热久病不治死去，伤心欲绝的王妈也一头撞死在汽车轮下。《我也只好伴你消灭》中惟我的前妻则在进京寻夫的过程中女儿被拐，自己也悲惨地死在了乞丐收容所。作者通过对两类女性形象的塑造传递了她对女性婚姻自由权的看法。其实《人之道》中梅英的观点很"鲜明"地代表了作者的立场，梅英认为："现在一般人之所谓爱情简直是兽欲，简单纯粹的肉欲"，"这些幌着西洋文化作护符的鬼男女，简直是些野鬼恶兽……别人本是和和睦睦的家庭，他们可以冒着一幅假面具闯进来，夺人之所爱，窃人之所喜，作祟，捣乱，无所不为，弄得病、死、痛苦，自杀，杀人……你看现在这班称为新男女的罪恶！这种灭绝信义，不顾羞耻，欺善凌弱，自私自利的举动，就是他们所谓人道，所谓人权，所谓新信仰，所谓新生活！"③ 这些观点虽然有些偏激片面，但却扎中了当时社会上一些打着追求恋爱婚姻自由权旗号的男女的神经。当时社会上男性一有机会就发生婚姻变故的事情多有发生，而与之对应的每一起婚姻变故中都有一个"新女性"推波助澜或者就是导致婚姻变故的直接原因，是她们和男性一起把那些未获得经济独立也无法在社会上继续生存下去的弱女子推入了困境甚至绝境。

石评梅的《弃妇》④ 和《林楠的日记》⑤ 也贯穿着类似的主题。只不过石评梅所着重塑造的是旧式家庭中被弃女子的形象，《弃妇》中的

① 袁昌英：《人之道》，载《袁昌英作品选》，湖南人民出版社1985年版，第119页。

② 袁昌英：《我也只好伴你消灭》，载《袁昌英作品选》，湖南人民出版社1985年版，第205页。原载《小说月报》第22卷第10号，1931年10月。

③ 袁昌英：《人之道》，载《袁昌英作品选》，湖南人民出版社1985年版，第119页。

④ 漱雪（石评梅）：《弃妇》，《京报副刊·妇女周刊》周年纪念特号，1925年12月20号。

⑤ 石评梅：《林楠的日记》，《中央日报·红与黑》第42、43号，1928年10月17、18日。

表嫂和《林楠的日记》中的林楠，一方面她们是旧的婚姻制度的受害者，在封建包办婚姻制度下她们没有婚姻自由权和自主权。另一方面，当新思潮袭来，甚至是法律尚未赋予女性婚姻自由权和自主权之时，她们轻易就被那些打着"恋爱婚姻自由"旗号的新女性所击败，再一次成为新的婚姻观念的牺牲者。正如作品所言："旧式婚姻的遗毒，几乎我们都是身受的。多少男人都是弃了自己家里的妻子，向外边饿鸦似的猎捉女性。自由恋爱的招牌底，有多少可怜的怨女弃妇被践踏着！同时受骗当妾的女士们也因之增加不少。"① 由此可见追求着恋爱婚姻自由权的女性们，有多少却因此同时伤害着自己，也伤害着作为女性的同类。

　　无名氏的《塔里的女人》中的黎薇就是一个将自己伤得体无完肤的新女性的代表。虽然她最终没有和罗圣提走入婚姻，但倘若她真的如此，那么另一位女性——罗圣提遵父母之命而结合的发妻就必然成为新的婚姻制度的牺牲品。这正如罗圣提早已想到的："我和薇的爱情有什么前途呢？唯一的办法，是和家里的妻子离婚。可是，在当时情况下，这一办法是不易实行的。第一，女孩子家长不答应：她并没有做一件错事。当时北平乡间还存在一种很旧的思想：认为自己女儿和丈夫离婚是一件名誉扫地的事。第二，女孩子本人不答应，勉强逼她这样做，她只有自杀。第三，我的父母也不答应这样做，他们始终认为她是一个极贤慧的媳妇，并且已生了两个男孩子，可以传宗接代。第四，我自己也有点不忍这样做：因为这样做，就是杀死她。对于一个无辜的女孩子，我怎么忍心杀死她啊？"② 罗圣提的妻子最后没有"牺牲"，而黎薇却"死"了，罗圣提最后把黎薇介绍给了一个他认为各方面条件都不错的男人，没想到却是一个骗子，最后黎薇的婚姻非常不幸而以离婚收场，并因为刺激过重而导致精神有些失常，隐居于山中的一所教会学校。多年后，当罗圣提去看她时，"她的整个形态，使我联想起一个死灭的星球；没有光，没有热，没有运动，没有力，所有的只是又黑暗又空虚的一片。如果宇宙间真有世纪末日，她正是末日的象征，可怕极了"。"我用最深

　　① 石评梅：《弃妇》，载柯灵主编《只有梅花如此恨》，上海古籍出版社 1997 年版，第 17 页。

　　② 无名氏：《塔里的女人》，载中国现代文学馆编《无名氏代表作》，华夏出版社 1999 年版，第 223 页。

沉的眼睛，深深对她注视了最后一瞥，仿佛是瞪视一条死尸、一具木乃伊、一段枯木"，① 多么可怖的变化！而这篇小说还有着现实生活的原型，作品中的罗圣提和黎薇原型就是作者的友人周善同和瞿侬，据作者言，《塔里的女人》故事完全真实，仅结尾补充了一点情节，又在开首做了一点化装，而这也正说明了类似的悲剧绝不是只存在于小说的虚构中，而是发生在活生生的现实里。

　　现代文学既有对女性追求恋爱婚姻自主权的文学书写，也有对女性获得婚恋自主权后在新的社会法律制度下却仍然走不出"旧的城"的思考和探索。这"旧的城"既是传统对女性一如既往的束缚与规约，也是即便在自由恋爱下缔结的婚姻却仍然走不出的人性之哀。前者如林徽因在《九十九度中》所写的青年女性阿淑的悲哀。阿淑是一个普通人家的女儿，也受过些教育，期待着一份自然而然的爱情，但是却求而不得，最后到了 25 岁也只能嫁给一个素未谋面的男人作填房。但是受过的教育和她所感染到的新思潮又在其内心激起涟漪，她不明白"这些年对婚姻问题谁都讨论得热闹"，"她就不懂那些讨论的道理遇到实际时怎么就不发生关系。她这结婚的实际，并没有因为她多留心报纸上，新文学上，所讨论的婚姻问题，家庭问题，恋爱问题，而减少了问题"。② 由此体现出，即便是在都市社会里，千百年来的传统也仍然笼罩着社会生活的方方面面，包括女性的婚姻，这传统的力量可以说是积重难返。而即使是在自由恋爱下所缔结的婚姻也并非有情人的天堂，如现代女作家沉樱的文学创作对此就多有表现。和《伤逝》中的子君一样，不管是《爱情的开始》（1929）中的妻子，还是《喜宴之后》（1929）的主人公茜华以及《迷茫中》的主人公静莹，她们都是在自由恋爱后走入婚姻，但却都不得不面对爱情冷却后的空寂、琐屑和迷茫。更有甚者，如庐隐的小说《兰田的忏悔录》（1927）中女主人公兰田抗拒父母之命，坚决不嫁给一个已经娶了三个女人的纨绔子弟，抗婚出逃的她终于按照自己的意愿与一位叫何仁的男子"自由恋爱"，可是最后才发现这位和她一样坚持恋

① 无名氏：《塔里的女人》，载中国现代文学馆编《无名氏代表作》，华夏出版社 1999 年版，第 268、272 页。
② 林徽因：《九十九度中》，载梁从诚编《林徽因文集·文学卷》，百花文艺出版社 1999 年版，第 83—84 页。

爱结婚自由的男子与她订婚不过是为了骗钱骗色，他同时还与另外一位女子"自由恋爱"并结了婚。作家们正是通过这些作品对女性争取婚恋自主权这一主题展开更深层次的思考，并借此揭示出恋爱婚姻自主权的获得既不是女性解放的起点，更不是终点。

第三节　以《李超传》为中心：民国女性家庭财产继承权

《结婚十年》中的怀青被迫走出婚姻之"城"，经济的因素可以说是非常重要的原因之一。正如作者苏青本人曾因向丈夫索要家庭日用发生口角并挨了一记耳光一样，怀青也曾多次因开口向丈夫崇贤要钱而受到丈夫的侮辱和怒骂。相同的，现实中的女作家苏青和她所塑造的女性形象怀青都因为这缺少人格尊严的生活而最终选择了再次出走。这也会让人想起《伤逝》中的子君，虽然怀青的选择是主动的，而子君却是被动的，但不可否认子君的悲剧有很大部分也是因经济的拮据而起。

可以说女性的经济权利是从 20 世纪 20 年代创作《伤逝》时的鲁迅到 40 年代创作《结婚十年》时的苏青都已经关注到了的，女性经济权利的获得与否也是女性解放的重要议题之一。对此，鲁迅曾明确地指出："所以为娜拉计，钱，——高雅的说罢，就是经济，是最要紧的了。自由固不是钱所能买到的，但能够为钱而卖掉。人类有一个大缺点，就是常常要饥饿。为补救这缺点起见，为准备不做傀儡起见，在目下的社会里，经济权就见得最要紧了。第一，在家应该先获得男女平均的分配；第二，在社会应该获得男女相等的势力。可惜我不知道这权柄如何取得，单知道仍然要战斗；或者也许比要求参政权更要用剧烈的战斗。"[1] 这里，鲁迅说得再明白不过，女性经济权利的获得首先在于在家庭中要使财产实行男女平均分配，这所指的即是女性的家庭财产继承应该享有和男性平等的权利，至于是否还指涉当代法律所规定的"家庭收入属于夫妻共同

---

[1] 《娜拉走后怎样》，载《鲁迅全集》第一卷，人民文学出版社 1973 年版，第 145—147 页。原载北京女子高等师范学校《文艺会刊》1924 年第 6 期，同年 8 月 1 日上海《妇女杂志》第 10 卷第 8 号转载。

财产"则不得而知，但由此我们就可以知道，在民国时期至少是民国早期，女性是既没有家庭财产继承权，更不可能在婚后享有和丈夫平等的财产权。

早在五四运动的高潮时期，就曾发生过一起在当时曾经引起社会广泛关注的事件——北京女子高等师范学校的女学生李超之死。而这一事件所关涉的核心法律权利即女性的家庭财产继承权，而这是女性经济权利的重要组成部分。与此事件相关的胡适所写的《李超传》也成为现代文学作品中对女性财产权进行观照的最重要的文本。不同于女性教育权和婚姻自主权，直接对女性财产权问题进行文学书写的现代作品相对较少。因而在此，本书将以《李超传》作为现代文学对女性经济权进行观照的核心文本和切入点，来探寻民国时期女性在经济权利和地位方面的嬗变及与之相关的现代文学书写。

1919 年 8 月 16 日下午，北京女子高等师范学校的学生李超因肺病逝于法国医院，这距离其只身来北京求学只有一年的时间。女学生因肺病死于医院，这件事本身在当时的医疗条件下或许并不是什么值得大书特书的事情，然而时为北大教授和社会文化精英的胡适却为其作了长约 7000 字的《李超传》①，对其的追悼会也在多方努力下于 1919 年 11 月 30 日举行。来参加追悼会的不仅有李超的同学同乡，还有许多社会文化名流，如蔡元培、胡适、李大钊、陈独秀、蒋梦麟、梁漱溟等，他们和到会的其他青年男女学生一样，都纷纷发表演说。胡适撰写的《李超传》也在会上宣读分发，会前会后各大报刊媒体争相报道。就这样，一个普通女学生之死逐渐演变成为一个备受关注的公共性事件，由此引发和提出的许多问题也引起学界的热烈讨论。而胡适撰写的《李超传》也成为当时和日后关于该事件的核心资料之一。

关于胡适为什么要替一个籍籍无名的女学生作传，其在这篇传记中就有比较充分的交代。胡适是在李超死后收到由李超的朋友们发现并整理的书信集的，他们希望当时身为北大教授，也一直比较关心和关注女性解放问题的胡适能为李超的死写点什么，以便在追悼会上宣读并分发。而胡适在读过李超的书信集后就产生了要为这个女子作传的想法。他在

---

① 胡适：《李超传》（1919 年 11 月 25 日），《新潮》第 2 卷第 2 号，1919 年 12 月 1 日。

传记中写道，"替这一女子作传，比替什么督军作墓志铭重要得多"，"因为她的一生遭遇可以用做无量数中国女子的写照，可以做中国家庭的研究资料，可以用做研究中国女子问题的起点，可以算做中国女权史上的一个重要牺牲者"。在《李超传》中胡适介绍了李超的生平：李超原名惟伯，又名惟壁，号璞真，是广西梧州金紫庄的人。父母早亡，只有两个姊姊。她自少便跟随父亲的妾附姐长大。因父母无子，故承继了她胞叔渠廷的儿子，名惟琛，号极甫。她家本是一个大家，家产也算丰厚。其胞叔在全州做官时，李超也跟在衙门里，曾受一点国文教育。后来回家乡，她又继续读了好几年的书。民国初年，她进梧州女子师范学校肄业，离校前成绩很好。民国四年她和她的一班同志组织一个女子国文专修馆，但只过了一年即散去，她觉得旧家庭的生活没有意味，故发愤出门求学。先到广州，先后入公立女子师范、结方学堂、教会开的圣神学堂，后又回结方，最后进公益女子师范。因对广州的学堂不满意，她后来又在朋友的鼓励下想到北京进国立高等女子师范学校。1918 年 7 月，她好不容易筹得旅费到达北京。然而家人（主要是继兄）对她外出求学迟迟不婚甚为不满，因为在当时的习俗下，继兄才是她家庭财产的继承人。但李超一日不嫁便都是家庭的累赘，于是从她想要外出求学起，继兄就以种种理由加以阻挠，并不提供经济上的供给，多亏了姐夫、嫂子及其他亲戚资助才得以继续学业，但其时生活已经比较艰难。李超到北京后，继兄甚至阻止旁人对李超的救济，并在书信言语上对李超进行多方面打击，加上李超本身体弱，于是从到达北京那年冬天她便得病。到 1919 年春天病情加重，医生说是肺病，她才到首善医院治疗，但病情仍然日益加重，最后于 1919 年 8 月 16 日病逝于法国医院。①

胡适在《李超传》中援引了许多李超生前书信的原文作为传记的资料，其中所引的第一封信即李超想要去广州求学时对继兄所写：

> 计妹自辍学以来，忽又半载。家居清闲，未尝不欲奋志自修。奈天性不敏，遇有义理稍深者，即不有自解，又无从质问。盖学无

---

① 参见胡适《李超传》，作于 1919 年 11 月 25 日，原载《新潮》第 2 卷第 2 号，1919 年 12 月 1 日。

师承，终难求益也。同学等极赞广州公立女子第一师范，规则甚为完善，教授亦最良好，且年中又不收学费，如在校寄宿者，每月只缴缮费五元，校章限二年毕业。……广东为邻省，轮舟往还，一日可达。……每年所费不过百金。依家年中入息虽不十分丰厚，然此区区之数，又何难筹？……谅吾兄必不以此为介意。……妹每自痛生不逢辰，幼遭悯凶，长复困厄……其所以偷生人间者，不过念既受父母所生，又何忍自相暴弃，但一息苟存，乌得不稍求学问？盖近来世变日亟，无论男女，皆以学识为重。妹虽愚陋，不能与人争胜，然亦欲趁此青年，力图进取。苟得稍明义理，无愧所生，于愿已足。其余一分富贵浮华，早已参透，非谓能忽然置之，原亦知福薄之不如人也。……若蒙允诺……匪独妹一生感激，即我先人亦当含笑于九泉矣。战栗书此，乞早裁复。

由此可以看出李超求学心愿的迫切，然而此时作为李超之家庭财产继承人和支配权人的继兄是如何答复的呢？

九妹知悉：尔欲东下求学，我并无成见在胸，路程近远，用款多少，我亦不措意及之也，惟是侬等祖先为乡下人，侬等又系生长乡间，所有远近乡邻女子，并未曾有人开远游羊城（即广州）求学之先河。今尔若子身先行，事属罕见创举。乡党之人少见多怪，必多指摘非议。然乡邻众口悠悠姑置勿论，而尔五叔为族中之最尊长者，二伯娘为族中妇人之最长者，今尔身为处子，因为从师求学，远游至千数百里之羊城，若不禀报而行，恐于理不合。而且伊等异日风闻此事，则我之责任非轻矣。我为尔事处措无方。今尔以女子身为求学事远游异域，我实在不敢在尊长前为尔启齿，不得已而请附姐（李超的庶母）为尔转请，而附姐诸人亦云不敢，而且附姐意思亦不欲尔远行也。总之，尔此行必要禀报族中尊长方可成行，否则我之责任重。……见字后，尔系一定东下，务必须由尔设法禀明族中尊长。

对此回复，胡适在传记中评价道："这封信处处用恫吓手段来压制他妹子，简直是高压的家族制度之一篇绝妙口供。"尽管继兄对于李超外出求学以种种理由加以阻挠，但李超还是坚定地前行，先到广州，后又在朋友梁惠珍的鼓励下入京求学。对于李超赴广州继兄尚且不允，远去北京更是极力反对。原本支持李超的嫂子陈文鸿也因此事受到继兄的责骂和殴打。对于其他给予李超支助的姐夫欧寿松、本家李典五等人，继兄也声明不负偿还之责。由此，虽然李超最终还是克服重重困难遂愿入京，但处境更加艰难。

其实，对于造成李超生活困境的深层原因从胡适在《李超传》中所引书信上就可得以窥知，一直对李超极为照顾的姐夫欧寿松在一封信函中写道：

> ……兄昨信所以直言不讳劝妹早日定婚者，职此之故。妹婚一日未定，即七舅等一日不安。……妹婚未成，则不独妹无终局，家人不安，即愚夫妇亦终身受怨而莫由自解。

其在另一信中又言：

> ……妹读书甚为好事，惟宗旨未明，年纪渐长，兄亦深以为忧。……极甫等深以为吾妹终身读书亦是无益。吾妹即不为极甫诸人计，亦当为兄受怨计，早日决定宗旨，明以告我。……

从这些言辞可以看出，姐夫欧寿松也深知李超不婚是让"家人不安"的根本原因，而"家人"主要就是指对李超家庭有财产继承权的继兄惟琛（极甫）。在另一封李超代其姐姐写给姐夫的信中，曾有"盖弟择人但论财产，而舍妹则重学行。用是各执意见，致起龃龉。妹虑家庭专制，恐不能进其素愿，缘此常怀隐忧，故近来体魄较昔更弱"。对此胡适曾分析道："她所以要急急出门求学，大概是避去这种高压的婚姻。她的哥哥不愿意她远去，也只是怕她远走高飞做一只出笼的鸟，做一个终身不嫁的眼中钉。"这可谓一语中的，李超作为家中唯一未嫁的女儿，只要一日不嫁，在继兄看来就都是家庭的累赘和负担，只有李超早日嫁作人妇，他才可以完完全全地安享财产。对此，李超自己也有很清醒的认识，所以她在给姐夫的一封回信中曾写道：

> 妹来时曾有信与家兄，言明妹此次北来，最迟不过二三年即归。婚事一节，由伊等提议，听妹处裁。至受聘迟早妹不敢执拗，但必俟妹得一正式毕业，方可成礼。盖妹原知家人素疑妹持单独主义，故先剖明心迹，以释其疑，今反生意外之论，实非妹之所能料。……盖吾家虽不敢谓富裕，而每年所入亦足敷衍。妹年中所耗不过二三百金，何得谓为过分？况此乃先人遗产，兄弟辈既可随意支用，妹读书求学乃理正言顺之事，反谓多余，揆之情理，岂得谓平耶？静思其故，盖家兄为人惜财如璧，且又不喜女子读书，故生此论耳。

由此可以看出，李超对于继兄的所思所想和自己的处境都有非常明晰的认识，可以说造成这一困境的根源就在于李超作为女儿没有家庭财产的继承权，因而也就失去了为自己争取教育权的经济基础。另外，继兄因为过继嗣子制度获得的对于李超家庭财产的支配权进一步决定了他对李超婚姻权利的束缚与限制。李超入京求学半年后，就从亲友的信中获悉继兄对自己的态度更加残酷冷漠，不仅一文不寄，而且声明对于借钱给李超的亲友不负任何偿还之责，甚至不许李超再在信中提及留下财产的"先人"二字。在继兄如此绝情的打击下，原本体弱的李超终于一病成殁，在贫病交加中死去。在李超死后，她的遗体一直放在北京一座破庙里，家里无人过问，后有一信来，上面竟然还写"至死不悔，死有余辜"等字，冷漠之情态由此毕现。

在《李超传》的结尾，胡适不仅表明了他为何要为一个普通女子作传的缘由，并提出了由李超事件引发的对几个问题的思考：

> 我们研究她的一生，至少可以引起这些问题：
>
> （1）家长族长的专制 "尔五叔为族中之最尊长者，二伯娘为族中妇人之最长者。若不禀报而行，恐于理不合。"诸位读这几句话，发生什么感想？
>
> （2）女子教育问题 "侬等祖先为乡下人，所有远近乡邻女子，

并未曾有人开远游求学之先河。今尔苦子身先行，事属罕见创举。乡党之人必多指摘非议。""举廷五叔及甫弟等均以为女子读书稍明数字便得。"诸位读这些话，又发生什么感想？

（3）女子承袭财产的权利　"此乃先人遗产，兄弟辈既可随意支用，妹读书求学乃理正言顺之事，反谓多余。揆之情理，岂得谓平耶？"诸位读这几句话，又发生什么感想？

（4）有女不为有后的问题　《李超传》的根本问题，就是女子不能算为后嗣的大问题。古人为大宗立后，乃是宗法社会的制度。后来不但大宗，凡是男子无子，无论有无女儿，都还是承继别人的儿子为后。即如李超的父母，有了李超这样的一个好女儿，依旧不能算是有后，必须承继一个"全无心肝"的侄儿为后。

诸位读了这篇传，对于这种制度，该发生什么感想？

胡适提出的这几个问题，的确是导致李超之悲剧发生的原因，同时也是女性解放所面临的几个最主要的问题。不仅仅是李超，对于每一个中国传统女性而言，家长族长的专制自然是几千年来捆绑女性的那道最粗的绳索，当然受到专制压迫的不仅仅是女性，也包括族中一切的年轻辈（君为臣纲，父为子纲是中国最具"威严"的纲常伦理），只不过相较而言，女性所受的压迫更为深重（还要多一道夫为妻纲，即"男为女纲"），要改变这种生存状态也就需要付出更加艰辛的努力。对此，在前一章的论述中已经有相对充分的展开。可以说这是套在女性身上最沉重的一道枷锁，也是禁锢女性自由和权利的最坚固的牢笼。在这枷锁和牢笼里，女性各项具体权利的获得都显得异常艰难。胡适提出的"有女子不为有后"的问题即女性与男性的平等人格权问题。因为一直处在几千年"男尊女卑"的男权桎梏里，所以女性一直都是作为男性的附属物而存在，她们是男性欲望的对象，是为家族传宗接代的生育工具，唯独不是和男性有着平等人格权的主体，所以"有女子不为有后"在传统社会里就成为天经地义的事情。在这样的法律地位上，女性自然也难获得与此相关的和男性平等的财产继承权、教育权以及在婚姻中的权利，而女性职业权和参政权就更加无从谈起了。在李超之死这一事件中涉及的主要是前三者，其中又尤以财产继承权为导致李超之死惨剧发生的最为根

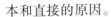
本和直接的原因。

几千年来的中国社会都默认男性为家庭财产的继承者，女性也拥有一定的财产权利，但和男性相比起来可谓相差甚远，这种状况无论从社会现实生活层面还是国家法律规定层面都一直代代相沿。在民国之前的许多个世纪里，女性在各项权利包括财产权方面的不平等地位已经成为整个社会默认的约定俗成的现象。在几千年来的封建帝制时代，中国家庭的财产继承受分家的原则支配，也就是由儿子来平均分配家庭的财产，一般而言，女性没有继承家庭财产的权利。如果是家境比较殷实的家庭，女儿至多也只能得到一份比较丰厚的嫁奁（这也必须以女性牺牲自己的婚恋自由听从父母的包办婚姻为代价），而寡居的女性也只能得到一份老年的赡养费，但她们对家庭的财产都没有继承的权利。

不过对于没有兄弟或没有子嗣的女性而言，她们的财产继承权又经历了另一变化的过程。其实法律规定在分家继承制度之外还有宗桃继承，即对于没有子嗣的家庭，也必须过继一个嗣子来延续父系家庭的绝对"血脉"。所以是过继的嗣子而不是家庭的亲生女儿来顶替原来的儿子行使家庭财产继承权，这相对于分家继承就被称为宗桃继承。女性家庭财产继承权的争议一般也即出现在此种情形下。有研究者指出："从宋到清的 430 个继承案例中，无子家庭因过继嗣子而起的诉讼与有子家庭因分家而起的诉讼之比是 4∶1。这种比例悬绝的继承诉讼状况也相应地反映到《大清律例》中来，关于分家的条款只有简短的四条律例，总共二百来字，而关于承桃则共有 11 条法律，一千一百多个字。"① 而对于女性而言，关于财产继承权利的第一次主要变化则是发生在明初，"明律规定无嗣家庭必须从侄子中过继一个嗣子……明律采行了'强制侄子继嗣'""对于女儿来说，强制侄子继嗣的实施意味着即使没有兄弟她实际上也丧失了对财产的任何权利。简言之，在宋代若父母双亡而没有儿子——无论亲生还是过继的话，那么其女儿就有权依法继承其家庭的财产。但在强制侄子继嗣的法律面前，侄子对财产的权利优先于女儿的权利。"② 李超的家庭财产继承即属于此种情况。对于女儿是如此，对于寡

---

① ［美］白凯：《中国的妇女与财产：960—1949》，上海书店出版社 2003 年版，第 4 页。

② ［美］白凯：《中国的妇女与财产：960—1949》，上海书店出版社 2003 年版，第 5—6 页。

居的妻子也并无多大不同，在明以前，"若无子嗣的话，她可以继承其亡夫的全部财产，现在她对这财产只有监护权，即为其亡夫的嗣子监护家产，这个嗣子是她现在依法必须过继的。不仅如此，在强制侄子继嗣颁行的早年，她无权选择而只能过继与其亡夫血缘最近的侄子"。"到了清代中叶，国家正式立法赋予她自由选择其亡夫的任何同宗侄子继嗣的权利。在强制侄子继嗣的法律框架内，寡妻对财产监护权的扩张是帝制后期妇女财产和集成权利的第二个主要变化。"① 由此可以看出，对于寡妻而言，其家庭财产权利在封建帝制后期有所扩大，但改变甚微。到《大清律例》颁布，又有新的变化，对此，有研究者指出："'户绝财产果无同宗应继之人，所有亲女承受'，就表面上看来，清代的女子似乎有继承遗产的可能，——虽然也并不是普遍的。——可是，这太滑稽了：为什么呢？谁都知道，中国的宗族制是那么广泛的一种制度。一个具有若干私产的人死了，如果要找他的承继人时——当然根据男子继承法——纵使没有儿子的，甚至于连孙子也没有的话，还有侄儿，侄孙；侄儿，侄孙都没有，那还有从侄，或从侄孙⋯⋯哪里会疏远的同宗，就都死完了一个男子都没有的呢？⋯⋯这种规定，至多我们只能承认是法律上的进步而已。因为法律是应该这样完备缜密的；分明是事实上所绝无的，法律上却不可不备一格，这确是法律的进步，我们千万不可上当，看了这种规定，以为中国妇女在清代的遗产法上稍稍有过一些相当的地位。这就不是错误，也是笑话。要知道，中国妇女在民国纪元前任何一段历史中，是从没有真正的遗产承继权过，连遗产承继权的气儿也没有嗅到过。"②

女性财产权利的真正变化发生在民国时期，根据美国学者白凯的相关研究，"在民国初年，虽然清律中强制侄子继嗣法在纸面上仍然有效，但是大理院对它的解释实际上赋予了寡妇选择嗣子的充分自主权，甚至其亡夫族侄以外的人也可以入选。这样民国法律有效地推翻了侄子继嗣的原则。这是在旧制度概念框架内的一次重大变革"③。李超就生活在这个时代，这样的社会氛围里，虽然她离世的1919年，国家政府法律在实

---

① ［美］白凯：《中国的妇女与财产：960—1949》，上海书店出版社2003年版，第6页。
② 陶秋英：《中国妇女与文学》，北新书局1933年版，第15—17页。
③ ［美］白凯：《中国的妇女与财产：960—1949》，上海书店出版社2003年版，第6页。

际操作层面已经有所松动，但对于李超的处境而言并无多大改善，毕竟尚未颁布相关明文法律赋予女性和男性平等的财产继承权。尤其是在远离大都市的乡土社会，习俗的力量就更为强大。尽管她选择勇敢地离家出走，到北京去求学，但最终还是因为没有家庭财产继承权，家里所有的财产都被过继的堂哥继承且得不到其资助，最后不可避免地在贫病交加中死去。而实际上，李超死后没过几年，民国政府就逐步赋予女性与男性平等的财产权利。国民党最早在 1924 年的"一大宣言"中就提出"于法律上、经济上、教育上、社会上确认男女平等之原则，促进女权之发展"。1926 年 1 月，国民党"二大"通过了《妇女运动决议案》，其中就有几项基本原则，第二条即是"规定女子有财产权和继承权"。①1927 年 2 月，武汉国民政府司法部根据国民党中央执行委员会，国民政府委员会临时联席会议第 16 次会议决议，专门发布了有关继承权的文告："财产继承权应以亲生子女及夫妇为限。如无应继之人，及生前所立合法之遗嘱，所有财产权收归国有，为普及教育之用。但在死者生前确系直接受其抚养者，得按其生计状况，酌给财产⋯⋯此项决议，各级法院，应遵守。"② 子女中，女子的地位本应与男子相同。不过，对于"女子"的限定，1928 年 2 月 28 日南京国民政府最高法院解字第 34 号又作出了如下解释："以财产论，应指未出嫁女子与男子同一继承权，方得法律男女平等之本旨。否则女已出嫁，无异男已出继。"③ 在 1929 年司法院又对此做出补充："女子出嫁，既与夫离异，即不必得其父母之许可，当然有同等继承财产权。"④ 由此可以看出，对于已婚但未离异的妇女而言，仍然是没有继承权可言的。这就遭到女权运动者的异议和舆论的攻击，为此，国家法律进一步做出调整，到 1929 年，新《民法》更是以国家法律的形式明文规定女性与男性享有同等的财产继承权，只是李超没有等到那样的年代："最终倾覆了帝制法律及其概念框架的是1929 年至 1930 年的民国民法。根据西方个人产权的概念，民国民法采

---

① 《妇女运动决议案》，载中华全国妇女联合会妇女运动历史研究室编《中国妇女运动历史资料（1921—1927）》，人民出版社 1986 年版，第 505 页。原载《政治周报》第 6、7 合刊，1926 年 4 月 10 日。

② 郭成伟主编：《中国法制史》，中国法制出版社 2007 年版，第 332 页。

③ 刘王立明：《中国妇女运动》，上海商务印书馆 1928 年版，第 57 页。

④ 《男女平权——司法院新解释》，《女铎》第 17 期第 12 册，1929 年 5 月。

行了新的单一的财产继承法，完全取消了承祧在财产继承中的任何影响。它不再要求为无子的男性死者指定男性嗣子，也不再承认父系宗亲对财产有任何权利。同时，民法强调男女平等，它原则上赋予妇女与男性同等的财产继承权。"① 的确如此，1929 年民法总则公布施行，其中规定："对于特别限制女子行为能力之处，一律删除。并以我国女子，于个人财产，有完全处分之权，复规定已婚之妇人，关于其个人之财产，有完全处分之能力。至其他权义之关系，亦不因男女而有轩轾。"② 这对于几千年来死水微澜的宗法社会而言可谓是发生了翻天覆地的变化。我们设想，如果李超能生活在南京国民政府新民法颁布的时期，她是否就一定能获得和男性一样的财产继承权而继承家庭的财产呢？在此基础上，她是否就能获得相应的教育权和婚姻自主权从而避免悲剧的发生呢？答案当然是不确定的。因为毕竟法律条文的规定和变更是一回事，在司法实践中的运用又是另一回事，此外，没有走入司法程序的广大现实社会生活又更当别论了。但是我们可以说，新民法颁布实施时期的"李超们"至少获得了一种新的可能性，而这相比于铁板一块的传统礼法社会自然是绝大的进步。

当然在李超之死这一事件中所涉及的问题绝不仅仅是女性财产继承权这一单一的问题，如前所述还包括女性教育权、婚姻自主权等多种权利，这在前文中都已经予以充分的展开，因而在此不赘。单就这一事件而言，虽然走出了那片乡村厚土进入都市的李超最后仍然难逃被传统"谋杀"的命运，但相较于那些闭目塞听、终老于传统礼俗束缚下的众多女性，她仍然是难能可贵的。尽管她对自己教育权进行努力争取的过程充满了曲折和辛酸，但她最终还是完成了要进京接受最好女子教育的夙愿，从这一层面来说，她是成功了的。在婚姻权利方面，尽管她还未来得及为自己的婚姻做主，但在此方面她已经有了主体意识的觉醒，不甘接受传统对命运的摆布，走出家门求学就是对这种命运进行抗争的最有效的方式之一。在女性财产继承权方面，虽然李超没有直接对传统习俗进行对抗，但她对于男女继承权不平等的不满意识已经很鲜明地体现

---

① ［美］白凯：《中国的妇女与财产：960—1949》，上海书店出版社 2003 年版，第 6 页。
② 谢振民：《中华民国立法史》（下册），中国政法大学出版社 2000 年版，第 756 页。

出来："此乃先人遗产，兄弟辈既可随意支用，妹读书求学乃理正言顺之事，反谓多余。念之情理，岂得谓平耶?"不平则鸣，这些话语可谓合情合理，但在当时的社会时代氛围里，李超的行为却被视为异端，虽然她也曾获得一些人的支持和帮助，但最终还是对抗不过传统礼教习俗的强大。可以说，李超的死的确像胡适所说的那样，"可以用做无量数中国女子的写照"，"可以算做中国女权史上的一个重要牺牲者"，"可以用做中国家庭制度的研究资料"。① 而对于本书而言，意义最为重大的是——她"可以用做研究中国女子问题的起点"，倘若不是如此，至少她也可以用作研究由传统乡土社会走入现代都市的女性问题的起点之一，用作研究在传统社会的现代转型时期女性法律地位嬗变的参照之一种。

第四节 "自己挣钱买花戴"：民国女性职业权

"妇女解放的第一个先决条件就是一切女性重新回到公共的事业中去"②。然而自古以来，中国的女性都是"大门不出，二门不迈"，"养在深闺人未识"。女子大规模地走出闺阁继而走出家门从事社会化劳动是在近代工业兴起发展以前从未有过的事情，就算她们从事劳动也始终是家庭化的劳动，而且对自己的劳动成果她们并没有所有权和支配权。女性"参与公共事业"权利和机会的缺失直接制约了女性经济及其他各项法律权利地位的提高。民国时期女性职业权利地位的嬗变可谓巨大，这既是指国家法律层面，也指涉现实生活层面。虽然女性在这一过程中经历了种种艰难和苦痛，但毕竟是极富意义的，与之相应的现代文学创作也对之进行了丰富的书写。

一 女性初迈家门的艰难与待遇的菲薄

中国女性最早进入社会从事职业是在鸦片战争以后，外国资本家开始在中国的通商口岸开办工厂，于是有一部分女性开始踏上最早的职业

---

① 胡适：《李超传》（1919 年 11 月 25 日），《新潮》第 2 卷第 2 号，1919 年 12 月 1 日。

② ［德］恩格斯：《家庭、私有制和国家的起源》，载《马克思恩格斯选集》第四卷，人民出版社 1995 年版，第 72 页。

之旅成为女工。与此同时，女性从乡村进入都市所从事的职业还有女艺人、女佣等。值得注意的是，这些走出家庭进入社会从事某种职业的女性都来自社会底层，而且所从事的职业也非常有限，更多的是进行一些体力劳动。这和整个社会对女性求职的认识有关，就算以都市化进程最早的上海为例，"晚清上海都市居民对女性独立趋向的承认，是以其无所依附为前提的"，"社会对失去丈夫庇护的女性可承认她自养自立的选择，但对一些不愿藏娇的女性谋求自养之举却是一片反对之声。在《点石斋画报》中以女工为题的社会新闻图说颇多。编者言论集中于两点：（1）女性'藉十指为糊口者，露面抛头，事非得以'，自养实女性之不幸和无奈。（2）小家碧玉者，'温饱有余，何苦与彼（指贫妇）争此微利，遂至出闺露丑'，实为怪事；对小康之家女性外出谋职不予雇用，迫其返家，是保全其名节之善举。这种坚持对女性自养与娇藏并行不悖的观点，表明当时上海都市居民只是承认在男性庇护不及的特殊情况下，女性选择自养自立才是无可非议的。而对于坐享丈夫所供衣食的女子，丈夫对妻子就拥有绝对支配权，为妻者无疑应严守娇养守贞的行为规范"。① 传统意识对女性走入社会从事职业的束缚由此可见一斑。

不过从 19 世纪 80 年代起，仍然有一个特殊的女性群体首先打破了传统社会对女性就职的约束，那就是教会学校毕业的女学生。她们开始走入社会，受聘于教会医院、女子学校，甚至自己创办女校、医院等。但在当时风气未开的传统中国社会，也受到了传统思想文化的抵制，不过她们的出现仍然为女性就业尤其是女性从事文化层次较高的职业打开了缺口。到 19 世纪 90 年代，在戊戌变法运动中又出现了一批女编辑和女记者，她们几乎都是《女学报》的主笔，并与维新派有着密切的关系。她们以报刊传媒为阵地，在思想上主张男女平等，积极宣传妇女就业的主张。她们的出现使女性走入社会从事职业的进程又向前迈进了一步。随着女性教育权的获得，晚清至民国时期出现了更为庞大的知识女性群体，她们也为更多职业女性的出现奠定了基础，但与此同时晚清和北洋政府规定女师教育是以培养小学教习及蒙养员为目的，所以她们的

①　罗苏文：《女性与近代中国社会》，上海人民出版社 1996 年版，第 93 页。

从业范围也受到很大的限制，毕业以后多以小学教员及保育员为职业。

由此看来，在 20 世纪以前及 20 世纪初的近代中国，女性职业主要是教育、医学、新闻、工厂等几个领域，除此之外，一些大中城市还有不少女性当佣人、裁缝、奶妈及小贩等。总的来说，女性职业包括脑力劳动和体力劳动两个大类。从事脑力劳动的主要是受过教育的知识女性，从事体力劳动的则主要是下层劳动妇女。不管是哪一种类型，女性最初走入社会从事职业都是艰难的。首先，在当时能从事脑力劳动职业的女性可谓是凤毛麟角。这除了和当时的社会文化氛围有关，和相关法律对女性自谋职业的规定也有很大关系，直到清朝晚期，法律也没有赋予女性独立从事社会经济活动的权利。在北洋政府统治时期，《暂行民律草案》中仍规定，"妻之行为能力，不属于日常家事之行为，须经夫之允许方有效力，若未经夫之允许，则其行为得撤销之。故在职业上，妻须得夫之允许，方能为一种或数种营业"①。由此可以看出，虽然较之清朝，民国女性在一定的前提下可以经商或从事其他职业，但丈夫在法律上仍有干涉妇女谋取职业的权利。因此，民国早期虽然随着女子教育和近代工业的发展，职业女性的人数较之于前有所增多，不过相对于经济发展的速度和职业男性的人数而言，女性就业仍然处于低潮，从业的范围也仍然非常有限。

20 世纪 20 年代，当大部分作家都把目光投注给女性恋爱婚姻自由问题时，就已经有部分作家注意到了女性职业的问题，只不过相比于女性恋爱婚姻自由问题，职业问题没有引起那么多的关注罢了。而且早期的文学作品更多的是表现女性的独立意识和外出求职的意愿，以及所处的社会氛围和面临的现实状况对她们身体和精神的双重压迫。换言之，和表现女性对教育权及婚恋自主权的追求一样，最早表现女性争取职业权的作品大多还在比较"初级"的阶段，即反映她们最早冲决罗网的艰难及决心，而这也和社会现实是一致的。因为五四时期对女性职业问题的关注，无论是理论还是实践层面大都还只涉及男女就业机会平等，即争取女性迈入社会求职的机会。同时，从事体力劳动的女工的悲惨生存状态也进入了一些作家的创作视野。

---

① 中华全国妇女联合会：《中国妇女运动史》，春秋出版社 1989 年版，第 101 页。

对于女性离开家庭走入社会求职的勇气和决心及所面临之困境，现代文学中有不少作品对之予以了表现。杨振声的《玉君》（1925 年 2 月由现代出版社出版）中曾有这样一段非常典型的描写，这是一段女主人公玉君与男主人公一存的对话，玉君道："中国的女子到社会里，除了当教书匠，就没有旁的职业可谋。"一存说："是呀！因为当初定社会制度的人，是我们男人，所以单只为了我们自己打算，就没有替你们打算。""没有替我们打算！感谢之至！你们要把我们放在家里作奴隶呢是不是？""岂惟是奴隶？还有许多法制与礼教要你们作奴隶中的婢妾、寡妇与烈女呢！因为这些法制与礼教，也是我们男子定的。小姐，你们根本上就是'不识不知，顺帝之则'的。"玉君又道："我以前是离开社会，伏在家庭里，所以没有生活，以后我要离开家庭，跑到社会里，自己去造生活！"① 说这话的一存其实是一直关心和帮助着玉君的，他故意这么说更多的是提醒与关切，是在教玉君认清社会现实，但从中我们依旧可以看出当时社会上大部分男性居高临下自鸣得意的姿态，但同时也能感受到玉君的不甘压迫和勇敢坚决。而这正可看作当时社会上一般男性和那些想要冲破传统束缚自谋职业的女性心态的缩影。"中国的女子到社会里，除了当教书匠，就没有旁的职业可谋"，女性从业范围的逼仄由此也可见一斑。

实际上，"教书匠"还是只有知识女性才能从事的职业，对于没有受过教育的女性而言，她们的境遇就更其可悲。以从事体力劳动的女工为例，她们的工作环境非常恶劣，工作的时间也很长，每班一般都长 10—12 小时，个别的甚至 15—17 小时之久；少数工厂在工作时间内有 15—30 分钟休息，有些工厂甚至连中午吃饭时间都不许休息。甚至女工不能结婚、怀孕、生育，否则开除，可谓毫无人身权利可言。当时中国工人的工资本来就很低，而女工在忍受和男工相同时间的体力消耗的同时工资又比男工更低。以上海为例，"19 世纪末到 20 世纪初，一个一般工人每天平均工资是一角五分到两角。而女工的工资一般比男工低 12%—25%，女工劳动一天只能拿到一角到一角六分钱"② 。可以说民国

---

① 杨振声：《玉君》，载《杨振声选集》，人民文学出版社 1987 年版，第 82 页。
② 刘巨才：《中国近代妇女运动史》，中国妇女出版社 1989 年版，第 273 页。

时期女工的工作境遇非常可怜，而现代文学中也有不少作家作品对之予以了呈现。

　　庐隐以其描写五四时期女性的自由恋爱自成一格，她关注下层女性的作品却往往没有引起人们过多的注意，而实际上她的《灵魂可以卖么?》应该是最早表现女工悲惨生活的现代小说。作品中的女工荷姑才15岁，她在一家很大的日本纱厂做工，每天高强度的工作使她像机器上的纺纱轮那样不停地旋转，"当早晨工厂动工钟响的时候，工人便都像机器开了锁，一直不止地工作，等到工厂停工钟响了，他们也像机器上了锁，不再转动了！他们的面色，是黧黑里隐着青黄，眼光都是木强的，便是作了一天的工作，所得的成绩，他们也不见得有什么愉快，只有那发工资的一天，大家脸上是露着凄惨的微笑"！① 可以说辛苦劳作不仅压榨着女工的身体，同时还压迫着女工的心灵。作品有价值的地方也正在于此，从作者为小说的命名我们亦可窥见这种将作品的意蕴向深处开掘的努力。工厂对女工的压迫正如工头恶狠狠地对荷姑所言："这个工作便是你唯一的责任，除此以外，你不应该更想什么；因为工厂里用钱雇你们来，不是叫你运用思想，只是运用你的手足和机器一样，谋得最大的利益，实在是你们的本分"，于是荷姑"果然不敢更想什么……便是离开工厂以后，耳朵还是充满着纺车轧轧的声音，和机器隆隆的声音；脑子里也只有纺车怎样动转的影子，和努力纺纱的念头"。② 这样的生存状态让荷姑不禁自问："灵魂的可贵，实在是无价之宝，这有限的工资便可以买去？或者说工人便甘心卖出吗?"③ 荷姑的疑问也正是作者的探寻。郁达夫的《春风沉醉的晚上》中也同样描写了一位女工的悲惨生活。作品中的"我"蜗居在贫民窟中狭小的一间阁楼房间里，而在这里遇到了一个生活和"我"一样可怜的烟厂女工。她的生活悲苦无告，工作劳累，"早晨七点钟起，晚上六点钟止，中午休息一个钟头，每天一共要做十个钟头的工。少作一点钟就要扣钱的"。④ 烟厂为了扩大销路强

---

① 庐隐：《灵魂可以卖吗》，载《海滨故人》，人民文学出版社 1985 年版，第 34 页。

② 庐隐：《灵魂可以卖吗》，载《海滨故人》，人民文学出版社 1985 年版，第 31 页。

③ 庐隐：《灵魂可以卖吗》，载《海滨故人》，人民文学出版社 1985 年版，第 34 页。

④ 郁达夫：《春风沉醉的晚上》（1923 年 7 月），载周鹏飞编《中国现代小说精品·郁达夫卷》，陕西人民出版社 1996 年版，第 196 页。原载《创造季刊》1924 年第 2 卷第 2 期。

迫她去做夜工，工厂的管理人在她父亲死后还对她进行调戏。但是这一女工形象还带有一定的"反抗"性格，她劝"我"不要吸该烟厂的烟，以此表达她对这种生活状态和压榨女工血汗的工厂的愤怒和控诉。

另外还有一些文学作品对职业女性待遇菲薄，劳动条件艰苦，权利得不到保障的状况进行了反映。谈起萧红的文学创作我们可能印象最深的就是她笔下那片黑土地及黑土地上那些"忙着生忙着死"的人们。但实际上她在一些作品中对现代职业女性的生存困境也进行了表现，尽管着墨不多，篇目也很少，但毕竟也是现代文学对民国职业女性书写之一种。和作家的生长环境和生活经历有关，她将表现的重点也放在了她们工作的艰辛和酬劳的低廉以及权利得不到保障方面。作品中的主人公大多从事的是比较艰辛的体力劳动。小说《广告副手》可以说是作者在哈尔滨亲身生活经历的实录，作品中女主人公因为生活的重轭、经济的窘迫，在身体非常不好的情况下还不得不去从事"广告副手"的职业，这份工作体力繁重，待遇菲薄，老板对她还百般挑剔。但即便如此，她还因为外出谋职而遭到丈夫的误解和不满。在另一篇小说《看风筝》中，萧红通过文中老人的"联想"道出了当时女工得不到劳动保障的状况："老人又联想到女儿死的事情，工厂怎样的不给抚恤金，他怎样的漂流到乡间，乡间更艰苦，他想到饿和冻的滋味。"[1] 由此表达了她对当时社会状况的抨击和控诉。周天籁的《亭子间嫂嫂》中主人公顾秀珍原本也是从农村到大上海来当女工的，但工厂倒闭后女工的权益却得不到任何保障，她只好流落在朋友家里，但不能这样一直下去，她还要生存，并且还有一个要她养活的父亲，于是最后她只好把心一横，做了"亭子间嫂嫂"，靠出卖自己的肉体来维持生存。

田舍郎的《小梅香》中小梅香的遭遇更是写出了女工悲惨生活的另一面。小梅香父母双亡，19 岁时她进了一家香烟厂做工。她的年轻美貌让工厂中的大小掌权者垂涎，这使得本只是想自谋一份职业的她最后却两次陷入了悲剧婚恋的罗网。从一开始她所在的锡包车间的主任杨猢猴想占有她，而且还有车间里的拿摩温姆妈作"帮手"，但小梅香并没有就范。与此同时香烟厂的王厂长也以一种掌权者的姿态来引诱她，当目

---

① 萧红：《看风筝》，载《萧红作品精选·小说卷》，漓江出版社 2004 年版，第 15 页。

第三章 走向有光的所在：都市女性法律地位之嬗变与中国现代文学书写

的不能达成时就迁怒于车间主任杨猕猴，并找借口记了他一过，没想却反倒促成了小梅香和杨猕猴的关系，因为小梅香觉得杨猕猴是因为她而受罚所以心存内疚。再加上宁波阿姨和她姊姊的一再劝说怂恿，小梅香最终答应了与杨猕猴的婚事。可不久杨猕猴就因盗窃烟厂的香烟以满足小梅香娘家人所开的"条斧"而被捕入狱，小梅香的第一次婚姻就这样半途化为泡影。但更大的悲剧还在后头，拿摩温一次"生意"失败又重新揽了一桩，她按照王厂长的计谋将小梅香灌醉并设法让王厂长趁机强奸了她，这让小梅香更加痛不欲生。小说以此揭示出当时女性外出谋职所面临的权利得不到保障的黑暗社会现实，女性决定迈入社会求职的那一刻就仿佛把自己抛入了一个任人宰割的屠宰场，其境遇之悲惨可见一斑。

二　女性获得法律上职业权后的社会束缚

随着新文化运动的发生，许多知识分子都开始对女性经济独立问题包括女性职业问题展开热烈探讨。陈独秀、李大钊、胡适、吴虞、李达等人还介绍过欧美妇女就业的情况。从 20 世纪 20 年代初期开始，许多报刊也开始刊登关于妇女经济独立问题的讨论文章，其中很大一部分文章都认为女性要争取经济独立权，就是要争取职业权，而这也进一步影响到知识女性和社会各阶层对女性职业的看法，为女性进一步争取就业机会平等和同工同酬等奠定了舆论基础。随着社会思潮的推动和女权运动者们争取职业平等权斗争的展开，女性所从事职业的范围有了很大的扩展："十年前，除了教师及医生，只有少数人从事卑微的不熟练的劳动，现在却已有男子职业的一小部分向女子开放了，如银行员、铁路事务员，商店的店伙，以及公司会社的职员等……就是大学的教授里，以及官署中的官吏等，也颇有以女子充任的事情，这都是十年以前所没有的。"①

五四运动后女性就业的范围有所扩大，但是，不管女性从事何种职业，都仍然受到封建意识的束缚和影响。同工不同酬的现象依然很严重，并且在职业中还要处处受到男性的歧视，当时有不少职业如医院、银行

---

① 陈友琴：《最近十年内的妇女界》，《妇女杂志》第 10 卷第 1 号，1924 年 1 月。

等都严格限制女职员结婚怀孕，结了婚的女性就将被辞退，谋取职业对于女性而言就意味着推迟结婚或永远不结婚。因此要求待遇平等成为职业女性争取职业平等权的又一个重要方面。随着女工罢工运动的开展和社会进程的向前推进，国家法律制度在女性职业平等权方面逐步有了比较明确的规定。最早国民党在广州召开第一次全国代表大会时就提出了"于法律上、经济上、教育上、社会上确认男女平等之原则，促进女权之发展"①。并且从 1924 年开始，国民党妇女部开始领导妇女争取职业平等权的斗争并获得国民政府的支持和赞同。1926 年 1 月，国民党"二大"又通过了《妇女运动决议案》，在法律和行政两方面提出了一些基本原则，其中对于女性职业权的规定在法律方面第 6 条："根据同工同酬，保护母性及童工的原则，制定妇女劳动法。"在行政方面第 3 条写道："开放各行政机关，容纳女子充当职员。"决议案的最后还提出 15 条妇女运动的口号，其中包括"男女职业平等""男女在法律上绝对平等""男女工资平等""保护母性"② 等条；这些都为北伐结束后，妇女职业平等正式获得法律认可奠定了基础。1931 年 2 月 1 日，南京国民政府颁布了《中华民国民法》和《工厂法》，正式规定了女工的 8 小时工作制，女工和男工同工同酬，保护女工劳动权益及妇女从事社会职业和实业活动之权利。在 1932 年颁布的《修正工厂法》中更是进一步明确地规定："男女作同等值工作而其效力相等者，应给同等之工资。"至此说明，不管社会现实生活状况如何，至少国家法律层面已经赋予了女性和男性同等的职业权。

当然，如前所述，社会现实生活和法律规定会存在一定的差距，仅就"男女同工同酬"这一点而言，在与南京国民政府《修正工厂法》颁布的同一年的《劳动年鉴》中发布的男女工资表就表明男女同工不同酬仍然是普遍存在的现象。"上海、天津、汉口、无锡、广州的女工日工资仅为男工日工资的 67.7%，其中天津女工日薪为男工日薪的 44%，这

---

① 郭成伟主编：《中国法制史》，中国法制出版社 2007 年版，第 331 页。
② 《妇女运动决议案》，载中华全国妇女联合会妇女运动历史研究室编《中国妇女运动历史资料（1921—1927）》，人民出版社 1986 年版，第 502 页。原载《政治周报》第 6、7 合刊，1926 年 4 月 10 日。

几个都市女工每日工资平均仅为 0.35 元左右。"① 正如鲁迅在《关于妇女解放》一文中所言，女工正是因为她们"工钱低，又听话，因此为厂主所乐用"②。所以女性在求职过程中要受到不平等待遇仍然是短期内不可变更的事实。对此，林语堂就曾说："现在的经济制度，你们都明白，是两性极不平等的。女教员薪水总比男教员少，英美诸国也是如此，在英国则甚至法律不许太太们教书，无论中外，女人可进去的职业（如按摩，打字、女招待等）总比男人可进入的少，而在女人可进去的职业中，男人还会同你们竞争，而在酬劳机会上他们都占便宜。"③ 而且就当时的情况而言，很多女性在外谋职，收入往往还不足以自养，或仅够养活自己。对于职业女性劳动报酬低廉的状况，苏青也曾有过比较"激愤"的言说，在一篇作品的序言中她写道："现在职业妇女的待遇真是太菲薄了，简直还比不上一个普通的妓女。"④ 在一次与张爱玲的对谈录中她又谈道："现在大多数的职业妇女也并不能完全养活自己，更不用说全家了，仅是补贴家用或个人零用而已。"⑤ 由此可见职业女性当时的生存状况。从事教师职业及其他文化层次较高职业的女性在收入上略微乐观一些，但谋得职位往往就意味着要推迟婚期、减少生育或不生育等。结了婚的女性要再走出家庭从事职业更是要面临来自社会和家庭的双重压力。而且从女性求职的途径上看，要仅凭自己的努力得到一份职业机会很小。根据 1933 年 10 月中华职业教育社一项对大中小学教师的人事研究报告表明，谋得教职的途径："以亲友介绍分别占 72.1%（男），87.5%（女）；本人自谋为 18.1%（男），2.5%（女）；机关介绍为 9.8%（男），10.0%（女）。"⑥

从以上材料可以看出，法律赋予女性职业权和落到现实生活层面真

---

① 中华全国妇女联合会：《中国妇女运动史》，春秋出版社 1989 年版，第 279 页。

② 鲁迅：《关于妇女解放》，载《鲁迅全集》第四卷，人民文学出版社 1981 年版，第 597 页。

③ 林语堂：《婚嫁与女子职业》，为林语堂 1930 年 6 月在中西女塾的演讲稿，载李晓明主编《林语堂散文》，吉林文史出版社 2002 年版，第 81 页。

④ 苏青：《〈续结婚十年〉代序》，载《苏青散文精编》，浙江文艺出版社 1995 年版，第 544 页。

⑤ 《苏青张爱玲对谈记》，载《苏青散文精编》，浙江文艺出版社 1995 年版，第 564 页。原载《杂志》月刊第 14 卷第 6 号。

⑥ 郑文汉、何清儒：《大中小学教师的人事研究》，《教育与职业》1934 年第 2 期。

正享有这些权利还存在很大的距离。实际上对于女性而言，传统对女性求职的束缚不仅仅在走出家门那一刻，更长久的在于走出家门以后，而这不是一纸律令就能轻易改变的。鲁迅在《关于妇女解放》中曾说："我们还常常听到职业妇女的痛苦的呻吟，评论家的对于新式女子的讥笑。她们从闺阁走出，到了社会上，其实又成为给大家开玩笑，发议论的新资料了。""这是因为她们虽然到了社会上，还是靠着别人的'养'，要别人'养'，就得听人的唠叨。甚而至于侮辱。……在没有消灭'养'和'被养'的界限以前，这叹息和苦痛是永远不会消灭的。"① 由此可见，民国时期的职业女性走出家门就必须承受整个社会的重压。不管是已婚还是未婚的女性，要到社会上去谋一份职业，她们都得面对多重的困境。庐隐的小说《胜利以后》中主人公沁芝就认为，对于要外出求职的女性而言，其实家务的牵累并不是最大的阻碍，根本的还是在于社会对职业女性的偏见和歧视。石评梅的《晚宴》实际上也提出了这个问题，女子要独立首先在经济上必须独立，而争取女性职业平等权是实现经济独立的必由之路。然而当时的民国社会为女性就职提供的机会很少，想走出家门谋生可谓困难重重，很多女性迈出家门以后受不住这重重阻遏最后依然会回到家庭中去。石评梅在小说《晚宴》中对那些"寄生虫"女性提出过自己的看法："现在女子有相当职业，经济独立，不受人供养的有几多？像有些知识阶级的贵妇人，依然沉涅于金迷纸醉，富裕挥霍的生活中；并不想以自己的劳力求换取面包，以自己的才能去服务社会。"② 这是因女性主观上放弃了对自己职业权的追求，那愿意努力寻求一份职业的女性而言境况又如何呢？——"不过我自己也很感到呢！文蕙她们也正是失业者。镇日想在能力范围内寻觅点工作，以自生活，并供养五十余岁的病母。但是无论如何在北平就找不到工作，各机关没有女子可问津的道路。除非是和机关当局沾亲带故的体己人外，谁不是徘徊途中呢！意志薄弱点的女子，禁不住这磨炼挫折，受不了这风霜饥

① 鲁迅：《关于妇女解放》，载《鲁迅全集》第四卷，人民文学出版社 1981 年版，第 597—598 页。
② 石评梅：《晚宴》，载李蓉选编《石评梅作品精选》，长江文艺出版社 2004 年版，第 246—247 页。原载《世界日报·蔷薇周刊》第 76 期。

寒，慢慢就由奋斗彷徨途中，而回到养尊处优的家庭中去了。"①

丁玲写于 1927 年秋的小说《梦珂》（1927 年 12 月 10 日发表于《小说月报》第 18 卷第 12 号）中的女主人公梦珂有过一段走入社会"摸爬滚打"的经历，从而也深刻地体会到了女性迈出家门走入社会靠自己独立生存的艰难。梦珂是在看透了表哥晓松和图画教员澹明对她的"爱"都只不过是欲望的幻影之后决定离开姑母那看似温情脉脉的家。她通过自己的努力最终在圆月剧社当了一名演员，原本以为从此可以靠自己的力量在社会上独立生存，但是马上她就意识到社会也是一个更加黑暗的欲望的海洋。她接过了剧社经理递过来的薪水，但代价却是忍受"非常无礼的侮辱"，经理、导演们当着她的面评论她的容貌，报纸媒体将其捧为"天香国色""闭月羞花"，但这一切都只不过是希望从她身上得到欲望的满足和浅薄的快意。对于梦珂而言，如果不想重回到家庭去，那么就只能这样一步步艰难地继续走下去了。

如果说梦珂还是生活在南京国民政府新《民法》尚未颁布的 20 世纪20 年代末，那么巴金小说《寒夜》中的曾树生作为职业女性的"故事"则是发生在新《民法》颁布已经十多年后的 20 世纪 40 年代中期，但是我们并没有从这流逝的十多年时光里看到太多社会对职业女性看法的改变。暂且不说整个社会，单就汪文宣和曾树生这个小家庭而言我们就可以看出新旧交替的时代里两种文化思想的冲突和交锋。首先，虽然汪母也是受过教育的民国早期女性，但是却仍然走不出传统守旧思想的束缚。汪文宣和曾树生是自由恋爱结婚的，尽管没有举行传统的结婚仪式，但已经在一起生活了多年，儿子也已经长大。而在汪母眼中媳妇始终只不过是儿子的"姘头"，终究比不上自己"是拿花轿接来的"。而媳妇曾树生对婆婆也充满了鄙夷："我老实告诉你：现在是民国三十三年，不是光绪宣统的时代了。""我没有缠过脚，——我可以自己找丈夫，用不着媒人。"② 正因为从一开始汪母就不能完全接受媳妇走进家门的方式，所以日后发生隔阂和矛盾也是必然。曾树生是一个新式知识分子，大学毕业时还有着和丈夫一起为教育献身的理想，但生活的重压使得她最终不

---

① 石评梅：《晚宴》，载李蓉选编《石评梅作品精选》，长江文艺出版社 2004 年版，第247 页。

② 巴金：《寒夜》，人民文学出版社 1983 年版，第 153 页。

得不到银行去当"花瓶",这种"职业"自然更加引起恪守旧伦理的婆婆的强烈不满。实际上汪母和媳妇曾树生之间的种种矛盾就是当时整个社会氛围和文化心理的缩影和投射。家庭中看不惯媳妇整日打扮得光鲜靓丽外出应酬的婆婆汪母,和在一个夜晚与曾树生并肩散步然后求爱的上司陈主任之间其实并没有本质的不同。婆婆眼中媳妇仍然应该"恪守妇道",女人终究还是女人;在陈主任眼中曾树生作为女人则终究不过是"花瓶"罢了,她终归是要靠他才能"吃饭",她是被他"养"着的。他们都没有把女性外出谋职看成一件"正经"的事情。事实上,在当时的社会状况下曾树生的职业也的确就只是"花瓶"罢了,她离不开他,离开他,她就丢了饭碗,更不可能给家里寄钱并保证孩子的教育费用,所以虽然她也矛盾挣扎犹豫痛苦过,但最终还是选择了离开丈夫和孩子跟陈主任到兰州去了。小说最后家庭散了,丈夫死了,儿子也不知所终,她为此付出了家破人亡的代价。但是在那样的社会里,她还有别的选择和出路吗?巴金也没有给出确切的答案,但小说对当时社会现实的批判和审视显而易见。

在从事体力劳动的女性职业方面,虽然到20世纪30年代法律上已经赋予了女性职业相关的诸项权利,从改善职业女性待遇和就业环境等多方面进行了规定,但实际上她们的处境和一二十年前相比也并无多大改变。和萧红在这一题材的创作更多的是来自自己的亲身体验一样,左联女作家草明的创作也是从自己的亲身经历出发。她创作于20世纪30年代的短篇小说《倾跌》描写了几位缫丝厂女工权利得不到保障,在乡间工厂倒闭后流落到城市的苦难生活。在缫丝厂工作的时候,"天色没有亮得透就赶到厂里去,到黄昏的时候有了同样的天色才抢着跑回家里。在暑天,身体虽静静地坐着,手频频地搅动着,汗就不停地向下流,人头活象雨后的西瓜,披了一条条的水,身子弱点的人往往晕了倒下地来——还要给工头扣工钱呢!我们现在总算离开了这种生活了,可是我又给洗衣,烧饭,主人的责骂,孩子底叫嚷,把头也弄昏花了。阿屈憋着脸诉她的苦,苏七也在生着什么羞耻的病了"[①]。而就在她们离开以

① 草明:《倾跌》,载《中国新文学大系1927—1937·第四集·小说集二》,上海文艺出版社1984年版,第720—721页。原载《文艺》1933年第1卷第3期。

后，缫丝厂女工们的待遇更加菲薄，"丝厂时常停闭一月半月，复工的时候工钱可要减一半；资本小的简直被大厂把生意夺了去，站不住脚就停闭下来，在厂门口钻的女工更一日挤拥过一日了"①。虽然在城里"我"和阿屈总算找到了工作，只是待遇更其可怜，"阿屈底表哥介绍她到一间化妆品制造公司的装璜部做工了。除了她的膳费，剩出来的工银，比我那五块更少得多"②。即使这样，阿屈最后也没能保住自己的工作，她因为迟到了 15 分钟就被扣了半天工钱而与工头吵了起来，失去了工作的她最后在走投无路之下和苏七一起去做了暗娼。这和"亭子间嫂嫂"的命运如出一辙。从一开始她们天真地以为凭自己的双手能在都市里生存，但后来发现都市并没有如她们想象中的给女性提供相应的就业机会，由此看出 20 世纪 30 年代女性的就业机会仍然相当有限。虽然在作品结尾借女工之口传递了乡间缫丝女工正在与厂主斗争的消息，但现实中 30 年代女工的待遇和权利依旧得不到保障的状况由此可见。可以说职业女性的实际生存状况与国家法律规定权利之间的巨大差距仍然同整个社会环境对女性就业的束缚有关。

三 女性面对家庭与职业的选择两难

民国职业女性所面临的束缚和重压除了来自最初走出家门时的艰难以及走出家门迈入社会后所面临的多重困境外，还有一道最难迈过的坎，即在职业和爱情婚姻冲突下的选择两难。1924 年陈衡哲的小说《洛绮思的问题》（发表于《小说月报》第 15 卷第 10 号）是较早关注到女性职业和婚姻家庭冲突问题的小说。女主人公洛绮思是一位哲学博士，可谓高级知识分子，她与志同道合的瓦德教授相爱进而订婚。但是不久后洛绮思就开始担心婚后自己可能会因为家庭事务和子女的教育而影响自己的事业，于是最终选择和瓦德解除了婚约。许多年过去后，洛绮思事业有成，但却为一个梦所困扰，在梦境中出现了她和丈夫、孩子共享家庭欢乐的场景，于是洛绮思陷入了深深的怅惘之中。凌叔华的《绮霞》

① 草明：《倾跌》，载《中国新文学大系 1927—1937·第四集·小说集二》，上海文艺出版社 1984 年版，第 717 页。

② 草明：《倾跌》，载《中国新文学大系 1927—1937·第四集·小说集二》，上海文艺出版社 1984 年版，第 718 页。

（载于《现代评论》1927 年第 6 卷第 138、139 期）中绮霞原本是一位很有艺术天赋的小提琴手，婚后为家务所牵累，小提琴逐渐蒙上了厚厚的灰尘。一位朋友为此深感惋惜，慨叹走入家庭"不知毁掉多少有天才的女子"，绮霞深受震动，于是想出国继续深造，但遭到丈夫和婆母的反对，最后绮霞不辞而别。几年后她学成归国，成为一位优秀的音乐教员。作品通过绮霞学生们之口将绮霞和另一位女教员"周先生"对比从而将女性在婚前婚后面对事业的不同状态呈现出来。学生们通过周先生婚前婚后的变化断定绮霞肯定未婚，因为"出了嫁的先生是差些"。小说以此揭示出女性在面对事业和家庭时的两难状态。可以说这两篇小说提出的问题具有一定的超前性，因为毕竟当时女性外出求职都尚属艰难，法律更是没有赋予女性外出求职的权利。鲁迅在 1924 年所作的《娜拉走后怎样》的演讲中，对于女性经济独立问题也还只是说："为准备不做傀儡起见，在目下的社会里，经济权就见得最要紧了。第一，在家应该先获得男女平均的分配；第二，在社会应该获得男女相等的势力。可惜我不知道这权柄如何取得，单知道仍然要战斗；或者也许比要求参政权更要用剧烈的战斗。"[①] 可见当时女性走入社会从事一份职业还不是一件容易的事情。但是陈衡哲在小说中提出的家庭与事业冲突的问题随着女性解放程度的提高和女性职业权的逐步获得，到 20 世纪三四十年代的确就成为困扰许多职业妇女的重要问题了。

20 世纪 30 年代冰心的小说《西风》就表现了与《洛绮思的问题》相似的题材，女主人公何秋心为了事业拒绝了男子远对她的爱恋，十年后他们在轮船上邂逅，远此时已有了妻儿，而秋心却依然孤身一人且已变得苍老憔悴，于是她感受到了放弃爱情的失落、惆怅、困惑和痛苦。这种职业和爱情婚姻不能两全的痛苦不是在于为了前者必须要舍弃后者，抑或是为了后者而要放弃前者，而是在于无论做出何种选择，只要是舍弃其中一端都会留下遗憾和后悔。如果说《洛绮思的问题》和《西风》所写的都是女性为了事业而舍弃了爱情和婚姻所导致的痛苦的话，那么庐隐的《何处是归程》则写出了女性即使做出相反选择的情况下依然不

<hr>

① 鲁迅：《娜拉走后怎样》，载《鲁迅全集》第一卷，人民文学出版社 1981 年版，第161—162 页。原载北京女子高等师范学校《文艺会刊》1924 年第 6 期，同年 8 月 1 日上海《妇女杂志》第 10 卷第 8 号转载。

能摆脱的困惑。在作品中女主人公为争取婚姻自由勇敢地向传统宣战，最终和自己所爱的人结婚了，但是婚后不久却又发现渐渐失去了独立的自我，于是在日常烦琐的生计和劳碌中感到失落和惆怅："结婚，生子，作母亲……一切平淡的收束了，事业志趣都成了生命史上的陈迹……这原来就是女人的天职。"① 同样的，张恨水《金粉世家》中的女主人公冷清秋满腹才华，嫁入豪门后想再外出谋一份教职却受到丈夫金燕西的干涉，她只能"安心"做她的少奶奶。金燕西只想把她圈养成金丝笼里的小鸟，对她没有人格上的尊重，且渐渐露出他纨绔子弟的本性，这时冷清秋作为女性独立的人格再次苏醒："念了上十年的书，新旧的知识都也有些，结果是卖了自己的身子，来受人家的奚落，我这些书读得有什么用处？我该死极了。"② "我为尊重我自己的人格起见，我也不能再向他求妥协，成为一个寄生虫。我自信凭我的能耐，还可以找碗饭吃，纵然，找不到饭吃，饿死也愿意。"③ 由此可见，女性当时是已经拥有一定的职业权的，只不过这种权利还非常有限，因为即使是像冷清秋这样的"念了上十年书"的女知识分子也存在"找不到饭吃，饿死"的可能，但是即使生存的社会环境让女性外出求职如此艰难也不能阻断其主体意识觉醒的脚步。

20 世纪 40 年代上海女作家苏青也曾多次写到职业妇女所面临的多重压力，她所提出的问题比陈衡哲在 20 年前提出的问题更为深入。当然，她也写到了女性外出求职所要承受的社会的异样目光和闲言碎语。在《结婚十年》中，怀青作为一名知识女性在婚后想努力走出那种少奶奶庸俗无聊的生活，于是好不容易找到了一份小学教员的职业，但是因为恰逢学校唯一的女同事辞职了，只剩下她一个女教员和校长共事，她怕小姑子说闲话最后只好以辞职回家收场。因为仍然不想因经济上对丈夫的依附而失去人格尊严，她于是努力写稿赚钱，并用自己辛苦赚来的稿费给丈夫买来叉烧肉和酒，但遭遇的却是丈夫冰冷的表情和因心理不平衡而生的对她"挣钱"表示的不屑。就是因为"经济问题"这根导火

---

① 庐隐：《何处是归程》，载肖凤、孙可编《庐隐选集》，百花文艺出版社 1983 年版，第 309 页。原载《小说月报》第 18 卷第 2 号，1927 年。

② 张恨水：《金粉世家》，江苏文艺出版社 2002 年版，第 1071 页。

③ 张恨水：《金粉世家》，江苏文艺出版社 2002 年版，第 1076 页。

索，牵引出"尊严""自由""独立"等一系列问题并导致怀青最终走出了婚姻。这和苏青本人的经历非常相似。而在《浣锦集》这本散文集里，苏青也表达了做女人难，做职业女性更难的观点。因为她认为职业女性的婚姻与职业终要发生冲突，婚姻失败后生活就更加窘迫。她还坦率地承认"女人最怕'失嫁'"，承认"用丈夫的钱是一种快乐"，认为职业妇女"很辛苦的工作，以爱为职业的女人很容易把她们的丈夫抢了去"。① 苏青的这些观点是对是错我们很难予以评判，但这也一定是渗透了她自己人生体验的肺腑之言，而且反映出了一种较为普遍的社会现实："目下我们只听到职业妇女嫁人而没有听到嫁了人的妇女定愿无故放弃家庭去就职的。这实在是职业妇女最大的悲哀。"②

对此，林语堂在一次题为《婚嫁与女子职业》③ 的女塾演讲中说得更是明白："我不必提醒诸位，世上最好的厨夫及裁缝都是男子，并不是女子，所以在你们的传统地盘，也是男子占了胜利。独身的女子比独身的男子在社会上吃种种的亏，只有独身自给的女子，亲阅其境，才知道这吃亏不平等到什么程度。所以唯一没有男子竞争的职业，就是婚姻。在婚姻内，女子处处占了便宜，在婚姻外，男子处处占了便宜。这是现行的经济制度。"然而，林语堂的本意却并不是劝女学生们都要以婚嫁为职业，虽然他的确不无幽默地说"我相信你们最好的职业是婚嫁"，那也是告诉女学生们，一份好的婚姻是为女性们在婚后再成功求职的保障，所以他说"赵明诚在中国文学史上的大功，就是能养活一位女诗人"，但在后面他又说："我想女子，尤其是受过教育的女子，除了做妻子外。还应有社会上独立的工作。我想罗素夫人的意思是可取的。她以为女子应二十五岁左右出嫁，隔三四年生一小孩，这样生了三个小孩，到了三十五岁，又来加入社会工作。有了适宜的节育方法及相当的设备，有的女人在生产期间仍可服务社会。"

这是林语堂对女性婚嫁和职业最理想状态的设想，但在当时的社会

---

① 《苏青张爱玲对谈记》，载《苏青散文精编》，浙江文艺出版社1995年版，第568—569页。原载《杂志》月刊第14卷第6号。

② 《苏青张爱玲对谈记》，载《苏青散文精编》，浙江文艺出版社1995年版，第564页。

③ 林语堂：《婚嫁与女子职业》，为林语堂1930年6月在中西女塾的演讲稿，载李晓明主编《林语堂散文》，吉林文史出版社2002年版，第81页。

现实下，更多的职业女性则要么是挣扎在社会的最底层，承受着来自传统、家庭、社会的重重重压，要么徘徊在到底是选择爱情婚姻家庭还是选择职业的犹豫和痛苦中，又或者索性一如既往麻木地把婚嫁作为自己终身的"职业"。就像张爱玲笔下《花凋》里的郑川嫦，她不能去当女店员、女打字员，做"女结婚员"才是她的出路；又如《倾城之恋》里的白流苏看中范柳原，归到底"跟他的目的究竟是经济上的安全"。即使是受过教育的女性，那所受的教育也不过是为了增加她们待嫁的筹码罢了，就如《琉璃瓦》中姚先生的7个女儿，她们被父亲戏称为"琉璃瓦"，原因就是她们都是上过洋学堂的女学生，因而用姚先生的话说就是"不能跟寻常的瓦一概而论"，但究其实质，女儿们进洋学堂并不是为了让她们有独立生活的能力，而不过是他为女儿们考虑的婚姻生意经的一部分罢了。至于张爱玲笔下《五四遗事》中的知识女性范太太，早年所受的教育也并没有为她日后走入社会谋取一份独立的职业发挥作用，到头来她也不过与其他两位太太在西子湖畔共事一夫、凑一桌麻将罢了！

从以上论述可以看出，虽然经过近代女性们争取职业权的努力，到南京国民政府时期法律已经明文赋予女性和男性平等的职业权，中国的职业女性人数较之前也的确有了很大幅度增加，但由于家庭、社会及女性心理本身等多方面的原因，真正的职业平等还远未达到。社会还有许多职业仍然未对女性开放，同工不同酬，女性职员的权利得不到有效保障等现象还很普遍。与此同时，家庭和婚姻仍然是女性在求职过程中最难迈过的一道坎，也是女性难以两全而又很难舍弃的两端。民国女性在一个社会急剧转型时期如何完成从纯粹家庭型向社会型个体的蜕变，这必然是一个漫长而艰难的过程。在这一过程中，中国现代文学对这一女性群体出现之初所面临的社会问题、求职及就职过程中的艰难和遭遇以及面对婚姻和职业的两难抉择等都有很深刻的表现。而这也成为现代文学反映女性解放这一富于现代性意义的伟大历史进程中最为重要的一环。

第五节 "女兵自传"：民国女性参政权

民国女性之参政权可以说是女界最早为之奋斗但却最晚获得的女性

权利。这或许和女性开始对争取女权途径的认识有关，最开始她们认为女性要获得各项权利，首先就要参政，即参与国家政治事务包括法律的制定，其后才能"为女性说话"获得其他各项权利。但事实却并非如此，中国女性为争取参政权所走过的曲折道路说明了这一点。

在中国古代社会，女性连迈出家门都被视作是有违封建礼仪之举，就更谈不上参与社会政治活动。直到近代受到西方妇女参政潮流的影响，中国的妇女参政运动才逐渐拉开了帷幕。西方妇女参政运动是与"人权运动"同时兴起的，最初是为了争取女性对议会的投票权，后来才扩展为"参与国家或地方的公务之权利"。① 本书在此所指参政之概念，也有必要作一界定。"妇女参政有广义参政和狭义参政的区别：广义参政是指妇女参与国家政治。它适合于一切情况的妇女参政要求，包括不同方式、不同特征、不同内容的爱国活动和革命活动。而狭义参政则专指妇女参与国家政治事务的管理，即要求近代民主政治下的妇女选举权和被选举权，包括出任政府官员、选举政府官员等。"② 本书所指女性参政，是指广义的女性参政。虽然中国女性参政最初是以争取狭义参政权为起点的，但是其间经历的过程可谓艰苦卓绝，没有各种广义参政的活动和努力，狭义参政权的获得几乎是不可能的。而与之相关的现代文学书写也更多是在指涉"广义妇女参政"这一层面上获得其意义。

一 作为文学书写背景的民国女性参政运动

最早明确提出女性参政权的典型代表是金一，他在《女界钟》中设想了女子参政的具体方法，认为"女子得当选为议员"，出任"海军、陆军大藏，而得举大总统之职也"。③ 这些在当时封建意识还异常浓厚的社会里无异于"异想天开"，但是辛亥革命以后，这些却成为女权运动者们切实提出的要求。在辛亥革命之前，不少女性就开始积极参加革命组织和革命活动，致力于推翻清朝的封建统治。从广义参政的角度来说，以秋瑾为代表的一批激进女性可以说是女性参政的最早代表，而辛亥革命的胜利则是中国妇女参政以运动的形式发生的直接触因。因为在辛亥

① ［日］森口繁治：《妇女参政运动》，上海商务印书馆 1932 年版，第 1 页。
② 何黎萍：《西方浪潮影响下的民国妇女权利》，九州出版社 2009 年版，第 289 页。
③ 金一：《女界钟》，上海大同书局 1903 年版，第 60—61 页。

革命中大批女性参军，成立女子军，并为革命的胜利做出了巨大的努力和贡献。中国 2000 多年的封建君主专制制度被推翻了，尽了革命义务的女性们认为："共和告成则进而效力于政客之列"①，她们理应也享受革命的成果，而"欲弥社会革命之惨剧，必先求社会之平等；欲求社会之平等，必先求男女之平权；欲求男女之平权，非先与女子以参政权不可"②。于是，一批女性解放的先驱者开始致力于妇女参政运动，大量女子刊物创办，不少女子参政团体成立。其中 1911 年 11 月由女同盟会员林宗素等人在上海发起组织的"女子参政同志会"为中国最早的女性参政团体，该会还派林宗素赴南京要求女子参政权，她们上书南京临时政府参议院，要求在"临时约法"中规定女子的参政权并得到了孙中山的应允。随后又一批女子参政团体陆续成立，如 1911 年 11 月唐群英、张汉英在上海成立的女子后援会，1911 年 12 月沈佩贞在上海创立的女子尚武会等。她们要求在《中华民国临时约法》中写入男女平权条文并制定《女子选举法》。但是女子参政却被社会封建势力视为异端而引起他们的强烈不满，他们纷纷发表言论来反对女子参政。应允"将来必予女子以完全参政权"的大总统孙中山还受到"中华民国联合会"的责难，社会上对于是否应当赋予女性以参政权也展开了激烈的争论。

虽然妇女参政问题引起了社会的广泛关注，但最终却没能实现，1912 年 3 月 11 日参议院公布《中华民国临时约法》时，仍然没有赋予女性参政权的条文。这一结果引起了女界的强烈愤慨，唐群英等 25 人再次以参政同盟会的名义上书孙中山，要求修改"临时约法"，但却没有得到回应。于是 1912 年 3 月 19 日就发生了女子参政同志会会员大闹参议院讨论女子请愿案会场的事件，后经孙中山劝解调停，参议院同意再将约法提议，事件才告平息。后来随着女子参政运动的展开，这些团体的会员们感到自身力量单薄，很难有效争取女性参政权，为了扩大妇女参政的声势和争取舆论支持，于是联合成立了女子参政同盟会这一民初最大的女性参政团体，并提出了九条政纲，其中第一条为"男女平权之实现"，第八条为"妇女的政治地位之确立"，③ 进一步动员女性参与争

---

① 谈社英编著：《中国妇女运动通史》，妇女共鸣社 1936 年版，第 52 页。
② 陈东原：《中国妇女生活史》，上海书店 1937 年版，第 360 页。
③ 谈社英编著：《中国妇女运动通史》，妇女共鸣社 1936 年版，第 57 页。

取女性权利的斗争。此外比较大的女子参政团体还有"神州女界共和协社"和"万国女子参政会中国协会"。

　　1912年4月1日孙中山正式辞去了临时大总统，由袁世凯出任，临时参议院也休会迁往北京。女子参政同盟会成员却没有放弃她们要求参政的意愿，继续北上斗争。但是8月10日公布的《参议院议员选举法》《众议院议员选举法》依然将女子选举权排斥在外。后唐群英等继续请愿上书，但均无效，最后女子参政同盟会成员赴各省成立分会，创办女报，建立女校，谋求别的发展。值得一提的是广东省妇女参政运动取得了一定的成效。1911年底制定的广东省议会临时简章中，规定女界有10名议员，广东省《临时约法》也承认男女平权，但由于参议院不承认妇女参政权，1912年9月4日正式公布的省议员选举法没有规定妇女参选的权利，1912年4月广东省临时议会选出的三位女议员也均被排挤去。后经女界继续争取，在1912年9月18日举行的广东省议会上提出了女子参政权案，但最终因反对者占多数而以被否决告终。到"二次革命"爆发后，袁世凯政府予以镇压，1913年11月13日，内务部更是以"法律无允许明文"为由将女子参政同盟会解散。为了进一步限制妇女参加革命和进行女权斗争，袁世凯政府于1914年3月2日还颁布《治安警察条例》，其中明文规定："女子不得加入政治结社和政谈集会。"[1] 其他妇女参政团体也或解散，或转入别的社会事业，至此民初女子参政运动逐渐归于沉寂。

　　到五四新文化运动时期，在西方浪潮的冲击下，很多有识之士在探讨妇女解放问题时都又开始关注女性参政问题，一时间出现了许多介绍西方女权运动和参政运动的文章论著。这些声音再一次唤醒启悟了女性的参政意识，各地开始建立较广泛的女性参政团体，在沪、湘、川、粤、赣、浙等省先后组织了"女界联合会"，为开展大规模的女性参政运动作准备。不同于民初女性参政团体的是，这些团体的成员不再仅仅是知识女性，而是各阶层妇女的联合。而且她们不再将女性参政权独立提出，而是认为"对于社会政治、经济等任何方面都有参加力量的必要"，并

---

① 《治安警察条例》，《政府公报》第653号，1914年3月2日。

强调要"放弃空言的抗争；趋重实力的作为"。① 有的团体从之前的经验教训中还总结出女权和参政要取得进展必须要与当前的政治斗争结合起来，如广东女界联合会的章程中写道："本会以联络各界妇女……提倡妇女运动保障女权以谋社会幸福为宗旨。"② 这表明女性参政意识的改变和深化，也成为女性参政运动第二次高潮的思想基础。1921—1922 年，各省自治运动和连省自治运动为女性参政运动提供了新的契机，各省女性借制定"省宪"之机提出参政权的要求。经过各省女性参政团体的努力，均不同程度获得了女子参政权。到 1923 年山东省制定省宪时，北京女子参政协进会干事王存朴（济南人）拟就要求省宪规定女子参政权的宣言中写道："人类是日趋大同的，偏不免有男女的歧视；法律是一概平等的，偏剥夺了半数的人权，这等不平的现象，想必久已为父老昆弟诸姑姊妹所深知而痛愤。女子参政，说来好象只为女子争取权利似的，其实确是去保障人类大同的精神，维持法律平等的效力。……且是要说女子不能参政，现在已有二十五国之事例在前，难道彼二十五国之男子，尽数不如山东，而吾山东女子完全不及湖南么，是为吾山东吾中国全体人民之人格关系，不仅是吾一省女界的人权问题。"③ 由此可见，当时全国各省女性参政运动所取得的巨大成功。

除了地方各省女性参政运动的风起云涌之外，1922 年北京政府恢复了民国六年被解散的旧国会，并提出重新制定宪法，于是争取在国家宪法上规定女子参政权和男女平权的运动再次高涨起来。在北京，有"女子参政协进会"和"女权运动同盟会"两个大的妇女参政团体成立，多个地方省份也成立了女子参政团体，她们要求"将宪法草案及附属法注意增改，明白规定女子参政条文"④。此外，女权运动同盟会在宣言中还提出女性："应该参加这种革命运动"，为实现女权，"非获得政权不可"，"获得政权的方法，自然要和革命民主派同动作。先从封建的军阀

① 谈社英编著：《中国妇女运动通史》，妇女共鸣社 1936 年版，第 106 页。

② 谈社英编著：《中国妇女运动通史》，妇女共鸣社 1936 年版，第 97 页。

③ 《鲁省女子参政运动之开始》，载中华全国妇女联合会妇女运动历史研究室编《中国妇女运动历史资料（1921—1927）》，人民出版社 1986 年版，第 148 页。原载《申报》1923 年 8 月 2 日。

④ 谈社英编著：《中国妇女运动通史》，妇女共鸣社 1936 年版，第 115 页。

手中将政权收回，归于平民的掌握"。① 这就把女性参政和通过"革命"摧毁旧的政权结合起来。虽然这次妇女参政的高潮较之民初妇女参政有了很大的进展，但因仍处于北洋军阀的统治之下，而后者又没有要建立男女平权的民主社会的真正意愿，所以最后不得不归于失败。而之前各省军阀赋予本省妇女的各项平等权也随着自治与连省自治运动的结束而消弭了。

二　20 世纪 20 年代女性参政与争取女权

女性参政新阶段的到来是因为 1924 年国共第一次合作为之提供了新的契机，国民革命运动把千百万女性卷进了革命斗争的洪流，同时也使女性参政的观念发生着新的变化。过去认为女性参政就是女性做官当议员的观点逐渐被意识到是没有出路的，"妇女运动在平淡寂静的社会情况中是运动不来的。妇女运动必须乘着国民运动的长风才有日进万里的可能，所以真正热心妇女运动，真正了解妇女运动的妇女，必须在每次国民运动中表明妇女的态度，提出妇女的要求，显现妇女的能力，使妇女成为每次国民运动中间的劲旅"②。国民革命开始后，国民党将妇女解放、男女平权等作为政纲，在各级"党部"系统设立了妇女部，这也是自晚清以来女权运动首次和政党政治相结合，成为主流政治运动的内容，女性参政权也理所当然地成为运动的题中之义。1924 年 3 月 8 日，国民党中央妇女部在广州发起的中国首次纪念"三八"节大会，提出了一系列口号，同时把妇女运动同整个国民革命运动联系起来。1924 年 10 月，直奉战争中冯玉祥倒戈，发动了"北京政变"，随后其邀请孙中山北上共商国是，孙中山随即主张召开人民团体参加的国民会议，得到了全国人民的支持。全国女界更是视之为女子要求参政的绝好时机，于是也积极地参与这一运动，中国女性参政运动也随着女界国民会议运动再一次开展起来。

---

① 谈社英编著：《中国妇女运动通史》，妇女共鸣社 1936 年版，第 121—124 页。

② 向警予：《妇女运动与国民运动》（1924 年 12 月），载中华全国妇女联合会妇女运动历史研究室编《中国妇女运动历史资料（1921—1927）》，人民出版社 1986 年版，第 233 页。原载上海《民国日报》副刊《觉悟》，1924 年 12 月 30 日。

1924 年 11 月 22 日，以向警予①为首的国民党上海妇女运动委员会联合上海各妇女团体向全国女界发出通告，号召成立上海女界国民会议促成会。随后，北京、天津、河南、山东、广东、杭州、重庆等省或大中城市都成立了女界促成会。她们以各种形式开展活动，要求妇女在宪法上享有公民权、参政权，在法律上应与男子完全平等。各地女界对解决国事问题也表现出了极大的热情，她们纷纷致电孙中山和段祺瑞要求加入国民议会。1925 年 3 月 1 日召开的国民代表大会促成会全国代表大会上 200 多名代表中有 26 名女代表参加，并提出了女性参政权等多项主张。但是，段祺瑞政府为使自己的统治合法化，竟违背公意，召开军阀政客组成的"善后会议"，以段祺瑞为首的临时执政府反对女性的参政要求，公然排斥妇女团体代表参加国民会议，在"善后会议"通过的《国民会议条例草案》中仍将女性的选举权和被选举权剥夺，此举引起女界的强烈不满和激烈反对。上海女界还发起女国民大会，向警予在会上作报告，批驳"把女权运动看作少数女子做官、做议员的运动"，并认为"我们要争女权也应到军阀和帝国主义手里去争"，"摧残女权的恶制度恶势力，就是帝国主义与军阀，而帝国主义和军阀总是民权的死敌。民权运动的唯一目的就是要反抗帝国主义、打倒军阀。所以我们要争回女权，只有在普遍的民权运动里面去争"。②尽管女界多方努力，但女界国民会议运动仍然没有取得预期的效果。但不可否认的是，通过这次运动，进一步提高了女性的参政意识，使广大女性认识到参政权的获得必须要通过反帝反封建的革命途径，这也就为广大女性参加随后反帝运动和大革命运动准备了条件，在大革命中大批女性参与其中就是明证。

大量的现代文学作品也为女性在 20 世纪 20 年代参与反帝斗争和国民革命运动留下了生动的记录。可以说五四时期女作家群的文学书写是女性第一次"集体发声"对女性群体的自我表达，但是她们也无力解决

① 1924 年，国共合作开始，一些中国共产党党员以个人身份加入国民党。3 月 1 日，国民党上海执行部妇女部成立，并在女党员中建立上海妇女运动委员会，由向警予主持日常工作。

② 向警予：《女国民大会的三大意义》（1925 年 3 月），载中华全国妇女联合会妇女运动历史研究室编《中国妇女运动历史资料（1921—1927）》，人民出版社 1986 年版，第442—443 页。

思想意识的觉醒与现实环境的冲突。而女性的直接参与现实政治则为她们挑战传统的性别设定并在实践意义上改变这种角色限定提供了契机。现代文学关于女性参政法律地位嬗变的文学书写也正是在这一领域呈现出文学在特定年代里的特殊品格。

论及女性参政的文学书写，第一个想到的现代作家必定是谢冰莹。虽然她不是最早创作关于女性参政文学作品的作家，但却是以此题材享誉最盛的一个。她不仅亲历了北伐战争和抗日战争①，而且其以此为题材的带有强烈自传色彩的文学创作使她在现代文学史上留下了辉煌的一笔。20世纪20年代北伐战争时期，她就以寄自前线的《从军日记》获得孙伏园和林语堂的赏识，先是发表在孙伏园主笔的《中央日报》副刊上，接着林语堂又将其翻译成英文同期刊登在英文版副刊上，一时间谢冰莹的《从军日记》声名鹊起，海内外皆知。1928年《从军日记》又由林语堂策划出版单行本，并连续出版19版，可谓洛阳纸贵，谢冰莹也因此迅速蜚声文坛。这部发表于1927年5月的"女兵日记"充满了女性置身革命战争这一以前只有男性才有"权"进入的场景之后的欢欣愉悦之情，这是作者的亲历，也是她内心真实感受的表达。她代表的不只是她自己，而是千千万和她一样投身北伐战争中女兵的心路历程。当时第一次国内革命战争的浪潮席卷了南方大地，不少先进女性在争取参政权（狭义）②几经周折而不得后，认识到只有继续参与社会政治革命，打破旧制度，女性才有争得参政权（狭义）的可能，于是纷纷南下投身大革命的洪流当中，而很多女学生也在这种感召之下纷纷弃笔从戎，虽然她们更多的有着更现实的动机。正如谢冰莹在《从军日记》中所说："那时女学生去当兵的动机，十有八九是为了想脱离封建家庭的压迫，和找寻自己出路的"，"当兵是惟一解放自己的路，只有参加革命，婚姻问题

---

① 1926年冬，设在武汉的中央军事政治学校开始招收女兵，谢冰莹投考并被录取，次年随军北伐。抗日战争期间，谢冰莹在长沙发动妇女到前线为伤兵服务的活动，并迅速成立湖南妇女战地服务团奔赴前线。

② 此处的参政权是如本节开头所指的狭义参政权，如选举权和被选举权等。本节所论之文学书写则指涉广义的参政权，即是指妇女参与国家政治，包括不同方式、不同内容的爱国活动和革命活动等。

和将来的出路问题,才有办法"。[1] 谢冰莹自己就是为了逃脱包办婚姻而在二哥的鼓励下去报考中央军事政治学校的。在民国时期,家庭对于女性而言多半仍是枷锁,甚至学校也只是给走出家门的女性提供了暂时的庇护所,民国时期大部分"女学生"学业结束后难免又在家庭的约束下走到旧式女性生活的老路上去。而战场却是一个女性几乎极少涉足但却可能为她们提供改变传统性别设定契机的场所,它将蕴藏在女性体内的活力和激情以及丝毫不逊于男性的坚韧和勇气都前所未有并最大限度地激发出来。虽然这是以"女儿性"的某种程度地被"抹杀"为代价的,但在当时的社会历史情境下,"女儿性"的被"抹杀"对于要"争权"的女性而言似乎是必须付出的代价。

不过这种一定程度上被抹杀了"女儿性"的女兵形象在当时的社会里还是那样的"稀罕之物",以至于在谢冰莹的眼中,给她留下了最深印象的不是战场的炮火硝烟,而是她们——女兵,作为破天荒之物经过各地时引起百姓侧目的那份难以名状的骄傲之情。在《寄自嘉鱼》中有这样的文字:

> 我一个人先抵嘉鱼,为了找我们的住址,在街上走了好几次。呵呀!女兵来了!女兵来了!这个骑马的女兵恐怕是什么官长吧?一片喊声连关在九层楼上的闺女也通通出来了……跟随我来的有各种各样的人物约二三百,他们或她们有叫我做老总的,有叫女先生的,有叫女官长的,还有一个小孩子叫女司令官的……他们她们从我的头顶一直望到脚跟,我的头发多少恐怕她们都数清了!一位持拐杖的老婆婆说:"我长到八十多岁了,从没有见过这样大脚,没头发,穿兵衣的女人。"哈哈哈!她笑出眼泪来了!我也和着大众们笑了。有位四十多岁的婆婆送茶与我喝,我真感谢她,她说了一句使我很难过(其实并不难过)的话。她说:"这样年纪轻轻活活泼泼的女孩,假使在战场上打死了,她家里的父母怎么办呢?"我当时很勇敢的回答她:"'你家'不要难过,我出来当兵是下了决心的,即使我马上死了,我是很愿意的。为革命而死,为百姓的利益而死,

---

[1] 谢冰莹:《当兵去·女兵自传》,载《谢冰莹文集》(上),湖南文艺出版社2001年版,第60页。

这是多么痛快的事呀！至于父母当然是舍不得，但我们可不要管他，因为革命是牺牲少数人替大多数人谋利益谋幸福的……"①

在民众眼里，女兵的"怪"比沈从文笔下《萧萧》中的"女学生"在"乡下人"眼中的"怪"更甚，这是由当时的社会氛围决定的。女性参政从军强烈地冲击着被封建意识浸染已久的民众视觉和意识神经，但却磨砺了女性自身。诚如谢冰莹所言："自从一九二七年以后，我便改变了我整个的人生观。我不消极，不为情感所苦，即使受到最大的心的创伤，只要我一想到我所负的使命，我便可以抛弃一切，忘掉一切而奔向我光明的前途！"② 这其实不仅仅是一种整体的人生观的改变，而是更具体的更深层次的女性主体意识的觉醒，只有主体意识觉醒了的个体才会拥有如此坚强的自我和内核。可以说现代历史进程改变着社会，也改变着每一个参与其中的个体包括女性，而在以往封建社会时期，不论社会如何变迁，政权如何更迭，女性的地位和心理意识都改变甚微。在《从军日记》中谢冰莹还塑造了不少参加革命的女性形象，其中让人印象最深刻的是一个只有 12 岁的小女孩，当她被当作妇女协会干事被反动军队抓住时却视死如归，还一边安慰哭泣的母亲不要难过，生动地刻画出一个小小女革命者的形象，相较于以往文学作品中出现的童养媳少女形象，这样的文学形象是全新而独特的。

不仅民国时期女学生参政是因为要挣脱包办婚姻的枷锁，可以说中国近现代史上的女参政者大多有着不如意的婚姻家庭经历。从辛亥革命时期杰出的女革命家、妇女解放运动的先驱秋瑾毅然离开根本无感情可言、琴瑟异趣的丈夫赴日留学并参加革命，到五四时期以"向蔡联盟"成为佳话流传的向警予坚决抗婚而与战友蔡和森结成连理，这些杰出的女性走向革命的旅途，都付出了艰辛的努力、挣脱沉重的枷锁才使"自由"得以成为可能。现代文学中有关女性参政的文学书写，即使不带有强烈的自传色彩，也有不少有着现实生活的原型。茅盾的代表作《虹》

---

① 谢冰莹：《寄自嘉鱼》，载《谢冰莹文集》（上），安徽文艺出版社 1999 年版，第 301—302 页。

② 谢冰莹：《关于〈麓山集〉的话》，载《谢冰莹作品选》，湖南人民出版社 1985 年版，第 709 页。

（创作于 1929 年）的女主人公梅行素就是以 20 世纪 30 年代有名的社会活动家和女作家胡兰畦①为原型之一的，只不过小说更加侧重的是对梅行素走向革命的过程的描绘。像千百年来中国的许多女子一样，她也不得不走入父亲给她安排的一桩婚姻，虽然心中另有所爱——她的表兄韦玉，但韦玉身心皆懦弱，所以梅行素只得接受父亲对她的安排，但接受了新思想的她又下定决心要在婚姻中坚持维护自己的贞操及权利，然而现实的环境却让她很难做到。经过长时间的挣扎和考虑她决定"出走"，离开家庭到另一个地方去教书，然而在那里，她的这种思想和行为方式都得不到周围人的理解，毕竟新思想相比于旧道德还显得太过于势单力薄，它能渗透的只是少数几个大都市中少数一部分人的意识里，于是她的理想再度破灭了。最后，梅行素为了继续坚持自己的理想和追求到了上海，并且加入了一个革命团体，在那里爱上了一个头脑冷静的革命者梁刚夫，但对方却醉心于革命，对她的这份感情无甚回应，小说于是以梅行素和她的同性友人参与上海反帝运动，在人群中散发传单而结束。这样的女参政者形象在现实中还有着许许多多的原型，梅行素的走向革命似乎是爱情的力量起了主导作用，但不得不说家庭的桎梏和职业理想的破灭让她无路可退是更本质的原因。女性如果不想为自己的自由和权利以死相争以至付出生命的代价（如赵五贞者），也不想在"出走"后不见容于社会也得不到任何法律对其权利的保障而郁郁而终（如李超者）的话，那么就只有参与社会革命这一途。当初鲁迅提出的"娜拉出走后怎样"在这里有了新的回答，她们不必堕落，也不必回去，而是可以走向更广阔的天地。这是当时不少女性的选择，也是茅盾所赞许的女性改变自身地位和命运的途径，这一立场可以从他在《虹》中所塑造的另一位参政女性形象中得到更清晰的确证（将在后文中展开）。

虽然谢冰莹的《从军日记》是女性参政题材文学作品中享誉最盛的

① 胡兰畦是中国现代女性参政的典型代表。早年她为了摆脱封建婚姻的束缚而从父母给她强迫许配的婚姻中出逃并外出求职，后参与川南女界联合会工作，投入争取女权的斗争。1924 年她作为四川女界联合会代表前往上海列席全国学联第六届学代会，又赴广州参加国民革命并加入左派国民党，在何香凝领导下的中央妇女部工作并积极参与争取女性参政权的活动。1926 年秋，在北伐战争高潮中，胡兰畦被派回四川领导妇女运动，组织了合川妇女联合会。大革命时期又与赵一曼等 28 位四川女性一起考入黄埔军校武汉分校女生队。抗日战争中，胡兰畦还率领上海劳动妇女战地服务团转战多省，进行演出、慰问等战地服务活动。

一个，但却不是最早的一个。在谢冰莹之前已经有不少作家作品开始关注这一领域。在北方文坛，石评梅于 1924 年 5 月 9 日在《晨报副刊》发表小说《红鬃马》就已经描绘出了女性投身革命的姿态。之后，石评梅又创作了《余辉》《白云庵》《流浪的歌者》等多篇革命题材的小说。在1927 年末，石评梅在《蔷薇周刊》"周年纪念增刊"上发表了小说代表作《匹马嘶风录》，女主人公何雪樵原是女教师，也是富家小姐，大革命中，她放弃了安逸舒适的生活，与深爱的恋人吴云生分手，奔赴前线参加随军救护队，就在军队刚刚打了胜仗的时候却传来爱人被捕成为"英雄"的消息。何雪樵悲恸欲绝，策马狂奔，甚至想举枪自杀追随爱人而去，最后她承受着爱人牺牲的痛苦，发誓为他复仇，继续驰骋沙场踏上革命的征程。在作者的笔下，爱情与革命是相融的，虽然当初她与吴云生离别是因为革命和爱情不可兼得，为了革命必须要暂时斩断儿女私情，但在内心她和吴云生都怀着对彼此的深情投身革命的，当吴云生牺牲以后，何雪樵更是怀着对他的思念与为他复仇的信念继续参与政治斗争。在这里从军参与政治革命与保持对神圣之爱的悼念也达成了内在的统一。

1928 年，冯铿创作了小说《最后的出路》，小说的主题正如小说名所指涉的一样，"革命"成为女性实现自我救赎的最后有效途径。正如现实社会中女性对参政权及其他女性权利的追求在经过漫长而曲折的探索之后发现"革命"才是唯一行之有效的途径一样，小说主人公郑若莲的思想历程也在千回百转之后最终选择了"革命"。郑若莲是一名知识女性，16 岁就进入教会女子中学读书。大革命时期，她先在女友许慕欧的鼓动下参加了一些革命活动，但思想有些摇摆不定。后来母亲去世，她停学返乡，开始幻想着靠家族的遗产和自己到乡村去教书生存下去，后来家族的叔婶逼迫其与一个她并不爱的商人订了婚，郑若莲陷入深深的绝望当中。而最后她在许慕欧的来信影响下终于下定决心和旧家庭决裂，投身到革命这一"最后的出路"中去。从郑若莲的生活道路和心路历程我们可以发现，小说中这一时期女性已经拥有了教育权，此外女性也享有了家庭财产继承权和外出谋职的职业权，然而这些并不能给女性以"最后的出路"，她们的婚姻决定权和命运依然还掌握在家族长辈的手中。要获得权利和自由，只有"革命"才是唯一的选择。以此传达出女性自身的解放必须和整个社会的变革结合起来才能真正实现的主题。

白薇在 1928 年发表的剧作《打出幽灵塔》也表达了类似的主题。其实白薇本身的经历在民国时期女性的生存状况中也尤具代表性。白薇 16 岁时逃婚未成，被逼出嫁，在婆家备受虐待，不堪忍受的她再次出逃外出求学。毕业时家里又逼她返乡履行婚约，她在同学的帮助下再次从家中逃出前往日本。直到第一次国内革命战争时期白薇才在革命的感召下回国。1926 年底回国后她即赴武汉，1927 年春在北伐军总政治部国际编译局任翻译，开始投身于革命事业。不过这段时期非常短暂，1927 年国共合作破裂，白薇就离开武汉前往上海。《打出幽灵塔》就是创作于到上海后不久，大革命时期那段经历在白薇的作品中打下了深深的印记。《打出幽灵塔》就是以第一次国内革命战争时期农民运动的兴起为背景的，剧中的女性都是在参与社会革命的过程中才能实现自身的解放与救赎。萧森是剧中的灵魂人物之一，她在早年遭土豪胡荣生强奸，然而当时的环境让她无力反抗，后来她去法国留学，回国后坚定地参与社会革命来寻求女性解放之道。郑少梅是胡荣生的姨太太，但她原本是农家女儿，被胡荣生强占为妻，农民运动中她开始反抗，向农会提出离婚，并准备参与革命到革命军中去做看护妇。萧月林是剧中比较年轻也比较犹豫的女性角色，为萧森和胡荣生之女，但最终她也在胡荣生和萧森的斗争中为掩护萧森身受重伤，"打出了幽灵塔"，虽然这是以她最后的死亡为代价。可以看出作家对剧中女性前后变化的书写都是以参与政治革命为契机的，由此也透射出作家对女性解放道路的思考向度。

三 20 世纪三四十年代女性参政与阶级斗争、民族解放

1927 年 4 月，南京国民政府成立。国民党一直以来都声称主张男女平权，也赞成妇女参政，况且在北伐战争中，女性也做出了不可磨灭的贡献。女界因此认为争取参政权，实现自身政治权利的机会已经成熟，于是趁国民党"三大"之时提出了参政的要求，但实际情况却是几经周折未果。1930 年 5 月，蒋介石提出召开国民会议，制定"训政时期约法"，随后颁布的国民会议代表选举法中却没有规定妇女团体的选举代表权。各地女性没有因此放弃，仍多方努力，继续斗争，终于取得最后胜利。1931 年 6 月 1 日，南京政府正式公布《中华民国训政时期约法》，其中第二章第六条规定："中华民国国民，无男女种族阶级之区别，在

法律上一律平等。"第七条规定:"中华民国国民,依建国大纲(1924 年 4 月 12 日孙中山手订)第八条之规定,在完成自治之县,享有建国大纲第九条所定选举、罢免、创制、复决之权。第二十条规定人民有请愿之权。第二十一条规定人民依法律有诉讼于法院之权。"① 由此,政府首次在宪法中承认了女性的参政权。20 世纪 30 年代中期《中华民国宪法》更是明确承认妇女的选举与被选举权,女性参政运动在经历了近三十年的曲折过程后终于取得了最后的成果。从此,女性在法律上享有了和男性平等的参政权,并积极投身到国家政治生活当中去。

政治生活除了指前文界定过的狭义的"参政",也包括其他一些广义的"参政活动",而从现代文学书写的角度考察,有对女性"狭义参政"的文学书写,但着墨更多的还是广义的"参政活动"。如前面已述的 1927 年的众多女性投身大革命;此外,还有 1931 年"九一八"事变后,女性积极参加救亡活动;1937 年 7 月 7 日抗日战争全面爆发后,妇女参政更是与民族解放运动紧密联系起来,成为抗日民族解放运动的重要组成部分。女性在抗日战争中也发挥了巨大的作用,她们有的奔赴前方进行战地服务,有的接受军事训练,直接参军参战,还有的进行抗日宣传以及征募捐献、救济难民等。正是通过这些参政活动,女性显示出了她们前所未有的力量和不可或缺的作用。也正是女性参政与民族解放运动的结合,唤醒了更多的女性参与其中,从而使妇女参政更加迅速地发展。女性在这些活动中力量和作用的显示,进一步巩固和提高了女性的社会地位和政治地位。但值得特别一提的是,这一阶段的女性参政还要指涉从 20 世纪 20 年代末逐渐兴起的无产阶级"革命",虽然 1937 年以后国内阶级斗争更多地被民族矛盾所暂时缓解和淡化,但现代文学也记录下了参与阶级"革命"的女性群像。正是在参与社会阶级革命和民族斗争中,女性展现出只有这特定历史时期才有的面影。

如果说 20 世纪 20 年代与此主题相关的文学书写还着重于描写女性参与政治革命的触因、动机和过程的话,到三四十年代则开始向更深层开掘。除了前述相同的书写向度以外,表现参政女性爱情婚姻与参政冲

① 《中华民国训政时期约法》,转引自何黎萍《西方浪潮影响下的民国妇女权利》,九州出版社 2009 年版,第 323 页。

突的作品也开始出现于作家笔端。曾经的恋爱与家庭和社会的冲突变成了恋爱与革命的冲突，追求恋爱自由权与其他各项女性权利的同构性转而变成在特定历史时期的互斥性。在 20 世纪三四十年代的诸多小说里，要参与社会政治革命和斗争就必须要舍弃爱情或者家庭，这成为女性参与政治革命的一种新的文学书写动向。丁玲的小说《一九三〇年春上海》（之一）① 中时代的新女性美琳，她因子彬的才华和遭遇对他产生爱慕之情，自主冲破了父母的封建家庭与之同居，并认为只要有了爱情便什么都可以捐弃了，这不禁让人想起鲁迅笔下《伤逝》中的子君。但是美琳比子君要幸福得多，她不用因柴米油盐而烦恼，只需幽居家中，子彬对她很"好"，物质上满足她，还有许多的甜言蜜语哄着她，这样的生活似乎是完美的，但实际上这种生活也是束缚和羁绊美琳的温柔陷阱，是一种比旧式家庭专制更可怕的"囚禁"。子彬希望美琳过一种与世隔绝的处处依附于他的生活，在这样的生活中美琳感到的是压抑和窒息。随着时间的推移，她逐渐发现她和子彬在思想上的严重分歧，最后她毅然抛弃了这种新式太太的生活，再次"出走"，投身到反抗封建军阀统治的革命活动中。郁如的小说《遥远的爱》中所塑造的女青年罗维娜可以说是 20 世纪三四十年代参政女性的典型代表。罗维娜在抗战爆发后积极参加抗日宣传活动，在学生宣传队里结识了乡村服务队的青年高原并最终建立了小家庭。但她不甘被囚禁于"温柔的囚笼"，离家参加妇女工作队，但换来的却是家庭和婚姻的轰然坍塌。由此可见女性走出家庭从事社会政治活动所要承受的重压。但罗维娜没有放弃自己的信念和追求，对周围人群的冷眼、诋毁、轻蔑和打击，她都一直秉持超然的态度，最后她带着自己的信念参加抗日游击队，投身到民族解放的战争中去。罗维娜的从家庭出走，不再是为了反抗包办婚姻，也不是为了争取教育权或职业权，而是要做一个"钢铁"般的"人"，她不能蜷缩在一己的小天地里对民族解放事业不管不顾，从而表现出了 20 世纪 40 年代参政女性的典型特征。

此外，白朗的《生与死》② 讲述了一个女牢看守"老伯母"如何走

① 丁玲：《一九三〇年春上海》（之一），连载于《小说月报》1930 年 1—5 月。
② 白朗：《生与死》，《中流》1937 年第 1 卷第 11 期。

向革命的故事。老伯母性格善良而富于同情心，在看管囚犯的过程中总是用慈爱的心和所有的力量来帮助她们，爱护她们。后来她看管了一批女政治犯，在和她们的接触中，她怎么也不相信年轻美好的女孩子们会做什么杀人放火的事情，对她们更是倍加关心，还用自己的微薄收入为女政治犯们买药置衣。后来她有了身孕的儿媳妇被日军奸污而服毒自杀了，儿子也在前线战死，老伯母对于所谓的"政治犯"有了新的认识。当杀身之祸即将降临到女政治犯们身上时，老伯母毅然放走她们，用自己的生命换取了八条年轻的生命，而自己则无畏地走向"死亡"，成为伟大的"革命母亲"。还有赵清阁根据雨果《向日乐》改编的剧本《生死恋》中，女伶沈雪妍抛开一己私情，在北平伪市长、汉奸廖沛庸鼻子底下帮助西山游击队窃取敌伪军事情报，拯救游击队长张国朴脱险并最终殉身。

这一系列女性参政者的形象把20世纪三四十年代女性参与政治革命的精神状态、思想动机以及情感的起伏变化通过非常具体的事件细节点滴透射出来，让人们得以窥见特定年代里女性参与政治革命的激情与艰难。

四 中国现代文学书写对女性参政的审视与反思

对于女性参政，不少现代作家在他们的创作中进行了正面书写，同时也有不少作家在他们的创作中灌注了审视与反思。鲁迅在《关于妇女解放》一文中就曾表达过他对女性参政的看法甚至可以说对当时女性参政方式和状况的"不屑"，认为在当时的社会女人能闹腾几下完全是因为占了是女人的便宜。女人要真正和男人平等，还得从经济平等开始："辛亥革命后，为了参政权，有名的沈佩贞女士曾经一脚踢倒过议院门口的守卫。不过我很疑心那是他自己跌倒的，假使我们男人去踢罢，他一定会还踢你几脚。这是做女子最便宜的地方。"① 鲁迅用了戏谑的口吻来调侃女性参政，实际上想要表达的是自己对于女性解放道路的思考。

茅盾的小说《虹》中也充满了对女性参政问题的反思。实际上茅盾在塑造梅行素这一女参政者形象时还设置了另一个女参政者的形象作为对比，那就是与梅行素同行从四川去上海参加全国学生联合会的文太太。

---

① 鲁迅：《关于妇女解放》，载《鲁迅全集》第四卷，人民文学出版社1981年版，第597页。

如果说茅盾对梅行素这样的社会革命者持欣赏态度的话，对于像文太太这样的"女子参政运动健将"则充满鄙夷。无论是从对文太太的外貌神态刻画，还是她的行为举止描述，甚至是她的语言都可以看出作者的这种情感倾向。[1] 实际上梅行素属于向警予在女国民大会报告中所指出的"到军阀和帝国主义手里去争""在普遍的民权运动里面去争"女权的女参政者的形象，而文太太则属于向警予所批驳的"把女权运动看作少数女子做官、做议员的运动"的女参政者的代表。在《虹》的创作中，茅盾实际上传达出的是和向警予相同的态度和立场。这种观点茅盾在其写于20世纪20年代的多篇文章里都有表达。如《我们应该怎样预备了去谈妇女解放问题》《怎样方能使妇女运动有实力》《世界两大系的妇人运动和中国的妇人运动》《给未识面的女青年》《告浙江要求省宪加入三条件的女子》等。在《我们应该怎样预备了去谈妇女解放问题》中茅盾就指出了"女性参政"在中国是否切要，如果需要，那么是怎样的"参政权"的问题："谈到妇女参政权，也先要晓得玛丽胡尔思东克莱孚（Mary Wollstonecraft）的'A Vindication of the Rights of Women'是对于什么的社会环境的对象说的？终身奔走于女权运动的美人 Susan B. Anthony 和英人 Emmeline Pankhurst 是怎样主张来？他们那时的背景又是什么；Russell Sage 夫人的'Women's Qualifications for Suffrage'里又是怎样主张来？否则，耳朵听得了人家'Votes for Women'的口号，便要不问三七二十一的贩卖到中国来，既不想想这是社会上所切要否，也不想想这是我们现社会的程度所能容受否？便只好称之为劳力空费了！"[2] 而在《怎样方能使妇女运动有实力》一文中茅盾又指出，其实在中国，对所谓女性参政权最感兴趣的只是那些富贵人家的太太小姐："他们生长在罗绮堆里，从不曾晓得第三极妹妹们的苦处，争参政权（什么叫参政权！）是有兴儿的，到劳工队里去，恐怕未必愿、能、敢"，"女子参政运动的呼声原也有从第一等女子阶级内发出的，但现在的妇女问题不止是参政一端，

---

① 参见梁竞男《茅盾小说历史叙事研究》，博士学位论文，中国社会科学院研究生院，2009年，第100页。

② 茅盾：《我们该怎样预备了去谈妇女解放问题》，载中华全国妇女联合会妇女运动历史研究室编《五四时期妇女问题文选》，生活·读书·新知三联书店1981年版，第62页。原载《妇女杂志》第6卷第3号，1920年2月2日。引号中三处英语的意思分别是："维护妇女权利""妇女参加选举的资格""投妇女的票"。

女子参政不能包括妇女问题全体了，这些痕迹又是谁来划上的呀"。① 很显然，茅盾这里所指的"女性参政"都是狭义的女性参政，对此，他是持反对至少是保留态度的。他所希望的是女性能投入更广阔的社会革命当中去，即要进行广义的女性参政活动。所以在国民革命后，他在《给未识面的女青年》一文中写道："国民革命不成功，我中华民族终不免是两重镣锁的奴隶。所谓女权，还不是句空之又空的话么？所以热心女权运动的女青年应该认清伊们目前的责任，是加入国民革命的大战线里努力宣传'内除军阀专制，外据列强帝国主义'的口号。伊们目前应该急起直做的事，不是向国会请愿，不是争取选举票，不是争省宪审查员，却是帮助一切反抗国内军阀与国外帝国主义的团体的或个人的行动。"② 这段话把茅盾对于民国时期女性参政的看法表达得再清楚不过。

　　相比于男性作家对女性参政问题思考的冷静与理性，女性作家们的思考则更加具有情感的热度。庐隐的《何处是归程》中当"我"为整天陷入家庭的琐事、理想渐远而苦恼，三妹妹却谈起了作为事业女性的"姑姑"的悲哀。"姑姑"是一个女性参政者，在运动中她不仅要经受种种嘲笑和轻薄，当运动退潮，她还不得不面对冷寂与空虚以及对自己所从事的"事业"意义的拷问：

　　　　想起两年前在北京为妇女运动奔走，结果只增加我一些惭愧，有些人竟赠了我一个准政客的刻薄名词。后来因为运动宪法修改委员给我们相当的援助，更不知受了多少嘲笑。末了到底被人造了许多谣言，什么和某人订婚了，最残忍的竟有人说我要给某人作姨太太，并且不止侮辱我一个。他们在酒酣耳热的时候，从他们喷唾沫的口角上，往往流露出轻薄的微笑，跟着，他们必定要求一个结论道："这些女子都是拿着妇女运动作招牌，借题出风头。"……你想我怎么受？……偏偏我们的同志又不争气，文兰和美真又闹起三角

───────────────

　　① 茅盾：《怎样方能使妇女运动有实力》，载中华全国妇女联合会妇女运动历史研究室编《五四时期妇女问题文选》，生活·读书·新知三联书店1981年版，第65—67页；原载《妇女杂志》第6卷第6号，1920年6月5日。

　　② 茅盾：《给未识面的女青年》，载《茅盾全集》第15卷，人民文学出版社1987年版，第60页；原载《民国日报·妇女周报》第20号，1924年1月1日。

恋爱，一天到晚闹笑话，我不免愤恨而终至于灰心。不久政局又发生了大变，国会解散……我们妇女同盟会也就冰消瓦解。在北京住着真觉无聊，更加着不知趣的某次长整天和我夹缠，使我决心离开北京。……还以为回来以后，再想法团结同志以图再举，谁知道这里的环境更是不堪？唉！……我的前途茫茫，成败不可必，倘若事业终无希望……倒不如早些作个结束。①

从这样的心灵剖白可以感受到"姑姑"作为一个女性参政者内心浓厚的悲哀，作者对女性参政的反思以及女性解放道路的思考也由此体现出来。

类似的思考向度也体现在白薇的文学创作中。在剧作《炸弹与征鸟》中性格迥异的两姐妹余玥和余彬都投身大革命的洪流中，然而无论是恬淡隐忍、稳重务实的姐姐余玥，还是热情活泼、开朗率性的妹妹余彬，她们在参与政治革命工作的过程中都"殊途同归"地产生了失望和茫然感。和许多参与社会革命的女性一样，姐姐余玥参与革命的触因也是为了挣脱封建包办婚姻的罗网，她先后供职于妇女部和政府某部，但是渐渐她就发现所谓的妇女部并没有为妇女解放做些实际的工作，妇女机关成了太太小姐们的妇女机关，很多人都只是嘴里喊着革命的口号，而背地里却干着图谋私利的勾当，于是深感失望。这和茅盾在其创作中透射出的立场相近。其实类似的主题在 1928 年庐隐的小说《曼丽》中也有呈现。庐隐的小说《曼丽》② 中主人公女学生曼丽并不是为了逃脱封建包办婚姻而是怀抱着救国安邦的理想参与社会革命的。她只身南下广州参加国民革命，她为自己感到骄傲，也因为理想和激情而更加努力地工作。但是随着工作的深入和时间的推移，她马上就发现身边有些所谓的"革命家"们，只是满嘴口号，实际上却一边谈情说爱，一边做着将来革命后升官发财的美梦。私底下还明争暗斗，中饱私囊，内耗严重，最后曼丽失望地离开了，去寻找属于她的新的人生道路了。《炸弹与征鸟》中的妹妹余彬则供职于妇女协会交际处，实际上就是"花瓶"，在

---

① 庐隐：《何处是归程》，载姜德铭主编《海滨故人》，中国戏剧出版社 2001 年版，第230—231 页。

② 庐隐：《曼丽》，载庐隐小说集《曼丽》，北平古城书社 1928 年版。

工作中她不断受到男上司和男同事的骚扰，可见哪怕是在革命同道的队伍里，女性仍然摆脱不了作为男性"玩物"和欲望对象的命运本质，正如余彬所感到悲哀和困惑的："她怀疑革命是如此的不进步吗？革命时妇女的工作领域，是如此狭小而卑贱吗？革命时妇女在社会的地位，如此不自由，如此尽做男人的傀儡吗？"① 余彬的悲哀也是那个年代里部分女性参政者们共同的悲哀。

女性通过参与广泛的社会政治活动去争取女性的各项权利在 20 世纪二三十年代已经获得了大部分有识之士的赞同和认可，但是否女性参政甚至是参加革命活动就必然会改变传统习俗对女性地位的各种规约？是否所有女性都能通过"革命"来获得自己在社会秩序中与男性平等的权利呢？有作家对此做出了思考。谢冰莹最为人所知的作品是《从军日记》和《女兵自传》，但实际上她其他的文学创作对于女性参政问题也有颇为独到的审视。小说《晚间的来客》写了一位叫刘婉云的女子的悲惨故事。她原是一名青楼女子，逃跑出来后又被卖给几个军阀做姨太太。在历尽人生波折后，她终于加入了军委会战地服务团。作者借描写刘婉云的种种遭际表达了对无数被当作物件一样被任意买卖践踏的贫苦妇女的深切同情，同时作者也借刘婉云之口道出了当时社会上对青楼女子参加革命的看法问题。当刘婉云曾请求加入妇女慰劳会时，竟然就有人骂她是娼妓，是姨太太，说她是想出风头，慰劳会的负责人也因此不允许她加入。由此看出，身份"不清白"的女性相比于其他女性而言，要获得"参政权"似乎更加难以实现。而作为女性，她们的"不清白"往往并不是她们自愿选择的结果，而是当时整个社会制度造成的，这就更需要她们参与改变社会制度的活动中去，而当时的社会却并不发给她们参与政治的"通行证"，悖论也由此形成，这个女性群体于是似乎就被禁锢在社会习俗的死循环上。这可以和苏区、解放区对"破鞋"的改造形成对照，与之相关的文学书写亦如此。

此外，大革命的结束是否必然给了女性应有的"回馈"呢？那些热烈地怀着无限憧憬和希冀参与国民革命的女性是否争得了她们想要争取的权利？革命过后，女性何为也成为许多作家在作品中思考和探索的命

---

① 白薇：《炸弹与征鸟》，载《白薇作品选》，湖南人民出版社 1985 年版，第 38 页。

题。在女性法律权利层面，如前文所述，女性并没有立刻获得参政权等其他一些法律权利，直到国民政府法律明文规定赋予女性平等的参政权还是几年以后的事情。而在现实社会生活层面，大革命落潮以后女性似乎又回到"该往何处去"的疑问和困境当中，社会历史进程的向前推进并没有必然带来女性地位的直线型上升。对此，白薇曾说："前几年闹着革命文学，作者大家的心血，都在为劳动者从九层地狱里呼冤；而那时对于埋在十八层地狱的妇女，似乎绝少人去注意她们加倍的悲惨。现在是时代轰轰然开着倒车，五四以后抬头起来的妇女，时代的黑手又把她们拖回家庭，拖回坟墓去。"① 很多的文学作品更是对"革命后"或者说"参政后"女性的生存状态进行了思索和观照。

这方面的典型之作还当推谢冰莹的作品，如果说《从军日记》写出了北伐战争时期参加革命的女兵们气宇轩昂意气风发的一面，那么写于1936年的《一个女兵的自传》则写出了女兵们生活的多面，它既描写了女性在北伐战争当中的成长和英勇斗争及面对各种挫折和困境时的勇气，又写了革命退潮后回到旧有的生活当中时如何不甘"沉沦"继续奋发向上的精神状态。这的确是作者的"自传"，北伐战争失败后，参加革命的女生队不得不解散，谢冰莹只好返乡，然后不可避免地再次陷入封建礼教的束缚当中。封建家长意识浓厚的母亲逼着她出嫁，她拼命反抗并三次出逃，但最终还是被抓回并被逼嫁给了那个与她三岁时订了娃娃亲的男人。但是坐了花轿拜了堂的谢冰莹并没有就此放弃，而是连续几天几夜不眠劝说男方，最终挣脱了枷锁逃往长沙，重新开始了孤独而独立的新生活。《一个女兵的自传》正是写出了《从军日记》之后的"续集"。女性参加政治革命并不必然会马上带来社会性别秩序的改变（这需要一个长期渐进的过程），现实社会生活中，绝大部分女性在大革命高潮过去后就会"沉"到旧有的生活老路上去，能如谢冰莹的毕竟在少数。对此，谢冰莹的另外两篇小说就有相应的表现。在《初得到异性的温柔》中，女主人公曾经也是革命者，但大革命退潮后，现实社会生活似乎并没有为女性提供新的出路，于是不堪生活重负的王秀英就去做了

---

① 白薇：《悲剧生涯·我写它的动机》，转引自白殊荣、何由《白薇评传》，湖南人民出版社1983年版，第153页。

酒店的女服务员。而在《给S妹的信》中，S妹是一名单纯的富于正义感的女学生，曾经主动参加国民革命，在军医院做护士，但是意志不坚定，革命进入低谷时期，她因承受不住生活的重压而给某军阀做了姨太太，而此军阀却是以前的她所鄙视的。这些作品中的女性形象和《女兵自传》中的女兵形成鲜明的对比，也反映出当时的某些社会现实。石评梅的《偶然来临的贵妇人》更是生动地刻画出一个曾经的"参政女性"如何坠入旧式女人生活的老路中去的女性形象。小说中的主人公张蔚然曾经是一位"女界伟人"，然而后来她还是选择嫁给了一个有钱人，并从此再也"振作不起往日的精神"。"在社会上既有名誉，又有地位"的她今非昔比，并开始对曾经的自己进行揶揄："什么当主席，请愿，发传单，示威，这套拿手戏，想起来还觉得可笑呢！一个人最终的目的，谁不是梦想着实现个如意的世界，使自己能浸润在幸福美满中生活着。现在衡如有力量使我过这种不劳而获的生活，我又何必再去呼号奔波。"① 自己过上了骄人的生活就不再想曾经改造社会的梦想，女性参与政治的那点崇高意味和理想色彩在这里也就消解殆尽了。

而在另一位作家叶紫的笔下，参与政治革命带给女性的并不是女性主体意识的觉醒或者是革命退潮后人生中添了一份履历而已，而是"更多地经验了地狱般的苦难"②。在叶紫的中篇小说《星》中，梅春姐是一位长期受丈夫欺压的农村妇女，她的遭遇可以说是整个乡土社会女性的缩影。《星》的创作是以大革命时期湖南农村为背景的，正是在大革命开始后，美丽温柔的梅春姐被农会副会长爱上了，其丈夫知道后就对梅春姐施以毒打，妇女协会将梅春姐救出，并宣布了她和黄副会长的爱情关系为合法（实际上只是革命的激进行为，并没有法律的保障），禁止梅春姐的丈夫再行干涉，于是梅春姐和黄副会长开始公开同居。受了气的丈夫后来就到外面去当了兵。梅春姐和黄副会长在一起不仅过上了幸福的生活，还一起干起革命来，如果故事仅仅到此为止，那么这只不过又是一个"革命将女性救赎"了的故事，但是作品的诚实和富于反思之

---

① 石评梅：《偶然来临的贵妇人》，载柯灵主编《只有梅花如此恨》，上海古籍出版社1999年版，第108页。原载《世界日报·蔷薇周刊》1928年第75期。

② 杨联芬：《女性与革命——以1927年国民革命及其文学为背景》，《贵州社会科学》2007年第10期。

处在于写出了女性参与政治革命的另一面。很快大革命失败，梅春姐和黄一起被捕了，后黄被枪决，梅春姐在狱中生下了黄的孩子。这时她原来的丈夫将其母子保出，并开始对他们实行变态的虐待，直到无辜的孩子被虐待致死，梅春姐也再次陷入走投无路的绝境当中。而且颇具意味的是，当梅春姐被丈夫赎出时，她对他充满的是歉意和忏悔。就如有的研究者指出的像"不曾被革命启蒙过"，"叶紫对现实的忠实态度，呈现了女性解放的悖论：当女性完全没有独立自主的权利和能力时，革命或不革命，她都无从掌握自己的命运，也无从改变其屈从的地位。而革命与反革命的暴力厮杀，使无助的女性，更多地经验了地狱般的苦难。叶紫并没有谴责革命的意思，却也为革命带来善良女人的悲惨结局，感到痛惜"。① 笔者对此论深以为然，《星》亦可看作现代文学书写对女性参政的反思之一种。

---

① 杨联芬：《女性与革命——以 1927 年国民革命及其文学为背景》，《贵州社会科学》2007 年第 10 期。在该文末尾，论者还接着指出："这篇小说（指《星》，笔者注），因囚禁与解放悖论的深刻揭示，使暗含的妇女解放的命意，其实又回到女性主义的原点——受教育，获得经济独立和人格独立，这才是女性摆脱被奴役地位，获得自由和解放的根本途径。"笔者对此持不同观点。对于女性解放的路径，不管是受教育还是获得经济独立和人格独立，这都需要法律赋予女性诸项权利然后才能真正付诸实践，（如《星》中梅春姐与农会副主席的关系虽被妇女协会宣布为"合法"但顷刻即破碎，因为实际上他们并没有获得国家政府和正式法律的支撑），而一个维持封建统治秩序的政府（北洋军阀）是不可能制定出现代的、进步的法律的，所以通过社会革命来建立一个现代政府也成为民国时期女性解放的必由之途，尽管不是必然会导向女性的全面解放，革命也会存在曲折反复。该文作者的观点是在用当下的甚至是西方女性的"解放"概念来回量民国时期女性的解放。历史语境不同，自然不可"同日而语"，笔者认为论者观点有待商榷。

第四章

红旗下的土地：从苏区到解放区女性法律地位之嬗变与中国现代文学书写

苏区和解放区是指不同时期中国共产党在各地建立的革命政权所控制的革命区域，苏区一般用来指称土地革命时期的中共政权统辖区，解放区则用于第三次国内革命战争时期，这中间还经过了抗日战争时期（这一时期中共革命政权所控制的区域还称为抗日根据地、敌后抗日根据地或抗日游击根据地等）。本章所论之"苏区、解放区"实际上还包括了"根据地"，为了表述的简洁方便，小节名便采用"苏区、解放区"的说法。"从苏区到解放区"既涵纳了时间的延续性，又包蕴了地域的变迁性，但其统一之处在于，它们都在中国共产党所建立的革命政权之下，有着相同的政治制度和文化氛围，因而女性法律地位嬗变过程的发生发展有着相类的政治文化背景，而与之相关的现代文学书写也有着相似的创作背景，这是能将其进行整合研究的理由。

1927年，蒋介石和汪精卫开始实行"清党"和"分共"，中国共产党在经历了大革命的受挫后开始了探索新的革命道路并独立领导革命实践的过程。从1927年秋到1928年底，中国共产党在各地农村先后发动了一百多次武装起义，并逐步建立了苏维埃政权。苏维埃区域于是成为当时国民党政府统治时期的"化外"区域，有着完全不同于国民党统治区域的政治、文化和制度环境。中国共产党"农村包围城市"战略的确立就决定了苏区乡村女性成为中共领导下的妇女解放运动的最早受益者。

1931年11月7日，中华苏维埃第一次全国代表大会在瑞金叶坪召开。大会选举37人组成的主席团决定接受中共中央向大会提出的苏维埃宪法、劳动法、土地法、红军问题、经济问题、经济政策、工农检查处等问题及决议草案。大会闭幕后，同年 11 月 27 日，中央执行委员会又举行了第一次会议，讨论通过了《中华苏维埃共和国选举细则》《地方苏维埃政府组织暂行条例》《中华苏维埃共和国划分行政区域暂行条例》和《中华苏维埃共和国婚姻条例》等条例法令。在整个土地革命战争时期，各级苏维埃政府针对妇女问题又颁布了一系列政策、法令及措施，所有这些法律、决议、政策及措施等涉及妇女的文化教育、经济、婚姻、政治等各个方面，也为其后抗日战争时期民主根据地和第三次国内革命战争时期解放区法律法规的制定奠定了基础。而且不同于国民党政府颁布的与女性权益相关的法律对于广大乡土社会女性的"鞭长莫及"，苏区的法律因为政权力量的建立是以农村为"根据地"，所以能更加直接有效地予以实施。乡土社会女性也从这时起才真正享有几千年来未曾享有过的作为与男性平等的"人"的权利。

实际上，中国共产党在根据地建立伊始就把妇女解放放在了非常重要的位置，这是源于共产党对于妇女解放事业的责任感和使命感。中国共产党自成立之时就旗帜鲜明地承担起领导中国妇女运动的历史使命，始终将妇女运动与民主革命运动紧密结合，将妇女解放道路与民族解放道路相统一。在中国共产党成立之初，中国妇女的命运就是共产党人关注的重要问题之一，他们希望通过建立新的社会制度来改变妇女的生存状态："在社会主义之下，男女都要力作……在社会公共劳动，在家庭不至于受家庭压迫，结婚后不会受男子压迫。"[1] 毛泽东在《湖南农民运动考察报告》中也曾指出："中国的男子，普遍要受三种有系统的权力的支配……至于女子，除受上述三种权力的支配以外，还受男子的支配（夫权）。"[2] 在《寻乌调查》中，毛泽东又提到："女子却依然是男子的农奴或半农奴。她们没有政治地位，没有人身自由，她们的痛苦比一切人大。"[3] 由此可见共产党人一直以来对妇女生存状态的关注和重视，与此同时，改善妇女地位，促进妇女解放，也是源于战争环境下把妇女运

---

[1] 陈独秀：《女子问题与社会主义》，载《陈独秀文集》，生活·读书·新知三联书店1984 年版，第 105—106 页。

[2] 毛泽东：《湖南农民运动考察报告》，载《毛泽东选集》第一卷，人民出版社 1991 年版，第 31 页。

[3] 毛泽东：《寻乌调查》，载《毛泽东农村调查文集》，人民出版社 1982 年版，第 178 页。

动发展起来的迫切需要。中国共产党相信，将妇女发动起来参加革命是必需的而且可行的，前提是必须先将妇女解放，而从法律上赋予女性各项权利并将之贯彻实施则是最直接而有效的途径之一："妇女占劳动群众的半数，劳动妇女积极起来参加革命工作，对于革命有很大的作用。……尤其是在日益扩大的向外发展的革命战争中，多数男子均要到红军里去参加前线工作，则后方的工作与巩固、保卫的责任更要有妇女来担当，坚决实现保护与解放妇女的法令，领导与激励妇女来积极参加革命，使与妇女运动密切联系起来，以增加革命胜利的建设。"①

事实上，之前或同时期国民党政府公布的法律并非没有赋予女性诸多权利（见前两章），关键是这种法律的统摄力量根本无法渗透广大乡土社会的腹地，这一是源于当时社会交通通讯等各类手段的不发达，也是由于人的意识层面几千年文化积淀以及习俗力量的积重难返，而后者要改变起来似乎难度更大。对于中国共产党而言，政权力量的建立就是以广大农村为根据地的，所以地理上的先决条件使得前者自然不成问题，而要改变人的意识就成了重中之重。由此，对政策、法规、制度、措施的宣传和对人尤其是女性的教育就受到前所未有的重视。在苏维埃政府时期，根据地的"剧社、歌舞团、农村俱乐部都有广泛的发展，创造了许多革命的话剧、歌舞剧，并改造了地方戏，新编了许多革命歌曲和谣曲。各种各样的文艺形式在宣传革命道理、普及新的思想观念、丰富根据地民众精神生活方面起了重要作用，有力地配合和推动了根据地土地革命的开展，成为根据地社会动员的强大武器"②。正如苏区工农剧社社歌歌词所写："我们是工农革命的战士，艺术是我革命武器"，"创造工农大众的艺术，阶级斗争的工具"，"为苏维埃而斗争！暴露旧社会的黑暗面，指示新社会的光明，创造题材与故事英雄，就在革命与战争，赤色革命的战士"。③而文艺作为宣传工具的作用在戏剧方面得到最大的体现，"三十年代，不仅国统区的戏剧运动继承和发扬了五四以来新剧的

---

① 《临时中央政府文告人民委员会训令（第六号）——关于保护妇女权利与建立妇女生活改善委员会的组织和工作》，载江西省妇联、江西省档案馆编《中央苏区妇女运动史料选编》，江西人民出版社1982年版，第60页。

② 张宪文等：《中华民国史》第二卷，南京大学出版社2006年版，第213页。

③ 汪木兰、邓家琪编：《苏区文艺运动资料》，上海文艺出版社1985年版，第20页。原载《青年实话》第2卷第16号，1933年5月21日。

反帝反封建的革命传统，在白色恐怖下坚持开展革命斗争的戏剧运动，促进了新剧创作的初步繁荣，写出一些较好的文学剧本；而且以江西瑞金为中心的苏区，在粉碎蒋介石发动的第二次军事围剿后，也建立了红军俱乐部和工农剧社、中央剧团等，演出了《我——红军》《红色间谍》《武装起来》《南昌起义》等剧，一九三四年底瞿秋白曾把苏区创作的主要剧本编成《号炮集》（包括韩进的《牺牲》《李保莲》、郑贻周的《非人生活》、赵品三的《游击》等），油印出版。这些剧本具有思想性强、生活气息浓、短小通俗、易编易演等特点，对抗战时期抗日民主根据地的戏剧创作产生了直接影响"①。

可见，在中国共产党政权辖制范围内的苏区根据地，文艺（包括文学）的审美功能逐渐让位于了对政治的宣传功能，正如有研究者指出的，"苏区的歌谣与诗词属于一种崭新的文化体系，在文艺理论的导向上，它以鲜明的政治倾向性和强烈的社会功用价值观，掀开了中国文学史上新的一页"②。而且这种文艺路线和模式一直延续到抗日战争时期、第三次国内革命战争时期甚至中华人民共和国成立后。但另一方面如丁玲在《苏区的文艺》一文中所言："苏区的文艺，到现在还没有产生过如同阿Q那样艺术成熟的作品……大的场面的描写也找不出。然而却自有他的特点，如同苏区的戏剧运动一样，就是大众化，普遍化，深入群众，虽不高深，却为大众所喜。"③ "总的来说，苏维埃运动十年，各方面的建设都有极大的成绩，但文艺方面，在紧张繁忙的战争环境中，虽有伟大的题材，却还未能有较大的创造；优秀的杰作，并不多见。而且，为适应战争的需要，加上种种条件限制，苏区的文艺运动，主要是为群众喜闻乐见，易于接受的戏剧运动和革命歌谣活动，还有迅速反映革命根据地的军事斗争和建设生活的通讯、报告文学。至于小说创作，因为需要更充分的时间，更高的写作水平，所以也较难以产生。"④

在陕甘宁边区政府时期，文化创造包括文学创作，更是被视为政治

① 蓝海：《中国抗战文艺史》，山东文艺出版社1984年版，第227—228页。
② 许怀中主编：《中国解放区文学史》，海峡文艺出版社1994年版，第4—5页。
③ 丁玲：《苏区的文艺》，载《苏区文艺运动资料》，上海文艺出版社1985年版，第152页。
④ 许怀中主编：《中国解放区文学史》，海峡文艺出版社1994年版，第209—210页。

生活的一部分。"边区的文艺创作，特别是话剧创作，继承了中央苏区和红军时代的传统，特别注重配合对于干部、战士的宣传鼓动和思想教育的作用。而这时的宣传、教育，仅仅用一般的革命精神去感染和鼓动人们，也已显得远远不够。人们要求在具体的政治思想、政策观念上去帮助他们。广大干部、战士和群众是党的政策的实行者。他们不但希望自己的生活和事迹在艺术中得到反映，而且要求艺术作品能启发他们解决在工作中所碰到的问题，帮助他们提高思想认识和学习到斗争的本领。对于文艺，这些看来有些严苛的要求，特别是历史环境的变迁，文艺自身特质的高扬之后，严格来说，这些都是不合理的要求，在当时却是摆在文艺工作面前的活生生的事实和必须办到的。"① 这种文学创作的政治生活化一方面是源于中共文艺政策和现实状况的要求，另一方面也是文艺工作者对这种要求的自觉或不自觉的"回应"。如鲁艺文艺工作团，在部队中生活了 9 个月以后，仍然感到未能真正解决与群众相结合的问题并为此进行了反省："深入生活不够：文艺工作者既然需要从生活的内层去收集材料，来进行写作，所以仅仅参加生活是不够的，他必须深入到生活内层去。我们虽参加了部队生活，参加了战斗，但是在用高度的热忱去分析和体验生活是很不够的；还不能发掘生活的底层，没有成为斗争的一员，而参加到斗争中间去，仅仅生活在斗争的表面。在部队里，常常把我们作为'客人'看待，作为文艺工作者来看待，所以当我们请求参加战斗或别的行动时，常常被阻止或者限制。这就使我们不能真正了解斗争者的生活、感情和思想，而仅仅观察了其表面的生活和行动。"② 由此可见解放区的文艺工作者们是如何亟亟于将文艺创造与"政治斗争"紧密结合起来。

有研究者在提到解放区的戏剧创作时指出"抗战全面爆发以后，随着救亡戏剧运动的蓬勃开展，戏剧创作也出现了高潮"，"国统区或沦陷区一开始歌颂性的主题多正面人物形象多，后来暴露讽刺性的主题多反面人物多，而解放区则始终是歌颂性的主题多工农兵的正面形象多，暴

---

① 刘建勋：《延安文艺史论稿》，陕西人民出版社 1992 年版，第 68—69 页。

② "鲁艺"文艺工作团（执笔：荒煤、梅行、黄钢）：《关于敌后文艺工作的意见》，《抗战文艺》1940 年第 6 卷第 2 期。

露性的主题或刻画反面人物主要起陪衬作用"①；可以说，对共产党的政策、制度、法规进行宣传以及对解放区的正面人物和事迹进行记录歌颂就是解放区文学创作的主要功能之一，自然也是从苏区到解放区女性法律地位嬗变之文学书写的功能之一。文艺（自然包括文学创作）在中国共产党领导下的苏区、解放区的"天空"下就是一支宣传的轻骑兵，众多作家通过他们的文学创作来实现自身的价值和为新的社会"添砖加瓦"的理想。而实际上，通过文艺宣传和文学创作尤其是戏剧、小说、说书、谣曲这些老百姓喜闻乐见的形式，文学的确承担了宣传和歌颂的政治功能。而关于女性法律地位嬗变的文学书写也不例外。"我们考察解放区文学创作，就主题而言，有一个十分突出、令人不容忽视的文学现象，这就是各种文学形式，不论是小说、诗歌、还是戏剧，都把妇女问题提到十分注目的创作日程上，把描写妇女的苦难与拯救，作为一个热点问题，从而充分体现了解放区文学特有的一种'女权意识'。"②

可以说，从苏区到解放区的文学创作，对宣传新的法律政策，歌颂新的政治制度，提高女性的法律地位都起到了很大的推动作用。但值得注意的是，与解放区绝大部分文学作品歌颂新社会，宣传新法律，批判旧制度不同，解放区还有少数文学创作则充当了反省、质疑、批评的角色，对现实生活与法律条文及政治预期的鸿沟进行了深刻的洞察和反思，对于女性的生存状态和法律地位的关注尤其如此。正是这些作家作品构成了从苏区到解放区女性法律地位嬗变之现代文学书写的另一个向度。

但是这类作品非常有限，尤其是在毛泽东发表著名的《在延安文艺座谈会上的讲话》（以下简称《讲话》）和延安文艺界"整风"运动之后，整个解放区的文学创作开始由多元化向一元化转变。在讲话中毛泽东明确指出："我们的文学艺术都是为人民大众的，首先是为工农兵的，为工农兵而创作，为工农兵所利用的。""抗日战争爆发以后，革命的文艺工作者来到了延安和各个抗日民主根据地的多起来了，这是很好的事。但是到了根据地，并不是说已经和根据地的人民群众完全结合了。我们要把革命工作向前推进，就要使两者完全结合起来。""中国的革命的文

① 蓝海：《中国抗战文艺史》，山东文艺出版社 1984 年版，第 228 页。

② 刘懋德：《略论解放区文学妇女解放的主题》，《张掖师专学报》1994 年第 1 期。

学家艺术家，有出息的文学家艺术家，必须到群众中去，必须长期地无条件地全心全意地到工农兵群众中去，到火热的斗争中去，到唯一的最广大最丰富的源泉中去……""文艺是从属于政治的，但又反转来给予伟大的影响于政治。"无产阶级的文艺应当"是政治和艺术的统一，内容和形式的统一，革命的政治内容和尽可能完美的艺术形式的统一"。① 从讲话的这些内容可以看出，一个文学创作多元化的时代必然终结，"文艺从属于政治"决定了解放区文学创作的主题和题材的单一化倾向以及审美功能的弱化，但与此同时，也从来没有哪个时期的文学像解放区文学这样产生了如此大的现实作用，就像毛泽东所说的"给予伟大的影响于政治"。

《讲话》对整个解放区甚至中华人民共和国成立后的文学创作都产生了极为深远的影响，诸多文人的思想由此产生了巨大的转变。如作家吴伯箫曾说："'延安文艺座谈会'在我是写作的分水岭。""座谈会以后，下决心'为人民服务'，写作上走新路。"② 又如由国统区到延安的作家丁玲，她在1938年写作《适合群众与取媚群众》一文时还认为："我们现在要群众化，不是把我们变成与老百姓一样，不是我们跟着他们走，是要使群众在我们的影响和领导之下"，我们是"他们的师长，他们所依赖的人"，而不能"做了群众的尾巴，只是取媚群众"。③ 但是在《讲话》之后她却表示："文艺应该服从于政治。文艺是政治的一个环节"；"共产党员的作家，马克思主义者的作家，只有无产阶级的立场，党的立场，中央的立场"；要"投身在无产阶级工农大众生活中去"，是"从那一个阶级投降到这一个阶级来"。④ 1941年丁玲写了《我们需要杂文》一文，认为"即使在进步的地方，有了初步的民主，然而这里仍然需要督促，监视，中国所有的几千年来的根深蒂固的封建恶习，是不容易铲除的，而所谓进步的地方，又非从天而降，它与中国的旧社

---

① 毛泽东：《在延安文艺座谈会上的讲话》，载《毛泽东选集》第三卷，人民出版社1991年版，第847—879页。

② 吴伯箫：《无花果——我和散文》，《文学评论》1981年第5期。

③ 丁玲：《适合群众与取媚群众》，《丁玲文集》第四卷，湖南人民出版社1984年版，第360—361页。

④ 丁玲：《关于立场问题我见》，《谷雨》1942年第1卷第5期。

会是相连结着的"①。然而在《讲话》之后，"从 1942 年下半年至 1945 年的长达三年半时间里，丁玲几乎'专门'创作讴歌解放区工农兵和歌颂解放区生活的报告文学"②。由此可见《讲话》对作家思想和整个解放区文学创作产生的巨大影响。

这种影响自然也波及对解放区女性法律地位嬗变的文学书写。曾有研究者指出解放区文学特有的一种"女权意识"，但同时他也注意到："正是在这样一个重要方面，解放区文学与'五四'新文学形成了强烈的对应关系。'五四'时期作家创作的主题热点，转移到了解放区作家的笔下，在新的历史条件下和新的社会环境里又有了新的发展，并在这一主题中灌注了新的时代内容和底蕴。如果说，'五四'新文学表现妇女问题的作品，主要写她们的不幸命运和精神上的麻木与不觉悟，立足于'国民性'的剖析，以达到思想启蒙的目的，那么，解放区文学则侧重写广大妇女如何从苦难的深渊中获得解放，和她们如何在新的生活环境里主体意识的觉醒，对命运的主宰以及失去的人的价值的回归。"③ 可以说这种总结是基本符合现实情况的，我们也可以从中窥见某种倾向。

解放区文学创作的这种倾向性不得不说与现实政治紧密相关。一方面是因为解放区女性法律地位的变化的确与现实政治紧密联系在一起，解放区女性"从苦难的深渊中获得解放""主体意识觉醒""对命运的主宰""失去的人的价值的回归"都与中国共产党颁布的一系列提高女性法律地位的法律、法令、政策、措施有着重大关系。这既是政治预设即女性解放必须以阶级解放和社会革命为依托，又是共产党人为之奋斗的政治理想。另一方面是源于政治权利话语对作家的影响，作家们在《讲话》和"整风"前后思想立场及文风的巨大转变就是明证。在《讲话》和"整风"之前，解放区文学中也有对解放区存在的"黑点"包括女性依旧遭受的种种"压迫"进行书写的文学作品，如果文学能够按照自身的规律自然地发展，那么这些作品应该可以成为与"记录""歌颂""宣传"解放区女性法律地位嬗变之文学书写之外的另外一脉，但事实却是因为政治力量强大的影响而隐匿消遁了。但当我们考察解放区女性法律

---

① 丁玲：《我们需要杂文》，《解放日报》1941 年 10 月 23 日。
② 江震龙：《解放区散文研究》，上海三联书店 2005 年版，第 188 页。
③ 刘懋德：《略论解放区文学妇女解放的主题》，《张掖师专学报》1994 年第 1 期。

地位嬗变与现代文学书写这一主题时，这些作品却是不能被忽视的文本，因为正是这些作品呈现出了作家话语与政治话语的张力以及现实生活与政治预期的差异，也正是这些作品使关于解放区女性法律地位嬗变的文学书写得以"完整"。

对苏区到解放区女性法律地位嬗变进行文学书写的作品不仅仅出自身处这些地区的作家之手，在这些区域以外的地方也有许多作家作品对此进行了表现，如国统区的左翼文学创作，以及一些刊物报纸的记者赴苏区、解放区采访调查后的报告文学等，都对苏区、解放区女性的法律地位嬗变进行了书写，这也是本章考察对象的重要组成部分。

第一节　"自由结婚实在通"：苏区、解放区女性婚姻权

中国的女性自古以来就没有婚姻上自决的权利，"父母之命，媒妁之言"一直是决定她们婚姻的主导力量。即使到了民国时期，甚至是南京国民政府颁布新的民法（其中有关于婚姻的规定，相比于之前的法律，赋予了女性更多在婚姻中的权利）以后，这种状况也只在国家权利能相对有效控制和受新文化新思潮冲击比较大的都市有所改变，对于广大乡土社会的女性而言，则依然如故地生活在死水微澜的"千年古井"之中。① 直到 1927 年第一次国共合作破裂，共产党在广大农村建立革命根据地并颁布一系列法律法规开始，广大乡土社会女性才逐渐获得并切实实现了她们的婚姻自决权和在婚姻中的其他一些权利。

其实早在 1922 年 7 月 23 日，中国共产党第二次全国代表大会《关于妇女运动的决议》中就提出："中国共产党认为妇女解放是要伴着劳动解放进行的，只有无产阶级获得了政权，妇女们才能得到真正解放。

---

① 见前两章相关论述，类似的情况也曾出现在其他一些国家，如列宁就曾说："我们的法律在历史上第一次取消了一切使妇女没有权利的东西。但是，问题不在于法律。这种关于婚姻完全自由的法律在我们城市和工厂区实行得很好，而在农村则往往成为一纸空文。在那里，教堂结婚直到现在还占优势。这是受了神甫的影响，同这种坏现象作斗争比同旧法律作斗争困难得多。"（［苏］列宁：《在全俄女工第一次代表大会上的演说》，载《列宁全集》第 28 卷，人民出版社 1956 年版，第 162—163 页。）

他目前为妇女奋斗的是：（一）帮助妇女们获得普通选举权及一切政治上的权利与自由；（二）保护女工及童工的利益；（三）打破旧社会一切礼教习俗的束缚。"① 这从一开始就把女性权利的获得与阶级解放联系在了一起。决议中虽然没有明确提出女性婚姻中的权利，但第三项"打破旧社会一切礼教习俗的束缚"已经暗含了反对诸多束缚女性婚姻自由的封建陋俗。到 1923 中国共产党第三次全国代表大会关于妇女运动决议案提出时就已经明确指出："口号应是'全国妇女运动的大联合''打破奴隶女子的旧礼教''男女教育平等''男女职业平等''女子应有资产继承权''男女社交自由''结婚离婚自由''男女工遗平等''母性保护''赞助劳动女同胞'。"② 1925 年中国共产党第四次全国代表大会对于妇女运动之决议案又提出："妇女运动中最适用的口号应是：'男女社会地位平等''男女教育平等'（一切教育机关为女子开放）'反对大家庭制度''打破奴隶女性的礼教''反抗良妻贤母主义的女子教育''女子应有财产权与承继权''女子应有参政权''男女工资平等''赞助劳工妇女''保护母性（生产期前后休息六星期不扣工资）'。"③ 由此可见历届中共全国代表大会关于妇女运动之决议案都直接或间接地提出了女性在婚姻方面应享有的权利。到 1928 年中国共产党开始独立领导革命实践时，更是进一步把女性婚姻权利的获得和阶级革命联系在了一起，在 1928 年 6 月中国共产党第六次全国代表大会上制定的《妇女运动决议案中》强调指出了要改变农村女性权利的问题："党在乡村中的任务是吸收劳动妇女到革命方面来"，"农妇受压迫最深，这是引导她们参加革命的基础"。"在农妇中之宣传与暴动工作，应直接提出关于农妇根本利益的具体要求，如继承权、土地权、反对多妻制、反对年龄过小之出

---

① 《中国共产党第二次全国代表大会关于妇女运动的决议》（1922 年 7 月 23 日），载中华全国妇女联合会妇女运动历史研究室编《中国妇女运动历史资料（1921—1927）》，人民出版社 1986 年版，第 30 页。

② 《中国共产党第三次全国代表大会关于妇女运动的决议》（1923 年 6 月），载中华全国妇女联合会妇女运动历史研究室编《中国妇女运动历史资料（1921—1927）》，人民出版社 1986 年版，第 68 页。

③ 《中国共产党第四次全国代表大会关于妇女运动的决议》（1925 年 6 月），载中华全国妇女联合会妇女运动历史研究室编《中国妇女运动历史资料（1921—1927）》，人民出版社 1986 年版，第 281 页。

嫁（童养媳）、反对强迫出嫁、离婚权、反对买卖妇女、保护女雇农的劳动。"① 由此，中国共产党走上了领导农村女性进行妇女运动的历程，农村女性在婚姻中的法律地位由此才逐渐改变。

从 1928 年 8 月闽西根据地永定县溪南区苏维埃政府颁布婚姻条例起，其他各县苏维埃政府也相继颁发婚姻条例，规定了反对封建包办买卖婚姻以及取消童养媳陋俗等的章程。到 1931 年 11 月，苏维埃中央政府在吸收各革命根据地暂行婚姻法实施的经验教训的基础上也制定了《中华苏维埃共和国婚姻条例》："第一条 确定男女婚姻，以自由为原则，废除一切封建的包办强迫和买卖的婚姻制度，禁止童养媳。……第四条 男女结婚须双方同意，不许任何一方或第三者加以强迫。……第八条 男女结婚须同到乡苏维埃或城市苏维埃举行登记，领取结婚证，废除聘金、聘礼及嫁妆。第九条 确定离婚自由，凡男女双方同意离婚的，即行离婚。男女一方坚决要求离婚的，亦即行离婚。"② 此外，婚姻条例还对离婚后小孩的抚养、离婚后男女财产的处理以及未经结婚登记所生小孩的抚养等问题进行了规定。这些法律条文保护了处于弱势地位的女性的利益，首先它明确废除了封建的婚姻制度和陋俗，确立了婚姻自由的原则。无论结婚还是离婚，女性都拥有了从未有过的自由选择权，为女性摆脱封建婚姻所带来的痛苦提供了法律的保障和政府的支持。在《中华苏维埃共和国婚姻条例》颁布后，为了使法律条文贯彻落实，各级政府都采取了一系列措施，如颁发大量的文件和指示，派干部深入农村访问调查了解研究，对基层干部和群众对婚姻法及一些思想问题进行指导答疑，并根据贯彻实施婚姻法的具体情况采取一定的奖惩措施。除此之外，还通过会议、报刊介绍、戏剧演出和歌谣传唱等多种形式来进行宣传。这一时期的文学创作也主要以政治宣传为其主要目的和功能，创作形式也以戏剧、歌谣等为主，因为这些形式具有易被老百姓接受和喜爱的特点。而且这种创作"传统"被一直保留到陕甘宁边区政府时期并进行了进一步的演绎和发挥。

---

① 《中国共产党第六次全国代表大会关于妇女运动的决议》（1928 年 7 月 10 日），载中华全国妇女联合会妇女运动历史研究室编《中国妇女运动历史资料（1927—1937）》，中国妇女出版社 1991 年版，第 16—17 页。

② 《中华苏维埃共和国婚姻条例》（1931 年 11 月 28 日），载中华全国妇女联合会妇女运动历史研究室编《中国妇女运动历史资料（1927—1937）》，中国妇女出版社 1991 年版，第 152—153 页。

当时苏区根据地到处都在传唱着这样的歌谣：

> 跟着救星共产党，
> 妇女翻身有靠山；
> 打碎千年铁锁链，
> 千年规矩一脚踢。①

这里的打碎"千年铁锁链"指的就是 1931 年 11 月 28 日《中华苏维埃共和国婚姻条例》的颁行打碎了套在妇女颈上长达几千年的封建宗法枷锁。

此外，还有像《日头出来一片红》这样歌颂婚姻自由的歌谣：

> 日头出来一片红，
> 自由结婚实在通，
> 男女平权真快乐，
> 女子出来也威风。②

这样的歌谣语言简洁、浅显易懂，说不上有什么艺术审美价值，但却能被老百姓接受传唱从而达到广泛宣传的目的。形成当时苏区文学这一创作特点的另一个原因是，因为处在和国民党的紧张对峙之中，一方面没有充裕的时间和精力，另一方面革命根据地也成立不久，创作的主体是基层文化人甚至是文化程度不高的农民或红军战士，因而也不大可能创作出既具有宣传功能又兼具思想深度和审美价值的艺术作品。但是苏区的文学创作却是抗日战争时期和第三次国内革命战争时期根据地文学创作的先导。

《中华苏维埃共和国婚姻条例》颁布后，经过各级党政组织的努力宣传，婚姻自由原则和自主婚姻逐渐被广大群众所接受，但是在很多地方，各种封建婚姻形式也仍然还广泛存在的，婚姻条例的颁布和实施只是乡村女性婚姻法律地位改变的开始，要真正完全实现法律所赋予女性的权利仍然还有很长的路要走。1934 年中央又修订了婚姻条例，重新颁

---

① 徐腊梅编著：《红色歌谣》，江西高校出版社 2007 年版，第 165 页。
② 谢济堂：《中央苏区革命歌谣选集》，鹭江出版社 1990 年版，第 361 页。

行了《中华苏维埃共和国婚姻法》，在原有婚姻条例的基础上增加了对红军战士的婚姻问题、私生子的问题及离婚妇女的土地问题的规定。这部婚姻法体现了中国共产党对改善女性的婚姻法律地位所作出的巨大努力，也为抗日战争和第三次国内革命战争时期各革命根据地婚姻条例的制定和女性婚姻法律地位的提高奠定了基础。

在经过土地革命战争时期婚姻条例及婚姻法的宣传实施以后，1937年抗日战争爆发，又一批抗日民主根据地的建立进一步把反对包办买卖婚姻和婚姻自主的原则推行到更广大乡土社会的腹地，如西北、华北、华东等地区。当时这些地区很多都很落后，封建意识也很浓，各种野蛮的婚俗流行（如童养媳、买卖婚姻、抢婚、早婚等）。所以中国共产党的许多决议和新的婚姻条例都对反对封建买卖包办婚姻及各种野蛮风俗和提倡婚姻自主原则做出了规定。

《陕甘宁边区婚姻条例》规定（1939年4月4日公布）："第二条 男女婚姻照本人之自由意志为原则。第三条 实行一夫一妻制，禁止纳妾。第四条 禁止包办强迫及买卖婚姻，禁止童养媳及童养婚（俗称站年汉）。第五条 男女结婚须双方自愿，及有二人之证婚。……第七条 结婚之双方得向当地乡政府或市政府请求结婚登记，发给结婚证。……第十条 男女双方愿意离婚者，得向当地乡政府或市政府请求离婚登记。发给离婚证。第十一条 男女之一方有下列情形之一者，他方得向政府请求离婚。（一）有重婚之行为者；（二）感情意志根本不合，无法继续同居者；（三）与他人通奸者；（四）虐待他方者。"① 此外，《晋冀鲁豫边区婚姻暂行条例》②《晋察冀边区婚姻条例》③《晋绥边区婚姻暂行条例》④ 等地区的法

---

① 《陕甘宁边区婚姻条例》（1937年9月），载中华全国妇女联合会妇女运动历史研究室编《中国妇女运动历史资料（1937—1945）》，中国妇女出版社1991年版，第177—178页。

② 《晋冀鲁豫边区婚姻暂行条例》（1942年1月5日公布，1943年9月29日修订颁布），载中华全国妇女联合会妇女运动历史研究室编《中国妇女运动历史资料（1937—1945）》，中国妇女出版社1991年版，第615—616页。

③ 《晋察冀边区婚姻条例》（1943年2月4日公布），载中华全国妇女联合会妇女运动历史研究室编《中国妇女运动历史资料（1937—1945）》，中国妇女出版社1991年版，第657—658页。

④ 《晋绥边区婚姻暂行条例》（1943年4月20日公布），载中华全国妇女联合会妇女运动历史研究室编《中国妇女运动历史资料（1937—1945）》，中国妇女出版社1991年版，第660—662页。

律条例都做出了类似的规定。《山东省婚姻暂行条例》甚至还对寡妇再嫁的自由进行了规定："第一条 本条例根据山东战时施政纲领，男女平等，婚姻自由，一夫一妻之原则制定之。第二条 重婚、早婚、续婢、纳妾、童养媳、买卖婚姻、租妻、抢婚等陋俗一律禁止。第三条 订婚应由男女当事人自己订定，任何人不得强迫或代订。第四条 男未满 17 岁，女未满 16 岁者不得订婚。第五条 订婚时男女双方均不得索取金钱或其它财物，但纯系纪念性质之物品交换不在此限。……第七条 婚约不得强迫履行，男女双方有一方不愿履行婚约者均得请求解除之。第八条 男未满 18 岁，女未满 17 岁者不得结婚。……第十三条 寡妇有再嫁与否之自由，任何人不得干涉，或借以索取财物。……第十五条 夫妻之一因他方有下列情形者得请求离婚：……五、受他方不堪同居之虐待或遗弃者。……七、夫妻感情恶劣至不能同居，经调解无效者。"① 到 1946 年 6 月 4 日，陕甘宁边区政府又颁布了新的婚姻条例："第一条 男女婚姻以自愿为原则，实行一夫一妻制。第二条 禁止强迫包办及买卖婚姻。……第五条 结婚年龄须男至 20 岁，女至 18 岁。……第八条 男女双方自愿离婚者，须向当地乡（市）政府领取离婚证。……第十四条 离婚时，男女双方各自收回其所有之财产，但离婚前双方有共同经营所得之财产者，得依据情况处理之。"②

从以上各根据地颁布的婚姻条例或婚姻暂行条例来看，相比于苏区时代中央政府颁布的婚姻法，这些条例规定更加细致，也更加现代化，如对于男女双方无感情、旨趣不合的允许并承认离婚。这些法律赋予了女性真正的婚姻自决权和自由权。当时就有人发表文章来评论这种法律的民主性："边区政府给她们解除了实际上的痛苦。首先在婚姻问题上，男女平等、婚姻自由、禁止买卖婚姻、童养媳和打骂妇女，这些都是边区政府的法令和条例上所规定的，在代表她们切身利益的妇联组织中，她们经常帮助政府使所颁布的法令得以正确实行，在许多地区正确地解

① 《山东省婚姻暂行条例》（1945 年 3 月 16 日），载中华全国妇女联合会妇女运动历史研究室编《中国妇女运动历史资料（1937—1945）》，中国妇女出版社 1991 年版，第 826—828 页。
② 《陕甘宁边区婚姻条例》（1946 年 6 月 4 日），载中华全国妇女联合会妇女运动历史研究室编《中国妇女运动历史资料（1945—1949）》，中国妇女出版社 1991 年版，第 46—47 页。原载《解放日报》1946 年 6 月 4 日。

决了妇女的旧式婚姻问题，反对买卖和媒妁的婚姻，同时也反对轻易离婚的举动。一方面反对丈夫、婆婆不人道地打骂妻子和儿媳；另一方面主张家庭里要有友爱的和睦，同时打破一切轻视妇女的旧习气。如：'女人不是人，母猪不献神'等等荒谬的说法。"① 但是法律的先进和政府的努力并不代表落后婚姻形式的完全根除，反倒是在共产党新建立的抗日民主根据地多处穷乡僻壤，社会生活由于之前较少受到政府和法律的干预，有些地区封建意识和现象还更其严重。于是文艺再次充当了宣传新的法律制度和政策的"号手"。

正如五四时期及 20 世纪三四十年代国统区沦陷区表现都市女性法律地位嬗变和女性解放的文学书写着墨最多的是女性的恋爱婚姻一样，解放区女性法律地位嬗变的文学书写也同样以女性的恋爱婚姻作为重点。中共中央北方局妇救会负责人浦安修在《五年来华北抗日根据地妇女运动的初步总结》一文中曾说："农村妇女向来不与社会接触，但战争需要妇女出来参加社会活动，也就使妇女必然提出自己的问题，要求解决。开始时，妇女不容易提出需要参政或经济上的权利，妇女不会了解自己生活的痛苦是政治、经济的原因，甚至认为那是过高的奢望，长时期的束缚压迫已成为习惯，妇女不易了解自己的不平等地位是可以反抗改变的，而且不容易相信自己有斗争的力量（妇女较农民不同，较发动农民困难），因此，妇女一般的在开始时以提出反虐待为多，继则要求婚姻自由诸问题。群众工作须先在阻力最薄弱和最少处才易于突破。"② 所以中国共产党在广大根据地开展的妇女运动最初也是把提高女性在婚姻中的权利和地位放在了工作的重要位置，再加上女性天生对爱情婚姻问题的敏感和关注，与之相应的文艺宣传和文学创作也把恋爱婚姻作为了最重要的创作主题之一。

解放区女性在婚姻中法律地位嬗变的文学书写与现实生活中解放区女性的婚姻权利状况有着紧密的关联。现代文学史上很多有关解放区女

---

① 苏华：《获得民主权利的陕甘宁边区妇女》（1939 年 12 月 1 日），载中华全国妇女联合会妇女运动历史研究室编《中国妇女运动历史资料（1937—1945）》，中国妇女出版社 1991 年版，第 185 页。原载《中国妇女》第 1 卷第 7 期。

② 浦安修：《五年来华北抗日根据地妇女运动的初步总结》（1943 年 7 月 16 日），载中华全国妇女联合会妇女运动历史研究室编《中国妇女运动历史资料（1937—1945）》，中国妇女出版社 1991 年版，第 695 页。

性婚姻法律地位嬗变的经典作品都有着现实生活的原型，而且不少与现实生活中的婚姻民事纠纷案件有关，或者是以某案件为基础稍加发挥，或者就直接以某案件为素材，又或者某种文学样式的选择也源于某些案件的审理调查过程等。由此可以看出解放区女性婚姻法律地位嬗变之文学书写的"现实性"。而反过来，这些经典作品的创作和传播又为宣传解放区的法律制度起到了巨大的作用。

赵树理的《小二黑结婚》创作于1943年，讲述的是一对青年男女小二黑和小芹为争取婚姻自由，同封建意识残余和封建势力斗争并最终取得胜利的故事。它不仅歌颂了小二黑和小芹之间的真正爱情，还歌颂了新的社会制度和新的法律。《小二黑结婚》在出版之初就轰动了整个太行山区，也成为现代文学史上解放区文学的经典。很多人都知道小二黑结婚的故事，但却少有人知道《小二黑结婚》的创作动因和经过。① 事情的起因还是赵树理随边区的文化机关分散到山里住在一户村民家开始，有一天，赵树理和房东家来的一个亲戚拉家常，这位亲戚说是来县政府告状的，因为他的侄子岳冬至被人吊死在牛圈里了。随后经过攀谈，赵树理了解到岳冬至的死可能与他和村里一个叫智英祥的俊俏姑娘自由恋爱有关，因为村长的儿子和青救会秘书都打智英祥的主意，但智英祥却只和岳冬至情投意合，于是智岳二人就受到村里一些人的陷害，岳冬至最后以批斗的名义被打死了，却被人假造成自杀的样子。赵树理就替老汉写了状子，还两次到村里调查案情。他在调查中发现群众包括死者的家属，都不同情死者。他们虽然认为不该打死岳冬至，但教训一下还是可以的，因为岳冬至和智英祥都没有听从父母之命，媒妁之言。原来智英祥的母亲曾将其许给一个很有钱的商人，而岳冬至的父亲也给他收养了一个童养媳，但是他们却自由恋爱了。了解到这些情况后，赵树理觉得这个案子有着很丰富的意义，尤其是反对包办婚姻，推广新的法律政策，改变人们的封建意识等，于是赵树理又糅合进了他生活中的其他一些人物原型，创作了《小二黑结婚》。但不同于现实生活中两位当事人的悲惨遭遇，小说根据中国传统小说的习惯，给了作品一个大团圆的结

---

① 李标晶：《彭总当小二黑和小芹的主婚人》，载《中国现代文学名著创作始末》，四川文艺出版社1987年版，第244页。

局，人民政府坚持按新的婚姻法办事，为小二黑和小芹办理了结婚登记手续。小说的语言口语化，形式上也借用了群众喜闻乐见的古典小说讲故事的方法，但当时却得不到文化界人士的认可。后来稿子辗转到北方局妇救会负责人浦安修手里，她当时正准备编一些宣传婚姻自主的材料，读过小说后她表示很欣赏，于是将其拿给彭德怀看，彭德怀看后觉得写得很好并当即给小说题词，这样《小二黑结婚》才最后由新华书店于1943年9月出版。小说出版后受到了群众的普遍欢迎，各地新华书店虽将其一版再版，但仍然供不应求。一些文艺团体还将其改编成秧歌剧演出，在人民群众中产生了更加广泛的影响。可以想见，浦安修当时是因为想要编一些宣传婚姻自主的材料才无意促成了《小二黑结婚》的出版，但小说对婚姻自主的宣传效果应该远远超出了她的预想。周扬在谈到《小二黑结婚》的成就时说："作者是在这里讴歌自由恋爱的胜利吗？不是的！他是在讴歌新社会的胜利（只有在这种社会里，农民才能享受自由恋爱的正当权利），讴歌农民的胜利（他们开始掌握自己的命运，懂得为更好的命运斗争），讴歌农民中开明、进步的因素对愚昧、落后、迷信等等因素的胜利，最后也至关重要讴歌农民对封建恶霸势力的胜利。"[1]

袁静的剧本《刘巧儿告状》也同样有着现实生活的原型。1945年，在陕甘宁边区发生了一件错判了的抢亲案，这起案件在当时广为人知。[2]根据这个素材，袁静创作了《刘巧儿告状》。剧中刘巧儿在婚姻问题上受到了来自家庭和社会多方面的压力和迫害，但是在人民政府的支持下她最后取得了斗争的胜利，作品以此歌颂了新的婚姻制度和人民政权。后来剧团用秦腔的形式多次演出该剧，受到群众的热烈欢迎。解放区农民创作诗歌运动中，说唱文学也得到了很大的发展。1945年，陕北著名说唱盲艺人韩起祥在听了《刘巧儿告状》以后，又将其创编为三弦《刘巧团圆》，成为当时说唱文学的优秀代表作。这篇长篇叙事诗讲述的是

---

① 周扬：《论赵树理的创作》，《解放日报》1946年8月26日，转引自刘增杰等《中国解放区文学史》，河南大学出版社1988年版，第150页。

② 《边区调解婚姻的一个实例》，《新华日报》副刊《妇女之路》1944年第93期，载重庆市妇女联合会妇女运动史研究组编辑出版《妇女之路》（中），无出版年，第503—504页。在该案中，专员的真实姓名就叫马锡五，只不过案件的男女当事人分别叫张柏儿、封棒儿。说书《刘巧团圆》对其他人物的姓名也进行了更改，但故事情节和该案件的经过基本一致。

刘巧和赵柱儿的婚姻纠葛，剧中刘巧的父亲刘货郎贪图钱财，以自己18岁的独生女儿刘巧作为牟利的工具，骗其自幼与她订下婚约的赵柱儿是残疾加傻子，然后又诱骗赵柱儿的父亲，以刘巧不同意婚事为由一起去区政府解除了婚约。然后刘货郎又在以再嫁为名骗取了两家钱财后，将女儿许给了一个地主。后来刘巧知道了事情的真相，而且看见了赵柱儿并非如父亲所说，心情十分悲痛，此时赵柱儿也知道了刘巧的心意，其父赵老汉方知被骗，于是就以抢亲的方式娶回了刘巧，有情人终成眷属。但刘货郎因不甘心然后去告状，结果裁判员以抢亲触犯了边区政府的法律为由判赵老汉一年徒刑，还解除了两位年轻人的婚姻。群众纷纷为之不平，于是又状告专署，审判专员亲自到县政府来处理案情，他多方调查了解，还听取群众的意见，最后实行公开审判，宣布了最后判决，成全了赵柱儿和刘巧的婚姻。说书通过这个故事揭露了封建买办婚姻的罪恶，并歌颂了共产党的领导和新政权、新法律、新政策。说书中的专员马锡五是中国共产党的代表，他的所作所为代表了共产党的形象，他既按照党的政策和法律规定办事，又从实际情况出发，而不是强硬呆板地适用法律，对案件做出了公正合理的判决，从而获得了在人民群众心中的威望，这正是说书创作所要达到的宣传效果之一。说书中最开始判赵柱儿父子抢婚触犯了边区法律，作品以此告诉群众和执法干部这实际上是犯了教条主义的错误，如果弄清了事情的详细经过，了解到刘父几次三番通过买卖婚姻获利以及刘巧和赵柱儿是情投意合的话，那么说书中专员马锡五最后以公开审判的方式对案件做出的判决就合情合理，自然也就能使群众满意并得到群众的拥护了。此外，刘巧是在边区政府的教育下才逐渐觉悟起来与封建残余势力进行抗争的。她不要"绸绫匹缎，荣华富贵"，要和"人品好会生产"的赵柱儿相爱。当她知道赵振华就是赵柱儿的时候，还主动大胆地表露自己的爱情，表现出在中国共产党的领导下觉悟起来，主宰自己命运的农村年轻女性崭新的精神风貌。《刘巧团圆》经韩起祥改编并在群众中进行说唱后，一时轰动了延安，也受到群众的普遍欢迎，对反对封建包办婚姻、买卖婚姻、抢婚以及宣传婚姻当由当事人自主缔结产生了很好的宣传效果。

李季的叙事长诗《王贵与李香香》创作于1945年，全诗以农村青年男女王贵与李香香曲折坎坷的爱情经历为线索，把他们争取恋爱自由权利的斗争和阶级斗争、革命武装斗争紧密联系起来。长诗以陕北民歌"信天游"的形式写成，李季选择这种文学样式同样也有着现实生活经历的动因：抗日战争期间，李季在陕北三边一带工作。有一次，他接到一个任务，负责调查一个案子。这个案子曾因区里主管民事诉讼的干部的判决而引起当事人和其他民众的不满。于是有一个放羊老汉就写了一首民歌《寡妇断根》来批评那位干部，还真切地描述了案件的起因、过程和根本矛盾所在。干部知道后，就把这位作者抓了起来，关进监狱。李季接了案子后，就顺着民歌所叙述的线索查清了案情并重新作了处理。通过这件事，李季感受到民歌的作用并开始关注这种民间的文艺形式。[①]不同于其他绝大部分文学作品是先有内容后有形式或者内容与形式"共生"，李季创作《王贵与李香香》则是先有形式再有内容。正是因为他在自己审理案件的过程中认识到了民歌的强大生命力和传播力，使他萌生出用民歌来进行文学创作的想法。后来他听一位老盐工说起一位革命女干部的事情，这位叫张倩的女干部年幼时家境贫苦，五岁时就被父亲许配给别人。十几岁时她冲破封建包办婚姻的罗网去闹革命，并且与一名红军相爱了，当时国共两党"红白拉锯"，形势反复，但她对革命和自己的恋人都坚定不移，在边区传为佳话。于是李季根据这个素材再综合边区无数青年男女的悲欢离合，运用他关注已久的民歌信天游的形式，创作了《王贵与李香香》，成为解放区文学史上的又一经典。长诗中王贵与李香香的爱情始终与阶级斗争和社会革命纠葛在一起，用李香香的话来表述就是"有朝一日游击队回来了，公仇私仇一起报"，用王贵的话说则是"咱们闹革命，革命也是为了咱"，"不是闹革命咱穷人翻不了身，不是闹革命咱俩结不了婚"。也就是说如果没有阶级斗争和社会革命的胜利，香香也就不可能逃脱地主崔二爷的威胁迫害，拥有恋爱和婚姻的自主权。正是因为"陕北起了共产党"才使李香香和王贵得以有情人终成眷属。

歌剧《白毛女》也是根据晋察冀边区流行的"白毛仙姑"的故事创作而成，共五幕。1940 年前后在晋察冀边区的某地"白毛仙姑"的故事

---

① 参见李标晶《从民歌中汲取营养》，载《中国现代文学名著创作始末》，四川文艺出版社 1987 年版，第 235 页。

广为流传，在群众中产生了很大的影响。甚至有一次区干部到这个村子去开村民大会，结果时间到了却没有人到会，原来大家去给"白毛仙姑"进贡去了。村干部了解情况后决定将这件事调查个水落石出。后来终于真相大白：原来"白毛仙姑"是一个佃农的女儿，村里的地主看上了她，就以逼租为名逼死了她父亲，把她抢走，后来她被地主玷污还怀了孕但却又遭到地主厌弃，想要加害于她，她想办法逃出来，走投无路之下就在山洞里住了下来，几年过去，因为少见阳光，又不吃盐，全身就发白了。干部们听了她的诉说，就将她救出并重新过上了人的生活。《白毛女》虽然是以"白毛仙姑"的故事为原型，但它的创作和主题的确立过程却并不简单。最开始文艺工作者将这个故事带回延安以后，由邵子南创作了一个以破除迷信、发动群众为主题的剧本，也被有的人认为没有太大的意义。后来鲁艺工作团接过这个故事，经过集体讨论之后，由贺敬之、丁毅执笔创作了歌剧《白毛女》。在创作过程中，新作者没有再延续之前"破除迷信"的主题，而是重新确立了共产党才是农民（当然包括而且特别是农村女性）的救星这一主题。歌剧演出后，受到了毛泽东、周恩来等人的肯定，更加受到了群众的广泛欢迎。歌剧塑造的杨白劳，尤其是杨白劳的女儿喜儿成为当时几乎家喻户晓的文学形象。杨白劳勤劳、忠厚，却受到地主黄世仁的压迫，最后被逼身亡。作为乡土社会的女性，尤其是农民的女儿，喜儿可谓生活在底层的底层，毫无人身权利可言，但她的乐观纯真让她依然怀有对生活的热爱和爱情的理想。但父亲死后，她被抢入黄家，遭到黄世仁的侮辱，还受到地主婆的欺凌，最后她终于从为自己感到羞耻转化到"我要报仇，我要活"的反抗。她逃入深山，在山洞里过了三年非人的生活，变成了"白毛仙姑"，直到八路军解放了杨各庄，她才得以重见天日并报仇雪恨，做了"新社会的主人"，最后还能和参加了红军的未婚夫大春重逢。喜儿的形象可以说是中国社会新旧交替时农村贫苦妇女命运的缩影，歌剧正是通过塑造这一形象突显了"旧社会把人变成鬼，新社会把鬼变成人"的主题，从而歌颂了共产党，歌颂了新的政策制度等。《白毛女》的演出产生了巨大的鼓舞作用，很多战士看了演出以后，在枪上还刻上了"为喜儿报仇"的誓言，他们发誓要为许多还像喜儿一样受着压迫的姐妹们报仇，为她们获得新的生活而战斗。

马健翎的剧本《穷人恨》（1947）也贯穿着一个类似于长诗《王贵与李香香》和歌剧《白毛女》的文学主题，即农民（尤其是农村女性）婚姻自主权的获得必须要以阶级解放和社会革命的胜利为前提。剧中地主胡万富强逼着佃户老刘的女儿红香给他做妾，而此时红香已经许配给了表兄兴旺，老刘和红香不从，胡万富就将红香抢走，并把为老刘作证红香已订婚的农民袁尚义捆走，其实在此之前他已经逼着佃户老刘的儿子替他的儿子出了壮丁。红香被抢到胡家以后，不愿受胡万富的侮辱，极力反抗撕打，被胡关进了冷房。兴旺前去探望红香未成，胡还反要对其下毒手。正在这时，解放军来了，解放了当地，兴旺和红香才得以团圆，结成连理。

从这些解放区的文学作品我们可以看出创作主题和作品情节的某种模式化倾向，将女性恋爱婚姻自由权的获得和阶级斗争联系起来，可以说，这种情节格局跳出了以往尤其是 20 世纪 30 年代同类题材创作中出现的"革命加恋爱"[①] 而且主要是革命和恋爱冲突并让主人公倍感困扰和挣扎的处理模式，这可以说也是解放区此类文学创作的一大特点。

阮章竞的长篇叙事诗《漳河水》发表于 1949 年春，他的创作同样有着现实生活的动因。在抗日战争和解放战争期间，阮章竞一直在太行山区进行工作。也正是在工作期间，他有机会听到很多关于妇女所受封建压迫的悲苦故事，他在听过之后还把它们记录了下来。有一次，一位妇女委员向阮章竞反映妇女问题很严重。他参加了全区第一次妇女代表大会，还研究了中共中央关于妇女问题的决定，然后在此基础上，抓住了妇女解放的主题，运用他在生活中记录的素材，最后创作出了《漳河水》。可以说《漳河水》也是先有"主题"，然后根据中国共产党的相关政策来进行创作的，但不可忽视的是，作者所运用的素材却是在现实生活中有着鲜活的原型。《漳河水》主要塑造了三个典型的农村妇女形象——荷荷、苓苓、紫金英。她们性格各不相同，荷荷的性格泼辣大胆、热情干练，苓苓的性格柔中带刚、沉稳而聪明，紫金英则是柔顺甚至怯弱、逆来顺受，典型乡土社会女性性格的代表。但是不管这些女性的性

---

① 参见茅盾《"革命"与"恋爱"的公式》，载《茅盾全集》第 20 卷，人民文学出版社 1984 年版，第 337—339 页，该文认为这种文学模式最初表达"革命与恋爱"的冲突，其取向是"为了革命牺牲恋爱"，后来发展出"革命决定了恋爱"和"革命产生了恋爱"两种类型。

格是如何各不相同，在旧的婚姻制度下都摆脱不了悲惨的生活，她们无法主宰自己的命运，包括爱情和婚姻。荷荷一心想找个情意相投的"抓心丹"，但结果却嫁给了一个40岁的富农，"马螺锅，骆驼背"，还经常打骂荷荷。苓苓则嫁给了狠心粗暴的男人二老怪，他认为妻子是"娶来的媳妇买来的马，任我骑来任我打"。紫金英则更悲惨，她嫁给了一个痨病汉，三月才娶过门，十月初一就上新坟，还留下一个遗腹子，如果没有后来的"翻身"，她注定将像传统乡土社会的众多女性一样守寡终身。正是因为有了共产党在广大农村宣传实行的新的婚姻制度，荷荷才"冲破了封建的大苦牢"，成为一位精明能干的农村妇女带头人，她同丈夫离了婚，和王三好自由恋爱，找到了自己的"抓心丹"，过上了幸福生活。村里成立互助组后，荷荷当上了领导人，她还帮助苓苓和丈夫做斗争。饶有意味的是诗歌对苓苓丈夫想"打老婆"时心理的描述。在农村由于男尊女卑思想的影响，男人打老婆似乎成了天经地义的事情。当苓苓参加互助组，没有再像以前一样"服侍"丈夫时，二老怪又开始想动用他的老一套：

> 铁不打，不出钢，不管教管教不成样。
> 寻根棍，找条绳，半夜打老婆是老规程！
> 一根麻绳抛上梁，吊住她头发揍她娘！
> 数这玩意儿最利索，二老怪是老手旧胳膊。
> 哎呀呀，不能够，她娘早剪成个短发头！
> 不能吊？寻棍捣，只寻到麻杆和镢头。
> 麻杆打她当搔痒痒，镢头一敲会死她娘。
> 敲死人命吃官司，不是坐牢就是挨枪子。
> 不偿命，也不成，没有老婆要打光棍。
> 花钱再娶犯法令，自由谁敢上我门？
> 不准打，也不敢骂，动她根汗毛亦犯法！
> 哎呀呀，老规程吃不开，二老怪碰到了新朝代！①

---

① 阮章竞：《漳河水》，载《中国现代文学史参考资料·新诗选》第三册，上海教育出版社1979年版，第170—171页。

从"吊头发揍""镬头敲"等可以看出以前苓苓所受的压迫。然而在新制度下，二老怪也有些迟疑了，因为苓苓"早剪成个短头发"，这意味着社会风气的新变，而且打死了人是要"吃官司""坐牢""挨枪子"的，意味着新的法律制度对二老怪所产生的威慑力，这一切都是因为"二老怪碰到了新朝代"。最后苓苓运用自己的聪明夜训丈夫，刚柔并济，终于"制服"了他。而紫金英也在荷荷和苓苓的帮助下走出了寡妇那种孤苦的生活，投入社会生产当中，终于踏上幸福之路。长诗就是通过这三个典型女性形象的塑造，歌颂了共产党以及给女性带来解放和幸福生活的新的社会政策和法律制度。

康濯的《我的两家房东》写的是农村姑娘金凤姐妹在中共晋察冀分局公布《双十纲领》以后思想上的改变。金凤勇敢地和"不务庄稼活"、只知道吃吃喝喝的男人解除了婚约，并且和邻村的青救会主任栓柱谈起了自由恋爱，后来订了婚。而金凤的姐姐受公婆虐待将近八年，后来她也在金凤的影响下跟她的"坏男人"离了婚。这种新的婚姻制度政策可以说在人们，尤其是年轻人的思想上产生了很多的冲击，正如远千里的诗歌《恋歌》中所抒写的：

啊，姑娘，你好！
你长得已经这么高；
脸盘儿这么秀丽，
心眼儿又这么灵巧！

你学会了一手好针线活，
学会了做饭，
也学会了推吃的；
种庄稼赛过男子，
还学会了读书识字……

政治进步你第一，
劳动能力你第一；

姑娘你先别脸红，

我问你，要是结婚的话，

你挑个甚么样儿的？

早先是要个肩膀上扛着大枪的，

也许是个咯吱窝里夹着小包的，

现在呢？——现在是要一个：

曾经保卫过冀中区的小伙子。

那些中看不中吃的二流子，

简直是连提也甭提！①

由此表现了在解放区旧的婚姻制度地位的丧失和民主政府及法律给青年们带来的婚恋观的改变及婚姻自由权的获得。

除以上这些解放区文学经典作品以外，孔厥的妇女问题小说也值得关注。从 1938 年到 1943 年，孔厥创作了一批小说，后在 1947 年结集为《受苦人》，其中《凤仙花》《苦人儿》《一个女人翻身的故事》（孔厥、束为、方纪等）都是写刚刚获得解放的农村妇女的命运。在小说集《受苦人》的扉页上印着的一首民谣"天摇了，地动了，受苦人翻身了"，正恰切地概括了孔厥小说创作的主题，对于受封建桎梏压迫几千年之久的农村女性而言则更是如此，几乎绝大部分妇女题材的小说都正如小说名一样在反复诉说着"一个受苦女人翻身的故事"。丁克辛的《春夜》发表于《时代妇女》的创刊号，这篇短篇小说写的是女主人公在共产党的新制度下"由鬼变成人"的翻身故事。小说的女主人公在以前曾经给八个男人作妻，翻身得解放后终于过上了自由富裕的生活。这篇小说取材的大胆和新奇是不言而喻的。但作品的想象色彩比较浓厚，有明显的"主题先行"的缺陷。所要传达的也是旧社会旧的法律制度对女性婚姻权利保障的缺失及新社会新的法律制度对女性权利的赋予的主题。梁彦

---

① 远千里：《恋歌》，载阮章竞主编《中国解放区文学书系·诗歌编一》，重庆出版社1992 年版，第 708—709 页。

的《磨麦女》、崔石挺的《俊英》等一系列小说都揭示了封建家庭专制和包办婚姻对女性的压迫和戕害。新秧歌剧中的《买卖婚姻》和《小姑贤》也宣传了新民主政府的婚姻政策，指斥了旧婚姻制度、家庭生活中的专制主义。

关于解放区女性在婚姻中法律地位嬗变的文学创作除了着重于歌颂、宣传、记录以外，还有一些文学作品也表现出一定的反省和批判精神，对于解放区也依然存在的女性在婚姻中地位不公现象进行了深刻的洞察和审视。

孔厥的小说《受苦人》就透射出作者对女性婚姻状态的深层关注，即使在解放区新婚姻法实施以后，有些时候婚姻的"买卖"性质仍不可能被彻底改变。小说中，地主为了达到他长期霸占廉价劳动力的目的，以十年长工为条件，将前来逃荒的丑相儿母亲说给贵女儿父亲为妻，并要求贵女儿长大后必须嫁给比她大十四岁的丑相儿，实际上就是一种变相的买卖婚姻，以老换小。后来农民闹了翻身，贵女儿也像很多根据地的其他女性一样拥有了受教育的权利上了学，内心萌发出对自由爱情的向往，但是一想到丑相儿的辛苦付出，她又不忍心做出选择，加上父亲的坚持和逼迫，贵女儿最后只好还是和丑相儿成了亲。贵女儿对此无可奈何："旧社会卖女儿的，童养媳的，还有人在肚子里就给定了亲的……女的一辈子罪受不住，一到新社会就撂活汉，寻活汉，跳门踏户，也不知有好多人，说是双方都出罪啦。可男的要是看不开，女的要是已经给糟蹋了，那怎么办！'丑相儿'他十多年疼我了，他是死心要我了，不是我受罪，还不他完蛋？旧根儿作下多大孽呵！可是我……唉，我能由他送了命吗？我思前想后，总没法。我只好'名义上'跟他先成亲了！我想先救住了他，我再慢慢劝转他；劝他不要我这个小女子，另办个大媳妇。劝得转，我就好；劝不转，我就拼一世跟他过光景就是！反正遭遇了，有什么办法！"① 最后贵女儿在与丑相儿争夺订立他们婚约的那张文书时被丑相儿砍伤。作品以此反映出女性婚姻的自由并不仅仅是法律赋予其婚姻自主权就能完全解决的。

林默涵的杂文《讽刺要击中要害》创作于 1942 年 2 月，是针对华君

① 孔厥：《受苦人》，载康濯主编《中国解放区文学书系·小说编一》，重庆出版社 1992年版，第 325 页。录自《受苦人》，河北新华书店 1947 年版。

武、蔡若虹、张谔三人的讽刺画展而作，对解放区也依然存在的歧视女性的现象作了批判。在文章中他针对解放区"攻击"女性的现象说道："我总以为不必太把火力集中在女同志身上，中国的女性挨了几千年的骂，仿佛一切不好，都是女子造成的，其实真是冤枉。"①

丁玲的杂文《"三八节"有感》② 创作于延安文艺座谈会之前的1942 年"三八"节。正是因为这样一个特殊的日子，让丁玲对解放区也依然还存在的对女性的不公平待遇有感而发。③ 丁玲首先肯定了"延安的妇女是比中国其他地方的妇女幸福的"，由此可见解放区女性的地位的确比以前传统乡土社会女性有了很大提高，但是这并不代表在延安男女不平等的现象就完全不存在了。在延安，女性在不同场合依然受到不应有的"非议"。比如在婚姻权利方面，"女同志的结婚永远使人注意，而不会使人满意"。她们与男同志接近会受到"讽刺"。"不结婚更有罪恶，她将更多的被作为制造谣言的对象，永远被诬蔑"。结婚以后，有了孩子，又"逃不出'落后'的命运"。女性不仅在结婚问题上不能享有和男性平等的权利，在离婚问题上也同样如此："离婚大约多半都是男子提出的，假如是女人，那一定有更不道德的事，那完全该女人受诅咒。"由此可见，尽管中国共产党颁布了诸多法律来提高女性的地位包括婚姻方面结婚离婚的自由权等，乡土社会的女性也的确没有哪个时期拥有过像现在这么多的权利，但这种男女不平等的现象却不能根除，因此要提高女性的地位还不是通过社会革命、阶级斗争和颁布法规律令就能完全做到的。丁玲认为，女性要获得与男子真正平等的地位，"得首先强己"，要"强己"，就要有"战斗和进取"的精神，"要多做有意义的工作，还必须读点书，不要游惰，游惰只使人感到生命的空白、疲软、枯萎"，女同志要"下吃苦的决心，坚持到底。生为现代有觉悟的女人，就要有认定牺牲一切蔷薇色的温柔的梦幻。幸福是风雨中的搏斗，而不

---

① 默涵：《讽刺要击中要害》，载延安《解放日报》1942 年 2 月 25 日。
② 丁玲：《"三八节"有感》，载延安《解放日报》1942 年 3 月 9 日。
③ 当时在延安发生了两起"陈世美"似的离婚案件，为丈夫做出了巨大牺牲的妻子被丈夫以"落后"为由离弃，另娶新欢，丁玲对此甚感不平："3 月 7 日，陈企霞派人送信来，一定要我写一篇纪念三八节的文章，我连夜挥就，把当时我因两起离婚事件而引起的为妇女同志鸣不平的情绪，一泻无余地发出来了。这两起事件的当事人今仍健在，可能会想得起来的。"参见丁玲《延安文艺座谈会的前前后后》，载《新文学史料》1982 年第 2 期。

是在月下弹琴，花前吟诗"。实际上丁玲的这些思索触及的是一个关于女性主体意识觉醒的问题，"强己"之说实际上就是号召女性要意识到自己的主体价值，而不再将自己作为任何人的附属物，并要不断从各方面充实自己，为主体价值的获得而做切实的努力。

马加的小说《间隔》①写出了在延安这样一个女性已经获得法律上婚姻自主权的地方，女性对于自己的婚姻仍然不能完全实现事实上的自主的现实状况。小说讲述的是一个县妇救会大学生女干事杨芬被"逼婚"的故事。杨芬在行军途中掉了队，被另一个支队收留，这个支队的队长对杨芬表现出别样的好感："露出不整齐的黄牙齿微笑了，他的两只小眼睛频频的闪着光，表示着无限的愉快，似乎他在打扫战场时意外的发现了稀罕的胜利品。"到了宿营地，支队长又对她表现出十分的亲昵，把她从马上抱下来，还拍去她身上的尘土，随后又赠送礼物给她，并介绍她进了星火剧团。每天支队长都会到剧团去探望杨芬，而此时剧团里的其他人都会回避躲开。最后支队长向杨芬求婚，并有一个十分"高尚"的理由："你和我结婚你会进步。"但是杨芬对支队长并没有产生感情，于是拒绝了他。这时，组织出面了，他们来找杨芬谈话："你不和支队长结婚，那么你想和谁结婚呢？找一个老干部结婚，是顶吃得开的。"杨芬于是陷入了深深的孤独和无助当中。小说反映出女性从旧的传统包办婚姻罗网中逃脱之后，却又陷入了新的束缚当中的无奈现实。即使在延安，女性的婚姻也在某些时候难改变其"被包办"的可能，只不过以前包办女性婚姻的"父母之命"替换成了"干部之命"，"媒妁之言"替换成了"组织之言"。作品发表以后立刻受到了批评，当时就有老干部说："我们打天下，找个老婆你们也有意见？"②这一反诘背后所蕴藏的实际上是老干部们对自己"打天下"而换取婚姻上的"权利"合法性的"声明"，而女性在他们的意识里依然只是一个"客体"，是被他们"找"的不能拥有主体意识的"他者"。③这正应了丁玲在《"三八

---

① 马加:《间隔》，载延安《解放日报》1942年12月15—17日。

② 艾青:《漫忆延安诗歌运动》，载艾克恩编《延安文艺回忆录》，中国社会科学出版社1992年版，第143页。

③ 类似的一个极端的例子是当时震惊延安的"刘茜事件"。十六岁的抗日军政大学女学生因拒绝与她的顶头上司队长黄克功谈恋爱而被黄枪杀，后黄被处以极刑。参见朱鸿召《延安文人》，广东人民出版社2001年版，第90—92页。

节"有感》中所说的女性不能自由选择婚恋对象的状况。

对抗日根据地女性在婚姻中的权利和地位进行深刻洞察和审视的作品还有莫耶的短篇小说《丽萍的烦恼》①。这篇小说发表于丁玲《"三八节"有感》发表一个星期之后。小说讲述的是一个叫丽萍的女青年知识分子，为了逃脱父亲给她包办的婚姻——嫁给一个百货公司老板的儿子，而选择和自己的男朋友一起投奔到抗日根据地。在这里她受到了"×长"的追求，"×长"是个三四十岁的老革命，坐过牢，挂过彩，领导成千的人轰轰烈烈地在战场上战斗，他的性格单纯、坚定、爽朗而愉快，丽萍最后和他结了婚。如果故事到这里为止，那么这将又是一个女性为了婚姻自由权而努力抗争最后取得胜利的故事，歌颂了抗日根据地女性婚姻地位的提高。但是正是这个在战争中英姿勃发的"×长"，结婚后却认为妻子服从丈夫是一种天职，就像服从是军人的天职一样。找老婆应该是一种舒舒服服的享受，他认为自己为了干革命做出了牺牲，老婆也应该为他来牺牲自己。而丽萍是一个有自己追求的女性，她曾经在抗战后不久就参加了宣传队，不管在前方还是在剧社工作都不怕辛苦非常努力。进入这样的婚姻以后，物质生活虽使她满足，但在精神上却使她感到无限的抑郁和烦恼，最后她不得不提出了"离婚"的要求。作者是"企图着写一个像'丽萍'这样的女性的锻炼过程中的一段：……革命意识和自尊心推动着她前进，而各种落后的意识又拉着她后退，结果因为她所处的是最进步的环境，周围最大多数人的努力工作和积极向上的态度刺激了她，她终于在阻碍她进步的外在因素和自己的落后意识中挣扎苦斗，想法来拔出自己"②。这是作者在回答对她的批评文章时所做的"声明"，但实际上"它（指《丽萍的烦恼》，笔者语）所实际提供的东西超出了作者创作的本意"③，通过小说透射出，即使在"最进步"的抗日根据地，即使女性参加革命很大程度上是为了反抗封建包办婚姻，女性还是不可避免地重新坠入了带有封建色彩的婚姻之网。丽萍的丈夫参加革命就是为了反帝反封建，并且成为革命队伍中的领导干部，但他对待自己的妻子却处处用封建道德进行束缚。小说发表以后，引起了很大

①　莫耶：《丽萍的烦恼》，《西北文艺》1942 年第 2 卷第 1 期。
②　莫耶：《与非垢同志谈〈丽萍的烦恼〉》，《抗战日报》1942 年 6 月 16 日。
③　盛英主编：《二十世纪中国女性文学史》，天津人民出版社 1995 年版，第 487 页。

的反响，"周围的人热心地相互传阅，正式地非正式地征询着交换着意见，有的文艺小组特为它召集座谈会，连平素对文艺没有什么兴趣的人也找这篇来读并且表示态度"①。

这种状况一方面说明作者的选材是具有现实意义的，不然不会产生如此大的接受效应，正如批评者所说，在根据地确实"有些老干部对于女人，尤其是自己的老婆，的确还存在着一些狭隘的观点，因之在男女关系上夫妻关系上有时采取一种不正确的态度，比如迁就甚至利用女人的弱点，不在政治上帮助她进步，而企图以满足她的物质的欲望来维持相互的爱情等，这是不可否认的。可是，这也只是个别的现象而且正为大家的认识所警惕"②。在根据地这种情况是否真的只是个别情况呢？从丁玲的《"三八节"有感》以及莫耶的这篇小说同时关注到根据地女性在婚姻中的地位状况来看，恐怕应该不只是个案。这就从另一方面说明了小说选材的尖锐性、敏感性，正因为此，对《丽萍的烦恼》的批评渐渐从文艺层面上升到了政治层面，作者也作文辩称自己作品所写的只是些"数量并不多"的且正在"逐渐克服"中的"残余"的缺陷。③但即便如此，她仍然受到了更加猛烈的"攻击"："莫耶同志在回答《偏差》时，对她原文的本意略加修改，说她指的是个别落后的老干部，写的是反面人物，或一个人物的两面，这完全是狡辩。因为这样的矛盾人物革命队伍里是不会有的"，"现在，这篇文章，已不是莫耶同志个人观念问题，它在社会上流行所发生的影响，只能说是晋西北学风文风中的一股阴风"，"表现在政治上可以形成绝对主义；表现在文艺创作上，可以歪曲现实，流为讽刺"。④ 正常的文艺批评渐渐变味为政治批判。现在反观这场讨论和批评，如果文学和文学批评都能够按照自身的规律生长，那么这一类的文学创作应该会继续生发，取得更多更好的成果，这对整个文学的发展才是有益的。对于社会的进步发展，也是不无益处的。正如丁玲所言："有人说边区只有光明没有黑暗，所以只应写光明；有人说边区是光明的，但太阳中有黑点，太阳应该歌颂，黑点也不必讳言；有

---

① 非垢：《偏差——关于〈丽萍的烦恼〉》，《抗战日报》1942 年 6 月 11 日。
② 非垢：《偏差——关于〈丽萍的烦恼〉》，《抗战日报》1942 年 6 月 11 日。
③ 莫耶：《与非垢同志谈〈丽萍的烦恼〉》，《抗战日报》1942 年 6 月 16 日。
④ 沈毅：《与莫耶同志谈创作思想问题》，《抗战日报》1942 年 7 月 7 日。

人说这问题提法就不合适，不应把黑暗与光明并列，只能说批评缺点。我以为这个表面上属于取材的问题，但实际是立场与方法的问题。所谓缺点或黑暗也不过辞句之争。假如我们有坚定而明确的立场，和马列主义的方法，即使我们说是黑暗也不会成问题的。因为这黑暗一定有其来因去果，不特无损于光明，且光明因此而更彰。"①

第二节 "自己动手样样有"：苏区、解放区女性经济权

在中国几千年的传统乡土社会里，女性连最基本的生命权和人格权都得不到保障，就更谈不上经济权利的获得。对于广大农村女性而言，"家庭经济权利是被男人掌握着，妇女既无财产继承权，又无支配日常生活上的经济权利。妇女无零用钱，购买东西须经男人认为是正当的用途才能买，这使一些妇女感到很苦恼，她们常要把孩子及自己收拾得漂亮些，而自己无经济权。妇女特殊的病非常多，如月经、白带，但农民不重视，使妇女病了无法医治。妇女娶过后三年内不给衣穿，一般家庭妇女很少能穿全新衣服（当然此与穷困有关）。许多家庭中吃两样饭，妇女吃得坏些"。② 毛泽东在《寻乌调查》一文中也曾对广大农村女性寄予深厚的同情："寻乌的女子与男子同为劳动的主力。严格说来，她们在耕种上尽的责任比男子还要多。……她们的工作不成片段，这件未歇，那件又到。她们是男子经济（封建经济以至初期资本主义经济）的附属品。"③ 由此可见女性经济权利地位的低下。而在共产党建立的革命根据地，主要从土地所有权、生产劳动权、财产继承权等方面来对女性的经济地位进行了改善和提高。

中国传统乡土社会家庭的收入主要以土地劳作为主，因而土地所有

---

① 丁玲：《关于立场问题我见》，《谷雨》1942 年第 1 卷第 5 期。

② 浦安修：《五年来华北抗日民主根据地妇女运动的初步总结》（1943 年 7 月 16 日），载中华全国妇女联合会妇女运动历史研究室编《中国妇女运动历史资料（1937—1945）》，中国妇女出版社 1991 年版，第 697 页。

③ 毛泽东：《寻乌调查》，载《毛泽东农村调查文集》，人民出版社 1982 年版，第 177—178 页。

权的有无直接关系到经济权利的高低。中国共产党在农村建立革命根据地并开展工作就是从土地革命开始的。共产党不仅将地主的土地没收并分配给农民，而且使女性也开始拥有自己的土地。1928年12月中共制定的《井冈山土地法》规定"没收一切土地，归苏维埃政府所有"，"土地分配以人口为单位，男女老幼平均分配"。① 虽然女性依然没有土地所有权，但在中国几千年的历史上，第一次拥有了和男性平等的土地使用权。1929年4月，在总结赣南土地斗争经验的基础上，毛泽东主持制定了《兴国土地法》，首次赋予了女性土地所有权，对于分配土地："首先以人口为标准，男女老幼平均分配；其次以劳动力为标准，能劳动的比不能劳动的多分土地一倍。"② 在以前的中国农村很多地区，不仅女性没有土地所有权，甚至没有劳动权，人们认为女子不应出门，只能留守家中做一些"女人的事"，有些地方还有"妇女犁田遭雷打"等封建传统观念，以至于女性缠足在农村是非常普遍的现象，以上这些情况势必都会导致女性"劳动力"比男性差，从而造成事实上的男女土地分配不平等的现象。于是1930年中国革命军事委员会颁布的《苏维埃土地法》重新规定："依乡村人口数目，男女老幼平均分配，不以劳动力为标准的分配方法。"从而最终使女性拥有与男性平等分配土地的权利。1930年11月颁布的《中华苏维埃共和国土地法》再次规定"劳动人民不分男女都有得到分配土地的权利"。"平均分配一切土地，是消灭土地上一切奴役的封建的关系，及脱离地主私有权的最彻底的方法。"③ 1932年12月1日，苏维埃临时中央政府对已婚女性支配土地权利的保护做出了进一步的规定："凡妇女出嫁的，土地由本人自由处理。"从而为出嫁及改嫁女子的土地权提供了法律保障。到抗日战争时期，各抗日民主根据地的女性也都拥有和男性平等的土地所有权。1946年5月4日，在解放区共产党又发布了《关于反奸清算与土地问题的指示》，开始了土地改革，在改革中依然坚持动员妇女的方针，男女平等分地。1947年中共中

---

① 《井冈山土地法》（1928年12月），载江西省档案馆、中共江西省委党校党史研究室编《中央革命根据地史料选编》（上），江西人民出版社1982年版，第361页。

② 《兴国土地法》，载江西省档案馆、中共江西省委党校党史研究室编《中央革命根据地史料选编》（下），江西人民出版社1982年版，第264页。

③ 《中华苏维埃共和国土地法》（1931年11月），载江西省档案馆、中共江西省委党校党史研究室编《中央革命根据地史料选编》（下），江西人民出版社1982年版，第459—460页。

央正式颁布《中国土地法大纲》，其中规定："乡村中一切地主土地及公地，由乡村全部人口，不分男女老幼，统一平均分配，在土地数量上抽多补少，质量上抽肥补瘦，使全村人民均得同等的土地，并归各人所有。"① 1949 年在《中国共产党中央委员会关于目前解放区农村妇女工作的决定》中又指出："要由政府明令保障妇女的土地权。在以家庭为单位而发土地证件时，须在土地证上注明男女均有同等的土地权，全家成员有民主处理财产之权，必要时，还可单独另发土地证给妇女。同时应在全体农民中，进行长期的宣传解释工作，使男女农民能全面地认识保障妇女土地权的重要性。"②

从苏区到解放区女性经济法律地位的提高除了体现在拥有和男性平等的土地所有权外，还体现在拥有和男性平等的生产劳动权。一方面是政府法律对女性土地所有权的赋予调动了广大女性的生产劳动积极性，另一方面是由于这一时期军事斗争的需要，男性被大量应征入伍，后方生产的任务很自然地就落到了女子的肩上。以前女子"大门不出，二门不迈"的现象得到了极大的改观，中国共产党不仅大力宣传女性参加劳动生产，对于缺乏劳动技能的女性还予以帮助和指导。妇女插秧、锄地、耕种、收割都已成为根据地非常普遍的现象。在一些女性缠足盛行的地区，甚至小脚女性都纷纷走出家庭，从事生产劳作。如歌谣《苏区妇女学犁耙》：

> 对面桐子开白花，
> 苏区妇女学犁耙，
> 手扶犁耙翻翻转，
> 积极劳动好当家。
> 树上喜鹊叫喳喳，
> 红军家属拉犁耙，
> 自己动手样样有，

---

① 《中国土地法大纲》，载中华全国妇女联合会编《中国妇女运动重要文献》，人民出版社 1979 年版，第 176 页。

② 《中国共产党中央委员会关于目前解放区农村妇女工作的决定》（1948 年 12 月 20 日），载中华全国妇女联合会编《中国妇女运动重要文献》，人民出版社 1979 年版，第 16 页。

支援红军打天下。①

　　当时苏区还传唱着《送郎北上》这样饱含深情的歌谣，展现出苏区
女性从事劳动生产，支援男方上前方参加革命的新风貌：

女：高高山上一棵槐，
我郎亲手栽。
八月十五红军要北上，
妹妹我槐树底下送郎来。

左手递上炒米袋，
右手递上新布鞋，
千嘱咐，万嘱咐：
革命要实在。

有犁有耙有耕牛，
田里活路我会做，
爹娘我奉养，
家庭事儿你莫愁。
……
男：高高山上一棵槐，
是我亲手栽。
留得青山在，
哪怕无烧柴！
……
有犁有耙有耕牛，
田里活路我不愁，
爹娘你奉养，

　　① 曾祖标：《中央苏区红色歌谣初探》，载林星《中央苏区文艺丛书·中央苏区文艺研究
论集》，长江文艺出版社 2017 年版，第 244 页。

革命我要革到头。①

苏区女性不仅可以和男子一样投身农业劳作，还可以走进工厂进行生产而不用担心利益得不到保障，歌谣《苏区景》就对此进行了歌颂：

胡琴拉起来呀，

唱只"苏维埃"。

苏区好地方，

天下最可爱呀。

看见么，心花朵朵开呀。

诸位要是听见么，

包管你喝彩呀。

……

工人做领导呀，

保卫真周到。

工钱就加多，

工时又减少。

老板么，不敢乱赶跑呀，

女工青工么，

利益特别好啊。

……②

戏剧方面也有表现女性积极参加劳动生产的剧作。1934年春李伯钊率领中央苏维埃剧团前往梅坑、踏岗、武阳等地进行春耕巡回演出，其中不少剧目就是反映女性参与劳动生产的。如《小脚妇女积极参加生产》《惰二嫂不努力耕田》等，受到群众的热烈欢迎。单从这些浅显易懂的戏剧题目就可以知道剧作的主题和内容，正是通过戏剧这一老百姓喜爱的形式，文艺实现了为政治宣传的重要功能。林荣官、周浣白的报

---

① 徐腊梅编著：《红色歌谣》，江西高校出版社2007年版，第205—206页。
② 徐腊梅编著：《红色歌谣》，江西高校出版社2007年版，第132—133页。

告文学《苏区几个巡回剧团》对此就进行了生动的记录："中央苏维埃剧团，自'三八节'出发，先到梅坑表演，最近又来到了西江县，在西江五天，一共组织了四个晚会，在戏剧运动上的收获比梅坑更好。特别是关于春耕运动的表演和宣传，更获得了大多数工农群众的了解与欢迎。妇女同志们说：'春耕运动妇女要积极参加，儿子可以交给托儿所'，'懒惰的男人妇女应该去反对他们啊！''个个都像作戏般去作春耕才好呢'。他们老的小的都喜欢听和学剧团唱的春耕歌，说是'很有味道'。"[①]"当我们每次离开驻地的前一天，不论白天或晚上，在列宁小学经过，在田野中或村庄旁边，都可以听见儿童团清脆动人的春耕歌声：'春耕好，春耕好！今年春耕要提早……'"[②] 能取得如此好的宣传效果，很大程度是因为"表演的，除了自己准备好的、关于春耕运动必要的表演以外，其余都是采集群众生活的实际材料，经过剧团的集体研究与创作，依靠我们原有的技术基础，就很快在舞台上出现了"[③]。通俗易懂的形式更是能受到群众的喜爱和欢迎："戏看完了，她们都坐在茶馆里、菜店里和酒桌旁，吃点心、喝茶。看见我们的演员过去，就手拉手和他们谈话。还笑着说：'同志嫂啊！你们的戏扮得满好，有头有尾，连我们妇女子都能懂。不比过去老戏，打打唱唱，我们莫名其妙，要读过满多书的人，满有才气的人，才看得懂呢！'"[④]

一直到第三次国内革命战争时期，鼓励和发动女子参加劳动生产始终都是共产党妇女运动的中心，1948年《中国共产党中央委员会关于目前解放区农村妇女工作的决定》中指出："在新民主政权之下，过去旧

---

①　林荣官、周浣白：《苏区几个巡回剧团》，载黄钢主编《中国解放区文学书系·报告文学编一》，重庆出版社1992年版，第264页。原载瑞金《红色中华报》1934年3月31日第3版。

②　戈丽：《苏维埃剧团春耕巡回表演纪事》，载黄钢主编《中国解放区文学书系·报告文学编一》，第268页。原载瑞金《红色中华报》1934年4月26日、5月1日、7日和14日第4版。

③　戈丽：《苏维埃剧团春耕巡回表演纪事》，载黄钢主编《中国解放区文学书系·报告文学编一》，第266页。原载瑞金《红色中华报》1934年4月26日、5月1日、7日和14日第4版。

④　戈丽：《苏维埃剧团春耕巡回表演纪事》，载黄钢主编《中国解放区文学书系·报告文学编一》，第267页。原载瑞金《红色中华报》1934年4月26日、5月1日、7日和14日第4版。

社会一切束缚虐待妇女，使妇女处于服从或屈辱地位的法律，都已不复存在了；新的保障男女在经济上、政治上、社会上的地位完全平等的法律，在新民主政权建立的最初时期，就已经制定或是基本上已经制定了；问题是如何使这些法律能够贯彻实施。由于旧社会遗留下来的重男轻女观念，和各样封建习俗的束缚，特别是旧社会遗留下来的妇女在经济上要依靠男子，不善于从事各种劳动，甚至鄙视劳动的弱点，妨碍了妇女迅速实现法律上所已规定了的权利。因此，要贯彻实现妇女的权利，还必须进行必要的工作。首先是必须使妇女不仅与男子一样获得平等的经济权利与地位，在农村获得并保有同样的一份土地和财产，而尤其必须使妇女充分认识劳动的重要，把劳动看成是光荣的事业，而积极地去参加在体力上可以胜任的各种劳动生产工作，成为家庭和社会上财富的创造者。只有妇女积极起来劳动，逐渐做到在经济上能够独立并不依靠别人，才会被公婆丈夫和社会上所敬重，才会更增加家庭的和睦与团结，才会更容易提高和巩固妇女们在社会上和政治上的地位，也才会使男女平等的各项法律有充分实现的强固基础。过去几年的经验也完全证明了这一点。"[1] 由此可见，赋予女性平等的土地所有权只是提升女性经济地位的基础，而赋予其劳动权并真正发动女性参加社会生产劳动才是女性经济地位甚至是整个社会、家庭地位提升的关键和保障。

而实际上，到国内第三次革命战争时期，解放区有越来越多的女性纷纷投入生产劳动当中去，并表现出历史上前所未有的积极和热情："边区妇女们，积极的参加了在抗战中争取自供自给的生产运动，她们在各方面下了决心，来完成自己的任务，例如根据已有的统计，妇女开垦了7000余亩的荒地，种了一万余株的树，在历史上曾视劳动为耻辱，而且诬蔑女性不能与男子同等劳动的地方，今年还能动员10万以上的妇女走上生产战线，这是边区政府在经济上实行改善人民生活工作最大的成绩，还有难得而可贵的是产生了607个女劳动英雄，其中最老的有69岁，最小的只有15岁。她们积极参加了饲养牲畜的工作，来改善大众的生活，并且普遍于各县的妇女都参加了合作社的活动。还有在纺织方面

---

[1] 《中国共产党中央委员会关于目前解放区农村妇女工作的决定》（1948年12月20日），载中华全国妇女联合会编《中国妇女运动重要文献》，人民出版社1979年版，第15页。

原来计划增加到 560 个纺织小组，但结果却增加到 806 个，实际上超过原来计划的 246 个纺织小组，大概有一万以上的妇女参加了纺织生产。她们在经济上获得完全的独立，在其它一切问题上都会迎刃而解。"①

而在这一时期发动女性参与生产方面，文艺仍然发挥了重大的作用。解放区有很多诗歌宣传和动员女性积极开展生产，支持抗战。女性能创造出巨大的经济价值，也进一步提高了女性的地位。如晋察冀地区传诵的诗歌《一个平凡的农妇》中，农妇的丈夫当八路去了，虽然"离别给予她很大的痛苦"，但"她可平静地抑制着自己，从不对人哭诉一声"：

> 她和男人换工，
> 把土地精细地耕种。
> 她和姑娘们坐在白杨树林边，
> 把纺车在笑语中轻快地转动。
> 她学习比别人认真，
> 在淡黄的麻油灯下，
> 她偷偷地给丈夫写信，
> 没有什么拖尾巴的话，
> 只是说村中照顾的好，
> 叫他不要挂念她娘俩。
>
> 她的勤劳、和蔼、美丽和冷静，
> 取得了全村人的尊敬，
> 年轻的姑娘们，
> 都愿意和她在一起玩笑，
> 男人们都对她很有礼貌。②

---

① 苏华：《获得民主权利的陕甘宁边区妇女》（1939 年 12 月 1 日），载中华全国妇女联合会妇女运动历史研究室编《中国妇女运动历史资料（1937—1945）》，中国妇女出版社 1991 年版，第 184—185 页。原载《中国妇女》第 1 卷第 7 期。
② 王炜：《一个平凡的农妇》，载阮章竞主编《中国解放区文学书系·诗歌编一》，重庆出版社 1992 年版，第 135 页。

诗歌不仅写出了这个"平凡的农妇"积极参加生产的风貌，还写出了人们对这样的女性的态度，果真如前文"妇女工作决定"中所言，这样的女性"取得了全村人的尊敬"，"男人们都对她很有礼貌"。

还有一些诗歌生动地记录下了女性们投身到生产劳动中的踊跃身姿，如《新女性群》这样书写道：

在清河东边，
我看见一群新女性，
一群群社会的状元。

这是一个雨后天，
天空中浮荡着白云，
太阳刚斜向西南。
郊外十三个妇女会员，
正来回拉着犁转。

新社会翻身的妇女呀。
现在来耕种自己的土地。

我看见——
十六岁的刘恒凤紧紧拉着绳索，
脚下花鞋挂上了泥。
皱纹满面的刘沈氏力上加力，
她已是毛发苍白的老人了，
倒欢的像个年轻妇女。
高个子李巧印尚未出嫁，
扶犁把一条线赛过男子，
鲜红的线袜染了草绿。
张致芳直累的满头大汗，
李昌莲喜笑的发乱如丝，
李印巧扬扬手戏喊"打""吁"！

　　野草芜杂的荒地翻出了黄土，
　　黄澄澄的松土地再插成秧田。
　　一个个衣衫里冒白气了，
　　休息下又唱起生产歌曲。

　　妇女会主任冯莲说的多好呵：
　　"收下红薯来咱自己吃，
　　这是咱自己出的血汗！"①

诗歌不仅对"新女性"们在生产中的场景进行了生动的描述，更重要的是写出了她们积极昂扬、自信乐观的精神状态和依靠自己生产生活的喜悦之情。

　　有时候，女性们的生产还和参政"融合"在了一起，参与社会化劳动让女性经济地位大幅度提升，同时也使女性获得较高的政治地位，如诗歌《滏阳河的女儿》：

　　春光一片，胜利在望，
　　刘在勤参加边区群英大会回来了。
　　（她就是劳动英雄荣林娘，
　　这个半辈子了才起的名字已上过报）。

　　首先给全分区英模写了封信，
　　转说大会精神带问好，
　　万千情思归一句：
　　挂劲干工作，生产掀高潮。

　　纺车飞转机杼响，
　　春苗也比哪一年都好；

---

　　①　往夫：《新女性群》，载阮章竞主编《中国解放区文学书系·诗歌编一》，重庆出版社1992年版，第932—933页。

人下地时枪也下地，
劳武结合一肩挑。

敌人不动闹生产，
敌人出窝对枪刀。
谷子甩大叶麦穗黄，
青黄不接的时日眼看又熬过了。

互助组折工分粮，
纺织组分棉分线，
有人围着秤杆子争红了脸时，
刘在勤一到，又语笑言欢。①

女性不仅参与生产，地位大幅度提升，还受到人们的欢迎，"有人围着秤杆子争红了脸时，刘在勤一到，又语笑言欢"，表现出人物不一般的魅力。

不仅是年轻的女性焕发出崭新的精神风貌，连年老的女性也同样"不甘落后"，如邢野的《山歌》：

抬头望依山儿高，
有个老娘子在山腰；
你说她呀干什么去，
她往深山割白草。

白草涨了满山坡，
割回家去把饭烧；
不是她呀不服老，

---

① 刘艺亭：《滏阳河的女儿》，载阮章竞主编《中国解放区文学书系·诗歌编三》，重庆出版社 1992 年版，第 2479—2480 页。

她是给那懒汉瞧。①

诗歌语言平实又不失幽默风趣，简单却传神地写出了"老娘子"积极参
与生产的劲头。

　　还有诗歌写出了年老女性在新的经济政策下通过自己的双手获得幸
福生活的喜悦心情：

　　……
　　是今年的初夏，
　　当我重又经过，
　　那破庙前的槐树下，
　　看见一个干净朴素的老太太，
　　低着头，坐在小板凳上，
　　两手不停的纺着棉花。
　　啊！
　　恐怕谁也要感到几分惊讶！
　　那不就是讨饭吃的周大妈?！
　　她浑身上下，
　　穿着一套崭新的裤褂，
　　只不过一年的工夫，
　　却竟能有这么大的变化。
　　为了好奇，
　　我便赶向前去问她：
　　"身上穿的布子多钱一尺，
　　多少钱做了这一套新裤褂!?"

　　她脸上突然飞起一阵红，
　　良久她满脸皱纹，

---

　　① 邢野：《山歌》，载阮章竞主编《中国解放区文学书系·诗歌编一》，重庆出版社1992
年版，第400页。

却慢慢挤成了一朵欢悦的花，

并用手指了指那辆纺花车，

开始了她的谈话！

"啊哟！

那是去年秋天，

俺妇救会帮助了我纺车一架，

纺织合作社，贷给我二斤棉花，

从此，我便把棍子放下，

依靠了这架纺车，两只手，

便维持了，

我一个人的穿用吃喝。

最近还节约了一百多元钱，

还慰劳了八路军鸡子五把，

　　可不是吗？

要不是八路军保卫家乡，

咱那里能够，

在这里安安稳稳纺棉花？……

妇救会，

真比得上自己的妈。"①

可以说诗歌的确发挥了文艺轻骑兵的作用，用群众易懂的语言和活泼的形式宣传动员女性参与生产，也记录下了一幅幅女性积极投身生产的生动图景，同时对解放区的新政策、法规起到很好的宣传作用。

除诗歌以外，在抗日战争后期，也即在延安文艺座谈会讲话以后，从 1943 年春节至 1944 年上半年延安出现了秧歌运动，产生了不少以女性积极参与劳动生产为题材的秧歌剧。如周戈为编剧的二场秧歌剧《一朵红花》。剧中胡二嫂是种地和纺线的能手，县里派妇联主任到她家给

---

① 包干夫：《周大妈——记牟海四区段家一个讨饭的老妇救会员的故事》，载阮章竞主编《中国解放区文学书系·诗歌编三》，重庆出版社 1992 年版，第 2427—2428 页。

她戴上一朵红花，并接她到延安去参加劳动英雄大会。而与之形成鲜明对比的是她的丈夫胡二，他懒惰，还害怕人家叫他二流子，把他拉去开会斗争。后来在妻子、母亲和妇联主任的影响帮助下勤劳起来。剧作表现的是歌颂女劳动英雄的主题。又如苏一平为编剧的四场秧歌剧《二媳妇纺线》，陆石执笔的《动员起来》，延安桥镇乡群众秧歌队集体创作的《货郎担》等都属于动员不爱劳动的女性参与生产的题材。

以纪实性为其主要特征的报告文学也为女性经济地位的提升给女性生活带来的翻天覆地的变化进行了生动的记录。田振亚的《女工小尚子》中"小尚子本是穷家的姑娘，十六岁上，便被卖到一个富家当丫头，端尿盆，刷屎垫，挨打受骂，过着黑暗的生活。工厂成立以后要招收女工，她便转托村妇会主任，三番五次的和主家说，要参加工厂做工。她的斗争胜利了，愿望也达成了。两个月的工厂生活，使她瘦弱的身躯健壮了，精神愉快了，认识也提高了"①。在工厂里，小尚子"学会了纺线，织裹腿"，还对苏联女工"同男子一样，在政府里、工厂里做工作，有了孩子，国家还特别照顾，分娩前后两个月的休息，工资还是照发"的生活充满美好的憧憬，希望什么时候自己也能拥有那样的地位和生活。

解放区女性经济地位的提升还体现在她们新的经济观的萌芽上，并以此表现出她们"当家做主"的精神风貌。赵树理的小说《传家宝》中，一把纺车，一个针线筐和一口黑箱子象征着传统乡土社会女性的全部命运和生活。《传家宝》中的婆婆用旧的观念责备儿媳妇，说她一个冬天没拈过一下针，纺过一寸线，甚至连自己的衣裳鞋子都不做了，到集上买着穿。儿媳妇金桂是接受了新观念、有了新意识的农村年轻女性，在法律上她也拥有了和其他家庭成员平等的经济权利，她不再像传统乡土社会的女性一样唯男人和婆婆是从，只是供人驱使的劳作机器，而不是劳动成果的所有者。随着法律经济地位的提升，她们也就有了经济创收的主观能动性，而且有了自己的主见后还敢于直言。于是《传家宝》中的儿媳妇金桂跟婆婆算了一笔账，她说："纺一斤棉花误两天，赚五

---

① 田振亚：《女工小尚子》，载黄钢主编《中国解放区文学书系·报告文学编二》，重庆出版社1992年版，第1231页。

升米；卖一趟煤，或做一天别的重活，只误一天，也赚五升米，你说是纺线还是卖煤？"① 金桂还算了另一笔账，她自己缝一身衣裳得两天，自己做一双鞋得 7 天，这 9 天卖 9 趟煤，赚了买衣服和鞋的钱，还可以多赚 2 斗 5 升米。事实终于让婆婆认了输，认为媳妇金桂做得对。除此之外，以前女性外出"经商"被认为是"出闺露丑"之举，除非是男性无力庇护，抛头露面，事非得以，否则将受到家人和旁人的指责。而在解放区，我们可以看到女性是如何积极主动地参与社会性劳作生产当中，而且最终还获得了家庭其他成员的认可，由此从另一个侧面反映出解放区女性经济法律地位的提升。

除此之外，从苏区到解放区女性经济法律地位的提高还体现在对女性财产继承权和家庭财产的管理权和处置权上。在中华苏维埃共和国政府时期，法律没有赋予女性对家庭遗产的继承权。中国沿袭了几千年的财产继承制度都只有男子才享有财产继承权，苏区的法律制度对此同样也没有作出规定。此外，苏区法律对丧偶妇女（即寡妇）的财产权还没有保障。在封建社会里，丧偶的妇女都被剥夺拥有家庭财产的权利，如果她们要再嫁，既要面对社会舆论的巨大压力，还会受到家族势力的粗暴干涉，她们就更不可能拥有家庭财产权。对于已婚妇女在家庭中的家庭财产管理权和处置权，苏维埃政府时期的法律也没有具体涉及，这也使女性一定程度上难以彻底摆脱对男性的人身依附，更谈不上人格的平等和独立尊严。

到了抗日民主根据地时期和第三次国内革命战争时期，边区及解放区政府的法律在这几个方面都有了进一步的完善。在家庭财产管理权和处置权方面，1939 年 4 月 4 日公布的《陕甘宁边区婚姻条例》第十八条规定："结婚前男女双方原有之财产及债务得各自处理，结婚后男女双方共同经营，所得财产及所负债务得共同处理之。"② 1942 年 1 月 5 日公布的《晋冀鲁豫边区婚姻暂行条例》第十五条规定："寡妇有再婚与否之自由，任何人不得干涉，或借此索取财物。再婚时其本人财

---

① 赵树理：《传家宝》，载《赵树理文集》第 1 卷，中国工人出版社 2000 年版，第 281 页。

② 《陕甘宁边区婚姻条例》（1939 年 4 月 4 日），载中华全国妇女联合会妇女运动历史研究室编《中国妇女运动历史资料（1937—1945）》，中国妇女出版社 1991 年版，第 179 页。

物可带走。"① 1943 年 2 月 4 日公布的《晋察冀边区婚姻条例》第十条规定："寡妇再嫁，他人不得干涉。"第十二条规定："夫妻生活费用及家务之处理，由双方共同负责。"第二十一条规定："夫妻离婚时，得各自取回其原有财产。"② 1943 年 4 月 20 日公布的《晋绥边区婚姻暂行条例》第十八条规定："寡妇有再婚与否之自由，任何人不得干涉或借此索取财物，再婚时可带走其应有财物。"③ 1946 年 6 月 4 日颁布之《陕甘宁边区婚姻条例》第十四条规定："离婚时，男女双方各自收回其所有之财产，但离婚前双方有共同经营所得之财产者，得依据情况处理之。"④ 这些法律都赋予了女性具有管理和处置家庭财产的权利。在女性继承权方面，1945 年 5 月 31 日施行的《冀鲁豫行署关于女子继承等问题的决定》⑤ 中规定"遗产继承女子与男子有平等之权利"，"为提高女子在其夫家之地位及发扬家庭民主，女子出嫁后对其夫家之财产确定其与男子有共同管理之权利"。"寡妇再嫁：无子女者，其在男家所继承之财产，准根据具体情况带去一部分或全部。有子女者在其男家继承之财产及其个人之财产，均留一部分给其子女，如其子女随走得将其财产全部带走。"

"没有经济上的权利，妇女要谈独立生活和男女平等，只会成为纸上空谈。在边区政府的法律上，曾给了妇女几千年来所没有的权利，即是财产继承权，承认父母死后的财产，妇女也有一份，这一点和男子完全

① 《晋冀鲁豫边区婚姻暂行条例》（1942 年 1 月 5 日公布），载中华全国妇女联合会妇女运动历史研究室编《中国妇女运动历史资料（1937—1945）》，中国妇女出版社 1991 年版，第616 页。

② 《晋察冀边区婚姻条例》（1943 年 2 月 4 日公布），载中华全国妇女联合会妇女运动历史研究室编《中国妇女运动历史资料（1937—1945）》，中国妇女出版社 1991 年版，第 658—659 页。

③ 《晋绥边区婚姻暂行条例》（1943 年 4 月 20 日公布），载中华全国妇女联合会妇女运动历史研究室编《中国妇女运动历史资料（1937—1945）》，中国妇女出版社 1991 年版，第 660—662 页。

④ 《陕甘宁边区婚姻条例》（1946 年 6 月 4 日），载中华全国妇女联合会妇女运动历史研究室编《中国妇女运动历史资料（1937—1945）》，中国妇女出版社 1991 年版，第 46 页。

⑤ 《冀鲁豫行署关于女子继承等问题的决定》（1945 年 5 月 31 日），载中华全国妇女联合会妇女运动历史研究室编《中国妇女运动历史资料（1937—1945）》，中国妇女出版社 1991 年版，第 822 页。

平等。"① 菡子的《纠纷》②（1945年）写的是新四军所在的革命根据地的农民反对封建势力、争取妇女解放的故事。小说的主人公来顺子妈是一个寡妇。丈夫死后她一个人抚养五个孩子，生活非常艰难。后来有个从河南逃荒到当地的刘二为她做帮工，他对这一家娘六个尽心尽力，还拿出自己积攒的不多的积蓄帮他们度过了灾年。刘二的善良淳朴让来顺子妈很感动，日久生情，后来他们同居了。但是在村民的眼中他们的关系属于不正当的"寡妇偷汉"，来顺子妈想嫁给刘二，但在传统乡土社会习俗里，女性必须从一而终，寡妇一般都要守寡终身。如果改嫁就有违妇德，并且意味着她要丧失本来可以因守寡而获得的财产，就如《故乡》中的祥林嫂一样。来顺子妈本来也会有和祥林嫂类似的遭遇，地主狗腿子楼志清就妄图以家族观念来欺压来顺子妈阻止她再嫁，说她败坏了楼家的门风，要将她和刘二赶出楼港村，从而达到霸占她家田地和房产的目的。但和祥林嫂遭遇不同的是，来顺子妈不再是生活在传统的乡土社会空间里，而是生活在中国共产党所在的革命根据地。后来在乡干部的努力工作下，村民们转变了思想，于是她在民主政权的支持下顺利地同刘二结了婚，并且没有失去她的财产。小说以此凸显出新的法律制度和政策给女性带来的婚姻和经济上的权利。但是作品为政治做宣传的痕迹比较明显，虽然作者曾坦陈她的创作"很明显，我接受的是赵树理的影响"③，但是《纠纷》的概念化倾向使其艺术上的感染力较赵树理的创作相去甚远。作品中楼港村村民们对待来顺子妈和刘二前后态度的变化来得比较突兀，而连接这种转变的就是解放区干部对群众工作的深入，保障来顺子妈权利能够实现的就是解放区的新法律制度和政策。

从苏区到解放区女性经济法律地位嬗变的现代文学书写主要表现为以下三个向度：一是为"记录"根据地妇女参与社会生产劳作的喜悦心情和精神风貌；二是表现根据地政策法规对女性经济地位改变起到的巨

---

① 苏华：《获得民主权利的陕甘宁边区妇女》（1939年12月1日），载中华全国妇女联合会妇女运动历史研究室编《中国妇女运动历史资料（1937—1945）》，中国妇女出版社1991年版，第184页。原载《中国妇女》第1卷第7期。

② 菡子：《纠纷》，华中新华书店1946年版。

③ 菡子：《小书——〈纠纷〉》，上海《书讯》1982年第50期。

大作用；三是表现根据地女性经济意识的改观和社会风尚的变化。这些无疑都为宣传根据地的法律政策，歌颂中国共产党在根据地的民主领导起到了巨大的积极作用。

第三节 "识字好"：苏区、解放区女性教育权

自古以来，"女子无才便是德"的封建思想使得无数女性不曾拥有受教育的权利，即使能断文识字，也大多是闺阁之举，无法运用到社会生活当中。到了清末民初，女性渐渐拥有了受教育的权利，但是那还只局限于一些大城市，对于中小城市尤其是乡土社会的女性而言，受教育对于她们而言依然只是奢谈。直到中国共产党在广大农村建立革命根据地，广大乡土社会的女性才开始真正拥有受教育的权利。

共产党在开展妇女运动的过程中一直关注女性的受教育权，1922 年《中国共产党第二次全国代表大会关于妇女运动的决议》就提出了女性教育权问题，1923 年《中国共产党第三次全国代表大会关于妇女运动决议案》和 1925 年《中国共产党第四次全国代表大会对于妇女运动之议决案》都提出了"男女教育平等"的口号。但是真正开始将这一口号落到实处并系统地予以实施，还是在成立苏区革命根据地以后。在中国共产党成立革命根据地的广大农村，女性的文化程度普遍低下。毛泽东在1930 年《寻乌调查》中曾写道："女子可以说全部不识字，全县女子识字的不超过三百人。"[1] 而在赣西南地区，"妇女读书的很少，只有些资产阶级的妇女亦是凤毛麟角，写识文字的是百与一之比"[2]。为了更有效地开展革命工作和使女性更好地实现并享有各项民主权利，在革命根据地开展女子教育成为中国共产党的一项重要工作。

在中华苏维埃共和国，"工农劳苦群众，不论男子和女子，在社会、

---

[1]　毛泽东：《寻乌调查》，载《毛泽东调查文集》，人民出版社 1982 年版，第 159 页。

[2]　江西省妇联、江西省档案馆编：《江西苏区妇女运动史料选》，江西人民出版社 1982 年版，第 15 页。

经济、政治和教育上，完全享有同等的权利和义务"①。"从 1927 年 10 月井冈山根据地建立到 1931 年 11 月中央民主政府在瑞金成立，零星的女子教育逐渐产生。第二时期是苏区女子教育快速发展时期，而且'苏区教育的基本格局、主要成就和基本经验是在这个时期取得的。'各类女子教育纷纷出现，且颇具规模。从 1931 年 11 月瑞金中央政府成立起至 1934 年 10 月红军长征，苏区女子教育主要分为：女子民众教育（社会教育）和女子普通正规学校教育。其中民众教育又分为：女子干部教育、女子职业教育、女子业余教育等。女子正规学校教育分为：女童教育和师范教育。"② 从当时苏区这颇成系统的女子教育我们可以看出中国共产党在赋予女性教育权方面做出的努力。在苏区政府时期，中国共产党先后发布了《创办江西省苏维埃干部学校计划书》（1933 年 8 月）、《消灭文盲决议案》（1933 年 10 月）、《关于省教育报告的决议》（1934 年 3 月）、《社会教育问题的决议案》（1934），此外还发布了《夜学校及半日学校办法》《识字班办法》《业余补习学校的办法》《工人补习学校简章》等一系列文件，在苏区展开了一场以消灭文盲为主的教育运动。"至 1934 年，苏区妇女识字教育的种类繁多，主要有：识字班、识字组、读报组、夜校、半日学校、星期学校、寒暑假学校、俱乐部、家庭临时培训班、研究会、列宁室、露天学校、巡回图书馆等"，其中"识字组是一种灵活多样的教学形式，特别适合成年群众利用业余零散时间学习。它一般是识字组长（由教员兼任，来自夜校学生）在田间、厨房、乘凉时随时上课，深得群众喜欢，因而参加群众特别多，尤其妇女踊跃，学习人数达到60%"。③ 此外，苏维埃文化部还专门通过了《关于女子职业学校暂行简章的决议》和《女子职业学校暂行简章》，通过职业教育来提高苏区女性的劳动生产技能。与此同时，女童教育和师范类教育也都得到了较大发展。

苏维埃政府不仅通过制定和颁布一系列法律法规政策制度来开展女子教育，在教材的编写中更是作进一步的"宣传"。徐特立为列宁小学

---

① 陈元晖、璩鑫圭、邹光威：《老解放区教育资料》一，教育科学出版社 1981 年版，第 27 页。

② 何黎萍：《西方浪潮影响下的民国妇女权利》，九州出版社 2009 年版，第 112 页。

③ 何黎萍：《西方浪潮影响下的民国妇女权利》，九州出版社 2009 年版，第 113 页。

所编的国语教材中新编的《三字经》把识字学文化与提高男女平等的革命意识和觉悟结合起来：

> 天地间，
> 人最灵。
> 创造者，
> 工农兵。
> 男和女，
> 都是人。
> 一不平，
> 大家鸣……①

此外在苏区传唱的《识字运动歌》更是灌注了女性也应当享有教育权的精神：

> 苏维埃政府，
> 训令早告诉，
> 每日学五字，
> 工农要刻苦。
>
> 怎样来学习，
> 先要有组织，
> 一家一小组，
> 识的教不识。
>
> ……
> 老公教老婆，
> 识字更快多，
> 老婆教老公，

---

① 徐腊梅编著：《红色歌谣》，江西高校出版社 2007 年版，第 144 页。

容易入耳朵。

……

识者做教员，

可省买书钱，

家庭做学校，

那就很自然。

……

识字有无差，

委员会审查，

有懒惰分子，

儿童耻笑他。①

歌谣展现出苏区人民不论男女都应享有教育权并竞相识字学文化的新景象。除了诗歌，报告文学《一个苏维埃女工的话》还以自白的形式写出了女性获得教育权后的自豪与喜悦："我过去不认识一个字，现在受了厂里的文化教育，认识了一百多字；我还要学写字。我要写信鼓励老公上前方去杀敌。"②

到抗日民主根据地时期，女子初、中、高等教育都得到了很大的发展，但妇女群众的业余教育尤值得关注。如邓颖超和孟庆树在庐山妇女谈话会上的报告中提到："为了扫除文盲，提高妇女大众的文化水准，在妇女中进行普遍的识字运动。每一个机关，每一乡、镇，都有识字小组，每人每日识一个到两个字，学习最好的妇女，每日可识字 100 以上。在各界妇女联合会下，设有识字委员会，负责这一工作。在去年冬学运动中，一万多的文盲男女涌进了教育战线，几十万的民众活跃着——它的成绩有 10337 人参加，而妇女占 1/7。原定举办 450 所冬学，结果超过原定计划 1/3 为 619 处。三个半月冬学用经费 2800 元，每人共用四元七角多。妇女的学习，常常站在男子的前面，如淳耀县加入冬学的 90 多个妇女，学习比男子进步，并有能识三四百字以上者，能说明飞机与毒

① 徐腊梅编著：《红色歌谣》，江西高校出版社 2007 年版，第 146—148 页。

② 刘长风：《一个苏维埃女工的话》，载黄钢主编《中国解放区文学书系·报告文学编一》，重庆出版社 1992 年版，第 259 页。原载瑞金《红色中华报》1934 年 3 月 8 日第 6 版。

气有几多种类，并能答复一些简单的抗战问题。现全边区乡村识字小组1630个，35490人。"① 苏华在发表于《中国妇女》第1卷第7期的《获得民主权利的陕甘宁边区妇女》一文中写道："妇女念书，在今天的边区来说，大家不觉得奇怪，同时她们还都异口同声的说：'有八路军就有咱们念书的地方。'在政府法令上不仅明文规定了妇女有受教育的权利，同男子一样，而且政府从各方面来保证在妇女中实施免费的成年和儿童的教育。普遍的使家庭妇女有受教育的机会，她们一般的是从识字组开始。例如在机关学校附近建立的识字小组，给了妇女实际上提高文化的机会，根据不完全统计，只在四个县中（延安、延长、延川、庆现），就建立了1260个妇女识字小组，动员了7816人参加识字，还建立了为妇女便于工作的半日学习制度，建立有219处半日学校，有2949人参加念书，再有冬学运动，是把她们收割完后的空闲时间都用到学习上来的。""在历史条件异常落后的地区中要来实现提高妇女文化水平工作，只有采取这些组织和办法，才能做到吸收更多的妇女同胞享受免费的普遍的教育，在今天边区内虽然还未做到完全扫除文盲的程度，但是几年来动员了成千上万的妇女努力参加学习，这也是历史上罕见的。"② 孙犁的《识字班》③ 生动地"记录"了女性参与学习的场景。鲜姜台只是个十几户人家的小村子，一个机关住到村里来，和村民们处得很好，"分不出你我来啦"。接着鲜姜台的识字班也开学了。小孩子、年轻的妇女甚至"人老心不老"的老奶奶都来学习了。在男先生代课的班上，妇女们开始不专心听讲了，有的惦记着要过年了孩子没新鞋，有的担心孩子会睡醒，还有的嫌板凳不如家里的炕坐着舒服，甚至有人把鞋底子带到班上偷着纳两针。但是"后来这些女人们都变样了。一轮到她们上学，她们总是提前把饭做好，赶紧吃完，刷了锅，把孩子一把送到丈夫

① 邓颖超、孟庆树：《陕甘宁边区妇女运动概况》（1938年5月18日），载中华全国妇女联合会妇女运动历史研究室编《中国妇女运动历史资料（1937—1945）》，中国妇女出版社1991年版，第99页。原载《新华日报》1938年6月10日。

② 苏华：《获得民主权利的陕甘宁边区妇女》（1939年12月1日），载中华全国妇女联合会妇女运动历史研究室编《中国妇女运动历史资料（1937—1945）》，中国妇女出版社1991年版，第183—184页。原载《中国妇女》第1卷第7期。

③ 孙犁：《识字班》，载雷加主编《中国解放区文学书系·散文杂文编一》，重庆出版社1992年版，第294页。录自《孙犁文集》，百花文艺出版社1982年版。

手里说：'你看着他，我去上学了!'"还有的开始着急什么时候才能自己看报。最后还出现了鲜姜台的妇女班长，和她自卫队的丈夫，青抗先的大儿子一起围炉读书的场景。"当盆里的火要熄下去，而外面又飘起雪来的时候，儿子提议父、母、子三个人合唱了一个新学会的歌，便铺上炕睡觉了。躺在妈妈怀里的小孩子，不知什么时候撒了一大泡尿，已经湿透妈妈的棉裤。"① 还是孙犁一贯的看似散淡的笔触，却生动地写出了女性努力学习的积极和热情。甚至是男性都以女性为榜样，以"试与女性一比高"的劲头来识字："那边妇女识字班教学了，一个连一个的放大嗓子唱歌，有意要斗冬学。这边男子汉着急了，一定打比，明天就开始识字，妇女班上三个月，能识五百字，我们有三个月功夫，也不愁比不上她。"②

在根据地，女性教育能取得如此大的成绩自然有其原因，发表于《中国妇女》第1卷第8期署名为云的《陕甘宁边区突飞猛进的女子教育》（1939年12月16日）一文"这些成绩是怎样得来的"一节中如此分析道："由于妇女经济地位之改善与法律地位之提高。妇女应否受教育与能否受教育，这不是道德上的问题，而是经济上、法律上平等与否的问题。边区给了妇女经济和法律上以什么保障呢？就经济方面说：男女是平分土地的，这已不能再说女子是依赖男子过活了，边区苛捐杂税，连地亩、银粮一下废除了，每年除合理交纳一些救国公粮外，一切收入，全是自己享受。这样就大大增加了老百姓的富裕，现在可称为中农的，已占90%以上了。在富裕的基础上，自然就容易开展教育，这也是古人'仓廪实而后知礼节，衣食足而后知荣辱'的道理。""就法律地位讲：男女是一律平等的，她们在法律上已不再是家庭的奴隶了。你不让她读书吗？她不但可以与你理论，并且可以给你提到法律上去，法律保证她们的权利是兑现的。生活的好转与法律之保障，这两者对开展女子教育

---

① 孙犁：《识字班》，载雷加主编《中国解放区文学书系·散文杂文编一》，重庆出版社1992年版，第299页。

② 戴邦：《陈圩冬学头一天》，载黄钢主编《中国解放区文学书系·报告文学编二》，第1089页，原载《拂晓报》1943年12月18日。

起了决定的作用。"① 这分析是中肯的，女性经济地位的提高和法律对女性受教育权的保障的确是女性能真正拥有与男性平等的受教育权的原因。但是如此多的女性能够享有受教育的权利并能"兑现"这些权利，与人们思想意识的转变也是分不开的，这其中，文艺（包括文学）宣传自然功不可没。正如一份妇女运动历史资料所显示的中国共产党曾特别强调宣传方式在女性教育上的重要性："文化教育这工作虽然已经引起普遍注意，可是许多执行的方法方式还很成问题。希望今后多多编撰通俗的下层妇女读物，尤其注意采用漫画（浙东某个救济工厂女工曾受《敌寇暴行实录》激动得哭泣绝食，可知绘画的力量）、木刻；编写妇女自己看的壁报，采用方言土话，反映她们的实际生活，迎合她们的兴趣与要求。此外，如通俗歌谣、剧本、教材以及更深入的工作参考资料，也应尽量编印。"②

到第三次国内革命战争时期，尤其在延安文艺座谈会以后，中国共产党对文化教育以及文艺工作的领导更加重视起来，文艺的宣传作用也进一步得到加强，陕甘宁边区的新秧歌运动也从这时开始兴起，"从1942年下半年开始，在新秧歌运动最活跃期间，《解放日报》《边区群众报》及其它报刊，发表有关新秧歌活动的评介文章及报道等近百篇"③。新秧歌对女性教育的宣传也起到了巨大的作用，有些甚至就是接受了教育的农村妇女亲身参与新秧歌剧的编、唱、演，"由于妇女在经济上有地位，对文化的要求也就迫切了，在1944年冬到1945年春的冬学中，只河曲、保德、邻县、交城、偏关五县就有13628个妇女入冬学。在林南、离石，妇女普遍入冬学。1945年春节，文娱活动到处开展，离石分区130里湫水大川、兴县大川、二分区沿河一带，以及八分区交城屯兰、原平两川的妇女均踊跃参加秧歌队，演戏，转变了过去好人不参加秧歌队的认识，他们自编、自演、自唱，对广大妇女的进步起着很大的教育

① 云：《陕甘宁边区突飞猛进的女子教育》（1939年12月16日），载中华全国妇女联合会妇女运动历史研究室编《中国妇女运动历史资料（1937—1945）》，中国妇女出版社1991年版，第195页。原载《中国妇女》第1卷第8期。

② 秋若：《现阶段东南五省的妇女运动》，载中华全国妇女联合会妇女运动历史研究室编《中国妇女运动历史资料（1937—1945）》，中国妇女出版社1991年版，第433页。原载《浙江妇女》第2卷第1期。

③ 刘建勋：《延安文艺史论稿》，陕西人民出版社1992年版，第21—22页。

作用"①。

在这一时期也产生了大量的新秧歌剧本，作者既有专业的文艺工作者，也有工农兵群众。而工农兵群众创作的剧本大多是集体创作（在延安文艺时期，集体创作成为一种最常见的文艺创作方式）。又因为新秧歌运动和解放区诸多活动（如减租减息、反对迷信、识字扫盲、生产自救等）同时兴起，所以各地政府部门就把新秧歌运动直接纳入了宣传教育工作的范围，创作的主题也是以宣传和歌颂为主，这些作品中宣传女性受教育和歌颂女性受教育权获得的作品就是其中一部分。如庆阳三十里铺黄润秧歌队集体创作的《妇女识字班》，靖边杜子栋秧歌队集体创作的《不识字的害处》等。此外还有由解放区女性自身接受教育后集体创作的秧歌剧本，如靖边张家畔妇女秧歌队集体创作的《识字好》。还有由专业文艺工作者创作的新秧歌剧，如马可的《夫妻识字》，表现了劳动人民包括农村女性翻身后学习文化的热情。剧中刘二夫妻以斗嘴互考的形式比赛学文化，他们俩决心不做睁眼瞎，看谁先会认字、写字和解字，语言俏皮，格调活泼轻松。反映农民支持女儿受教育的秧歌剧有《睁眼瞎》，剧中农民牛万财在县城做生意，写信让父亲牛爹送绿豆去县城卖。但牛爹不识字，是个睁眼瞎，只好请带信给他的张学成给他念信，但张也是个"半吊子"，把绿豆念成了蔓豆，结果生意没做成还白跑一趟。从这件事牛爹认识到了不识字的苦处，以前他不让女儿牛春去上识字班，而这件事后牛爹终于同意牛春去上识字班学文化了。

除了新秧歌剧以外，民间歌谣也成为延安文艺座谈会以后因共产党对群众的民间创作重视而迅速发展繁荣起来的创作样式之一。这类歌谣也是以歌颂党的领导和人民政权，宣传党的制度法规政策等为其主要创作宗旨，主题和内容涉及当时政治生活的方方面面。鼓励群众包括女性学文化、认字也成为民间诗人、歌手们的创作内容之一。如有一首快板歌谣《快上冬学》因其语言浅显、节奏明快、朗朗上口而成为当时妇幼皆知的民间流行歌谣之一：

---

① 《抗日战争时期晋绥边区妇女工作概况》（1949年2月15日），载中华全国妇女联合会妇女运动历史研究室编《中国妇女运动历史资料（1937—1945）》，中国妇女出版社1991年版，第816页。

老乡们，仔细听，
听我把话说心中：
人活在世上不识字，
好多事情做不成。
……
现在人民当了家，
国家主人就是咱。
国家大事千千万，
没有文化怎么办？

老乡们，细思忖，
快上冬学把字认。①

还有人用旧体诗词的形式来表现冬学的题材，别具一格：

弦管遍乡村，
悦耳怡人。
干群老少读书声，
昔日为奴今日主，
明理学文。

东亚睡狮醒，
振奋精神。
提高觉悟结同心，
万里山河飘赤帜
党泽深恩。②

当然，这里的歌谣和诗词并不是单独针对解放区女性而作，而是针

---

① 刘建勋：《延安文艺史论稿》，陕西人民出版社1992年版，第179页。
② 袁达人：《浪淘沙·冬学》，载阮章竞主编《中国解放文学书系·诗歌编二》，重庆出版社1992年版，第1717页。

对所有"农民老乡""干群老少",但实际上,只有不用单独把女性作为一个特殊的群体提出来探讨"平等"的问题之时,才是男女之间真正实现了平等之时。诗中的宣传对象"老乡",表现的对象是"干群老少",这都是将女性已经包含在内的指称,正说明了解放区的法律政策包括宣传都已经赋予了女性和男性平等的受教育权。

解放区对女性的教育不仅局限于识字学文化,还包括思想政治教育。洪林的小说《李秀兰》就写出了女性在受教育过程中思想转变的历程。李秀兰是家中的小女儿,生性活泼,自从来了识字班,更是"动不动就要讲自由"了。1945 年的新年,"处处锣鼓声,庄庄秧歌戏",李家沟的农村剧团也活动起来,而李秀兰也成了村里有名的"秧歌大王"。连附近村里的人都知道了,黑板报也登出来了。"从这以后,李秀兰更爱演戏,更爱扭秧歌,更爱唱了。哪里开大会,李家沟农村剧团总得去演出一番;每逢过节日,总要排一两个小节目。"① 李秀兰渐渐地在家更待不住,结了婚以后更是不满于做人媳妇的日子。后来在区干部的提议下,秀兰去上了县学,经过县学的教育,她终于"打通了思想",还给丈夫写了一封信,信中写道:"到县学来后已经一个半月了,生活很顺利,学习很紧张,请家里不要挂念。只因我劳动观念不强,在家有二流子精神,文化水平也低,生活散漫,没有好好生产,对不起家里,请家里多加原谅一切为要!"② 回家后更是热切地对丈夫谈起行署开劳模大会怎样热闹,县学里生活怎样快乐,自己的学习怎样进步……解放区女性教育所发挥的作用也在李秀兰思想转变的历程中体现出来。

除了正面表现女性享有受教育权的作品外,也有作家对女性在争取实现受教育权过程中所受的种种压迫进行了书写。投奔抗日民主根据地的青年女作家曾可以擅长报告文学和小说而闻名,有"战士作家"之称。在1937—1940 年,她以行军途中的见闻为描写对象,写作了长达 7 万字的报告文学《在战斗中》。《在战斗中》涉及的内容非常广泛,除了描写军民杀敌的战斗故事以外,还有许多表现百姓生活的部分。其中

---

① 洪林:《李秀兰》,载康濯主编《中国解放区文学书系·小说编三》,重庆出版社 1992 年版,第 1934 页。

② 洪林:《李秀兰》,载康濯主编《中国解放区文学书系·小说编三》,重庆出版社 1992 年版,第 1941—1942 页。

《萌芽》就写了一位妇女为了识字而遭到男人打骂的故事，虽然文字过于平铺直叙，缺少美学价值，但却真实地再现了农村女性为切实享有受教育的权利而不得不付出的代价和努力。以此也揭示出，即使是在抗日根据地，在共产党政权的力量相对能直接控制的区域，女性要享有受教育的权利也绝不仅仅是一纸法律条文规定就能完全实现的，这还需要做许多的工作，加大宣传力度，改变人们的思想意识。

第四节　"豆子乒乒落"：苏区、解放区女性参政权

中国几千年的文化传统都是限制女子与闻政治的，她们只能在男性的统治之下管理家事，直到辛亥革命前，中国上层知识女性在西方女性参政浪潮的冲击下才有了参政意识的觉醒，然而从开始争取女性参政权到女性参政权获得国家法律的认可，这期间走过了非常漫长曲折的历程。即便是在南京国民政府法律明文规定女性的参政权后，中国广大乡土社会的女性仍然不知参政是何物，"参政"对于她们而言，是太遥不可及的字眼。"实际从全国范围来看，真正已获得并行使参政权的女性是极少数，而这极少数多是有特殊势力的上层妇女"，"真正占绝大多数的农村妇女和劳动妇女，因缺乏组织和文化水平低下，能依法参政、获得选举与被选举权的，实际寥寥无几"。① 直到中国共产党在广大农村开创革命根据地，中国广大乡土社会的女性才开始切实拥有和行使参政权。

中国共产党对女性参政权的关注有一个变化的过程，早期共产党人对西方有关女性参政论著文章的译介自不必说，在全国性的代表大会上也曾多次提出要争取女性参政权。中国共产党第一次全国代表大会尚未提出妇女运动决议案，但在1922年7月23日中国共产党第二次全国代表大会《关于妇女运动的决议》中就提出："中国共产党认为妇女解放是要伴着劳动解放进行的，只有无产阶级获得了政权，妇女们才能得到真正解放。他目前为妇女奋斗的是：（一）帮助妇女们获得普通选举权及一切政治上的权利与自由；（二）保护女工及童工的利益；（三）打破

---

① 何黎萍：《西方浪潮影响下的民国妇女权利》，九州出版社2009年版，第328页。

旧社会一切礼教习俗的束缚。"① 可见中国共产党在组织妇女运动伊始就把参政权放在了首要的位置上。到 1923 中国共产党第三次全国代表大会关于妇女运动决议案中亦指出："一般的妇女运动如女权运动、参政运动、废娼运动等，亦甚重要"，"还应加入'打倒军阀''打倒外帝国主义'两个国民革命运动的口号，以引导占国民半数的女子参加国民革命运动。至我们指导此等运动的态度，亦宜注意：第一，不要轻视此等为小姐太太，或女政客们的运动；第二，阶级的主义的色彩不要太骤太浓，至使她们望而生畏"。② 从而将参政运动列入了妇女运动的应有之义并与国民革命运动联系了起来，"参政"也从狭义参政走向了广义参政。1925 年中国共产党第四次全国代表大会对于妇女运动之决议案也同样提出了"女子应有参政权"③ 的口号。其后中国共产党在其妇女运动的方针中都把女性参政放在了比较重要的位置。

1931 年中华苏维埃共和国成立，11 月 7 日第一次全国苏维埃代表大会通过的《中华苏维埃共和国宪法大纲》规定："凡在苏维埃政权领域内的工人、农民、红军士兵及一切劳苦民众和他们的家属，不分男女、种族、宗教，在苏维埃法律前一律平等，并为苏维埃共和国的公民，皆有选举资格和当选资格。"④ 从而让农村女性拥有了选举权和被选举权。为了保障女性选举权和被选举权落到实处，苏维埃选举法还明确规定女性代表必须达到 25% 以上。但是由于封建意识的长期浸染，人们尤其是女性参政意识的淡薄，苏区出现了人民对选举茫然无知甚至曲解的现象。于是加强各种形式的宣传成为中国共产党和各级苏维埃政府在这一阶段重点进行的工作。"1933 年第二次选举，普遍以乡为单位，组织了 2—7

---

① 《中国共产党第二次全国代表大会关于妇女运动的决议》（1922 年 7 月 23 日），载中华全国妇女联合会妇女运动历史研究室编《中国妇女运动历史资料（1921—1927）》，人民出版社 1986 年版，第 30 页。

② 《中国共产党第三次全国代表大会关于妇女运动的决议》（1923 年 6 月），载中华全国妇女联合会妇女运动历史研究室编《中国妇女运动历史资料（1921—1927）》，人民出版社 1986 年版，第 68 页。

③ 《中国共产党第四次全国代表大会关于妇女运动的决议》（1925 年 1 月），载中华全国妇女联合会妇女运动历史研究室编《中国妇女运动历史资料（1921—1927）》，人民出版社 1986 年版，第 281 页。

④ 《中华苏维埃共和国宪法大纲》（1931 年 11 月 7 日），载中央档案馆编《中共中央文件选集》第 7 册，中共中央党校出版社 1991 年版，第 772 页。

人的宣传队，比较先进的地方组织了化妆讲演，演新戏，俱乐部开晚会，各学校上选举课等。"① 通过各种宣传活动，女性对选举活动淡漠的现象有了很大改观，毛泽东曾在第二次全国苏维埃代表大会报告中欣悦赞誉："现在多数的市乡苏维埃，妇女当选为代表的占了百分之二十五以上。部分地方如上杭的上才溪乡，七十五个代表中妇女四十三个，占了百分之六十。下才溪乡九十一个代表中妇女五十九个，占百分之六十六。广大的劳动妇女，是参加国家的管理了。"② 除了参加选举外，女性参政权还体现在妇女组织的建设和女干部的培养上。因为农村女性文化水平普遍比较低下，受封建意识的影响又比较深，所以要动员她们参与政治事务，另一个有效的途径就是建设妇女组织并培养一批女干部，通过她们来带动引导更广大的女性参政。

到陕甘宁边区政府时期，法律也仍然规定女性和男性拥有平等的选举权与被选举权，"陕甘宁边区政府颁布的选举条例第二章第三条：'凡居住边区境内之人民，年满 18 岁者，无阶级、职业、男女、宗教、民族、财产与文化程度之区别，经选举委员会登记，均有选举权与被选举权'。并且在今年初边区第一届参议会开会时，就有 19 位女参议员出席，她们在大会上不仅大胆地发表了自己的意见，并且为妇女切身利益实现而提出了妇女同胞们自己的提案，还得到了全体参议员的一致通过。并且在选举条例上具体规定了各级参议会都应有 25% 女参议员参加的条文。同时边区选举过程展现了妇女们参加选举的热忱，小脚老太婆，也都觉得非到会不可，不愿放弃自己的一份权利。此外，还有许多妇女担任各级政府机关内及各部门中工作的职员，例如：神府县有女乡长负乡政府的责任，在延安县东一区区政府有女区长，在延安六区三乡也有女乡长等等，根据现有的妇女参加行政工作的成绩，是并不逊于男子的，这不仅说明了妇女能够管理国家大事，而且说明了只有妇女才能够更深入的解决妇女切身的问题""她们能够顺利地进行这许多活动，主要的

---

① 柏台：《今年选举的初步总结》，《红色中华》1934 年 1 月 1 日，转引自钟日兴《红旗下的乡村——中央苏区政权建设与乡村社会动员》，中国社会科学出版社 2009 年版，第 97 页。

② 转引自罗惠兰《中华苏维埃共和国妇女权益保障之评析》，《中国井冈山干部学院学报》2008 年第 1 期。

是边区政府给予她们各方面的权利和保障。"①

　　法律的保障是一方面，另一方面，中共继续坚持培养妇女干部及专门人才来引导广大女性参政的方针，陕甘宁边区第一届参议会通过的《提高妇女政治经济文化地位案》（1939 年 4 月 4 日）中规定："（一）鼓励妇女参政，各级参议会应有 25% 的女参议员，各机关应大量吸收妇女工作；（二）设立妇女训练班，给妇女以文化、政治、救护、卫生、生产等知识，并培养妇女干部及专门人才……"② 除此之外，中共仍然没有放松对妇女参政的宣传动员和教育督促工作，《陕甘宁边区妇联会第二次扩大执委会决议》中"关于动员边区妇女参政的决定"有文："一、配合着边区政府 1941 年的选举活动，各级妇联应做广泛宣传教育工作，提高边区妇女参政的兴趣，并且有计划地发动妇女参加这个运动。二、保证各地有威信的妇女当选为参议员。并选举优秀的妇女干部，供给各级政府负担适当的工作，并经常给她们以工作的帮助和鼓励。三、发动妇女参加各级政府所召开的乡民大会、村民大会，以丰富妇女的政治知识。四、对于不执行政府法令，不保护妇女利益的行政工作人员，应发动妇女勇于批评他们，甚至于提起诉讼。"③ 对于妇女参政，"在下层进行了深入的政治动员与组织工作。各县出版了通俗刊物，印刷了传单、漫画，组织了宣传队、音乐队等等，都专以选举为内容，下乡宣传解释，参加区村选举委员会。"④ 由此可见，文艺宣传在引导妇女参政方面所起的作用。

　　广义的女性参政除了指参加选举及各级会议以及担任妇女干部外，

　　① 苏华：《获得民主权利的陕甘宁边区妇女》（1939 年 12 月 1 日），载中华全国妇女联合会妇女运动历史研究室编《中国妇女运动历史资料（1937—1945）》，中国妇女出版社 1991 年版，第 183 页。原载《中国妇女》第 1 卷第 7 期。

　　② 《提高妇女政治经济文化地位案》，载中华全国妇女联合会妇女运动历史研究室编《中国妇女运动历史资料（1937—1945）》，中国妇女出版社 1991 年版，第 176 页。原载《解放》第 68 期。

　　③ 《陕甘宁边区妇联会第二次扩大执委会大会决议（节录）》（1940 年 12 月 20 日），载中华全国妇女联合会妇女运动历史研究室编《中国妇女运动历史资料（1937—1945）》，中国妇女出版社 1991 年版，第 291—292 页。原载《中国妇女》第 2 卷第 9 期。

　　④ 明秋：《晋察冀边区 1940 年区村政权改选运动中的妇女》（1940 年 10 月 10 日），载中华全国妇女联合会妇女运动历史研究室编《中国妇女运动历史资料（1937—1945）》，中国妇女出版社 1991 年版，第 347 页。原载《中国妇女》第 2 卷第 5 期。

还指参与一切与国家政治有关的活动，"包括不同方式、不同特征、不同内容的爱国活动和革命活动"① 可以说广大农村女性能够在战争时期参与到战争中或与抗战有关的活动当中，也与她们法律政治地位的提高有关，而反过来，女性在抗战和革命中所发挥出来的作用又进一步巩固和提高着她们的政治地位。

从苏区到解放区的文学创作中，有不少从不同角度反映女性参政的文学作品。这些作品也是民国女性参政法律地位嬗变之现代文学书写的组成部分。正如前文所论述的，在苏区时期，文学创作以歌谣和戏剧等文化水平不高的老百姓所喜爱的文学形式为主。1931 年 11 月 7 日，中华苏维埃第一次全国代表大会在瑞金叶坪召开，歌谣《全苏代表大会歌》就反映了"一苏大"召开的情景，也唱出了女性参与政治生活的"图景"：

> 新老茶亭隔个冈，
> 砍倒大树修洋房；
> 做的洋房是蛮好，
> 各州府县请代表。
>
> 请的代表有蛮多，
> 提高妇女唱京歌；
> 唱的京歌蛮好听，
> 各州府县送来几多模范人。②

又如杨劲樵的《敬和仲弘公议会开幕感赋原韵》：

> 人生进化自然催，
> 固执贪玩最可哀。
> 唤起民心坚似铁，

---

① 何黎萍：《西方浪潮影响下的民国妇女权利》，九州出版社 2009 年版，第 289 页。
② 徐腊梅编著：《红色歌谣》，江西高校出版社 2007 年版，第 125 页。

纷陈意见纸成堆。
农工救国精诚至，
妇女参加杂沓来。
我幸衰年逢盛世，
乐而忘倦笑颜开。①

除了宣传和表现女性参与政治生活，许多歌谣的宣传重点更是放在了动员女性参与革命上。如苏区的另一首歌谣《十劝妹》：

一劝妹，劝娇娘，革命世界不比先，
当先老妹受压迫，至今老妹出头天。
二劝妹，劝娇娘，革命工作要帮忙，
坚决打开平等路，有吃有穿有风光。
三劝妹，劝娇娘，老妹作事莫逞刁，
金银首饰你莫戴，脑上头发要剪掉。
四劝妹，妹听了，许多痛苦你受了，
一来就是没书读，二来政治全不晓。
五劝妹，大道理，不去革命多吃亏，
有事出门没作主，妇女团体不理会。②

又如记录女性参与革命的歌谣《妇女参加抗联军》：

红旗飘在半天空，
好似草堆落火星，
妇女也参加抗联军，
长发剪成短缨缨。③

---

① 杨劲樵：《敬和仲弘公议会开幕感赋原韵》，载阮章竞主编《中国解放区文学书系·诗歌编二》，重庆出版社1992年版，第1669页。
② 汪木兰、邓家琪编：《苏区文艺运动资料》，上海文艺出版社1985年版，第330页。
③ 《妇女参加抗联军》，载贾芝主编《中国解放区文学书系·民间文学编》，重庆出版社1992年版，第270页。

和其他苏区歌谣一样，语言通俗易懂，宣传的目的性和功用性显而易见，而文学的审美性艺术性都相对较弱。

报告文学《一个苏维埃女工的话》中更是以第一人称口吻自叙了女性获得参政权的欢欣："以前女人是被男人管的，现在我们女人却不受男人的管理。以前女人'话事'也不自由，现在我们女人和男人一样可以在会场上演说。以前女人不能在外边做事，现在我们女人都热烈地参加了革命工作，我们兴国，就有很多妇女当上乡苏维埃主席和委员。"①又如《女县长白芸同志》中的遵化县女县长白芸"被冀东一百六十八万人选为国大代表"，"家很贫寒。五口人只三亩地。她半工半读，念完四年中学，以后就做小学教员。抗战后她出现在冀中平原上，三九年做冀中妇联会主任，领导冀中妇女起来参加抗战……今年（1946 年）二月她才做遵化县县长，在这期间，她每天吃玉米稀饭，小米干饭，除了七小时睡眠就完全埋头在工作里，为全县三十万人民踏踏实实地办事情"。②不仅是女性干部成为女性参政的中坚力量，广大普通劳动女性也对参与政治活动表现出极大的热情。草明的报告文学《蔡大姐和翻身妇女》中就写到当地组织对北安各区妇女组织了短期的训练班，她们和"蔡大姐"一起开了一个妇女问题的讨论会，广大女性对村屯的妇女组织，冬季生产，婚姻，卫生等问题展开了热烈的讨论，连五六十岁的老太太都踊跃发言。

在小说创作方面，冯铿的《红的日记》可以说是最早反应苏维埃女性参政的作品，但《红的日记》并不是写成于苏维埃区域，所以不属于苏区文学和解放区文学的范畴，但却属于与苏区文学和解放区文学有着很多相同内质的左翼文学。作者本身也并没有亲历苏区生活，但写作的触因却是因为 1930 年 5 月全国苏维埃区域代表大会在上海召开，冯铿以"左联"代表的身份出席了大会。会上苏区代表的发言和会下与代表们的接触让她感触很深，不久她就创作了《红的日记》来反应苏维埃根据地女性的崭新面貌。小说的女主人公是红军女政工队员马英，作者正是

① 刘长凤：《一个苏维埃女工的话》，载黄钢主编《中国解放区文学书系·报告文学编一》，重庆出版社 1992 年版，第 259 页。原载瑞金《红色中华报》1934 年 3 月 8 日。

② 魏伯：《女县长白芸同志》，载黄钢主编《中国解放区文学书系·报告文学编三》，重庆出版社 1992 年版，第 1687 页。原载延安《解放日报》1946 年 8 月 24 日。

通过她的日记的形式来描绘红军的战斗生活和在群众中的宣传工作。女政工队员马英是一个让自己禁绝了"女人情结"的女性形象。她认为"红"的女人应该暂时忘记自己是女人这一回事,要以独立的和男性平等的人格和男性一样投身到革命当中去。她以这种意识劝诫身边的妇女部干事,也用这种意识来指导自己的生活。作品因为并不是写的作者的亲身所历而带有一定的想象色彩,又因作者主观情感上对苏区的强烈认同和皈依感使作品带有强烈的歌颂格调,从而让作品有一定概念化、公式化倾向。但《红的日记》所透射出的女性应该通过和男性平等地参加革命斗争从而实现女子主体人格的主题却是不无意义的。

到陕甘宁边区政府时期,更是有不少作品展现参政女性的精神风貌。诗歌《红臂章》写出了一个女新农会会员气宇轩昂的面影:

鲜红的臂章,
佩在左膀子上,
她——一个新农会会员
大摇大摆地走在大街上。
太阳晒着她的脸,
脸上喜悦放光芒。
不像往日扭扭捏捏的了,
她昂着头,
她挺起胸脯,
她说话也特别响亮。

布摊子她要去瞧瞧,
书店她也去逛逛,
走过公家的商店的门口,
跨进去望上一望。

越是人多的地方,
她越要去赶热闹,
她想去看看别人,

同时，她更想让别人
看看她自己光荣的红臂章。①

诗歌《深夜火把》也表现了类似的主题：

在白茫茫的夜雾里，
一团红红的火焰
在燃烧。

是一个青年妇女，
从高头小屋，
走下弯曲的小道。

呵！
是她！（刘大姐）
手里拿着火把！

十几个青年妇女，
跟随着她，
从高头小屋走下来；

一人手里一支火把，
排成一条火龙，
从高头冲下来。
……

在回家的路上，
还谈着会议的内容，

要给村代表建议：

互助组要坚持；
军鞋要如期做好；
地主的租子要减；

实行民主，
是人民的要求，
是边区的法令呵……①

女性不仅自身参与政治，而且还带领一批女性积极参与，这一类女性形象在文学史上都可以说是全新的。

解放区女作家曾克的很多作品都描写了解放区女性英姿勃发的精神风貌，其中展现参政女性的作品就是一部分。《赵春花》中同名女主人公是一位女参议员，她在荒年的饥寒中迎难而上，带领群众搞生产，通过纺织、养猪、养蚕等形式实行生产自救，最后终于让全村人都度过了荒年，死里逃生，过上了安泰的好日子。作品通过这些事迹的描写，展现了解放区女性不仅"自强"，还能以参政之途为大众谋幸福的故事。只是人物形象有简单概念化的倾向，艺术性相对较弱，但对于呈现女性权利地位的变迁所带来的解放区女性精神风貌的变化还是具有一定的"记录"价值。而写类似题材的诗歌《鞋的歌》则通过一些细节描写让人物形象生动很多：

我捧着这双慰劳的鞋，
一分钟内沉进了梦似的境界——

我仿佛看见：
洒满阳光的会场上，

---

① 远千里：《深夜火把》，载阮章竞主编《中国解放区文学书系·诗歌编一》，重庆出版社1992年版，第706—707页。

拥挤着大群女人。
绾着发髻的，
拖着长辫的，
斑驳的衣衫和裤管。
一个戴着军帽的女同志，
（人们叫她妇女主任）。
站在台上讲了一阵话。
台下爆发出山洪的掌声，
扬起森林的手。

我仿佛看见：
麻油灯像调皮的小鬼，
一会儿摇摇头一会儿又眨眨眼
灯前人底睫毛也扑闪扑闪，
而她用力睁一睁眼皮，
举起手里的针线。
这不是赶嫁奁，
也不是赤脚的亲人捎来信。
是为着——
（妇女主任讲的明白）
也为着咱家八路军。
……①

女性参政不仅是成为"妇女主任"或戴个"红臂章"，而是身体力行，一针一线干革命。对妇女主任麻油灯下缝军鞋细节的描写让人物形象一下子丰满起来，对麻油灯描写的拟人手法也别具艺术韵味。

解放区文学作品中还有不少是直接描写女性参与选举的，这类作品大多具有为政治做宣传的内在品质。青年诗人侯唯动的诗歌《麻家渠村

① 章咏：《鞋的歌》，载阮章竞主编《中国解放区文学书系·诗歌编二》，重庆出版社1992年版，第1348—1349 页。

民选举会》之一就是这类作品，这是他在文艺整风后发表在《解放日报》上的近10首短诗之一，是他随边区政府民政厅一起下乡参加选举工作时的作品，写出了边区女性在中国共产党的民主政策和法律赋权的感召下积极行使选举权的一幕：

> 听到叫她的名字，
> 李秀英领了五颗红豆豆，
> 抱着俊个蛋蛋的娃娃，
> 投了一颗给他的大大。
>
> 常存正摸一下白胡子：
> "傻婆姨没长眼睛吗？
> 你咋价投给他……"
> 老年人是旧脑筋嘛，
> 怕自己人投了自家，
> 落下一个笑话。
>
> 但群众鼓掌欢迎，
> 农会主任的婆姨叫好：
> 这不碍情面，
> 她信任自己的汉。
>
> "这就是公道，
> 当然该投票……"①

诗歌语言朴实口语化，生动活泼而富于趣味。诗中不仅有大胆把选票投给自己丈夫的"婆姨"，还有对这一行为大声叫好的"农会主任的婆姨"，由此展示出解放区女性崭新的精神风貌。

---

① 侯唯动：《麻家渠村民选举会》，载阮章竞主编《中国解放区文学书系·诗歌编一》，重庆出版社1992年版，第1002页。

表现女性行使选举权的作品不仅将表现对象局限在年轻女性，甚至是年龄大的女性也同样不甘人后，如诗歌《陕甘宁边区普选》中写道：

> 人民代表事业新，
> 组织政权上下层。
> 当选讵能无尺度？
> 勤劳公正与持平。
>
> 大众群趋投票场，
> 男男女女喜欲狂。
> 有权选举谁甘弃？
> 冒雪争前王老娘。
>
> 候选名单次第开。
> 烧圈投豆各安排。
> 一声报道大家听：
> "要把好人选出来！"①

诗歌中的王老娘是"冒雪争前"，表现出女性获得政治权利后积极行使权利的生动形象。

女性除了拥有选举权外，还有被选举权，如晋察冀地区的诗歌《豆选女县长》：

> 没有鼓，没有锣，
> 选举会场好火红，
> 县长也由咱们选，
> 乡亲们个个乐呵呵！

---

① 李木庵：《陕甘宁边区普选》，载阮章竞主编《中国解放区文学书系·诗歌编二》，重庆出版社1992年版，第1650页。

要问县长选哪个，
模样装进心窝窝，
举兵打仗，问饥问寒，
手上茧儿还数她多！

黄黄麦苗见她发青棵，
高山流水见她要唱歌，
这样的人不选选哪个，
她碗里黄豆乒乓落。①

群众对选谁当县长，是早就"模样装进了心窝窝"，"她碗里黄豆乒乓落"也正说明了群众对她的信任，"举兵打仗，问饥问寒"，女性不仅有参政权，而且通过自己的努力获得人们的认可。

正如在另一首诗歌中所"歌颂"的："民主，像初升的太阳"，惠及所有人，不分男女老少。女性也同样可以拥有政治权利，她们不再仅仅是围绕着灶台转的人，还是和男性拥有平等权利的人：

民主
像初升的太阳，
　望着我们笑，
我们也笑得
　　　像太阳
在太行山上
民主
欢笑得……
她，强烈地
　发射着
　　新生活的光芒

---

① 戈焰：《豆选女县长》，载阮章竞主编《中国解放区文学书系·诗歌编一》，重庆出版社1992年版，第168页。

......

妇女们

从锅台旁站了起来

像泉水

　涌到竞选的大会上

儿童们

　跳跃着

在田野

　唱起了民主之歌。①

还有诗歌《六月，苏北的原野》也对相类似的主题进行了书写：

......

红色的女战士们

琥珀似的夕阳的光辉

映亮了她们飘散在晚风中的黑发；

乡下的姑娘们

爱恋地目送着

她们的背影，

谁说女人不能过问大事呢？

我们也该和男子们比比！

农救会、青救会、自卫队……

妇救会也要弄起来啊！

小芬子、小三子当委员，

主席就推张大娘。②

延安时期著名说书盲艺人韩起祥的作品《张玉兰参加选举会》写出

---

① 张秀中：《民主，像初升的太阳》，载孟庆琦等编著《诗说中国五千年·民国卷》，河南大学出版社 2006 年版，第 389—390 页。原载《华北文艺》1941 年第 3 期。

② 江明：《六月，苏北的原野》，载阮章竞主编《中国解放区文学书系·诗歌编二》，重庆出版社 1992 年版，第 1936—1937 页。

了解放区女性通过政治翻身，争取民主权利继而实现人身自由权等其他权利的过程。张玉兰是一名聪明上进的农村妇女，她的丈夫冯光清却是满脑子的封建思想。他不许她外出，不许她开会，更不许她和男人讲话，甚至每次上山干活都要把她带上；当他外出赶集时，他还要把门口的土锄虚，回家后再查看是否有人来过。一有不如意就对张玉兰进行打骂，让张玉兰生活得十分压抑痛苦。参加村上的会议，冯光清自己不敢发言，也不许张玉兰发言，回到家还生闷气。后来张玉兰转变了思想："你明天不叫我说话，我偏要说话。我说了话，会议上有大家你也不敢打我；你要是在会议上打了我，你就破坏了男女平等啦，区上、乡上一定要处罚你。回家你再打我，我就和你到政府里讲道理。我今天看到男女是平等啊，男的批评干部，女的也敢向乡长提意见。今天晚上一半怕你，一半不怕你，到明天我就全不怕你。明天我一定要说，一定要讲。"① 在第二天的会议上，张玉兰积极发言，给干部们提了意见，他们都欣然接受，张玉兰也得到了大家的赞扬。冯光清受到了教育和触动，认识到婆姨比自己行，也意识到自己过去的作为不对，于是改变了对待张玉兰的态度。等到再次开选举会的时候，居然让张玉兰与别的男人先走了。张玉兰通过自身参政权的实现体现了自身的价值，从而获得了丈夫的尊重。

从苏区到解放区女性参政法律地位嬗变之现代文学书写的另一个向度是对女性从普通农妇成长为妇女干部的"故事"的叙述。田间的叙事长诗写了一个苦命女性戎冠秀从地位悲惨的农妇成为先进劳动模范和妇女干部的故事，第十九章《家庭会议》就写出了戎冠秀在家召开会议的场景：

戎冠秀回家来，
召开家庭会：
乡亲们都来参观，
炕上，门口，
人挤的满满。

---

① 韩起祥编演，程思荣记录，贾芝主编：《张玉兰参加选举会》，载《中国解放区文学书系·说唱文学编》，重庆出版社 1992 年版，第 107 页。

头次会上：

戎冠秀，

当的主席，

她一说的骡子，

二说的布。

"奖我的骡子，

该大伙使；

奖我的布，

该大伙穿。"①

集体创作的歌剧《王秀鸾》也写出了农村女性政治地位变化的图景。王秀鸾是抗战时期冀中的农村妇女，她勤劳善良，淳厚质朴，孝敬公婆，任劳任怨，但却还不断受到婆婆的责难。其实婆婆也同样是农村女性的一分子，但中国乡土社会里"多年媳妇熬成婆"的习俗让她们成为欺压在年轻女性身上的另一座大山。婆婆好吃爱赌，把原本好端端的家弄得七零八落。王秀鸾母女被婆婆赶出来，无依无靠，举步维艰。后来她在人民政府的帮助下，经过诸多磨难，终于使家庭状况产生了很大的改变。她自己不仅当上了村妇女干部，还获得了"劳动模范"的称号。王秀鸾作为农村女性，政治法律地位的提升使她在家庭中的地位得到了提高，婆媳关系也改善了。不过剧本写到王秀鸾不管婆婆态度如何，即使是之前蛮不讲理，专横跋扈她也依然对其尊敬有加，使作品打上了传统道德观念的烙印。但作品主要歌颂的依然是中国共产党人民政府以及在其领导下制定的新的政策法规给女性生活带来的改变。

孙犁的《王香菊》，既可以说是一篇散文化的小说，又可以说是一篇小说化的散文，作品用心塑造了一位年轻农村姑娘王香菊的鲜活形象，充满了抒情的笔致，人物刻画却也生气淋漓。王香菊十六七岁，壮实、

---

① 田间：《戎冠秀》，载阮章竞主编《中国解放区文学书系·诗歌编三》，重庆出版社1992年版，第2373—2374页。

天真、对人热情，喜欢脸红。这样的少女形象很自然会让人想起萧红笔下的小团圆媳妇或沈从文笔下的萧萧，因为她们都是一样充满生气而自然天真。但是香菊的命运无论是和小团圆媳妇相比还是和萧萧相比都要幸运得多，她生活在解放区的天空下，女性的地位相比于传统乡土社会有了很大的提高。她不仅自己积极参加生产劳作，组织抗旱，还和村里另外一位 18 岁的姑娘郭兰瑞一起，将村里几十个妇女组织起来"闹翻身"，"表现了一连串疾风暴雨的进步"，"在大街上，她走在组员的前面，好像一个军官"，"在诉苦大会斗争大会上，香菊小组总是坐在全村妇女的前面，香菊就坐在小组的前面。她在全村妇女中，并不是最突出的一个，但她是一个实际的领袖"。① 这样的少女形象又不得不说和"小团圆媳妇"或"萧萧"有着天壤之别了。

赵树理的小说《孟祥英翻身》中孟祥英才 8 岁时父母双亡，17 岁出嫁后受尽夫家虐待。八路军来了以后，她拥有了政治上的权利，当上了妇救会主任，她带领妇女们发展生产努力度过荒年，成了太行山区的度荒英雄。她不仅改变了自身的命运，还把一个贫穷落后的山村变成了劳动模范村。孔厥的小说《一个女人翻身的故事》写于延安文艺座谈会之后，不同于《苦人儿》的压抑悲凉，《一个女人翻身的故事》明显受到《讲话》精神的感召，充满了明朗的格调，赞美了解放区新的社会政治制度给女性带来的"新生活"。实际上作品的全名是《一个女人翻身的故事——记陕甘宁边区女参议员折聚英同志》。小说是根据现实生活中的真人真事写作而成，主人公折聚英在 3 岁时父亲亡故，9 岁时又遇到了灾荒，她是以两斗粗谷子的价钱被卖给人当童养媳的，在婆家受尽了折磨。后来来了赤卫军，短头发的"女宣传"还教大家唱歌了："人人来宣传，妇女听一番，宣传话儿好好听，放脚闹革命……"② 最后折聚英投奔了边区自卫军，还与一个红军副团长结了婚。她先后还被送到党校和女子大学进行深造，参加集体开荒发展生产，都获得了模范称号，成为抗日先锋、全边区妇女代表，最后还成为陕甘宁边区的女参议员。小

　　① 孙犁：《王香菊》，载田仲济、蒋心焕主编《中国新文艺大系：1937—1949：散文杂文集》，中国文联出版公司 1996 年版，第 947 页。

　　② 孔厥：《一个女人翻身的故事》，载康濯主编《中国解放区文学书系·小说编一》，重庆出版社 1992 年版，第 336 页。录自《受苦人》，河北新华书店 1947 年版。

说的最后一节"百万妇女的代表"几乎就是一首激情高昂的颂歌:"好,欢乐吧,折聚英! 歌唱吧,折聚英! 更努力吧,折聚英! 更进步吧,折聚英! 你,过去的难民; 你,过去的童养媳; 你,过去的文盲; 你,过去只值两斗粗谷子的女人呵! 你,现在是抗日的战士; 你,现在是妇女的先锋; 不错,你又是边区的参议员,你是全边区百万妇女的代表之一呵! 好极了,折聚英,当你昂着头,走进边区参议员的大会场,你,和各民族的人,你,和各阶级的人,你,和各党派的人,你,和国际的友人,一同,一同,商量着抗战和建设的大事,你,的确使外来人惊异呵! 然而,你,一个熟悉边区的人,你却并不希奇; 你笑着,你想,在咱们边区,有很多的英雄,有无数的英雄——有无数的男英雄,也有无数的女英雄!"① 一系列的排比句,一系列的感叹词,渲染出情感的浓烈,也以此表现出小说歌颂新制度的鲜明主题。

从苏区到解放区女性参政法律地位嬗变之现代文学书写的第三个向度即对女性在战争中精神风貌的描写。诗歌《我看见你们了》中通过瞎眼老太太的双手"看"见了"八路军里还有女娃呀"! 女性不仅参加革命,而且还当上了司令员,曾经那拿绣花针的手,如今也握着枪杆子了:

> 一天八路军开进村里来,
> 拐杖领着她找到队伍上。
> 她扔掉拐杖,
> 向空中伸出两只手,
> 那手由于激动而颤抖着:
> "来! 让我摸一摸!
> 瞎子底眼睛长在中心里。"
> 一个穿着军装的年青人,
> 挺站在她底面前了。
> 她翘着脚抬起胳膊——

---

① 孔厥:《一个女人翻身的故事》,载康濯主编《中国解放区文学书系·小说编一》,第347页。录自《受苦人》,河北新华书店1947年版。

那压着一缕长头发的耳朵，
那均匀地呼吸着的大鼻孔，
那坚实而华润的脸颊……
都摸遍了，摸得很仔细。
她嘴里的热气，
嘘着那年青人底脖颈，
嘘得痒痒的，痒进了心里。
一声压抑不住的笑，
宣露了一个秘密：
"八路军里还有女娃呀！"

一开始就伸长了脖子
注视着的一位新战士，
拍拍屁股上的土跳起来：
"女娃？老太太！
难道你没有听说过
我们底司令员李林同志吗？"

司令员李林同志早伸出手，
那拿过绣花针，
又被枪把磨出茧来的手，
和那瞎女人紧紧地相握了。
……①

诗歌通过老太太的惊讶和战士的骄傲衬托出了女兵和女司令们崭新的精神风貌。

同样是写女兵的诗歌还有田兵的《我们的女战士》：

---

① 公木：《我看见你们了》，载阮章竞主编《中国解放区文学书系·诗歌编一》，重庆出版社 1992 年版，第 121—122 页。

我看见了她，

在一棵树下！

给她的战友谈话，

她们谈，她们笑了，

笑开了满树的红花。

一个说：那一年

清漳河的流水

飘荡着太行的春天。

丝柳岸走齐了女儿的队伍，

把历史上的枷锁，

一火焚完。

抗日的功劳簿上：

写着她们的成绩；

狼梯顶上的禾苗里：

也洒着女儿们的血汗。

……

她们像暴风雨中的海燕，

从太行山六月的天空里，

飞掠到平原。

她们像播散幸福的六异神，

把太行的春色

向东天洒遍。

微山湖上的风雨

洗亮了她们智慧的眼；

梁山泊崖的周旋

丰富了她们杀敌的经验。

敌人的大炮

打不倒木兰的健马，

黄河畔上的风沙

吹不倒心上的春山。①

诗歌语言优美，修辞丰富，"微山湖上的风雨，洗亮了她们智慧的眼"，"敌人的大炮打不倒木兰的健马，黄河畔上的风沙吹不倒心上的春山"等句写出了投身革命的女性"美丽"的精神面貌。

还有仲彭的《女兵》通过"老奶奶"和"孙女"的眼睛写出了女性今昔对比的政治地位与生活图景：

时代轮转着向幸福奔驰
人世已有了多少次的改变
但，女人却一直被压迫着
过着忧患的日子。
　　而今
她们是英勇地坚决地
　　站起来了
在革命的战争中
顽强地挺起了胸膛！

一阵洪亮地结实地
　　步伐
一声戛然地悠长地
　　马嘶——
大队人马来了。

……

——喔，女兵
——在男人群里都很自然啦！

① 田兵：《我们的女战士》，载阮章竞主编《中国解放区文学书系·诗歌编一》，重庆出版社1992年版，第281—283页。

——你看，都是粗腿大脚

——不，又怎么行呢？

——背东西跑路

——打仗……

——要是我，真要死了

——洋学堂出来的女学生呢！

——……

惊奇

　　火蛇般的穿跃过

　　人们的眼里

碎语

　　在心底磋磨

　　在嘴角上不可遏止地传诉

……

四十年后

在今天

看这年青的一代

她们打出牢笼了

有和男人一样的

清晰的聪明的脑子

在对敌火拼的最前线

贡献自己的生命

真的

　　女人也一样地

　　在打仇敌呀

　　她们会跑路

　　　　会演说

　　　　会做戏

> 会唱歌
> 更会把子弹
> 　射穿敌人的头颅
> 在斗争中
> 她们获取了自由
> 在斗争中
> 她们获取了
> 人类所需要的温暖①
>
> ……

这样的女兵形象可以与谢冰莹的《女兵日记》中群众眼里的女兵形象形成比照。

何其芳的诗歌《我们的历史在奔跑着》，也写出了解放区女性参与革命，做自己主人的欢欣鼓舞的精神状态。她们这些年轻的姊妹们，不再像"我"的姑母那样被旧社会逼成疯子，也不像"我"姐姐的朋友那样，在被丈夫玩弄后抛弃，她们是"幸福的年轻的一代"，是"胜利的叛逆者"，是"能够主宰自己命运的人"。② 崔璇的小说《周大娘》（1945）讲述的是一位年近五十岁的妇救会主任周大娘积极支持抗日战争的故事。她是个老寡妇，为支援抗战她把自己唯一的儿子送去参加了八路军；为了救护伤病员，她甚至冒着生命危险把伤员带回家；为了避免日寇再来搜查伤员，她还点火把自己多年积聚的一点家产烧掉了，可谓感人至深。

还有的诗歌从今昔对比的角度来"批判旧制度，歌颂新制度"，这也成为女性政治地位提升的最根本的原因，如阮章竞的《妇女自由歌》：

> 旧社会，好比是：
> 黑格洞洞的古井万丈深。

---

① 仲彭：《女兵》，载阮章竞主编《中国解放区文学书系·诗歌编二》，重庆出版社 1992 年版，第 1928—1931 页。

② 何其芳：《我们的历史在奔跑着》，载蓝棣之编《何其芳诗全编》，浙江文艺出版社 1995 年版，第 90 页。原载于《大公报·文艺》1940 年 11 月 22 日。

井底下，

压着咱们老百姓，

妇女在最底层。

看不见太阳，

看不见天。

数不清的日月，

数不清的年。

做不完的牛马，

受不尽的苦！

谁来搭救咱？

多少年来多少代，

盼那铁树把花开。

共产党，毛泽东，

领导全中国走向光明。

中国人民大解放，

受苦的老百姓见到太阳。

土地改革大翻身，

砸碎了封建的老铁门！

从前的妇女，

关进了阎王殿！

今天打断了铁锁链！

妇女成了自由的人，

国家大事也能管问。①

……

---

① 阮章竞：《妇女自由歌》，载阮章竞主编《中国解放区文学书系·诗歌编一》，重庆出版社1992年版，第398—399页。

解放区的文学作品除了对女性婚姻中的权利、经济权、教育权、参政权等进行书写外，还有不少作品全面的表现了女性权力地位的提升。苏区时期的四幕话剧《最后胜利》，塑造了一位典型的新女性形象。剧中的女主人公李翠珍敢说敢干，在生产劳动中是模范，拥军优属也走在最前面，还带头参加红军，对于封建包办婚姻也有挣破的勇气，这样的新女性形象表现了苏区女性在经济、政治、婚姻等多方面权利地位的全面提升。又如诗歌《小顺他娘——解放区的一个平凡的女人》展开了一个平凡寡妇在新的政策制度下权利地位得到全面提升的完整故事：

> 现在有一位四十多岁的寡妇，
> 她第一次真心地笑了。
> 全村的男人女人都围着她，
> 忙着笑，
> 忙着给她献礼，
> 忙着给她献花。
>
> 呵，我们的世道变了，
> 让大家都陪她笑吧！①
> ……
> 就是到了冬天，
> 她也不会盘腿坐热炕，
> 织起布来梭子胡啦啦响，
> 纺起线来又细又长。
> 就是下着大雪，
> 她也会上山砍柴，
> 手提板斧，一气钻到树窝里，
> 斧子梆梆响，雪花满天飞，
> 她非要砍够一捆才肯回。

---

① 柯岗：《小顺她娘》，载阮章竞主编《中国解放区文学书系·诗歌编三》，重庆出版社1992年版，第2756页。

柴捆多粗，雪多大，她都不怕，

下山的时候，她会自己和自己说话：

　　"下吧！麦盖三层皱，（雪盖住麦苗的意思）

　　头枕油馍睡！"

要是高兴起来，

她还会唱个砍柴歌：

　　"天上下雪地下白，

　　砍柴不砍合欢柴，

　　点了它不燃，

　　干了它不耐！"

一到天黑，

她和小顺抢着去上冬学，

可是她没有小顺识字多……。

现在那总结劳动英雄的大庙里，

人们又坐满啦！

小顺他娘还有另外几个人，

他们坐在桌前，

各人的背后都放一个大粗碗，

人人拿着黑豆都从他们背后走一趟，

人一过去，碗就叮当一响。

后来，有三四个人，

把碗里的黑豆数一数，

马上哗的哗啦又拍手啦，

说她是新"村副"，要她说话，

她笑着两眼眯缝着说：

　　"现在娘儿们家也能问公事啦！

　　你看从前谁想到能有今天呀！

　　这是毛主席叫咱翻了身，

　　八路军，民主政府是恩人！

　　咱要拥护政府和军队呀！

咱们要好好互助闹庄稼呀！

咱要好好织布纺花！

只要咱们军队政府老百姓吃好，穿好；

敌人进攻咱也不怕！"

她这回说话比上回声大，

说完话她还笑着。①

　　这首诗歌的作者柯岗说对于大规模组织起来的情景，未能大力反映，深感遗憾。而其实个体形象的生动塑造表现效果不一定弱于大规模的描写。而且这样的作品的确有着现实生活的原型。现代著名女记者子冈在1937年4月曾到江西宁都县一个村庄进行调查，后来她将这次调查的经历写成了一篇报告文学《她们在巨变》。报告文学的特征之一就是写实，子冈的报道正是保留了调查所得的原有生活画面，将人物的行动对话都原汁原味地呈现在读者面前，从而也写出了苏区女性地位和生活发生的翻天覆地的变化。在宁都县，那里没有妓女，女孩子全不缠足，女人已经开始认字明理，还开会举手，甚至有的女性因有了"外遇"受罚，也敢向上级申诉。宁都县原本是望郎媳陋俗流行的地方，但是那儿的女性竟然有了属于自己的地。当然作者也没有一味地进行正面书写，她也写到当地的女性仍然有幽怨，但这"巨变"却是显而易见的。除了对苏区、解放区"正常"女性权利地位嬗变进行文学书写以外，对于那些"不清白"女性的地位改变也有不少作品进行了书写。曾克的小说《新人》就写了这群女性翻身的故事。《新人》中女主人公桃梅一直遭到村里人的冷眼和孤立，就因为她的身份——"破鞋"②。后来在新政权的教

----

　　①　柯岗：《小顺她娘》，载阮章竞主编《中国解放区文学书系·诗歌编三》，重庆出版社1992年版，第2768—2770页。

　　②　本书所使用"破鞋"一词，不含任何对女性的侮辱或歧视，仅用于阐述具体论题。根据《红色档案——延安时期文献档案汇编》（陕西人民出版社2013年版，第26—28页）中刘英的《关于"破鞋"问题》（原载《中国妇女》第1卷第2期），"破鞋"问题，是在晋西北根据地开展妇女工作的过程中提出的。所谓"破鞋"，是一种"半公开的或秘密的带着私娼性质的女子"，"这类女子为了维持自己和家中人的生活，不惜出卖自己的肉体，或者在丈夫的同意下半公开地轧上姘头，目的是为着获取少量的物质酬报。在社会上，谁被称上'破鞋'，谁就遭受社会的蔑视"。

育和帮助下，她终于有机会倒出了苦水，也得到了村里人的谅解，还重新组建了家庭。不久后，她秘密领导村里另外几个"破鞋"组成了一个纺织小组，经过两年的努力发展成了合作社，给全村做出了巨大的贡献，桃梅也因此被选为劳动英雄。作品对中国共产党当时在根据地展开的改造"破鞋"运动进行了书写，也写出了"破鞋"们这一特别女性群体地位的改变。这可以和谢冰莹的《晚间的来客》中刘婉云因是"破鞋"而始终受人唾弃的遭遇形成鲜明的对照。

　　整体观之，从苏区到解放区的文学书写对于宣传新的政策制度法规起到了巨大的作用。可以说，站在女性法律地位嬗变和文学书写的角度，没有任何历史空间和历史时间里的文学作品比它们对当时的现实社会生活产生过更大的影响。但也正因此，从苏区到解放区的文学创作比较浓地染上了现实功用色彩，一些时候的"应景而作"使得有些文学书写在艺术探索和美学追求上显得单薄。甚至哪怕是在现实层面，这样的创作都显得"时效性"有限，正如丁玲曾经在一篇文章中谈到的那样："我们的作品有一些常常赶不上群众的要求：有的刚写好就觉得没有什么用处了，有的作品在当时有作用，过一阵，很短的一阵，几个月，一年，两年，这个曾经教育过群众的作品的寿命也完了，问题过时了。"① 当然也有一些作品，无论是在艺术审美上、思想内涵上，还是现实"功用"上都堪称经典之作，这也为我们之后的文学创作如何处理文学与政治的关系提供了可资借鉴的宝贵资源。

---

① 丁玲：《从群众中来，到群众中去》，载《中华全国文学艺术工作者代表大会纪念文集》，新华书店1950年版，转引自刘增杰主编《中国解放区文学史》，河南大学出版社1988年版，第126页。

结　　语

　　本书从法制史、女性史的角度切入，着眼于民国时期女性法律地位之嬗变，贯穿着对文学作品题材及思想意蕴的解读和对文学的社会功能的探究，以期从文学书写的层面进入一段历史，展现出"历史"这个玻璃球在被时光之流打碎后，散落在某些角落被人忽视和遗忘的部分。民国女性法律地位之嬗变与中国现代文学书写这一命题，实际上指向的是二者的互动关系，也即社会历史进程中的诸多事件（包括文学创作，尽管大部分时候文学的作用相对微弱）如何影响并促成了中国延续了几千年来的性别秩序的重构，并如何进一步引发了文学新质的注入与文学思潮的变迁。

　　要廓清民国女性法律地位之嬗变及其中国现代文学书写的脉络，必须从横向空间和纵向时间两个向度同时着手才成为可能。民国时期不同空间、不同时间里的女性在法律权利地位上有着很大的不同。中国现代作家在进行民国女性法律地位嬗变的文学书写时，面对不同的女性群体也表现出不同的书写走向。

　　从空间的角度观之，相比于政府权力可以直接控制和较快渗透影响的都市空间而言，传统乡土社会生活所受国家法律的调控和政治力量的干预可谓非常有限，民间习俗和宗法力量才是传统乡土社会生活秩序的真正主宰。民国时期法律虽然逐步赋予了女性各项权利，但现代法制文明却很难渗透到广大乡土社会的腹地。民国时期传统乡土社会女性的法律地位和生存状态仍是中国古代和近代女性法律地位和生存状态的自然延续，也是活的"化石"和"标本"。几千年的奴隶、封建社会虽然朝代更迭，但对女性权利地位的规约却始终大同小异。生命权、人格权是现代社会每个个体应当享有的最基本的法律权利，自然也是女性享有其他各项法律权利的基础，但在奴隶、封建社会时期乃至民国传统乡土社会里，女性连最基本的生命权都得不到保障，更遑论人格权和其他各项法律权利了。"女人非人"正是对封建社会乃至民国传统乡土社会里女性生存状态最精简的概括和写照。在对传统乡土社会女性法律地位和生存状态进行文学书写时，现代作家们较少表现出法律意识上的自觉，但却不约而同地对传统礼教宗法社会对女性生命权、人格权的漠视和忽略表现出浓厚的书写兴趣，并进而呈现出不同的思考角度与写作趋向。

从时间上说，五四时期这一主题的文学创作更多地带有启蒙的色彩，在"人的文学"的口号召唤下和"女人非人"的社会生活现实刺激下，现代文学作家们创作了大批反映女性卑下地位和悲惨命运的文学作品。现代作家对传统乡土社会女性法律地位的书写正是在新文学所提倡的"人的文学"口号下开始的对旧女性"非人"生存状态的文学观照。而这一观照和文化思考又通过他们所撷取的乡土社会生活里最"典型"而又司空见惯的"现象"集中而深刻地体现出来——对溺女、童养媳、典妻、蓄妾以及各种乡规民约对女性的束缚和压迫的文学书写，都无一不在有力地控诉着，并将传统礼教和陈规旧约推上现代社会法制的审判台，也引起台下有识之士支持的呐喊和民众的深入讨论与思考。在这一时期的作品中，民国女性生命权、人格权、人身自由权、婚姻自主权、财产继承权、受教育权等诸多权利的缺失状态都得到了生动而集中的表现。但在这一时期的文学创作中，很少有作家有法律意识的自觉，更多是在批判和抨击旧的封建伦理道德和社会秩序（极少作家如冰心在创作中曾提到女性地位低下的现状需从国家法律的层面来逐步改观）。到 20 世纪二三十年代延至 40 年代，因为受政治立场和所处空间不同的影响，现代作家们的创作也因而呈现出逐渐分流的趋向。革命文学的兴起使得部分作家在创作中不由自主地渗入了阶级的视角和社会革命的色彩。因而也将女性地位的提高与阶级斗争和社会革命联系起来，由此文学的社会功能得到了一定的强化，对旧的国家制度和社会文化的批判立场也更加鲜明。

在现代作家将目光投注到传统乡土社会女性身上的同时，不少反映"新女性"的文学作品也同样出现在他们笔下。这是和整个社会进程乃至法制的现代化进程密切相关的。从清朝末年开始，政府就开始全面推行法制改革，传统的法律体系逐渐解体了，中国开始了法制现代化的进程。虽然其间的过程曲折反复，由于旧习俗的力量仍起作用，司法实践和法律条文的规定也常常相去甚远，但作为离国家权力中心最近，国家政治权力最易渗透的大都市而言，社会大众尤其是女性的法律地位和生活状态仍可谓发生了天翻地覆的变化。尤其在南京国民政府成立以后，更是加快了法制现代化的步伐。至少在法律规定上，女性逐渐获得了教育权、婚姻权、财产继承权、职业权、参政权等多项法律上的权利。女学生、女职业者、女参政者的形象在现代文学创作中频频出现。相比于传统乡土社会的女性，对都市社会里"新女性"法律地位嬗变的文学书写，现代作家们表现出不同的思考向度。面对这一领域，作家们不再停留在揭露和批判的层面，而是少了一些义愤和激情，多了一些理性和思考。无论是对女性的教育权、财产权还是就业、经济、政治等各项法律权利地位嬗变的文学书写，都有了更深的体认，既有对"新女性"们获得某些法律权利后欢欣状态的描绘刻画，也有对她们"梦醒后依然无路可走"的悲哀状态的呈现，更有对"到底该往哪里去"问题的提出和相应思考，虽然某些作品的思考角度不乏"幼稚"，美学价值也乏善可陈，但却也是将女性解放问题推向深入，使女性法律地位嬗变之文学书写向纵深拓展的必不可少的"中间物"。这些作品既表现出民国时期女性地位及生存状态的改变，同时也对她们"出走"后所面临的新的苦恼和困境予以了呈现，而对于后者，这又不仅仅是国家法律条文能够轻易改变的——比起封建时期旧有的法律制度，民国时期一些新的国家法律的确赋予了女性前所未有的更多的权利，但是落到现实生活层面，很多法律条文难免就变成了一纸空文，有时候法律制度的变迁也仅仅只是充当了政治博弈的一种手段而已。这种国家法的"无为"状态对于广大乡土社会而言更甚。

直到中国共产党在广大农村建立苏区根据地，乡土社会女性的命运才开始有了真正的改变。1927年，随着社会进程的推进和革命形势的变化，共产党逐渐开始了独立领导革命的实践过程，一批批苏维埃区域逐渐开始在中国大地上出现。到1930年初，中国共产党在南方各地先后建立了大小十几块革命根据地和区域性政权，这其中，革命形势发展较好的赣西南、闽西地区逐渐发展成为全国苏维埃革命运动的中心，以此为基础，中国共产党于1931年11月宣告以瑞金为中心的中华苏维埃共和国及临时中央政府成立。也是从这一时期开始，到抗日民主革命根据地时期，再到第三次国内革命战争时期，中国共产党领导下的苏区、解放区的文学创作都基本把政治宣传作为首要任务。与女性解放相关的文学创作也大多和社会革命或阶级解放联系起来。文学通过许多老百姓喜闻乐见的形式有效地宣传了新的制度、政策、法规，也让民众对"旧社会把人变成鬼，新社会把鬼变成人"有了更深切的体认，在现实社会生活中女性的地位也的确有了很大的改变。

可以说在中国共产党领导下的苏区、抗日根据地、解放区既是一个特殊的空间，从时间上说这也是一个特殊的时间段。首先，在空间上它们的"前身"并不是受到新文化运动洗礼和现代法治渗透的大都市，而是传统乡土社会，但相比于传统乡土社会却又发生了翻天覆地的变化。在时间上，从文学层面的延续性看，苏区、解放区文学一脉相承，解放区文学是苏区文学和中国共产党影响下的左翼文学的继续和发展，但与此同时也有对五四新文学某些主题的延续和继承，对妇女问题的热情和关注就是其中之一。但值得注意的是，对女性法律地位嬗变和女性生存状态的文学书写，解放区文学又表现出不同于以往任何时期文学的特点。之前的文学书写表现乡土社会女性法律地位及生存状态，作品中塑造的女性多是悲剧形象，而解放区作家笔下的女性则多和"社会解放"与"阶级解放"联系起来，是"翻身当家做主人"的崭新形象。在文学书写中，如果说传统乡土社会的女性就如有着千年历史的乡村石磨在礼教的重压下痛苦呻吟，那么苏区、解放区的女性则如艳阳和风里的轻快纺车唱着欢乐的歌。以往的作品多是揭露、控诉和批判反思，苏区、解放区文学则多是歌颂新制度和阶级斗争的成果，甚至有些作品本身就是在为新的法制作普法宣传。当然，也有文学作品对"新的世界"里女性的生存状态进行了深刻地审视，而这一类文学创作较之前一时期相类主题的创作达到了更高的高度，虽然在当时受到质疑甚至批判，但对于女性地位的提高和女性自身主体意识的觉醒却无疑起到了积极的推动作用。

通过对不同时间、不同空间里与民国女性法律地位有关的法律条文、历史资料及这一主题文学作品的爬梳和探究我们可以看到，在这短短几十年的时间里，文学怎样有意无意地逐步实现了与政治"亲近"的过程，又是如何参与了新的社会文化秩序尤其是性别秩序的重建。总之，民国女性法律地位之嬗变与中国现代文学书写是一个囊括了法律、政治、社会、历史，最后当然也包括文学的多元多角度的论题，它是丰富的，既具有史学的品格，也具有美学分析的价值，对于当下社会女性生存状态也具有观照意义。

参考文献

一 民国时期的报纸、期刊（按时间排序）

《晨报》（1916—1918）

《大公报》（天津，1902—1949）

《妇女时报》（1911—1917）

《妇女月刊》（1930—1935）

《妇女杂志》（1915—1931）

《京报副刊·妇女周刊》（1924—1925）

《抗战日报》（1938—1939）

《民国日报》（1916—1932）

《新青年》（1916—1922）

二 资料汇编

北京大学等：《中国现代文学史参考资料》，上海教育出版社 1979 年版。

蔡鸿源主编：《民国法规集成》，黄山书社 1999 年版。

陈学恂、田正平编：《中国近代教育史资料汇编·留学教育》，上海教育出版社 1991 年版。

贾植芳主编：《中国现代文学总书目》，福建教育出版社 1993 年版。

李贵连主编：《民国北京政府制宪资料》，线装书局 2007 年版。

立法院编译处编：《中华民国法规汇编》，中华书局 1934 年版。

商务印书馆编译所编：《中华民国法令大全》，商务印书馆 1913 年版。

谢济堂：《中央苏区革命歌谣选集》，鹭江出版社 1990 年版。

徐百齐编：《中华民国法规大全》，商务印书馆 1937 年版。

徐腊梅编著：《红色歌谣》，江西高校出版社 2007 年版。

汪木兰、邓家琪编：《苏区文艺运动资料》，上海文艺出版社 1985 年版。

中华全国妇女联合会编：《中国妇女运动重要文献》，人民出版社 1979 年版。

中华全国妇女联合会妇女运动历史研究室编：《五四时期妇女问题文选》，生活·读书·新知三联书店 1981 年版。

中华全国妇女联合会妇女运动历史研究室编：《中国妇女运动历史资料（1921—1927）》，人民出版社 1986 年版。

中华全国妇女联合会妇女运动历史研究室编：《中国妇女运动历史资料（1927—1937）》，中国妇女出版社 1991 年版。

中华全国妇女联合会妇女运动历史研究室编：《中国妇女运动历史资料（1937—1945）》，中国妇女出版社 1991 年版。

中华全国妇女联合会妇女运动历史研究室编：《中国妇女运动历史资料（1945—1949）》，中国妇女出版社 1991 年版。

中华全国妇女联合会妇女运动历史研究室编：《中国妇女运动历史资料（1840—1918）》，中国妇女出版社 1991 年版。

中华全国妇女联合会妇女运动历史研究室：《五四时期妇女问题文选》，中国妇女出版社 1981 年版。

中央档案馆编：《中共中央文件选集》，中共中央党校出版社 1991 年版。

三　研究著作

（一）文学类

艾晓明主编：《20 世纪文学与中国妇女》，天津人民出版社 2008 年版。

白舒荣、何由：《白薇评传》，湖南人民出版社 1983 年版。

毕新伟：《暗夜行路——晚晴至民国的女性解放与文学精神》，暨南大学出版社 2010 年版。

陈继会：《二十世纪中国小说的文化精神》，东方出版社 2003 年版。

范伯群：《中国现代通俗文学史》，北京大学出版社 2007 年版。

范伯群主编：《中国近现代通俗文学史》，江苏教育出版社 2000 年版。

江震龙：《解放区散文研究》，上海三联书店 2005 年版。

蓝海：《中国抗战文艺史》，山东文艺出版社 1984 年版。

李标晶：《中国现代文学名著创作始末》，四川文艺出版社 1987 年版。

梁乙真：《中国妇女文学史纲》，上海书店 1990 年版。

刘传霞：《被建构的女性——中国现代文学社会性别研究》，齐鲁书社 2007 年版。

刘慧英：《走出男权传统的樊篱：文学中男权意识的批判》，生活·读书·新知三联书店 1995 年版。

刘建勋：《延安文艺史论稿》，陕西人民出版社 1992 年版。

刘纳：《颠踬窄路行——世纪初：女性的处境与写作》，作家出版社 1995 年版。

刘思谦：《娜拉言说——现代女作家的心路历程》，上海文艺出版社 1993 年版。

刘增杰、赵明、王文金：《中国解放区文学史》，河南大学出版社 1988 年版。

孟庆琦、岳梁编著：《诗说中国五千年（民国卷）》，河南大学出版社 2006 年版。

孟悦、戴锦华：《浮出历史的地表：中国现代女性文学研究》，河南人民出版社 1989 年版。

钱理群等：《20 世纪中国文学三人谈·漫说文化》，北京大学出版社 2004 年版。

钱理群、吴福辉、温儒敏：《中国现代文学三十年》（修订本），北京大学出版社 1998 年版。

秦弓：《荆棘上的生命——二十世纪三四十年代中国小说叙事》，春风文艺出版社 2002 年版。

盛英：《中国女性主义文学纵横谈》，九州出版社 2004 年版。

盛英主编：《二十世纪中国女性文学史》，天津人民出版社 1995 年版。

谭正璧：《中国女性文学史》，百花文艺出版社 2001 年版。

谭正璧：《中国女性文学史话》，百花文艺出版社 1984 年版。

陶秋英：《中国妇女与文学》，北新书局 1933 年版。

田仲济、孙昌熙主编：《中国现代小说史》，山东文艺出版社 1984 年版。

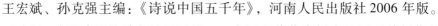
王宏斌、孙克强主编:《诗说中国五千年》,河南人民出版社2006年版。

王鸣剑:《无希望的爱恋是温柔的——中国现代作家婚恋生活对其创作的影响》,中国长安出版社2003年版。

王荣:《中国现代叙事诗史》,中国社会科学出版社2004年版。

王喜绒等:《20世纪中国文学的跨学科研究》,中国社会科学出版社2003年版。

魏朝勇:《民国时期文学的政治想像》,华夏出版社2005年版。

夏志清:《中国现代小说史》,复旦大学出版社2005年版。

许怀中主编:《解放区文学史》,海峡文艺出版社1994年版。

杨守森:《二十世纪中国作家心态史》,中央编译出版社1998年版。

杨义、张中良、[日]中井政喜:《中国新文学图志》,人民出版社1998年版。

杨义:《中国现代小说史》,人民文学出版社1986年版。

姚春树、袁勇麟:《二十世纪中国杂文史》,福建教育出版社1997年版。

余宗其:《中国文学和中国法律》,中国政法大学出版社2002年版。

张京媛主编:《当代女性主义文学批评》,北京大学出版社1992年版。

张京媛主编:《新历史主义与文学批评》,北京大学出版社1993年版。

朱鸿召:《延安文人》,广东人民出版社2001年版。

[美]耿德华:《被冷落的缪斯》,张泉译,新星出版社2006年版。

(二)法学类

陈文琼:《国家政治语境中的"法律与文学"》,中国社会科学出版社2013年版。

费成康主编:《中国的家法族规》,上海社会科学院出版社1998年版。

冯象:《木腿正义》,北京大学出版社1999年版。

公丕祥:《中国法制现代化的进程》,中国人民公安大学出版社1991年版。

郭成伟主编:《中国法制史》,中国法制出版社2007年版。

胡平仁:《法律社会学》,湖南人民出版社2006年版。

黄宗智:《法典、习俗与司法实践:清代与民国的比较》,上海书店出版社2003年版。

黄宗智：《清代的法律、社会与文化：民法的表达与实践》，上海书店出版社 2001 年版。

蒋传光：《中国法律十二讲》，重庆出版社、重庆出版集团 2008 年版。

瞿同祖：《瞿同祖法学论著集》，中国政法大学出版社 2004 年版。

眭鸿明：《清末民初民商事习惯调查之研究》，法律出版社 2005 年版。

蓝全普编：《解放区法规概要》，群众出版社 1982 年版。

李显东：《从〈大清律例〉到〈民国民法典〉的转型：兼论中国古代固有民法的开放性体系》，中国人民公安大学出版社 2003 年版。

梁临霞：《中国传统法律文化与法制现代化》，中国政法大学出版社 1992 年版。

马作武主编：《中国法制史》，中国人民大学出版社 2004 年版。

苏力：《法律与文学——以中国传统戏剧为材料》，生活·读书·新知三联书店 2006 年版。

肖巧平主编：《社会性别视野下的法律：女性与法律》，中国传媒大学出版社 2006 年版。

谢振民：《中华民国立法史》，中国政法大学出版社 2000 年版。

徐静莉：《民初女性权利变化研究——以大理院婚姻、继承司法判解为中心》，法律出版社 2010 年版。

徐秀丽编：《中国近代乡村自治法规选编》，中华书局 2004 年版。

杨鸿烈：《中国法律思想史》，上海书店 1984 年版。

张国福：《中华民国法制简史》，北京大学出版社 1986 年版。

张晋藩：《中国法律的传统与现代转型》，法律出版社 2005 年版。

张晋藩主编：《中国法制史》，中国政法大学出版社 2007 年版。

张希坡、韩延龙主编：《中国革命法制史》，中国社会科学出版社 2007 年版。

赵凤喈：《中国妇女在法律上的地位》，上海商务印书馆 1928 年版。

郑显文：《律令时代中国的法律与社会》，知识产权出版社 2007 年版。

中国法律史学会编：《中国文化与法治》，社会科学文献出版社 2007 年版。

〔美〕白凯：《中国的妇女与财产：960—1949》，上海书店出版社 2003

年版。

［美］本杰明·卡多佐：《演讲录：法律与文学》，董炯、彭冰译，中国
　　法制出版社 2005 年版。

［美］波斯纳：《法律与文学》，李国庆译，法律出版社 2002 年版。

［日］栗生武夫：《婚姻法之近代化》，胡长清译，沈大明勘校，中国政
　　法大学出版社 2003 年版。

［日］滋贺秀山：《中国家族法原理》，张建国、李力译，法律出版社
　　2003 年版。

［英］约翰·莫里斯·凯利：《西方法律思想简史》，王笑红译，法律出
　　版社 2002 年版。

　　（三）史学类

常建华：《走进古代婚姻女性的世界》，中华书局 2006 年版。

陈登原：《国史旧闻 第二册》上册，辽宁教育出版社 2000 年版。

陈东原：《中国妇女生活史》，商务印书馆 1937 年版，1998 年影印。

董宝良：《中国教育史纲》（近代之部），人民教育出版社 1990 年版。

杜芳琴、王政主编：《中国历史中的妇女与性别》，天津人民出版社 2004
　　年版。

樊静：《中国婚姻的历史与现状》，中国国际广播出版社 1990 年版。

高大伦、范勇编译：《中国女性史 1815—1958》，四川大学出版社 1987
　　年版。

何黎萍：《西方浪潮影响下的民国妇女权利》，九州出版社 2009 年版。

江西省档案馆等编：《中央革命根据地史料选编》，江西人民出版社 1982
　　年版。

江西省妇联等编：《江西苏区妇女运动史料选》，江西人民出版社 1982
　　年版。

姜涛：《中国近代人口史》，浙江人民出版社 1993 年版。

李长莉、左玉河主编：《近代中国社会与民间文化》，中国社会科学文献
　　出版社 2007 年版。

李小江主编：《20 世纪中国妇女口述史——让女人自己说话》，生活·读
　　书·新知三联书店 2003 年版。

梁景和：《近代中国陋俗文化嬗变研究》，首都师范大学出版社 1998 年版。

梁景时、梁景和编著《中国陋俗批判》，团结出版社 1999 年版。

林吉玲：《二十世纪中国女性发展史》，山东人民出版社 2001 年版。

刘慧英编著：《遭遇解放——1890—1930 年代的中国女性》，中央编译出版社 2005 年版。

刘巨才：《中国近代妇女运动史》，中国妇女出版社 1989 年版。

刘宁元：《中国女性史类编》，北京师范大学出版社 1999 年版。

刘王立明：《中国妇女运动》，上海商务印书馆 1928 年版。

吕美颐、郑永福：《中国妇女运动（1840—1921）》，河南人民出版社 1990 年版。

罗苏文：《女性与近代中国社会》，上海人民出版社 1996 年版。

全国妇女联合会编：《中国妇女运动史》，春秋出版社 1989 年版。

谈社英编著：《中国妇女运动通史》，妇女共鸣社 1936 年版。

汪玢玲：《中国婚姻史》，上海人民出版社 2001 年版。

王美英：《明清长江中游地区的风俗与社会变迁》，武汉大学出版社 2006 年版。

王绍玺：《小妾史》，上海文艺出版社 2008 年版。

夏晓红：《晚清女性与近代中国》，北京大学出版社 2004 年版。

岳庆平：《中华文化通志·婚姻志》，上海人民出版社 1999 年版。

张宪文等著：《中华民国史》，南京大学出版社 2006 年版。

张玉龙、何友良：《中央苏区政权形态与苏区社会变迁》，中国社会科学出版社 2009 年版。

赵元信 、何锡蓉：《中国历代女性悲剧大观》，安徽人民出版社 1993 年版。

郑全红：《中国家庭史》第五卷《民国时期》，广东人民出版社 2007 年版。

钟日兴：《红旗下的乡村——中央苏区政权建设与乡村社会动员》，中国社会科学文献出版社 2009 年版。

［美］费正清编：《剑桥中华民国史》第二部，章建刚等译，上海人民出

版社 1986 年版。

［日］森口繁治：《妇女参政运动》，上海商务印书馆 1932 年版。

（四）社会学类

常建华：《清代的国家与社会研究》，人民出版社 2005 年版。

冯尔康、常建华：《清人社会生活》，天津人民出版社 1990 年版。

顾鉴塘、顾鸣塘：《中国历代婚姻与家庭》，商务印书馆 1996 年版。

郭于华：《仪式与社会变迁》，社会科学文献出版社 2000 年版。

蒋美华：《20 世纪中国女性角色变迁》，天津人民出版社 2008 年版。

金良年：《酷刑与中国社会》，浙江人民出版社 1991 年版。

李银河：《妇女：最漫长的革命》，生活·读书·新知三联书店 1997
    年版。

毛泽东：《毛泽东农村调查文集》，人民出版社 1982 年版。

张鸣：《乡村社会权力和文化结构的变迁》，广西人民出版社 2001 年版。

张研、毛立平：《19 世纪中期中国家庭的社会经济透视》，中国人民大学
    出版社 2003 年版。

仲富兰：《民俗与文化杂谈》，上海教育出版社 1992 年版。

［美］明恩溥：《中国乡村生活》，陈午晴、唐军译，中华书局 2006
    年版。

［英］吉伯特·威尔士、［英］亨利·诺曼：《龙旗下的臣民——近代中
    国礼俗与社会》，邓海平、刘一君译，光明日报出版社 2000 年版。

（五）其他

陈独秀：《女子问题与社会主义》，载《陈独秀文集》，生活·读书·新
    知三联书店 1984 年版。

陈顺馨、戴锦华主编：《妇女、民族与女性主义》，中央编译出版社 2004
    年版。

毛泽东：《毛泽东选集》，人民出版社 1991 年版。

周蕾：《妇女与中国现代性》，上海三联书店 2008 年版。

［德］马克思、恩格斯：《马克思恩格斯文集》，人民出版社 2009 年版。

［德］马克思、恩格斯：《马克思恩格斯选集》，人民出版社 2012 年版。

［德］马克思、恩格斯：《马克思恩格斯选集》，人民出版社 1995 年版。

［美］约翰·罗尔斯：《正义论》，何怀宏等译，中国社会科学出版社1988年版。

［日］沟口雄三：《中国前近代思想的演变》，索介然、龚颖译，中华书局2005年版。

四　期刊论文

程郁：《民国时期妾的法律地位及其变迁》，《史林》2002年第2期。

康鑫：《在法意与自由之间：民国法律视野与现代文学研究的有效性》，《文艺争鸣》2013年第3期。

李玲、汤伟丽：《“大团圆”的私了——对中国现代文学一个现象的法文化解读》，《重庆文理学院学报》2007年第4期。

刘懋德：《略论解放区文学妇女解放的主题》，《张掖师专学报》1994年第1期。

刘星：《“文学中的法律”与“作为文学的法律”的关系》，《法制与社会发展》2017年第6期。

刘星显：《法律与文学的意义及其理论价值》，《东北师大学报》2011年第2期等。

罗岗：《“文学式结构”与“伦理性法律”——重读〈“锻炼锻炼”〉兼及“赵树理难题”》，《文学评论》2014年第1期。

汤伟丽：《启蒙话语中的“无讼”景观》，《社会科学辑刊》2007年第4期。

王晓骊：《从古代文学叙事中庶民的司法想象看中国法律文化》，《理论与改革》2017年第2期。

杨联芬：《女性与革命——以1927年国民革命及其文学为背景》，《贵州社会科学》2007年第10期。

叶丽娅：《试论典妻风俗》，《民俗研究》1989年第3期。

余晓明：《文学与法律之间——以〈白毛女〉的文本演替为例》，《南京师范大学文学院学报》2004年第1期。

张福贵、刘中树：《晚明文学与五四文学的时差与异质》，《中国社会科学》1996年第6期。

钟华、杨宇：《文学与法律：跨学科研究中的困惑、误区及理性回归》，《湘潭大学学报》（哲学社会科学版）2020 年第 1 期。

五　学位论文

（一）博士学位论文

程郁：《清至民国的蓄妾习俗与社会变迁》，博士学位论文，复旦大学，2005 年。

刘星显：《基于关系视角的法律与文学研究》，博士学位论文，吉林大学，2012 年。

汤伟丽：《"欧美尼德斯"之魅——中国解放区复仇文学主题的法律文化阐释》，博士学位论文，复旦大学，2009 年。

（二）硕士学位论文

汤伟丽：《启蒙话语中的"无讼"图景——对一个中国现代文学现象的法律文化阐释》，硕士学位论文，山东师范大学，2006 年。

徐新合：《中国当代文学作品中的法律意识研究》，硕士学位论文，山东大学，2005 年。

六　作品、文集

巴金：《寒夜》，人民文学出版社 1983 年版。

巴金：《家》，人民文学出版社 1953 年版。

白薇：《白薇作品选》，湖南人民出版社 1985 年版。

冰心：《冰心选集》，人民文学出版社 2004 年版

冰心：《我的母亲》，人民文学出版社 1993 年版。

蔡元培：《蔡元培全集》，浙江教育出版社 1997 年版。

曹禺：《曹禺文集》，中国戏剧出版社 1990 年版。

陈独秀：《陈独秀文集》，生活·读书·新知三联书店 1984 年版。

陈荒煤总编：《中国新文艺大系 1937—1949》，中国文联出版公司 1996 年版。

陈襄民、刘太祥、葛培岭等注译：《五经四书全译·一》，中州古籍出版社 2000 年版。

陈衍：《元诗纪事》（下册），上海古籍出版社 1987 年版。

丁玲：《丁玲文集》，湖南人民出版社 1983—1984 年版。

丁玲：《在黑暗中》，上海开明书店 1928 年版。

丁西林：《丁西林剧作全集》，中国戏剧出版社 1985 年版。

端木蕻良：《端木蕻良小说选》，湖南人民出版社 1981 年版。

废名：《废名选集》，四川文艺出版社 1988 年版。

郭沫若：《郭沫若全集》，科学出版社 2002 年版。

胡光舟、周满江主编，张明非等编著：《古诗类编》，广西人民出版社 1990 年版。

胡孟祥主编：《解放区说唱文学作品选》，中国民间文艺出版社 1989 年版。

胡适：《胡适文存》二集，黄山书社 1996 年版。

胡适：《胡适文存》，上海书店 1989 年版。

胡适：《胡适选集》，吉林人民出版社 2005 年版。

华中师范学院中文系现代文学教研室编印：《抗日及解放战争时期作品选》1978 年版。

柯灵主编：《只有梅花如此恨》，上海古籍出版社 1997 年版。

老舍：《老舍文集》，人民文学出版社 1989 年版。

老舍：《老舍小说全集》，长江文艺出版社 1993 年版。

李蓉选编：《石评梅作品精选》，长江文艺出版社 2004 年版。

李汝珍：《镜花缘》，人民文学出版社 1979 年版。

林徽因：《林徽因文集·文学卷》，百花文艺出版社 1999 年版。

林默涵总主编：《中国解放区文学书系》，重庆出版社 1992 年版。

林语堂：《林语堂名著全集》，东北师范大学出版社 1995 年版。

林语堂：《林语堂散文经典全编》，九州出版社 2002 年版。

凌叔华：《凌叔华文萃》，文化艺术出版社 2002 年版。

庐隐：《海滨故人》，人民文学出版社 1985 年版。

庐隐：《庐隐选集》，百花文艺出版社 1983 年版。

庐隐：《庐隐选集》，福建人民出版社 1985 年版。

鲁迅：《鲁迅全集》，人民文学出版社 1973 年版。

鲁迅：《鲁迅全集》，人民文学出版社1981年版。

鲁迅：《鲁迅小说杂文散文全集》，广西民族出版社1995年版。

路翎：《路翎小说选》，四川文艺出版社1986年版。

陆蠡：《陆蠡集》，浙江文艺出版社1984年版。

罗淑：《罗淑选集》，四川人民出版社1980年版。

茅盾：《茅盾全集》，人民文学出版社1984年版。

茅盾：《茅盾全集》，人民文学出版社1997年版。

莫西芬等编：《山东解放区文学作品选》，山东人民出版社1983年版。

欧阳予倩：《欧阳予倩文集》，中国戏剧出版社1980年版。

欧阳予倩：《欧阳予倩全集》，上海文艺出版社1990年版。

彭家煌：《彭家煌小说选》，人民文学出版社1987年版。

彭家煌：《彭家煌小说经典》，印刷工业出版社2001年版。

钱理群等编：《沦陷区文学大系》，广西教育出版社2000年版。

钱仲联、钱学增：《清诗精华录》，齐鲁书社1987年版。

人民文学编辑部：《解放区短篇小说选》，人民文学出版社1978年版。

柔石：《柔石选集》，人民文学出版社1958年版。

柔石：《柔石经典》，京华出版社2001年版。

沙汀：《沙汀短篇小说选》，人民文学出版社1978年版。

沙汀：《沙汀文集》，上海文艺出版社1986年版。

申维辰主编：《山西文学大系》，山西人民出版社2005年版。

沈从文：《沈从文全集》，北岳文艺出版社2002年版。

沈从文：《沈从文文集》，花城出版社1983—1984年版。

沈从文：《沈从文别集》，岳麓书社1992年版。

沈从文：《沈从文作品精选》，长江文艺出版社2004年版。

舒济、舒乙编：《老舍小说全集》第一卷，长江文艺出版社1993年版。

苏青：《结婚十年》，漓江出版社1987年版。

苏青：《结婚十年正续》，上海书店1989年版。

苏青：《苏青散文精编》，浙江文艺出版社1995年版。

苏者聪选注：《古代妇女诗一百首》，岳麓书社1984年版。

台静农：《地之子　建塔者》，人民文学出版社1984年版。

田汉：《田汉文集》，中国戏剧出版社 1986 年版。

王统照：《王统照文集》，山东人民出版社 1984 年版。

吴组缃：《吴组缃先生纪念集》，北京大学出版社 1995 年版。

吴组缃：《中国现代小说名家名作原版库·西柳集》，中国文联出版社 1998 年版。

萧红：《萧红文集》，安徽文艺出版社 1997 年版。

萧红：《呼兰河传》，浙江文艺出版社 2004 年版。

萧红：《萧红作品精选·小说卷》，漓江出版社 2004 年版。

萧乾：《萧乾选集》，四川人民出版社 1986 年版。

谢冰莹：《谢冰莹文集》，安徽文艺出版社 1999 年版。

谢冰莹：《谢冰莹文集》，湖南文艺出版社 2001 年版。

谢冰莹：《谢冰莹作品选》，湖南人民出版社 1985 年版。

徐志摩：《徐志摩全集》，上海书店 1994 年版。

许地山：《许地山代表作》，黄河文艺出版社 1987 年版。

许杰：《许杰短篇小说选集》，人民文学出版社 1981 年版。

许钦文：《许钦文小说集》，浙江文艺出版社 1984 年版。

杨刚：《杨刚文集》，人民文学出版社 1984 年版。

杨振声：《杨振声选集》，人民文学出版社 1987 年版。

叶圣陶：《叶圣陶集》，江苏教育出版社 1989 年版。

郁达夫：《郁达夫文集》，花城出版社 1982—1985 年版。

袁昌英：《袁昌英作品选》，湖南人民出版社 1985 年版。

袁牧之：《袁牧之文集》，中国电影出版社 1984 年版。

张爱玲：《张爱玲散文全编》，浙江文艺出版社 1992 年版。

张爱玲：《张爱玲文集》，安徽文艺出版社 1992 年版。

张恨水：《金粉世家》，江苏文艺出版社 2002 年版。

张恨水：《张恨水全集》，北岳文艺出版社 1993 年版。

张天翼：《张天翼文集》，上海文艺出版社 1993 年版。

张毓茂编：《东北现代文学大系（1919—1949）》，沈阳出版社 1996 年版。

赵家璧主编：《中国新文学大系》，上海良友图书印刷公司 1935—1936

年版、上海文艺出版社 1981 年影印版。

赵树理：《赵树理文集》，工人出版社 1980 年版。

赵树理：《赵树理文集》，中国工人出版社 2000 年版。

中国现代文学馆编：《无名氏代表作》，华夏出版社 1999 年版。

中国新文学大系编辑委员会：《中国新文学大系 1927—1937》，上海文艺
　　出版社 1984—1989 年版。

中国新文学大系编辑委员会：《中国新文学大系 1937—1949》，上海文艺
　　出版社 1990 年版。

中国新文艺大系编辑委员会：《中国新文艺大系 1927—1937》，上海文艺
　　出版社 1985 年版。

中国作家协会山西分会编：《晋绥革命根据地文艺作品选》，山西人民出
　　版社 1982 年版。

钟尚钧等编：《中国历代诗歌类编》，河南教育出版社 1988 年版。

周扬编：《解放区短篇创作选》，东北书店 1947 年版。

朱卫国编：《中国女性作家婚恋小说选》，作家出版社 1988 年版。

后　记

　　呈现在诸位师友面前的这本小书是在我博士论文的基础上修订而成的。光阴似箭，转眼就已毕业十年，每每想及，都心生惭愧。一来得博导张中良先生关心，虽然已经毕业多年，还时常询问学生论文修改及出版有关事宜，愚顽如我，却总是辜负。二来诸多同门师弟师妹都早已将论文付梓，唯我蹉跎岁月，虚长年岁，一晃十载。到了论文准备出版时，我请先生作序，先生尽管工作繁忙，但面对一位十年前就已毕业的学生的请求却仍然毫不犹豫即刻答应，寄回序作时还同时指出了论文的几处校核疏漏。十年过去，先生还是一样的严谨认真，诲人不倦，真是让学生感动万分。

　　等到我自己写后记时，似有万语千言，却又一时不知该从何说起，禁不住翻看以前写博士论文时的后记，才蓦然发现，虽然这么多年过去，我对诸位师长、亲友的感激之情并没有丝毫减少，反而是随着时间的流逝有增无减，很多回忆都恍如昨日。对本书所涉之论题，也仍然觉得具有丰赡且值得进一步开掘的意义。不同之处在于，回看那时的后记，虽然言语间不乏自知之明，但仍然难掩年少时的意气风发，再到已经年近不惑之年的现在，却是真真切切地体味到了学术研究的限度，也愈发感觉到自己的浅陋。尽管如此，我还是想要"立此存照"，将当年的这篇"后记"照录于此，因为在重读这篇后记时，我可以清晰地感觉到她和我的这本书稿是一体而不可分割的，"原汁原味"地保留，可以让多年来关心我的师友、亲人及有缘阅读这本书的读者能够更清晰地知晓我写作这部书稿时的心路历程，也能更好地阅读和理解这本小书，兹照录如下：

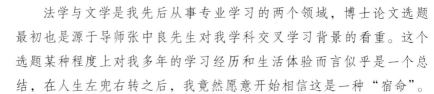
　　法学与文学是我先后从事专业学习的两个领域，博士论文选题最初也是源于导师张中良先生对我学科交叉学习背景的看重。这个选题某种程度上对我多年的学习经历和生活体验而言似乎是一个总结，在人生左兜右转之后，我竟然愿意开始相信这是一种"宿命"。

　　确定选题之初我多少带有一点"左右逢源"的心理优越感，毕竟"民国女性法律地位"这一作为法制史范畴的选题对于一个法学本科毕业生来说难度并不算大，而"现代文学书写"这一当时我从事专业学习已经近六年的领域虽然还谈不上游刃有余，但毕竟也算略通一二。于是在这种自认为并不算盲目的乐观情绪中，我开始了资料搜集整理和文本细读的工作。但在一段时间之后我才逐渐意识到，这个选题对我而言其实是一个巨大的挑战。首先难度最大的是论文框架的确立，在深入思考"民国女性法律地位之嬗变与中国现代文学书写"这一选题之后就会发现，它实际上涉及的不仅仅是法律与文学，还牵涉整个民国社会的变迁史甚至是从古至今的女性史。而且在民国这一政权更替频繁、政治争斗纷纭复杂、法律法规也是朝令夕改的时期里，仅"女性法律地位之嬗变"本身而言就已经是"剪不断理还乱"，更何况还要将其带入文学研究之中。对此我没有好的对策，只能边阅读边思考，论文框架也是一改再改，直到资料搜集基本完备、准备开始动笔写作之时才真正确立，与开题时提交的论文提纲相比，已然面目全非。其次是资料的搜集整理，相较于有章可循的法律条文而言，浩如烟海的现代文学作品和民国史料是我面临的更大挑战。因为这是一个角度全新的选题，在资料的搜集方面几乎没有任何依凭，如何在文学作品和史料的海洋中找出对论文写作真正有用的文学文本和史料成了又一难题。对此，我只能打"文海战术"，从原始期刊、一个一个的作家文集和各个时期各个空间里的作品选集、史料集入手，边读边记，边读边整理。往往读完厚厚的一本书或翻完一本尘封已久的期刊，有用的却仅是只言片语甚或是一无所获，那种沮丧不言而喻。但每当打开下一本书的扉页，我就在心里暗暗给自己鼓劲加油，振作精神去开始又一次新的"打捞"之旅。时光就这样在不分日夜的阅读、思考和写作中匆匆而过，虽苦亦酣！论文最后的修改完善实际上与找工作的过程相互交织，此间所历让我更加真切地感受到本论文选题的意义绝不止于回望历史。在某些特定的情境下，今天的很多女性和历史中的女性一样有着落寞的背影。

如今，在这样一个初夏的夜里写论文后记，感慨良多。曾经在论文写作之初就想象过写后记的这一刻，既是对自己有朝一日完成博士学位论文的期待，也是对自己能有机会对多年来一直给予我支持帮助的师长、亲友表达感激之情的憧憬。

首先我要感谢我的博士导师张中良先生，论文从选题到开题再到结构调整确立，每一步都离不开先生的悉心指导。虽然先生指导学生一贯严谨尽心，但最后论文修改定稿批阅的细致和修改意见的详尽仍让我感佩万分，打开邮件那一刻的感动我会永远记得。师从先生四年来，不管是在学业上还是为人处世上都受到先生悉心教导，受益良多。人生旅途遇到先生实乃幸事！我会永远记得社科院研究生院静谧的教室和先生语重心长、有时因工作繁累而略带沙哑的声音。先生善意通达的为人风范、勤勉严谨的治学精神、高尚的人格都将成为我继续前行的动力和努力的方向。感谢我的硕士导师江震龙先生，从七年前投至先生门下到四年前硕士毕业再到现在，先生一直对我关爱有加，把我从半路出家引入专业文学研究之门。即使在毕业后，仍时常关心我的学习、生活甚至工作，先生之恩，学生将永远铭记！

感谢中国社科院文学所杨义、赵园、赵稀方、赵京华、程凯等诸位先生，读博几年，聆听教诲，受益匪浅。先生们对论文开题及写作也提出了许多宝贵的建议，在此谨致万分谢忱！同门曾说"是先生们的努力耕耘，让我们也分得了这份荣光"，此刻的我仍然想用这句话来表达对文学所诸位先生的感激之情。

感谢我的同学朋友们，尤其是舍友王毅、同门汪纪明，还有余琳、陈慧珍、邓焱、蔡静、尹玉珊、白云娇、李扬、孙艳秋、刘倩、刘长荣、王蓓、刘京臣、刘鹏、王巨川、樊柯，师兄冷川、张堂会、赵献涛，师姐梁竞男、孙伊、杨红英、康新慧、毕文君，师弟赵伟、师妹吉善美等。是你们让我读博这几年的时光如此美好，研究生小院的爬山虎和你们的笑容将成为最美的画面留在我的记忆里。特别感谢师弟赵伟，师妹许君毅、延缘，本科老同学李兆娜，在社科院研究生院搬到良乡新校区，诸事不便的情况下，是你们的援手相助让我省去了许多烦恼。

感谢我的家人，人生路上再多艰难困苦，因为有你们，我永远不会害怕，不会退缩。也是你们，帮我度过了人生中最艰难的时光。最后还有女儿怀涵，妈妈想对你说，你的孕育和成长是与妈妈博士论文的酝酿和撰写同步的，在最艰难的这段时光里，是你给了妈妈超越一切困难的勇气和决心。你的降临，你的笑靥，给妈妈带来了无与伦比的幸福，所以这篇论文也要献给你，唯愿多年以后的你读到它、读懂它时，会明白妈妈的一片苦心。

2011 年 4 月写于北京杏槐苑旅馆
5 月 11 日修改定稿于长沙

行文至此，感慨万千，这本小书的出版需要感谢的人还有许多，感谢当年我的博士论文评阅专家北京师范大学文学院李怡教授、邹红教授、钱振纲教授、中国社会科学院研究生院李存光教授、北京语言大学人文学院李玲教授和答辩委员会专家北京师范大学文学院刘勇教授、中国现代文学馆傅光明研究员、中国社会科学院文学所赵稀方研究员以及同时还是论文评阅专家的钱振纲教授和李玲教授，他们为我的博士论文提出了许多具有价值的意见，不少意见在我之后对文稿进行修订时起到了有效的指导作用。当然，小书仍有许多遗憾和不足，只能留待将来若有机会再作改进了。

在此，还要再次感谢我的婆婆和父母，十年前的博士论文致谢里，有对他们的感恩，十年后的今天，这份感恩之心更是浓厚得无法用言语来表达。十年，我从一个名叫"怀涵"的小女孩儿的母亲，变成了两个小女孩儿"怀涵""诗远"的母亲，这是一种幸福，但同时也是甜蜜的负担。很多时候面对工作和家庭，我深切地体会到这本书中所写的诸多文学作品所呈现出的女性的两难了。如果没有家里长辈们的包容、理解和全力支持，我的工作和生活状态都将是无法想象的，这本小书的出版也将成为"不可能"。而现在，我能奢侈地"兼顾"，幸福地拥有，这份感恩之情真是无以言表。当然，还要感谢我的爱人丁勇先生，作为"队友"，多年来是他对我的充分信任和"放任自流"，让我可以"肆无忌惮"地努力去成为我想成为的自己。

最后，还要感谢工作单位湖南省社会科学界联合会对本书出版的大力支持，感谢单位领导同事对我的关心和帮助，感谢中国社会科学出版社王丽媛老师为本书所付出的辛苦劳动。

是为记。

后

记

章敏

2021 年 7 月 17 日于长沙